Stefan M. Gergely

Wie der Computer den Menschen und das Lernen verändert

Stefan M. Gergely

Wie der Computer den Menschen und das Lernen verändert

Ein kritischer Ratgeber für Eltern, Lehrer und Schüler

Piper
München Zürich

ISBN 3-492-02994-9

Umschlag: Federico Luci, unter
Verwendung einer Zeichnung von Erich Eibl
Gesamtherstellung: Carl Ueberreuter, Korneuburg
Printed in Austria

Inhalt

1. **Einleitung und Überblick** 5

2. **Computer und Bildungswesen – wo stehen wir heute?** ... 26
2.1. Kindheit, Schule und Lernen im historischen Kontext .. 26
2.2. Der mathematisch-naturwissenschaftliche Unterricht – gestern und heute 39
2.3. Informatik in der Schule – eine Bestandsaufnahme 47
2.3.1. Entwicklung und Organisation des Informatikunterrichts in der Bundesrepublik Deutschland, in der Schweiz und in Österreich 47
Bundesrepublik Deutschland 48
Schweiz 52
Österreich 54
2.3.2. Informatikunterricht: die Inhalte 54
Informatik in der Sekundarstufe II – von der Mini-Universitätsausbildung zum projektorientierten Lehrplan 54
Informatik auch in der Pflichtschule? 57
Informatik an der Universität 60
Die Integration der Informatik in andere Schulfächer... 65
2.4. Was in Lehrplänen und Schulbüchern oft vergessen wird 74
2.4.1. Information – ein komplexer Begriff 75
2.4.2. Vom Wesen des binären Zahlensystems 79
2.4.3. Formale Logik und ihre Grenzen 82
2.4.4. Zum Thema (Künstliche) Intelligenz 94
2.4.5. Die Technik der Künstlichen Intelligenz 96

3. **Der Computerunterricht im Kreuzfeuer der Kritik** 124
3.1. Computerführerschein versus Menschenerziehung 124

3.1.1 Technik bedienen zu können heißt noch lange nicht, Technik zu verstehen 124
3.1.2. BASIC lernen – bald unbedeutend wie das Morsen? . . . 130
3.1.3. Fördert Programmierenlernen das Denken? 133
3.1.4. Lernen in Mikrowelten oder »Lernen mit allen Sinnen« . 140
3.1.5. Hat das Bildungswesen die Informationstechnik verschlafen? 145
3.2. Zum Einfluß der Wirtschaft auf das Bildungswesen . . . 150
3.2.1 Großzügige Firmenspenden 150
3.2.2. Scheinargument Wettbewerbsfähigkeit 153
3.3. Computerunterricht im Berufsleben 154
3.4. Computerunterstützter Unterricht: Erzeugen wir »Computer auf zwei Beinen«? 156
3.5. Computersimulation: Chancen und Gefahren 164

4. **Die geheimen Erzieher** 172
4.1. Mensch und Bildschirm 173
4.1.1. Wirkungen des Fernsehens 173
4.1.2. Computer- und Videospiele 181
4.2. Mensch und Computer 196
4.2.1. Computer im Kinderzimmer 196
4.2.2. Psychogramme von Programmierern 204
4.2.3. Der »persönliche« Computer im Spiegel seiner Benützer 210
4.3. Mensch und (Informations-)Maschine 220
4.3.1. Der uralte Traum vom Maschinenmenschen 220
4.3.2. Künstliche Intelligenz: ein kurzer Ausblick in die Zukunft 228
4.3.3. Resümee: Machen wir uns selbst zu Maschinen? 231

5. **Erziehung im Informationszeitalter** 238
5.1. Die Krise des Bildungswesens 238
5.2. Fortschritt zum Menschen 251

6. **Literaturverzeichnis** 280

7. **Personen- und Sachregister** 289

1. Einleitung und Überblick

Lernen ist ein alltäglicher Vorgang – das ganze Leben lang werden wir durch unsere Umgebung geformt, bewußt und unbewußt. Die Schulbildung ist dabei nur eine, wenn auch wichtige, Facette. Darüber hinaus machen sich in rasantem Wachstum geheime, aber mächtige Erzieher breit: Fernsehen, Videospiele und Computer treten immer stärker in Konkurrenz zu Eltern und Lehrern; sie prägen uns, oft kaum merkbar, aber dennoch nachhaltig.

Wir haben als Individuen wie als Gemeinschaft die mikroelektronische Revolution noch längst nicht im Griff. Das Bildungswesen müßte die Voraussetzungen dazu schaffen. Aber weit gefehlt: Anstatt das Rüstzeug zu liefern, damit ein junger Mensch auf dem Weg in die Informationsgesellschaft als eigenverantwortlich denkende und handelnde Persönlichkeit bestehen könne, werden einer Minderheit aus Jugend wie Erwachsenen Schnellkurse an verwirrenden Tastaturen angedient, flüchtige Einblicke in eine Computersprache vermittelt, die sich in der Praxis als weitgehend nutzlos erweisen, und im übrigen ergeht man sich vorwiegend in kleinlichen Revierkämpfen um angestammte Lehrfächer und deren Rechte.

Die echten Probleme im Bildungswesen wie in der Gesellschaft deckt ein Wohlstandsvarieté zu, wie es Aldous Huxley vorausschauend und treffsicher gezeichnet hat. Satten Magens genießt der Wohlstandsbürger bisher ungekannten materiellen Überfluß. Aber nicht die erwartete geistige Entfaltung, sondern Sinnverlust macht sich breit: äußerer Reichtum – innere Leere. Statt nach Menschenbildung rufen wir nach Lernmaschinen und geben damit der kulturellen und spirituellen Entwurzelung Ausdruck.

Der maschinenanbetende Mensch sucht den Rausch in einer

neuen abstrakten Sinnlichkeit. Statt nach dem Sinn des Lebens zu forschen, lassen wir zu, daß uns Träume von den neuen Menschenmaschinen geistig lähmen.

Wenn dieses Bild merkwürdig schwarz ist, so ist der Optimismus der Technikenthusiasten sehr viel merkwürdiger. Kein Zweifel, daß die Mikroelektronik neue Märkte schafft und ungeahnte Chancen bietet. Gleichzeitig aber greifen Computer und elektronische Medien alter wie neuer Prägung tief in das Denken, in die Gefühle und das soziale Handeln der Menschen ein. Dabei machen sich auch die Schattenseiten der neuen Technik immer deutlicher bemerkbar. Nur ein waches Bewußthalten dieser Phänomene und eine vorausschauende Erziehung können helfen, den Gefahren einer schrankenlosen Informatisierung und Mediatisierung des Menschen zu wehren.

Mit Nachdruck möchte ich vorweg betonen, daß ich kein irrational motivierter Feind der Technik bin. Ich versuche, den Computer als Werkzeug zu nutzen, und das intensiv. Die Skepsis und die mannigfachen Bedenken, die auf den folgenden Seiten zum Ausdruck kommen, sind keineswegs durch das Bestreben motiviert, die Informationstechnik verhindern oder gar abschaffen zu wollen. Sie sind durch eigene Erfahrungen bei der Arbeit am Computer, durch den Umgang mit Computerbenützern und die Beobachtung jugendlicher EDV-Freaks sowie aus der kritischen Auseinandersetzung mit der einschlägigen Literatur entstanden.

Wir brauchen ein rationales Verhältnis zur modernen Informationstechnik. Deshalb müssen wir um Chancen und Gefahren der Wechselwirkungen zwischen Computer und Bildungswesen Bescheid wissen. Diese Forderung geht alle an. Es gilt, einer entstehenden Gesellschaft, in der, während die große Masse Computermythen webt, eine neue Elite an den Schalthebeln der Informationsmacht sitzt, tatkräftig Alternativen entgegenzusetzen. Verhindern wir, daß unsere Kinder dereinst untertags rational-eifrig an den neuen Denkmaschinen werken, in ihrer Freizeit aber den irrationalen Auswüchsen der audiovisuellen Massenkultur erliegen! Wenn wir blinde Reduktion die wache Reflexion verdrängen lassen, dann droht Regression in sinnentleerten Autismus oder stumpfes Gruppenritual.

Ein kurzer Blick in die Geschichte des Schulwesens

Unter Ziffer 2.1. dieses Buches (Seite 26 ff.) wird die historische Entwicklung im Umkreis von Kindheit, Schule und Lernen beschrieben. Zunächst geht es um die Darstellung der drei für unseren Zusammenhang entscheidenden Innovationen der Zivilisation: Einführung der Schrift, Erfindung des Buchdrucks und weltweite Verbreitung der elektronisch vermittelten Informationstechnik. Jede dieser Neuerungen hat umwälzende Einflüsse auf Mensch und Gesellschaft gezeitigt; wie ein roter Faden zieht sich durch die ganze Entwicklung die Abkehr vom Konkret-Inhaltlichen und die Hinwendung zum Abstrakt-Formalen.

Die Schrift machte das Schulwesen erst möglich, der Buchdruck verwandelte es, die Computerrevolution aber stellt es heute in mancher Hinsicht in Frage. Vielen Zeitgenossen mag es scheinen, daß die Institution Bildungswesen ein großes Beharrungsvermögen kennzeichne; daraus könnte man den Schluß ziehen, daß es Schule, so wie wir sie heute verstehen, immer schon gegeben habe. Der skizzenhafte Blick in die Geschichte soll dagegen deutlich machen, wie sich die Begriffe von Schule, Lernen und Kindheit im Laufe der Zeit gewandelt haben, welche Erziehungsprobleme aber im Kern dieselben geblieben sind. Damit soll die Bereitschaft freigesetzt werden, die Diskussion um Erziehung in der Informationsgesellschaft über Stellungskämpfe und vordergründig-traditionsbetonte Rückzugsargumente hinauszuführen.

Eine wichtige Etappe in der Entwicklung des Bildungswesens war zweifellos die Einführung der Staatsschule. Die Idee der Gleichberechtigung im Vorfeld der Französischen Revolution und die Inhalte der ersten Verfassung der Vereinigten Staaten wirkten nachhaltig auf die Bildungsreformatoren des angehenden 19. Jahrhunderts. Sie strebten fortan nach einer gleichen Schule für alle Kinder, in der sie gleich behandelt werden sollten. Die Nation solle die Kinder, so die Devise, von den Müttern übernehmen, um sie zu Menschen zu bilden. Die bürokratische Organisationsstruktur der Staatsschule, die aus dieser Zielvorstellung resultierte, begünstigte indessen eine Modellierung von Schülern, Lehrern, Lehrinhalten und Lernprozessen. Die Rationalisierung, die sich in der Normierung des Schullernens längst gemeldet hat, drängt gegenwärtig in Gestalt neuer Informationstechnologien auf ein nur scheinbar fremdes Gelände vor. So gesehen ist die oft proklamierte »neue Bildungskrise« alles andere als neu. Das Herankommen der modernen Informationstechnik verstärkt lediglich das im Keim bereits vor knapp zwei Jahrhunderten angelegte Problem, den Widerspruch nämlich von instrumentell-technischer auf der einen und humaner Bildung auf der anderen Seite.

Eine rückblickende Betrachtung des Unterrichts in Mathematik und Naturwissenschaft (Seite 39 ff.) läßt erkennen, daß vieles, was anläßlich des Einzugs der Computer in die Schulen heute diskutiert wird, gedanklich schon seit über hundert Jahren präsent ist: Formale Logik und Mengenlehre gingen der elektronischen Datenverarbeitung um Jahrzehnte voraus; der Unterricht in Informatik setzt lediglich fort, was in ihnen schon konzeptuell angelegt war. Gleichzeitig wird sichtbar, daß die bildungspolitische Diskussion im Umkreis der mathematischen Logik seit langem mit im Grunde ähnlichen Argumenten geführt wird – lediglich die Bezeichnungen haben sich geändert; und mit der elektronischen Datenverarbeitung (EDV) tritt ein noch nie dagewesener Druck der Wirtschaft auf die Institution Bildungswesen hinzu.

Zur Entwicklung des Informatikunterrichts

Für interessierte Leser folgt unter Ziffer 2.3. eine ausführliche Bestandsaufnahme der Entwicklung und Organisation des Lehrfachs Informatik in der Bundesrepublik Deutschland (Seite 47 ff.). Im Bereich des allgemeinbildenden Schulwesens setzte die Diskussion um ein Lehrfach Informatik Anfang der siebziger Jahre ein: Die Ständige Konferenz der Kultusminister der Länder der Bundesrepublik Deutschland beschloß 1972, Datenverarbeitung (Informatik) als Grundkurs in der reformierten Oberstufe zuzulassen. Im Dezember 1984 verabschiedete die Kultusministerkonferenz ein Rahmenkonzept für die informationstechnische Bildung in Schule und Ausbildung. Seit etwa zwei Jahren gibt es Bestrebungen, ein »Fundamentum informationstechnische Grundbildung« für alle Schüler zu entwickeln. Im Herbst 1984 veröffentlichte die Gesellschaft für Informatik den Entwurf einer Rahmenempfehlung für die Informatik im Unterricht der Sekundarstufe I. Es schließen sich eine Charakterisierung des berufsbildenden Schulbereichs und ein Überblick über die Lage in der Schweiz und in Österreich an (Seite 52 ff.).

Mehrere Unterabschnitte sind den Inhalten des Informatikunterrichts in Schulen und an der Universität gewidmet (Seite 54 ff.). Im Bereich des allgemeinbildenden Schulwesens sind im wesentlichen drei Konzepte zu unterscheiden: das gerätetechnische, das algorithmen- und das anwendungsorientierte. Das erste wird im allgemeinbildenden Bereich derzeit kaum mehr verfolgt; bei den meisten Lehrplänen überwiegen algorithmenorientierte Ansätze (ein Algorithmus ist ein durch Regeln festgelegter Rechenvorgang). Manchesmal wird eher anwendungsbezogen unterrichtet, neuerdings auch in Form des Projektunterrichts.

Ausführlich diskutiert wird auch der integrative Ansatz, das heißt der Versuch, informatikrelevante Inhalte in bereits bestehende Fächer hineinzutragen (Seite 65 ff.). Dabei kommt es sehr auf das Wie an: die neuen Technologien dürfen nicht in eine technische Hälfte (»mit den Computer umgehen können«) und eine medienkritische Hälte (»die Gefahr kennen und ihr trotzen«) zerteilt werden. Dies würde verhindern, daß informationstechnische Bildung im Sinne von »Befähigung und Beherrschung« stattfindet. Andererseits bleibt in einem Block von 40 bis 80 Stunden kaum Zeit, die Vielfalt der Aspekte mikroelektronischer Technik und ihrer Auswirkungen angemessen zu berücksichtigen. Deshalb besteht die konkrete Gefahr, daß entweder in einem zu allgemeinen Überblick die nötige Tiefe vermißt wird oder andernfalls kaum mehr als ein Programmiersprachenkurs übrigbleibt.

Sodann werden mehrere konkrete Ansätze beschrieben, wie Informatikinhalte in den Unterricht in Mathematik, Physik, Chemie und Biologie sowie in Arbeitslehre und in die gesellschaftswissenschaftlichen Fächer zu tragen wären (Seite 67 ff.).

Unter dem Motto »Was in Lehrplänen und Schulbüchern oft vergessen wird« folgen fünf Unterabschnitte über die Begriffe »Information« und »Intelligenz«, über das Wesen des binären Zahlensystems, über formale Logik und ihre Grenzen sowie über die Technik der Künstlichen Intelligenz – sämtlich Themen, die im Schulunterricht zur Zeit meist sträflich vernachlässigt oder überhaupt nicht berücksichtigt werden (Seite 74 ff.). Dieser Teil des Buches stellt über weite Strecken hohe Anforderungen; wer sich zunächst einen Gesamtüberblick verschaffen möchte, kann problemlos mit dem nächsten Abschnitt fortfahren und später zu den erwähnten Begriffen zurückkehren.

Der Computerführerschein – das Zeugnis der Zukunft?

Unter Ziffer 3 (Seite 124 ff.) wird eine für dieses Buch zentrale Frage behandelt: die Kritik des gegenwärtigen Computerunterrichts. Im Unterabschnitt »Computerführerschein versus Menschenerziehung« wird zunächst die Diskussion um die Einführung des Computers in die Schule kritisch beleuchtet. Dabei geht es um die Begriffe »Computerführerschein«, »computer literacy« und »Bürgerinformatik«. Diesen Begriffen ist die Betonung auf das Nutzen-Können gemeinsam. Die Vorrangigkeit dieses Ziels wird auch durch die Forderung, über die Auswirkungen der Computertechnik auf Mensch und Gesellschaft zu unterrichten, nur scheinbar eingeschränkt. Gegen derartige Bildungsziele werden mehrere Einwände geltend gemacht.

Das Schlagwort vom Computerführerschein als einer »vierten Kulturtechnik« ist in diesem Zusammenhang auch als Strategie der Computeranbieter zu sehen: Ihnen geht es in erster Linie um die Akzeptanz der neuen Technik. Denn nur wenn diese gewährleistet ist, sind auf lange Sicht steigende Verkaufserfolge gesichert. Man will deshalb das Nutzen-Können des Computers auf der gleichen Stufe wie Lesen, Schreiben und Rechnen sehen. Tatsächlich ist aber das Denken, das im Computer verpackt ist, lediglich die konkrete Ausgestaltung der formalen Logik und die Anwendung der dabei zweckmäßigen Methoden auf den Umgang mit Daten und Programmen. Wo da eine vierte Kulturtechnik vorliegt, bleibt unerfindlich.

Nicht die Computertechnik an sich ist revolutionär, sondern vielmehr das, was sie bewirkt. Um aber die in der Tat umwälzenden Wirkungen der Computertechnik auf alle Bereiche des menschlichen und sozialen Lebens begreifen zu können, ist es sehr wohl erforderlich, diese Technik »verstehen« zu lernen. Das ist indes etwas anderes, als sie »nutzen« zu können. (Einen ausführlichen Überblick über die mikroelektronische Technik, ihre Anwendungen und Auswirkungen auf Mensch und Gesellschaft gibt mein Buch »Mikroelektronik – Computer, Roboter und Neue Medien erobern die Welt«, Serie Piper, aktualisierte Neuauflage 1985.)

Verstehen lernen heißt durchschaubar und begreifbar machen. Das erfordert in unserem Zusammenhang zunächst die Erläuterung der grundlegenden Funktionsprinzipien des Computers. Verstehen lernen bedeutet ferner, einen phänomenologischen Zugang zu der beinahe unglaublichen Komplexität zu öffnen, die trotz – oder gerade wegen? – der im Grunde primitiven Arbeitsweise des Computers erreicht werden kann.

Die Schule darf nicht die Augen davor verschließen, daß der Computer immer mehr eine Tatsache unseres Berufs- und Alltagslebens wird. Sie muß darum den Umgang mit diesem Gerät vorbereiten helfen. Andererseits muß die Schule aber auch jene Wirklichkeit, wie sie der Computer herstellt, in ihrer Reduktion und Entfremdung bewußt machen. Schließlich sollte die Schule Wege bieten, um der Einseitigkeit der mit dem Computer herstellbaren Schattenwirklichkeit entrinnen zu können. Sie darf die Entfremdungseffekte einer einseitig technischen Wirklichkeit nicht ignorieren oder gar verleugnen, sie muß sie vielmehr sichtbar machen. Nur so kann die Leistung des Computers den ihr gemäßen Stellenwert erhalten.

Zum didaktischen Stellenwert des Programmierens

Beobachten wir dagegen die aktuelle Diskussion zum Thema »Computerunterricht« in der Schule, so ist festzustellen, daß vorrangig über die Frage gestritten wird, ob nun BASIC, LOGO, ELAN oder irgendeine andere Programmiersprache für den Schulunterricht besser oder schlechter geeignet sei (Seite 130 ff.). Auch der Markt macht seinen Einfluß geltend: Die überwiegende Mehrheit aller Lernprogramme für Mikrocomputer ist in BASIC geschrieben; BASIC ist wohl die meistverbreitete Computersprache überhaupt und: BASIC ist leicht erlernbar.

Wenn das Programmieren in BASIC zur Motivation der Schüler

maßgeblich beiträgt, ist nichts gegen BASIC einzuwenden, vorausgesetzt, der Stellenwert dieser Computersprache wird im Unterricht in geeigneter Weise relativiert, und das in dreifacher Hinsicht: was ihre Bedeutung für die berufliche Praxis, was das Verhältnis zu anderen Programmiersprachen und was die im Text näher ausgeführten Probleme der Durchschaubarkeit großer Computersysteme betrifft.

In der Folge wird die Diskussion um die Computersprache LOGO kritisch beleuchtet (Seite 133 ff.). Die von ihrem Erfinder, dem Computerwissenschaftler Seymour Papert, enthusiastisch vorgetragenen Möglichkeiten dieses Programmierwerkzeuges für Kinder haben vor allem in der amerikanischen Fachwelt breite Beachtung gefunden; aber auch in Mitteleuropa beginnt man, sich mehr und mehr für diese Computersprache zu interessieren. Papert behauptet, das Erlernen des Computergebrauchs mit Hilfe von LOGO könne alle anderen Lernprozesse der Kinder verändern. Indem das Kind lerne, mechanisches Denken zu imitieren, werde es, so Papert, befähigt, klar auszudrücken, was mechanisches Denken sei und was nicht. Es ist meiner Ansicht nach jedoch unerfindlich, wie jemand, der lernt, mechanisches Denken zu imitieren, nachher wissen soll, was mechanisches Denken nicht ist. Um zu lernen, was nichtmechanisches Denken ist, muß man nämlich auch dieses erst lernen. Wie sollte das Imitieren mechanischen Denkens dazu befähigen?

Auf Grund experimenteller Befunde wird gefolgert, daß einer Behauptung wie »Programmieren fördert die Entwicklung kognitiver Fähigkeiten«, die verallgemeinerbar und auf andere Bereiche übertragbar wären, nicht vorbehaltlos zugestimmt werden kann.

Es wird im nächsten Unterabschnitt dann ausführlich zu zeigen versucht, daß ein grundlegender Unerschied besteht zwischen dem durch Computer vermittelten Lernen in »Mikrowelten« und einem »Lernen mit allen Sinnen«, wie es etwa die Alltagserfahrung vorgibt (Seite 140 ff.). Dabei geht es vor allem um die Übertragbarkeit von Inhalten, die in einem abgeschlossenen Bereich erlangt wurden, auf einen anderen Lebensbezug. Lernen ohne Kontextbezug dürfte sich außerdem als wenig effizient erweisen.

Der Kampf um die Neugestaltung des Schulunterrichts

Im folgenden wird erörtert, inwieweit das Bildungswesen die Herausforderung der Informationstechnik bislang verschlafen hat. Der von manchen Vertretern aus Wissenschaft und Wirtschaft geforderte »Computerführerschein für alle« ist jedenfalls genausowenig verwirklicht worden wie irgendein anspruchsvolleres Ziel. Die Humanisten protestieren zudem und fürchten, daß ihr vielgeliebtes Latein zugunsten der Informatik beschnitten werde. Die Grünen wiederum wollen von Computern in der Schule überhaupt nichts wissen. Andere meinen, die Computertechnik sei zu riskant, um sie beschleunigt einzuführen. Man solle den Fortschritt drosseln und abwarten. Weiter gibt es dem Computer eher neutral gegenüberstehende Lehrer, die nichtsdestoweniger auf die Gefahr eines Verlusts der traditionellen Qualifikationen wie Lesen, Schreiben und Rechnen hinweisen. Bevor Computer zur Erziehung richtig verwendet werden können, müßten, so fordern sie, die Fähigkeiten, zu schreiben, zu lesen und zu denken, gelehrt werden.

Aus der Bestandsaufnahme unter Ziffer 3.1.5. ergibt sich deutlich, daß wir gegenwärtig weit von der Lösung der Probleme entfernt sind, die die moderne Informationstechnik dem Bildungswesen stellt (Seite 145 ff.). Ein wesentlicher Grund dafür ist der Mangel an umfassend gebildeten Fachkräften für den Unterricht in Informatik.

Den Zusammenhängen zwischen dem Computerunterricht und wirtschaftlichen Interessen ist der Unterabschnitt 3.2. gewidmet (Seite 150 ff.). Dabei geht es zuerst um die zahlreichen Computerspenden vieler – aber nicht aller – Hersteller; dann wird das Argument, durch mehr Computerunterricht könne die Wettbewerbsfähigkeit der Wirtschaft gestützt werden, kritisch hinterfragt. Längst hat eine Politik der vermeintlichen Sachzwänge auch auf den Bildungsbereich übergegriffen. Das Wettbewerbsargument mag zwar politisch wirkungsvoll sein, dennoch ist es mangelhaft fundiert. Unterschiede in der Wirtschafts- und Bildungsstruktur verschiedener Länder werden verwischt, Aussagen zur Qualität (auf die es gerade in Bildungsfragen ankommt) werden mit quantitativen statistischen Vergleichen untermauert, und Maßnahmen werden empfohlen, deren Einfluß auf die Wettbewerbsfähigkeit nicht kritisch geprüft wurde. Selbst wenn die heutigen Schulcomputerprogramme die Wettbewerbsfähigkeit eines Landes erhöhten – was zu bezweifeln ist –, muß man sich fragen, ob beziehungsweise wieweit das Diktat technischer und wirtschaftlicher Sachzwänge in der Bildungspolitik eine treibende Kraft sein darf.

Auch zum Computerunterricht im Berufsleben ist einiges zu sagen (Seite 154 ff.): Man beschränkt sich zu sehr auf oberflächliches Anwendungs-Knowhow; viel zuwenig wird berücksichtigt, daß Informationstechnik für Behörden wie private Firmen primär Organisationstechnik ist. Dazu sind aber einschlägige Kenntnisse erforderlich, die die herkömmlichen Computerseminare in aller Regel nicht vermitteln.

Computerunterstützter Unterricht und Computersimulation

Es folgt eine kritische Analyse der Argumente pro und kontra »computerunterstützten Unterricht« (Seite 156 ff.). Er hat in manchen Bereichen der beruflichen Fortbildung zweifellos seine Daseinsberechtigung; fraglich ist dagegen, ob sein Einsatz für Zwecke der Grundbildung vertretbar ist. Ein eigener Unterabschnitt beschäftigt sich schließlich mit Chancen und Gefahren der Computersimulation – einem Verfahren, für das der Computer eigentlich wie geschaffen ist (Seite 164 ff.). In Politik, Wissenschaft und Wirtschaft haben Simulationen, Prognosemodelle und so weiter bereits tragende Bedeutung. Deshalb erscheint es notwendig, zu wissen, wo die Grenzen von Aussagefähigkeit und Anwendung derartiger »Schatten der Wirklichkeit« liegen. Voraussetzung für den Einsatz von Computersimulationen im Unterricht ist jedenfalls, daß die dem Modell zugrunde liegenden Annahmen hinreichend klar und durchschaubar und daß der jedem Modell innewohnende Reduktionismus überzeugend dargestellt und begreifbar gemacht werden.

Ziffer 4 gilt den »geheimen Erziehern« (Seite 172 ff.). Es wird ausführlich dargelegt, wie die neuen Informationsmaschinen den Menschen in seinem Denken, Fühlen und Verhalten, für ihn bewußt und unbewußt, formen, beeinflussen, verändern. Computer, Videospiele und elektronische Medien sind nicht einfach Werkzeuge (sie sollten es vielmehr sein); sie können im Menschen unbemerkt zahlreiche zunächst unvermutete Reaktionen auslösen. Kinder, die mit Computern aufwachsen, sehen diese als lebendig an und gestehen ihnen Bewußtsein zu. Die empirisch untermauerte These, daß Kinder bereitwillig die Vorstellung akzeptierten, Computer seien in ihrem Denken dem Menschen sehr ähnlich und würden sich nur in ihrem Mangel an Gefühl von diesem unterscheiden, könnte in Zukunft eine dichotomische Betrachtungsweise der menschlichen Psyche fördern: Die immer schärfere Trennung zwischen Intellekt und Emotion, die das Kind in der Auseinandersetzung mit dem Computer vollzieht, würde dann ein seichtes und sentimentales Denken über Gefühle zur Folge haben.

Ein ausführlicher Unterabschnitt beschäftigt sich mit Entstehungsgeschichte und Typologie der Videospiele sowie ihren mannigfachen Auswirkungen auf den Menschen (Seite 181 ff.). Sie können eine körperentfremdete Sinnlichkeit, Wirklichkeitsverlust und soziale Isolation erzeugen. Andererseits entsteht eine neue Kinder-Computer-»Kultur«, deren soziale Folgen noch nicht absehbar sind. Ein weiteres Kapitel widmet sich der Typologie der Programmierer und geht auf das Phänomen der sogenannten Hakker ein (Seite 204 ff.).

»Persönliche« Computer sind, wie in der Folge dargelegt wird, die neuen Partner in Beruf und Freizeit (Seite 210 ff.). Die ersten Computerwitwen machen von sich reden. Die digitalen Maschinen sind perfekt; dort kann man sich geborgen fühlen, am elektronischen Hausaltar. On-line sein: ein direkter Kontakt zur neuen Gottheit? Anderen ist der Computer undurchschaubar, numinos – Dämonen stehen wieder auf.

Computer zu programmieren heißt aber auch, je Schöpfer eines Universums zu sein, dessen einziger allmächtiger Gastgeber man ist. Wo hat man das sonst? Selbstgeschaffene Schattenwelten als neue Alternative zum Schmutz der Alltagswelt. Zuerst ist die Maschine vornehmlich Herausforderung, in eine fremde Welt zu reisen. Bald fühlt man sich in ihr zu Hause. Schließlich kann man nicht mehr zurück. Der Computer ist zur Sucht geworden.

Ein weiterer Aspekt ist die Verantwortung im Umgang mit dem Computer. Vielerorts wird der Computer als Mittel der Erziehung zur Präzision gelobt. Aber der solcherart Gedrillte beschränkt sich im beruflichen Umgang mit dem Computer darauf, seine Sorgfaltspflicht zu erfüllen, anstatt Verantwortung zu übernehmen. Der Unterschied ist wesentlich: Sorgfaltspflicht meint die bloße Erfüllung aller vorgegebenen Regeln. Verantwortung zu übernehmen bedeutet darüber hinaus, einen Spielraum für sein Handeln rechtschaffen zu nützen. Je kleiner dieser wird, um so weniger fühlt sich jemand darin verantwortlich.

Das Wissen um die mannigfachen – im vorstehenden nur ansatzweise dargestellten – Bedeutungsdimensionen der elektronischen Medien und des Computers scheint mir ebenso wichtig zu sein wie Kenntnisse über ihren werkzeuggemäßen Einsatz. Das Bildungswesen ist deshalb in mehrfacher Hinsicht herausgefordert: Es darf nicht bloß den Umgang mit dem Computer erleichtern, sondern muß bewußt machen, was er alles in uns auslöst. Die Liebe zum Computer kann gefährlich sein. Die Gefahr sehen heißt, ihr trotzen zu können.

Der Traum vom Maschinenmenschen

Im Grunde ist die Faszination von Maschinen, auf der die beschriebenen Wirkungen beruhen, historisch gesehen kein neues Phänomen: Menschenähnliche Maschinen zu bauen bewegt uns offenbar seit alters. Ein historischer Unterabschnitt berichtet deshalb, wie bereits altägyptische Texte von Statuen erzählen, die sprechen und sich bewegen konnten (Seite 220 ff.). Frühe Zeugnisse der indischen Kultur erwähnen außerordentlich fein gestaltete Statuen, die sich bewegten, Getränke einschenkten und Gäste unterhielten. Auch Hephaistos, der Gott der Ingenieure bei den alten Griechen, belieferte die olympischen Götter durch eine Art

Seilbahn, die zwischen dem Palast des Hephaistos und dem Olympos verkehrte.

Es ist ein tief verwurzelter Traum des Menschen, Maschinen zu bauen, die ihm die harte, schwere körperliche Arbeit abnehmen, und solche, die ihm bei Entscheidungen helfen, unbestechlich sind und keine Fehler machen. Auch die Golem-Legende berührt einen Kern menschlichen Denkens: den Mythos der zweiten, der besseren Schöpfung, die Hoffnung auf das Überschreiten von Grenzen, deren Natur uns nicht bekannt ist (und vielleicht nicht bekannt sein kann). Da ist der Traum, die Sehnsucht nach Befreiung von der Last der Arbeit und dahinter, wie es der Golem zuerst verheißt, nach Befreiung von der Arbeit als Herrschaftsinstrument, als Peitsche der Unterdrückung, ob als Sklavenarbeit oder als Lohnarbeit oder als Arbeitslosigkeit.

Neben der mystischen Tradition der Androiden begann im Italien des 13. Jahrhunderts auch die handwerkliche Gestaltung von Maschinenmenschen. Die Entwicklung steht mit dem Aufkommen der Uhrmacherzunft in Zusammenhang; Voraussetzung dafür war die Entdeckung des Prinzips der mechanischen Hemmung. Von da an war es möglich, mechanisch zu »programmieren«.

Als der Mathematiker und Philosoph René Descartes das mechanische Verständnis auf lebende Organismen übertrug, wurde die mechanistische Naturerklärung zum Ansatzpunkt des modernen Weltbildes. Die Automatenbegeisterung erreichte einen neuen Höhepunkt. Man wollte nicht mehr nur Organismen verschiedenster Art nachbauen, sondern auch den Geist des Menschen. Denkende Automaten waren das Ziel.

Heute vermischen sich Reste mystischen Gedankenguts, anthropomorphistische Assoziationen und der Traum von der Vitalisierung der Maschine mit ernst gemeinten Ideen der Robotik. Aus historischer Sicht jedenfalls wird das Bedürfnis des Publikums nach sensationslüsternen Reportagen über Roboter, die sehen, hören und fühlen können, nur zu verständlich.

Vor diesem Hintergrund wird ein kurzer Ausblick in die Zukunft versucht (Seite 228 ff.): Maschinen könnten beispielsweise das Abbild des Charakters von bereits verstorbenen Personen beherbergen. Die Konstrukteure von natürlichsprachigen Dialogsystemen haben es bereits als wichtig erkannt, im Computer ein internes Modell seines Benützers aufzubauen. Durch die Interaktion mit dem Menschen kann der Computer – das ist nur eine Frage des Aufwandes und nicht der prinzipiellen Möglichkeit – das Abbild einer Persönlichkeit erzeugen, um es auf einem Datenträger zu speichern und beliebig zu vervielfältigen. Dann werden wir vielleicht nicht mehr Photos und Kinofilme unserer verstorbenen Verwandten betrachten, wenn wir uns ihrer erinnern wollen, sondern statt dessen Dialoge mit deren Persönlichkeitsrepräsentation im Computer ausführen – oder gar unseren Ödipuskomplex durch simulierten Vatermord ausleben?

Wir sollten derartige Visionen nicht als weit in der Zukunft liegende Utopien beiseite schieben. Es braucht keine besonders ausgefeilte Technik, um im Menschen Phantasien wachzurufen, die über das, was die Maschine kann, weit hinausgehen. Das klassische Beispiel dafür ist das bekannte Dialogprogramm «ELIZA« von Joseph Weizenbaum. Schon heute gibt es aber in den Vereinigten Staaten allen Ernstes ein »Computerised Pastoral Counselling System«, ein Computerprogramm mit einer Wissensbasis in christlicher Philosophie: Die Christus-Software leitet Analyse und seelischen Rat aus den Lehren Jesu ab.

Die Computer der fünften Generation, die sich den Vorstellungen einer intelligenten Maschine bereits nähern und das utopische Programm der Künstlichen-Intelligenz-Technik verwirklichen sollen, sind jedenfalls drauf und daran, in das soziale und humane Beziehungsgefüge von Staat und Gesellschaft massiv einzugreifen. Infolge der gleichzeitigen Struktur- und Maßstabveränderungen lassen sich die Folgen solcher Eingriffe nicht mehr vorhersagen. Auch der Standpunkt »Nach mir die Sintflut« ist unhaltbar geworden, weil heute jeder damit rechnen muß, von der Sintflut eingeholt zu werden.

Weder blinde Fortschrittseuphorie noch Technikverbot werden uns weiterhelfen

Trotz aller – völlig außer Streit stehenden – Vorzüge der Informationstechnik stellt sich gegenwärtig die Frage, ob wir die Entwicklung und den Fortschritt – besser gesagt: den Fortsturz – unserer Welt noch bewußt im Griff haben.

Ob wir es wollen oder nicht: Wir können den »Fortschritt« nicht drosseln oder stoppen. Die Freiheit der Meinungsäußerung und die Freiheit der Wissenschaft sind mit gutem Grund verfassungsrechtlich abgesichert. Ein bewußtes »Einfrieren« des technischen Fortschritts würde außerdem politische Lenkungsinstrumente voraussetzen, die einerseits mit den Prinzipien unserer Marktwirtschaft schwer in Einklang zu bringen wären, andererseits Überwachungsinstrumente bedingten, die eben durch diese Politik des Einfrierens verhindert werden sollten.

Das bedeutet jedoch keineswegs, daß wir einem ungehinderten Wildwuchs der Chips untätig zusehen sollen. Vor allem dürfen wir nicht immer nur fragen, wo überall wir den Computer einsetzen können, sondern wir müssen in jedem Einzelfall überlegen, ob wir dies auch tun sollen. In diesem Sinn brauchen wir weder schrankenlos mehr Technik noch eine Politik der Verbote, sondern eine gelebte Ethik des Verzichts, um im Informationszeitalter als Menschen bestehen zu können. Diese Forderung mag irreal, weil politisch nicht durchsetzbar erscheinen; als Zielvorstellung sollte sie dennoch Anerkennung gewinnen.

Fortschritt zum Menschen

Ziffer 5 besteht aus zwei Teilen: Im ersten wird eine umfassende Diagnose der Lage des Bildungswesens in acht Thesen versucht, und im zweiten folgen zwölf weitere Thesen, die Grundlinien für die Erziehung im Informationszeitalter skizzieren (Seite 238 ff.).

Die Darstellung geht davon aus, daß die Krisenhaftigkeit des gegenwärtigen Bildungswesens im Kern bereits durch die Rasanz des technischen Fortschritts bedingt ist. Darüber hinaus wird die Existenz traditioneller Bildungsinstitutionen durch die rasche Ausbreitung der modernen Informationstechnik mehr und mehr in Frage gestellt, traditionelle Lehrziele geraten ins Wanken, weil sie als zunehmend obsolet eingestuft werden, aber auch traditionelle Lehrmethoden werden mehr und mehr in Zweifel gezogen. Die technisch vermittelten Alternativen dazu sind jedoch unzureichend.

Die Schule hat die moderne Informationstechnik als Bildungsinhalt bisher nur in völlig ungenügender Weise wahrgenommen. Erschwerend kommt hinzu, daß auch die künftige Finanzierung des öffentlichen Bildungswesens ungeklärt ist.

Und vor allem: Im Gebrauch der Produkte moderner Informationstechnik verändert sich der Mensch auf vielfältige Weise. Weder das Erziehungswesen noch die Gesellschaft nimmt gegenwärtig diese Einflüsse gebührend wahr.

Der zweite Teil dieses Abschnitts geht von den Fragen nach dem Verhältnis von Mensch und Maschine und nach dem umfassenden Erklärungsanspruch der mechanistischen Wissenschaft aus. Die Vertreter einer wissenschaftlichen Weltanschauung, die sich dem Messen, Wägen und Formalisieren gewidmet hat, sind argumentativ im Vorteil: Was sie messen können, läßt sich exakt angeben und unter den gleichen Bedingungen jederzeit bestätigen. Die moderne Naturwissenschaft zeigt uns nur zu eindrücklich, was alles »geht«, und die Produkte der modernen Technik sind augenfälliges Zeichen der Mächtigkeit des ihr zugrunde liegenden Konzepts.

Anderseits verdient ein Phänomen gebührende Beachtung: daß sich auch heute noch viele Menschen gegen die Auffassung wehren, der Mensch sei bloß eine komplexe Maschine. Wie sonst wären die zahlreichen Sekten, spiritistischen Zirkel, das Interesse für außersinnliche Phänomene erklärbar, die gerade heute mächtig in Erscheinung treten?

Nach einer Standortbestimmung zu diesem Thema folgt die grundsätzliche These: Erziehung soll sich in erster Linie am Menschen, nicht an der Technik orientieren.

Die Schule darf sich nicht dem Diktat vorgeblicher wirtschaftlicher Erfordernisse beugen. Gewiß soll sie Qualifikationen für die Welt, wie sie ist, erzeugen. Das aber nur dann, wenn sie zugleich Bildung für eine Welt vermittelt, wie sie sein sollte.

Wir brauchen keine Lernmaschinen nach Skinner und keine Computer auf zwei Beinen. Sie könnten mit den neuen Denkmaschinen doch nicht konkurrieren. Überall dort, wo in genau angebbaren Bereichen der Mensch in Wettstreit zur Maschine tritt, triumphiert sein eigenes Werk.

Erziehung zur Hygiene im immateriellen Bereich

In einer von Technik verwalteten Zeit ist es legitim, nach mehr Menschsein zu rufen. Erziehung soll Bewußtsein und Verantwortung schaffen für eine Welt, wie sie sein sollte: überschaubar, durchschaubar – nach dem Maß des Menschen. Die Natur hat nicht dafür vorgesorgt, daß Großstädte, Konzerne und Computer nicht »in den Himmel« wachsen. Diese Vorsorge sollte vielmehr unsere Aufgabe sein.

Der Computer ist hier ein kritischer Faktor: Genau dort, wo komplexe Systeme unüberschaubar werden, rufen wir ihn herbei, um die verwirrende Vielfalt doch noch im Griff zu behalten. In Wahrheit bekommen wir damit lediglich ein Schattengebilde in die Hand, und was den Schatten wirft, wächst mit eigengesetzlicher Dynamik weiter. Wir sind stolz darauf, zu messen, wie der Schatten zunimmt.

Wir müssen beginnen, zu geistiger Hygiene zu erziehen. Ähnlich wie die Verbrennung der fossilen Energieträger unsere Umwelt verschmutzt, überschwemmen die massenhafte Produktion, Verarbeitung und Kommunikation von Information das Bewußte und Unbewußte des Menschen; die Informationsexplosion führt zu einer Verschmutzung der geistigen Sphäre mit Daten oder gar digitalem Abfall. Datenflut bedroht das innere Gleichgewicht des Menschen. Reduzierte menschliche Denkstrukturen in Form von Computerprogrammen wirken in allen Bereichen des Lebens und der Gesellschaft fort. Was der Umweltschutz für die äußere Natur, das Ökosystem und die physische Gesundheit des Menschen leisten kann und soll, muß das Erziehungswesen im weitesten Sinn des Wortes für die innere Natur des Menschen wahrnehmen.

Wir brauchen auch ein Ethos der Informationsproduzenten und entsprechende Normen im immateriellen Bereich. Ebensowenig wie es angeht, daß chemische Fabriken ihren Abfall ungehindert in die Umwelt abladen, darf die Informationsproduktion ohne entsprechende Regelungen bleiben. Es ist erforderlich, einen sinnvollen und machbaren Kompromiß zwischen den in vielen Aspekten widersprüchlichen Forderungen nach möglichst freier Wirtschaft und Freiheit der Meinungsäußerung einerseits sowie nach geistiger Hygiene im Informationsbereich anderseits zu erreichen.

Die Ungewißheit über die Ziele der künftigen Gesellschaft darf indes nicht zu konservativer Reaktion führen. Wir sollten Angst nicht verdrängen, sondern sie bewußt machen.

Lernen in der Informationsgesellschaft

Schließlich werden mehrere Thesen zum Bereich des Lernens näher ausgeführt (Seite 262 ff.). Die einseitige Förderung logisch-abstrakter Fertigkeiten ist abzulehnen, denn in einer Zeit des Reduktionismus hat das »Lernen mit allen Sinnen« erhöhte Bedeutung. Es geht jedenfalls nicht an, mit Hinweis auf ein zusätzliches Lehrfach Informatik oder auf die vermutete Tatsache, daß handwerkliches Geschick im Berufsleben um so weniger erforderlich sei, je mehr Computer und Roboter traditionelle Arbeitsfelder des Menschen übernehmen, eine Beschneidung künstlerischer Fächer und handwerklicher Betätigung zu fordern. Im Gegenteil – nicht allein im Sinne einer kompensatorischen Erziehung sind diese sogar zu forcieren.

Auch im Zeitalter von Computertechnik und Künstlicher Intelligenz ist ein auf Fakten basierendes Wissensgerüst für den Menschen unabdingbar. Es wäre zweifellos falsch, aus der stupenden Rechenkapazität der Taschenrechner zu folgern, Kopfrechnen sei nunmehr überflüssig. Im Gegenteil: Eine ausgebildete Rechenfähigkeit ist im Computerzeitalter sogar wichtiger als früher, allerdings in anderer Weise: Wer mit dem Computer Berechnungen anstellt, läuft immer wieder Gefahr, sich zu vertippen. Ein falsches Komma in einer Bilanzanalyse – und die Firma ist am Bildschirm pleite. Auch jede anspruchsvollere geistige Ausdrucksform des Menschen ist an eine Schulung von Fertigkeiten gebunden. Diese dürfen nicht einfach an den Computer delegiert werden.

Es geht jedoch nicht bloß darum, Fakten zu vermitteln und Fertigkeiten einzutrichtern, sondern vor allem auch um die Erziehung der Fähigkeit zu lernen. Das Lernen zu lernen wird in der Zukunft zweifellos erhöhte Beachtung finden müssen. Eine wirkungsvolle Lerndidaktik kann kompensieren, was an Zeitaufwand für zusätzliche Lerninhalte angesichts der modernen Informationstechnik notwendig ist.

Die Vermittlung informatikrelevanter Inhalte ist für alle unerläßlich: Die elementaren Grundlagen der Computer- und Kommunikationstechnik muß jeder Schüler kennen. In welcher organisatorischen Form diese Inhalte im Unterricht verwirklicht werden, hängt von den spezifischen Gegebenheiten ab. Im einen Fall mag es sinnvoll scheinen, ein eigenes Schulfach zu schaffen; in anderen Fällen kann dasselbe Anliegen auch mit einem integrativen Ansatz erreicht werden.

Die Auswirkungen der Informationstechnik auf Mensch und Gesellschaft sollten durch projektorientierten Unterricht begreifbar gemacht werden. Derartige Projekte können grundsätzlich in alle Fächer eingebaut werden.

Um die angegebenen Ziele zu erreichen, müssen die Ausbildung aller Lehrer entsprechend erweitert und ihre Fortbildung drastisch intensiviert werden. Dies erfordert zweifellos beträchtliche zusätzliche budgetäre Ressourcen. Die Lehrerbildung ist dabei jedoch wichtiger als die Ausstattung der Schulen mit Computern.

Weder Schule noch Elternhaus können verhindern, daß Kinder und Jugendliche heute und in Zukunft schon frühzeitig mit elektronischen Medien, Heimcomputern und Robotern als Spielzeugen in Berührung kommen. Es liegt auf der Hand, daß damit Änderungen im sozialen Verhalten sowie im Denken, Fühlen und Wollen der Menschen einhergehen. Die langfristigen Auswirkungen dieser Entwicklung sind zur Zeit weitgehend unbekannt. Es wird daher notwendig sein, durch intensive Beobachtung und umsichtig konzipierte Forschungsprojekte rechtzeitig Erkenntnisse zu sammeln und daraus entsprechende pädagogische Konsequenzen zu ziehen. Kurzfristig müssen wir wahrscheinlich Fehlentwicklungen in Kauf nehmen.

Der computerunterstützte Unterricht hat im Bereich der allgemeinbildenden Schule höchstens peripher einen Platz. Gleichwohl wächst der privatwirtschaftliche Bildungsmarkt unaufhörlich. Deshalb erscheint es sinnvoll, die Vermarktung von Lernsoftware und computerunterstütztem Unterricht an pädagogisch-didaktische Erfordernisse zu knüpfen.

Für das berufsbildende Schulwesen sind informatikbezogene Inhalte mindestens ebenso wichtig wie für Gymnasien und Realschulen. Auch hier muß klargestellt sein, daß viele Inhalte und Fertigkeiten erst im Lauf der beruflichen Weiterbildung erworben werden können. Wenn dies gewährleistet ist, kann sich die Grundbildung auf das nötige Fundament beschränken, das einem geringeren Wandel unterliegt, als es den Anschein hat.

Schließlich gehen die Zielvorstellungen über den Bereich der herkömmlichen Schule hinaus: Erziehung soll das Bewußtsein und die Betroffenheit vermitteln, daß die beste Vorbereitung für das Leben in der Zukunft Bereitschaft und Fähigkeit zu lebenslangem Lernen ist. Lernen in der Schule bedeutet nicht, mit dem Abschlußzeugnis die Eintrittskarte für das Berufsleben zu erwerben, sondern muß die Voraussetzung liefern, auf Veränderungen in der Zukunft aktiv und flexibel reagieren zu können. Das Prinzip des lebenslangen Lernens muß Realität werden.

Antizipation und Partizipation sind tragende Säulen im Lernen für das Informationszeitalter. Das umfassende Recht auf Bildung muß verwirklicht werden. Dies setzt neue Prioritäten bei der Frage der Finanzierung des Bildungswesens voraus.

Lernen setzt schließlich einen Sinnbezug voraus. Die Erziehung für das Informationszeitalter ist deshalb untrennbar mit den grundlegenden Werten und Zielen des Menschen in der künftigen Gesellschaft verknüpft. Ein neues, innovatives Lernen muß deshalb die Fähigkeit des Individuums fördern, neue Sinnbezüge zu finden und aufzunehmen.

Zusammenfassend: Wir dürfen uns nicht begnügen, mit dem Schlachtruf nach mehr Wettbewerbsfähigkeit der Wirtschaft jede Schule mit ein paar Computern auszurüsten, Programmiersprachen einzupauken, die bald ohnehin niemand mehr braucht, und den Lehrern in Schnellkursen Informatik anzudienen – wir dürfen nicht eine katastrophal minderwertige Lernsoftware kritiklos auf unsere Kinder loslassen.

Wir brauchen nicht Computer auf zwei Beinen, sondern für das Informationszeitalter umfassend gebildete Menschen, die fähig und willens sind, ihr Leben lang zu lernen: nicht logisch-abstrakt gedrillte Denkkrüppel, nicht ich-leere Schattenmenschen, keine Homuter; vielmehr Wesen aus Fleisch und Blut, mit Hirn, Hand und Herz, die mit allen Sinnen lernen und nach Sinn streben.

Wenn wir verhindern wollen, daß das Maschinenhafte in uns dominiert, muß die Erziehung heranbilden, was den ganzen Menschen ausmacht.

Weder blinde Technikeuphorie noch sture Verweigerung werden die Probleme der Informationsgesellschaft lösen. Den Fortschritt zum Menschen können wir auch nicht an den Computer delegieren. Ihn müssen wir selbst verwirklichen.

Für die kritische Durchsicht des Manuskripts und wertvolle Anregungen bin ich Frau Dr. Elisabeth, Herrn Dr. Gerhard und Dr. Thomas Gergely, Herrn Dr. Raoul F. Kneucker und Herrn Max Werner Vogel sehr dankbar. Zahlreiche Impulse und Ideen lieferten außerdem Professor Dr. Helmut Schauer, Professor Dr. Ernst Schuberth und Dozent Dr. Gerhard Schwarz. Auch ihnen bin ich zu Dank verpflichtet. Die Damen und Herren des Verlags wurden durch den Autor in hohem Maße beansprucht; sie haben durch ihre tatkräftige Mithilfe wesentlich zu seiner Motivation beigetragen. Auch die Zusammenarbeit mit der Druckerei verlief - wie immer - reibungslos.

Wien, im Dezember 1985 Stefan M. Gergely

2. Computer und Bildungswesen – wo stehen wir heute?

2.1. Kindheit, Schule und Lernen im historischen Kontext

Im alten Ägypten habe es einen Halbgott Theut und einen weisen König Thamos gegeben, erzählt Platon im Dialog Phaidros. Theuth habe Zahl und Rechnung, Brett und Würfelspiel und zuletzt auch die Buchstaben erfunden. Er sei zu Thamos gegangen und habe verlangt, daß diese Erfindungen den Ägyptern zugänglich gemacht würden. Als er aber zu den Buchstaben kam, sagte Theuth: »Diese Kunde, o König, wird die Ägypter weiser machen und ihr Gedächtnis erhöhen, denn zur Arznei für Gedächtnis und Weisheit wurde sie erfunden.« Der aber erwiderte: »O kunstreicher Theuth, ein anderer ist fähig, die Werkzeuge der Kunst zu erzeugen, ein anderer wieder zu beurteilen, welches Los von Schaden und Nutzen sie denen erteilen, die sie gebrauchen werden. Auch du sagtest jetzt als Vater der Buchstaben aus Zuneigung das Gegenteil dessen, was sie bewirken.

Denn wer dies lernt, dem pflanzt es durch Vernachlässigung des Gedächtnisses Vergeßlichkeit in die Seele, weil er im Vertrauen auf die Schrift von außen her durch fremde Zeichen, nicht von innen her, nicht aus sich selbst die Erinnerung schöpft. Nicht also für das Gedächtnis, sondern für das Erinnern erfandest du ein Mittel. Von der Weisheit aber verleihst du deinen Schülern den Schein, nicht die Wahrheit. Denn wenn sie vieles von dir ohne Unterricht gehört haben, so dünken sie sich auch Vielwisser zu sein, da sie doch größtenteils Nichtwisser sind, und sie sind lästig im Umgang, da sie statt Weise Dünkelweise geworden sind« (Lit. 1).

Dieses Zitat zeigt trefflich, daß die Diskussion um die Einführung neuer »Kulturtechniken« bereits Jahrtausende alt ist. Sie beleuchtet immer aufs neue die Frage, ob und wie neue Erfindungen und technische Hilfsmittel den Menschen und sein Denken verändern. Aus der Perspektive der Informationsverarbeitung können wir im wesentlichen drei Etappen unterscheiden:

- die Einführung der Schrift,
- die Erfindung des Buchdrucks und
- die weltweite Ausbreitung von Computern und elektronischen Kommunikationsdiensten.

Die Befürworter der These, wonach die moderne Informationstechnik im wesentlichen ein Segen für die Menschheit sei, zitieren oft und gern den Dialog Platons über die Einführung der Schrift im alten Ägypten: Wir haben die kulturelle Neuerung, so schließen sie, doch gut bewältigt, nicht wahr? Dieses – oberflächlich gesehen, plausible – Argument verleitet allerdings dazu, tiefgreifende Einflüsse der Schrift auf das Geistesleben der menschlichen Gemeinschaft zu übersehen. So ist unmittelbar einsichtig, daß eine kulturelle Überlieferung, wenn sie nur mündlich von einer Generation in die nächste weitergegeben wird, den Menschen anders formt als eine auf Informationsspeichern aufgebaute Tradition; wer keine allgemein verbindlichen Zeichen benützt, um von Gehörtem oder Gesehenem ein (mehr oder weniger reduziertes) schriftliches Abbild zu machen, der muß seine Erlebnisse in ganz anderer Weise tradieren. Die Einführung der Schrift hat überdies eine sozial folgenschwere Zweiteilung der Gesellschaft bewirkt – in die auserwählten des Lesens und Schreibens Kundigen und in die sogenannten Analphabeten; lesen und schreiben zu können wird damit unversehens zur Eintrittskarte in eine elitäre Gemeinschaft. Eng damit verbunden ist die Einführung der Institution Schule.

So wie die Entwicklung der Schrift dem Menschen ungeheure Vorteile brachte und ihn in vieler Hinsicht der Notwendigkeit enthob, Fakten ständig in seinem Gedächtnis präsent zu haben, eröffnet auch der Computer neue, ungeahnte Chancen; in letzter Konsequenz nimmt er uns gleichzeitig auch das Denken ab. »Wir stehen der Gefahr gegenüber, unser Denkvermögen zu verlieren«, befürchtet der Wiener Statistiker Professor Dr. Gerhart Bruckmann: »Wer glaubt, dies sei eine Übertreibung, der beobachte einmal einen Halbwüchsigen, wenn er 13 mal 17 ausrechnen soll. Er wird auf seinem Taschenrechner fingern, und wenn er ihn nicht bei sich findet, mit entmutigtem Gesichtsausdruck mühsam nachzudenken beginnen, oder eher: nach einem Stück Papier und Bleistift suchen. Und dann wird er noch einen Umstehenden fragen, ob das Ergebnis stimmen könne« (Lit. 2).

Natürlich tritt ein etwaiger Verlust der Merk- oder Denkfähigkeit nicht sofort, nicht ontogenetisch ein (in diesem Sinn kann man nur froh sein, daß Charles Darwin recht hatte und nicht Jean Baptiste Lamarck). Sehr wohl eine bedenkliche Entwicklung wäre es jedoch, wenn das Bildungswesen jetzt dem vordergründigen Argument Platz machte, die Fertigkeit im Kopfrechnen sei überflüssig, weil ohnehin jedermann einen Taschenrechner besitze, oder auf Faktenwissen könne man getrost verzichten, weil dieses jederzeit in einer Computerdatenbank vorliege und dort abrufbar sei (siehe Seite 264).

Genauso wie die Einführung der Schrift zunächst die Entstehung zweier Klassen bewirkte (in manchen Ländern der Dritten Welt wird dies heute noch als gravierendes Problem gesehen), zeichnet sich auch am Weg in die Informationsgesellschaft die Teilung der Gesellschaft in eine Elite von EDV-Kundigen und eine Masse von Computeranalphabeten ab. Mag sein, daß dieses Problem in naher Zukunft insofern entschärft wird, als sich die Handhabung informationstechnischer Apparate bald so vereinfachen dürfte, daß dafür nur mehr die Kenntnis von Schriftzeichen und Ziffern – oder gar nur mehr gesprochene Befehle – erforderlich sind. Dennoch bliebe eine Elite der Computer- und Softwaremacher. Wir sollten uns jedenfalls nicht der Hoffnung hingeben, es seien alle EDV-Bildungsprobleme beseitigt, wenn der Computer nur einfach genug zu bedienen ist.

Ich plädiere dafür, die nicht selten als vierte Kulturtechnik hochgepriesene »Computerkundigkeit« viel umfassender als im Sinne einer bloßen Buchstabenkenntnis zu verstehen: So wie es für den Autofahrer im Straßenverkehr nicht genügt, nur zu wissen, wo Gaspedal und Bremse sind, sondern auch ein gutes Maß an persönlicher Verantwortung nötig ist, genauso reicht Computerkundigkeit über die Fähigkeit, am EDV-Terminal die richtige Taste zu drücken, weit hinaus, und das in noch viel komplexerem Sinne als beim Autofahren (siehe Seite 126).

Es wurde bereits erwähnt, daß das Aufkommen der Schrift in der Antike auch zur Entwicklung des Schulwesens führte. In analoger Weise begünstigte die Erfindung des Buchdrucks im Mittelalter das Aufblühen mannigfacher Bildungseinrichtungen. Heute dagegen droht die herkömmliche Schule am Siegeszug der modernen Informationstechnik zu zerbrechen: Zu sehr hat sie sich auf die Vermittlung von Faktenwissen beschränkt; zu schnell wächst aber die Informationslawine ins uferlose; und zu stark ist daher die Versuchung, die elektronische Datentechnik als Retter in der Not herbeizurufen. Wenn aber tatsächlich – wie dies etwa Klaus Haefner behauptet – eine merkbare Verschiebung der Informationsverarbeitung vom menschlichen Gehirn in technische Systeme stattfindet, dann muß die Schule sehr bald einen neuen Standort suchen, sonst verliert sie ihre Rolle als Träger der kulturellen Tradition. Keinesfalls genügte es, wenn sich die Schule auf die Vermittlung von kurzfristig aktuellem Anwendungswissen zurückziehen wollte und davon träumte, quasi als Ausgleich zum technischen Alltag verstärkt musische Fähigkeiten und soziale Funktionen zu fördern – dieses Buch ist vor allem dem Nachweis gewidmet, daß die Herausforderung durch die neue Informationstechnik viel umfassender bewältigt werden muß.

Zunächst aber wollen wir mit dem historischen Rückblick fortfahren: Vielen Zeitgenossen mag es scheinen, daß die Institution Bildungswesen ein großes Beharrungsvermögen kennzeichnet; daraus könnte man den Schluß ziehen, daß es Schule, wie wir sie heute verstehen, immer schon gegeben habe. Der skizzenhafte Blick in die Geschichte soll dagegen deutlich machen, wie sich die Begriffe »Schule«, »Lernen« und »Kindheit« im Laufe der Zeit gewandelt haben und welche Probleme der Erziehung im Kern dieselben geblieben sind. Damit soll die Bereitschaft freigesetzt werden, die Diskussion um die Erziehung in der Informationsgesellschaft über kleinliche Revierkämpfe und vordergründig-traditionsbetonte Rückzugsargumente hinauszuführen.

Die ersten Schulen

Die Idee der Schule wurde im antiken Griechenland geboren. Das griechische Wort für Schule bedeutet zugleich auch Muße und spiegelt damit die Überzeugung wider, daß ein zivilisierter Mensch, der Muße hat, seine Zeit ganz natürlich mit Denken und Lernen zubringt. (Wie wäre es, wenn wir diese Anschauung auf den modernen Begriff der Freizeit übertrügen und verwirklichten?)

Die Athener gründeten eine Vielfalt von Schulen: Gymnasien, die Ephebien, die Rhetorikschulen und sogar Elementarschulen, in denen das Lesen und Rechnen gelehrt wurde. Die Sophisten vermittelten die Kunst, durch Reden in schier ausweglosen Situationen doch noch den Sieg zu erringen; wenn es darum ging, politische Erfolge zu erzielen, leisteten Grammatik, Rhetorik und Dialektik gute Dienste; mit der geistigen Beherrschung von Raum- und Zahlenverhältnissen ergänzten die Wortgewandten das Instrumentarium der »agonalen Menschen«; sie fügten Arithmetik, Geometrie, Sternkunde und die Lehre von den akustischen Gegebenheiten hinzu. Von den »septem artes liberales« führt der »Lehrplan des Abendlandes« zur Artistenfakultät und später zum Gymnasium.

Wie umfassend Bildung im antiken Griechenland verstanden wurde, verdeutlicht der Philosoph, Praktiker und Ingenieur Vitruv in seinen Büchern über Architektur: »Des Architekten Wissen umfaßt mehrfache wissenschaftliche und mannigfaltige elementare Kenntnisse. Seiner Prüfung und Beurteilung unterliegen alle Werke, die von den übrigen Künsten geschaffen werden. Dieses (Wissen) erwächst aus ›fabrica‹ (Handwerk) und ›ratiocinatio‹ (geistige Arbeit). ›Fabrica‹ ist die fortgesetzte und immer wieder (berufsmäßige) überlegte Ausübung einer praktischen Tätigkeit, die zum Ziel eine Formgebung hat ... ›Ratiocinatio‹ ist, was bei handwerklich hergestellten Dingen aufzeigen und deutlich machen kann, in welchem Verhältnis ihnen handwerkliche Geschicklichkeit und planvolle Berechnung innewohnt. Daher muß der Architekt begabt sein und fähig und bereit zur wissenschaftlich-theoretischen Schulung. Denn weder kann Begabung ohne Schulung noch Schulung ohne Begabung einen vollendeten Meister hervorbringen. Er muß auch im schriftlichen Ausdruck gewandt, des Zeichenstiftes kundig, in der Geometrie ausgebildet sein, mancherlei geschichtliche Ereignisse kennen, fleißig Philosophen gehört haben, etwas von Musik verstehen, in der Heilkunde nicht unbewandert sein, juristische Entscheidungen kennen, Kenntnisse in der Sternkunde und vom gesetzmäßigen Ablauf der Himmelserscheinungen besitzen« (Lit. 3). Der Mathematiker Johann A. Markovsky von der Abteilung für Computerwissenschaft des Israel Institute of Technology in Haifa folgert daraus für die heutige Zeit: »Wenn die Informationsgesellschaft eine positive Utopie sein kann, so muß sie vom Software-Ingenieur ähnliches fordern« (Lit. 3). Eine angesichts der gegenwärtigen Informatikausbildung wohl mehr als kühne Forderung (siehe Seite 60).

Die alten Römer übernahmen im wesentlichen das griechische Konzept der Schulerziehung; gleichzeitig entwickelten sie, wie Neil Postman in seinem Buch »Das Verschwinden der Kindheit« (Lit. 4) ausführlich dargestellt hat, ein Bewußtsein für die Eigenart der Kindheit, das über die griechischen Vorstellungen hinausweist. So zeigt die römische Kunst bereits einen ganz ausgeprägten Sinn für Lebensalter, für das kleine und das heranwachsende Kind, wie man ihm in der abendländischen Kunst bis zur Renaissance nicht mehr begegnet.

Die Folgen des Buchdrucks

Dem Zusammenbruch des Römischen Reichs folgte in Europa eine jahrhundertelange Epoche, in der die Fähigkeiten zu lesen und zu schreiben ebenso verschwanden wie die Begriffe »Schule« und »Kindheit«. Lediglich in den Klöstern wurde altes Wissen weitergegeben. Ein neuer Aufschwung setzte erst im 11. Jahrhundert ein, als die ersten mittelalterlichen Universitäten entstanden und – was in diesem Zusammenhang nicht zu unterschätzen ist – die zuvor fast nicht existente Papierproduktion beträchtlich expandierte. Dennoch gab es im Mittelalter zunächst weder eine formelle Erziehung noch eine Kindheit, wie wir sie heute für selbstverständlich erachten. Natürlich waren Schulen im Mittelalter nicht unbekannt. Manche waren kirchlich, andere waren privat. Aber daß man zunächst keinerlei Elementarunterricht kannte, in dessen Verlauf Lesen und Schreiben sowie die Grundlagen für die weitere Ausbildung gelehrt werden, macht deutlich, daß es die Vorstellung von literaler Erziehung nicht gab. »Die mittelalterliche Form des Lernens entspricht der Mündlichkeit; das Lernen vollzieht sich hauptsächlich im Lehr- und Dienstverhältnis, gleicht also dem, was wir als ›Lernen in der Praxis‹ bezeichnen könnten« (Lit. 5). Charakteristisch für die damaligen Schulen waren das Fehlen abgestufter Lehrprogramme, die Simultaneität des Unterrichts, die Vermischung der Altersstufen und die Schülerfreiheit.

Um die Mitte des 15. Jahrhunderts wurde – an mehreren Orten beinahe gleichzeitig – die Druckerpresse erfunden. Die Neuerung fiel auf fruchtbaren Boden: Bereits fünfzig Jahre später waren insgesamt mehr als 8 Millionen Bücher gedruckt. Gegen Ende des 15. Jahrhunderts gab es in über hundert europäischen Städten Buchdruckerwerkstätten, vor allem in Italien.

Die damit verbundene Möglichkeit, dem eigenen Wort für immer feste Gestalt zu verleihen, ließ eine neue und ungemein wirkungsvolle Vorstellung von Individualität entstehen. Wie die mechanische Uhr eine machtvolle Zeitmaschine ist, so fängt auch die Druckerpresse die Zeit ein, bändigt und verwandelt sie; damit wandelte sich auch das Bewußtsein des Menschen von sich selbst. Doch während die Uhr gewissermaßen die Ewigkeit als Maßstab und Zielpunkt menschlichen Handelns abschaffte, verhalf ihr die Druckerpresse zu neuem Leben. Der Buchdruck verknüpft die Gegenwart mit dem »immer« (Lit. 6).

Die mechanische Uhr vermittelte uns eine neue Zeitvorstellung; das Teleskop brachte eine neue Sicht des Raumes und der Größenverhältnisse; Alphabet und Buch erzeugten eine neue Art von Wissen. Zugleich können wir feststellen, daß sich die Struktur unseres Bewußtseins umformt, um der veränderten Kommunikationsstruktur zu genügen. Veränderungen innerhalb der Kommunikationstechnik haben stets drei verschiedene Wirkungen: Sie verändern die Struktur der Interessen (die Dinge, über die nachgedacht wird), den Charakter der Symbole (die Dinge, mit denen gedacht wird) und das Wesen der Gemeinschaft (die Sphäre, in der sich Gedanken entwickeln) (Lit. 7).

Zur gleichen Zeit, als die Druckerpresse bei den Schriftstellern ein gesteigertes Selbstbewußtsein freisetzte, erzeugte sie eine ähnliche Haltung bei den Lesern. Denn vor der Erfindung des Buchdrucks spielte sich alle menschliche Kommunikation in einem festen sozialen Kontext ab. Auch da, wo gelesen wurde, folgte man dem Modell der Mündlichkeit, das heißt, ein Leser sprach die Worte laut aus, und andere hörten ihm zu. Mit dem gedruckten Buch jedoch erschien der isolierte Leser mit seinem privatem Blick. Die Mündlichkeit verstummte, der Leser und seine Reaktion auf das Gelesene sonderten sich aus dem sozialen Kontext ab. »Der Leser zog sich in seinen eigenen Kopf zurück, und vom 16. Jahrhundert bis heute haben die Leser in der Regel von den Menschen in ihrer Umgebung vor allem Abwesenheit verlangt oder wenigstens Stille. Beim Lesen verschwören sich Autor und Leser gegen Dasein und Bewußtsein der Gemeinschaft. Kurzum, Lesen ist ein antisozialer Akt« (Lit. 8).

Noch wesentlich weiter reichen die Auswirkungen der modernen Informationstechnik und der elektronischen Massenmedien: Fernsehen und Neue Medien formen unsere Kultur nachhaltig, sie prägen Denken, Fühlen und soziales Handeln der Menschen; durch Computer werden reduzierte menschliche Denkstrukturen in Form der Software-Programme millionenfach vervielfältigt und gewinnen dadurch überproportionales Gewicht; je mehr sich der Mensch mit informationstechnischen Medien auseinandersetzt, um so stärker bemächtigt sich eine Welt der Schatten seines Bewußtseins; abstrakte Sinnlichkeit vedrängt zwischenmenschliche Gefühle; und eine – Macht und Ohnmacht absorbierende – Gegenwelt konkurriert mit sozialen Handlungsimpulsen für die leb- und erlebbare Wirklichkeit (siehe Seite 169 ff.).

Die Einführung der Schrift, des Buchdrucks und der Informationstechnik führen, so gesehen, in ein- und dieselbe Richtung: von der konkreten Lebenswirklichkeit zum abstrakten Abbild, vom im konkreten, überschaubaren sozialen Kontext Tradierten zur zeit- und raumunabhängigen Datenverarbeitung, von dem auf sich selbst gestellten Menschen zum »Prothesengott« (siehe Seite 232).

Wenn auch die Entwicklungsrichtung je dieselbe sein mag, muß dennoch in zahlreichen Aspekten differenziert werden. Kehren wir deshalb noch einmal zum Phänomen des Buchdrucks zurück. Dieser lieferte nicht nur neue Inhalte, über die nachgedacht wird, sondern barg darüber hinaus – quasi systemimmanent – eine neue Methode zur Organisation des Denkens. Die strenge Linearität des gedruckten Buchs, der sequentielle Charakter in der Abfolge von Sätzen und Abschnitten (sie wird ironisch auch als »ABC-Gesinnung« bezeichnet) trugen dazu bei, das Denken aller Leser, gleichgültig welchem Beruf sie nachgingen, neu zu ordnen: »Es kann kaum Zweifel daran geben«, meint auch Neil Postman, »daß die Strukturierung des Buches in Kapitel und Abschnitte sich zu einem allgemein akzeptierten Verfahren entwickelte, eine bestimmte Materie zu gliedern: Aus der Form, in der das Buch sein Material präsentierte, wurde die logische Struktur des Faches selbst« (Lit. 9). Ähnliches gilt auch für die auf Seite 100 beschriebenen Expertensysteme, Programme aus der Domäne der Künstlichen Intelligenz: Die Form, in der dort medizinisches Wissen bis ins Detail in Fakten geliedert und mit eindeutig angebbaren Regeln verknüpft wird, kann als Vollendung des Prozesses der logischen Strukturierung gesehen werden, der mit dem Aufkommen des Buches eingesetzt hatte.

Hand in Hand mit der Ausbreitung des Buchdrucks war ferner eine Tendenz zur Standardisierung der Informationsdarstellung zu beobachten; dazu kam eine erhebliche Ausweitung der Kommunikation zwischen Schriftgelehrten, Autoren und Forschern. Auf diesem Boden erst konnte sich die neuzeitliche Naturwissenschaft voll entfalten.

Auf dem Weg zur Institution Schule

Die durch den Buchdruck vermittelte Literalität führte fast notwendigerweise zu einem Aufblühen des Schulwesens. Das freie Stadtvolk brauchte für Geschäfte und Handelsbeziehungen Institutionen, die einen Gegensatz bildeten zu den auf Theologie, Jurisprudenz und Medizin vorbereitenden Lateinschulen mit ihren sieben freien Künsten, es brauchte neue Institutionen für neue Spezialisten, die die Umgangssprache lesen und schreiben, Berechnungen anstellen, Briefe aufsetzen oder nach Vorlagen kopieren konnten – die Vorläufer der Volks- und Elementarschulen. Für ihre

Ausbreitung über die Stadtgrenzen hinaus war später der Einfluß Martin Luthers und der Reformation entscheidend.

Die gehobenen Handwerker und Stadtbürger der Aufklärungszeit institutionalisierten eine auf die Wirklichkeit der bürgerlichen Berufe bezogene, auf die »Realia« vorbereitende Schule, die Realschule. Sie wurde oft im Anschluß an die Grundschule, manchmal aber auch als selbständige Einrichtung zwischen Gymnasium und Volksschule geführt, während das Gymnasium in der Regel »grundständig« war, also auch die Schulanfänger aufnahm. So kam es zum bekannten Parallelsystem, bestehend aus dem Gymnasium einerseits und der Volksschule andererseits; dazwischen steht eine mittlere, die mit den verschiedensten Namen bedacht wird: »Mittelschule« wegen ihrer Stellung, »Realschule« auf Grund der Bezogenheit auf die erlebbare Realität, »Industrieschule« oder »Gewerbeschule« als Zubringerin zur Wirtschaft, »Sekundarschule« als Anschluß an die erste, die Primarschule (Lit. 10).

Mit der Institution Schule wurden auch die Begriffe »Kindheit« und »Erwachsensein« neu geschaffen; die Aufgliederung in Altersklassen führte zu einer Hierarchie der Lesekompetenz. Eine spezifische »Jugendkultur« trat in Erscheinung – zum Teil sogar ganz augenfällig: Schulkinder begannen, eine ihrem Alter eigentümliche Kleidung zu tragen.

Bald war die Schule nicht bloß dazu da, Kulturtechniken und grundlegende Bildung zu vermitteln, sondern sie entwickelte sich zu einem Instrument der Disziplinierung fort. Die Fähigkeit zur Selbstbeherrschung und Überwindung der eigenen Natur wurde zu einem bestimmenden Merkmal von Erwachsensein und damit gewissermaßen zum Erziehungsziel schlechthin. Bereits 1597 entwarf Shakespeare das Bild eines Kindes, dem bereits klar ist, daß die Schule nur die Feuerprobe für das Erwachsenenalter ist. In »Wie es euch gefällt« spricht der englische Dichter von dem »weinerlichen Buben, der, mit Bündel und glattem Morgenantlitz, wie die Schnecke / ungern zur Schule kriecht« (Lit. 11). Damit entstand allmählich, was Ivan Illich die »latenten Funktionen« des modernen Schulwesens nennt: Beaufsichtigung, Auslese, Indoktrination und Lernen. Illich definiert »Schule« dementsprechend als das altersbezogene, an Lehrer gebundene Verfahren, bei dem der

Schüler die ganze Zeit an einem obligatorischen Curriculum teinehmen muß (Lit. 12).

Kurzum, das Streben nach Literalität bewirkte letztlich eine kulturelle Konditionierung. Es wäre erstaunlich, wenn die gegenwärtige Entwicklung zur Computerliteralität nicht auch dazu führte, den Kindern der Zukunft ein technisch vermitteltes Maß anzulegen. Doch davon später (siehe Seite 133 ff.). Sehen wir uns nun die Entwicklung der Staatsschule im heutigen Sinne näher an. Auch daraus können wir für die Beurteilung der Lage des heutigen Bildungswesens einiges lernen.

Die Schule als Aufgabe des Staates

Die Idee der Gleichberechtigung im Vorfeld der Französischen Revolution und die Inhalte der ersten US-amerikanischen Verfassung (»Bill of Rights«, Virginia 1776) wirkten nachhaltig auf die Reformatoren des abendländischen Schulwesens. Die französischen Adeligen Louis Michel Lepeletier und der Marquis von Condorcet strebten vor allem nach einer gleichen Schule für alle Kinder und nach gleicher Behandlung in der Schule. Die Nation sollte die Kinder von den Müttern übernehmen, um sie zu Menschen zu bilden. In diesen Forderungen liegt allerdings ein Widerspruch: Um jedem einzelnen die Chance zu geben, seine Freiheitsrechte kennenzulernen, muß der Staat zugleich den Schulzwang einführen, damit alle die gleiche Chance dazu haben (siehe dazu Seite 278).

Auch Johann Gottlieb Fichte forderte in seiner achten Rede die Einheitsschule für alle. Der Staat als höchster Verweser der menschlichen Angelegenheiten, Vormund der Unmündigen, habe das vollkommene Recht, die letzteren zu ihrem Heile auch zu zwingen; dieser Zwang sei gerechtfertigt, weil er nach vollendeter persönlicher Erziehung die ganze persönliche Freiheit zurückgebe.

Wilhelm von Humboldt schließlich stellte die Forderung nach allgemeiner Menschenbildung auf das Fundament der humanistischen, auf den Ideen der griechischen Antike fußenden Ideale.

Diese Bildungsutopien scheiterten allerdings in der Zeit der Restauration; Humboldts Pläne wurden 1826 beiseite geschoben. Der

Geist, der sie geschaffen hatte, urteilt Eduard Spranger, war nicht mehr der Geist der preußischen Regierung. Im Zeichen der »Heiligen Allianz«, unter Metternichs Führung, rückten der aufklärerische Vernunftglaube und die Ideale von Freiheit und Gleichheit in den Hintergrund. Dennoch wirken die Bildungsideale des frühen 19. Jahrhunderts bis heute nach – bis zur gegenwärtigen Diskussion um die Gesamtschule haben die Spannungen zwischen dem Lager des ständisch gegliederten Parallelsystems und den Entwürfen einer Einheitsschule nicht abgenommen; aus der idealistisch getönten Diskussion wurde allerdings eine vorwiegend politisch motivierte.

Der Weg der Schule zur öffentlichen Institution wurde allerdings von Anfang an nicht kritiklos hingenommen. So schrieb Johann Friedrich Herbart in »Über Erziehung unter öffentlicher Mitwirkung« im Jahr 1810 über das Ansinnen, dem Staat die Erziehung der Kinder zu übertragen: »Ein unbilliges, ein unangemessenes Ansinnen! Uns wollt ihr den weichsten aller Stoffe, das menschliche Kind, zur Ausbildung empfehlen, zur langsamen, durch kaum unterscheidbare Stufen fortgehenden, durch die zarteste Liebe allein, durch den feinsten Kunstsinn möglichen Ausbildung? Wir dachten doch, Ihr hättet einen klareren Begriff von einer Kunst oder einer künstlerischen Sorgfalt! Wollt Ihr nicht etwa auch uns fürs Gedeihen der Musik und der Plastik und der Dichtkunst verantwortlich machen? ... Redeten so die Staatsmänner, so würden sie gerade an den Hauptpunkt erinnern, von dem das Heil der Erziehung abhängt. Daran, daß die Kunst des Erziehers einen Künstler fordert« (Lit 13). Die Kenntnis dieses Künstlers müsse die »Kenntnis der menschlichen Natur in ihrer ursprünglichen, unendlichen Bildsamkeit« sein. Nicht die Bewältigung intellektueller Tüchtigkeit, sondern der das Wissen (fast) vergessende Staunblick, der verwundbare Blick des Anfangenden, des nicht Verständigen, der galt der Herbartschen Künstlersicht des Lehrererziehers als grundlegende Fähigkeit.

»Wir reiben uns die Augen«, kommentiert aus heutiger Sicht Horst Rumpf, Professor für Erziehungswissenschaft in Frankfurt am Main. »Der Lehrererzieher sollte in seinem Gehabe, in seiner allem Fertigen und Bescheid-wissenden entgegenlaufenden Lebensspur etwas vom Gehabe und vom Aroma des Künstlerlebens an sich haben. Wir verstehen kaum mehr, mangels jeder Anschauung, was damit gemeint sein könnte.« Bedenken wir: Erst sechs Generationen sind seit dem Aufruf Herbarts vergangen.

Auch der Begründer des humanistischen Gymnasiums, Wilhelm von Humboldt, war entschieden der Ansicht, öffentliche Erziehung liege »ganz außerhalb der Schranken, in welchen der Staat seine Wirksamkeit halten muß« (Lit. 14). »Erziehung zur Freiheit und Freiheit des Erziehers bedingen sich gegenseitig«, schreibt der Schweizer Pädagoge Wolfgang von Wartburg; die Staatsschule sei eine historische Erscheinung und keineswegs ein Absolutum – »sie ist ein Notbehelf, zu dem wir deshalb greifen mußten, weil im Zuge der modernen kulturellen Entwicklung das Volk sich nicht zu der Energie aufzuschwingen vermochte, die nötig gewesen wäre, um das Erziehungswesen auf einer freien Basis unabhängig vom Staat aufzubauen« (Lit. 15).

Trotz dieser Einwände konnte der Staat nach und nach seinen Einfluß auf das Bildungswesen ausbauen. Damit wurde das Lernen zunehmend so organisiert, daß sich die Lehreinrichtung räumlich, zeitlich und inhaltlich von der Lebenspraxis isolierte; daß die Lehrinhalte voneinander in Fächern isoliert und sorgfältig parzelliert wurden; daß homogenisierte Lernanforderungen und Beurteilungskriterien entstanden; daß die Exekutoren dieser Belehrungs- und Beurteilungsprozeduren, die Schulmänner, auf der Seite des Staates stehen, von ihm eingesetzt, geprüft, kontrolliert, als austauschbare Inhaber einer Position – damit »ist es ganz selbstverständlich mit der hochsensiblen und Konventionen brechenden Lehrkunst vorbei; sie kann nicht gedeihen« (Lit. 16).

Die bürokratische Organisationsstruktur der Staatsschule begünstigt, ja erzwingt eine Modellierung von Schülern, Lehrern, Lehrinhalten und Lernprozessen, eine Modellierung, die sowohl die gesellschaftlichen Selektionsanforderungen an das Schulwesen wie auch die zivilisatorischen Forderungen nach Selbstbeherrschung und Entsubjektivierung durchzusetzen erlaubt. Die Rationalisierung, die sich in der Formalisierung des Schullernens schon längst gemeldet hat, drängt gegenwärtig in Gestalt neuer Informationstechnologien nur scheinbar auf ein fremdes Gelände vor.

So gesehen ist die oft proklamierte »neue Bildungskrise« alles andere als neu. Das Herankommen der modernen Informationstechnik verstärkt lediglich das im Keim bereits vor knapp zwei Jahrhunderten angelegte Problem, den Widerspruch nämlich von instrumentell-technischer auf der einen und humaner Bildung auf der anderen Seite. Bedenken wir dabei, daß schon die Formulierung der humanistischen Bildungsidee durch Wilhelm von Humboldt im wesentlichen vom damals aufkommenden technologischen Wandel der Industrialisierung und seinen sozialen Folgen beeinflußt war. Individuelle und gesellschaftliche Nützlichkeit standen menschlicher Selbstreflexion und Selbstbestimmung als idealhumanistischem Bildungsziel gegenüber; heute diskutieren wir um technologischen Wandel versus menschliche Bedürfnisse. Das Thema ist dasselbe geblieben, lediglich die Formulierungen haben sich geändert.

Was jedoch nicht bedeutet, daß wir mit dieser Feststellung achselzuckend zur Tagesordnung übergehen sollen. Fraglos müssen wir uns auch intensiv mit den spezifischen Problemen auseinandersetzen, die aus der Konfrontation der Informationstechnik mit dem Bildungswesen entstehen. Da der Computer als Lerninhalt stark mit mathematischen und naturwissenschaftlich-technischen Fragen verknüpft ist, soll im folgenden die historische Entwicklung des Unterrichts in diesen Fächern näher beschrieben werden. Dadurch wird deutlich, daß die gegenwärtige Diskussion über das Lehrfach Informatik an allgemeinbildenden Schulen in vieler Hinsicht eine Auseinandersetzung fortführt, die bereits gegen Ende des vergangenen Jahrhunderts begonnen hat. Die gedanklichen Konzepte, auf denen die Funktionsweise des Computers beruht, sind nämlich schon damals entwickelt worden und beschäftigen seither die moderne Mathematik.

2.2. Der mathematisch-naturwissenschaftliche Unterricht – gestern und heute

Die mathematische Schulbildung, wie wir sie heute kennen, geht auf verschiedene Traditionen innerhalb der abendländischen Kultur zurück. Die eine zieht sich als dünner Strom durch die Abgeschlossenheit der Klöster und Klosterschulen, in denen Reste der antiken Mathematik bis in die Neuzeit hinein weiter gepflegt wurden. Eine zweite Tradition beschränkter mathematischen Bildung lag bei den mittelalterlichen Bauhütten. Eine dritte läßt sich in den Unterweisungen der »Rechenmeister« erkennen – sie kamen den praktischen Bedürfnissen der Handwerker und Kaufleute nach. Eine echte Fortentwicklung der Mathematik findet man dabei in keiner dieser Strömungen. Das meiste schien dogmatisch überliefert, bestenfalls kommentiert worden zu sein (Lit. 17).

Eine wesentliche Neugestaltung des mathematischen Unterrichts setzte erst zu Anfang des 19. Jahrhunderts in Preußen ein. Sowohl die Ideen des Neuhumanismus als auch die Erfahrungen der Napoleonischen Kriege bestätigten die Bedeutung einer höheren mathematischen Bildung für praktische Leistungen im militärischen und administrativen Bereich. Der Umfang des mathematischen Unterrichts wurde in der Folge beträchtlich ausgebaut; schon der sogenannte Süvernsche Lehrplan aus dem Jahr 1860 geht hin bis zu den Taylorschen Reihen und der Wahrscheinlichkeitsrechnung.

Im Spannungsfeld zwischen Theorie und Praxis

Im Laufe des 19. Jahrhunderts spaltete sich die Hochschulmathematik jedoch zunehmend in immer mehr Fachdisziplinen auf; vor allem trennte sich die reine Mathematik von der angewandten Mathematik. Im Zuge dieser Entwicklungen wurde offenbar die angewandte Mathematik zugunsten einer vorwiegend formalen Betrachtungsweise vernachlässigt. Dagegen setzten sich die Naturwissenschaftler und Ingenieure sehr bald zur Wehr: So nahm der Verein zur Förderung des mathematisch-naturwissenschaftlichen Unterrichts im Januar 1891 folgende Erklärung an: »Die Schüler der höheren Lehranstalten sind im allgemeinen noch zuwenig imstande, das Mathematische in den sich ihnen im Leben darbietenden Erscheinungen zu erkennen.« Die Ursache davon sei vorzugsweise in dem Umstande zu suchen, daß die Anwendungen der mathematischen Theorien vielfach in künstlich gemachten Beispielen bestünden, anstatt sich auf die Verhältnisse zu beziehen, welche sich in der Wirklichkeit darbieten. Daher müsse das System der Schulmathematik mit Rücksicht auf die sich naturgemäß darbietende Verwendung (Physik, Chemie, Astronomie und so weiter, auch kaufmännisches Rechnen) aufgebaut werden. Und weiter: »Die demgemäß heranzuziehenden Beispiele sollen die Schüler daran gewöhnen, in dem sinnlich Wahrnehmbaren nicht nur Qualitatives, sondern auch Quantitatives zu beobachten, in einem solchen Grade, daß ihnen eine solche Betrachtungsweise dauernd zum unwillkürlichen Bedürfnis wird« (Lit. 18).

Als Erfolg dieser Bestrebungen wurde in einer neuen Prüfungsordnung für Lehramtskandidaten im Jahr 1898 neben die Lehrbefähigung für reine Mathematik auch eine solche für angewandte Mathematik aufgenommen. Fortan steht der mathematische Unterricht (ähnlich wie heute der Informatikunterricht) im Spannungsfeld zwischen der traditionellen Mathematik als reiner Wissenschaft und den Forderungen der »Praktiker« aus Technik, Wirtschaft und Handel. Dazu kommen die Forderungen von Pädagogen und Didaktikern sowie der politischen Kräfte.

Vom System des Euklid zum genetischen Aufbau des Unterrichts

Die weitere Entwicklung wurde maßgeblich von Felix Klein, Professor für Mathematik in Göttingen, geprägt (man spricht in diesem Zusammenhang auch von der Kleinschen Reform). Seine Ziele wurden erstmals bei der Herbsttagung der Naturforschergesellschaft im Jahre 1905 in Meran deutlich artikuliert: »Einmal gilt es (wie in allen anderen Fächern), den Lehrgang mehr als bisher dem natürlichen Gange der geistigen Entwicklung anzupassen, überall an den vorhandenen Vorstellungskreis anzuknüpfen, die neuen Erkenntnisse mit dem vorhandenen Wissen in organische Verbindungen zu setzen, endlich den Zusammenhang des Wissens in sich und mit dem übrigen Bildungsstoff der Schule von Stufe zu Stufe mehr zu einem bewußten zu machen. Ferner wird es sich darum handeln, unter voller Anerkennung des formalen Bildungswerts der Mathematik doch auf alle einseitigen und praktisch bedeutungslosen Spezialkenntnisse zu verzichten, dagegen die Fähigkeit zur mathematischen Betrachtung der uns umgebenden Erscheinungsfelder zu möglichster Entwicklung bringen. Von hier aus entspringen zwei Sonderaufgaben: die Stärkung des räumlichen Anschauungsvermögens und die Erziehung zur Gewohnheit des funktionalen Denkens« (Lit. 19).

Damit war eine deutliche Abwendung von den Anschauungen der Mathematik Euklids verbunden, wie er sie in seinem zwölfbändigen Werk »Die Elemente« um 300 vor Christus niedergelegt hatte. An die Stelle der logisch-deduktiven Systematik gemäß Euklid sollte nunmehr ein »genetischer« Aufbau im Unterricht treten. Das logische Element sollte deshalb nicht verkümmern: Die logische Überlegung sei für die Mathematik, was das Skelett für den tierischen Organismus ist, bemerkt Klein. Aber die wäre eine merkwürdige Zoologie und eine sehr verfehlte zoologische Unterrichtung, die von Beginn an nur von dem Knochengerüst der Tiere handeln wollte. Außerdem habe Euklid seine »Elemente« ganz gewiß nicht für Kinder geschrieben.

Der Einzug der formalen Logik in den Schulunterricht

Die Reformbestrebungen Felix Kleins wurden nie voll verwirklicht. Zuerst ließ der Erste Weltkrieg die Bemühungen ins Stocken geraten. Und nach dem Zweiten Weltkrieg hatte sich die Universitätsmathematik bereits neuerdings so stark gewandelt, daß ganz andere Gesichtspunkte ins Spiel kamen. Die mathematische Wissenschaft erlebte nämlich gerade eine grundlegende Krise. Um diese verständlich zu machen, müssen wir etwas ausholen: Bereits im 19. Jahrhundert hatten einige Forscher versucht, die Prozesse beim folgerichtigen Denken zu mechanisieren. Vor allem die englischen Logiker George Boole und Augustus De Morgan gingen mit der Kodifizierung streng deduktiver Denkmuster über die Syllogismen des Aristoteles hinaus (zum Wesen der formalen Logik siehe auch Seiten 82 und 120). Gottlieb Frege in Jena und Giuseppe Peano in Turin beschäftigten sich mit formalem folgerichtigen Denken und der Erforschung von Mengen und Zahlen. David Hilbert arbeitete in Göttingen an einer strengeren Formalisierung der Geometrie als jener Euklids. Etwa um die gleiche Zeit entwickelte Georg Cantor eine Theorie von verschiedenen Unendlichkeitsstufen, die sogenannte Mengenlehre. Sie erweckte zunächst den Eindruck, als sei sie ein geschlossenes System. Bei genauerem Hinsehen wurden jedoch einige ernsthafte innere Widersprüche sichtbar. Für die Mathematiker war das natürlich sehr beunruhigend – Paradoxien sind ihnen stets äußerst unwillkommen (siehe dazu weiter auf Seite 83). Man versuchte sodann, eine strenge Mengentheorie aufzubauen, die Paradoxien vermeidet – vor allem Bertrand Russell und Alfred N. Whitehead strebten dieses Ziel in ihrem monumentalen Werk »Principia Mathematica« an, indem sie versuchten, die gesamte Mathematik ohne Kontradiktionen aus der Logik abzuleiten. Um 1930 zeigten allerdings die Mathematiker Paul Finsler und Kurt Gödel, daß alle widerspruchsfreien, axiomatischen Formulierungen der Zahlentheorie unentscheidbare Aussagen enthalten. Mit anderen Worten: Man kann in formalen Systemen allgemeiner Art Sätze angeben, die durch formale Beweise in den Systemen selbst nicht entscheidbar sind. Damit begann eine neue »Krise der Formalisten«. Was nicht bedeutet, daß diese in der Folge den Rückzug antraten – im Gegenteil: Seit formale Strukturen in den elektronischen Rechenmaschinen ihre Realisierung erfuhren, sind die formalen Logiker mit enormer Macht ausgestattet. Obwohl es sich gedanklich um etwas Primitives handelt – das wesentliche Kennzeichen eines aufschreibbaren Formalismus besteht darin, daß von vornherein nur abzählbar viele Zeichen und Aussagen möglich sind –, eröffnen sich schon deshalb der Computertechnik weite Möglichkeiten, da die Geschwindigkeit ihres Funktionierens enorm groß ist. Dieser Vorzug der modernen Rechenmaschinen führte dazu, ihre prinzipielle Unzulänglichkeit zu verwischen. Die Hinneigung zum Formalismus und die damit verbundene Abwendung vom inhaltlichen Denken begünstigte fortan eine gewisse Lässigkeit des Denkens, geblendet von der gigantischen Kapazität moderner Rechenanlagen (siehe Seite 115).

Die Kontroverse um den Unterricht in Mengenlehre

Mehr als dreißig Jahre später trat dann die formale Logik einen siegreichen Einzug in den mathematischen Schulunterricht an. Nicht mehr Zahl und Raum sollten nun als Urelemente der Mathematik gesehen werden, sondern »Relationen«. Man ging von speziellen Elementen und Operationen ab und lenkte das Bewußtsein vermehrt auf den inneren Prozeß des gesetzmäßigen Übergangs. Die moderne Mathematik kennt heute eine große Anzahl derartiger Gesetzmäßigkeiten und beschreibt sie axiomatisch als »Strukturen«.

Im Jahre 1958 machte die Ständige Konferenz der Kultusminister der Länder diese Neuerungen sichtbar: Nach Möglichkeit sollten nunmehr in den Gymnasien auch neuere Begriffsbildungen der Mathematik wie »Menge«, »Vektor« und »Gruppe« verwendet werden. In vieler Hinsicht hielt man dabei aber zunächst an den zu Anfang des Jahrhunderts vorgezeichneten Reformen fest und baute das Neue nur bedingt ein. Während in den Vereinigten Staaten der Sputnik-Schock unter anderem auch bewirkt hatte, daß dort der mathematisch-naturwissenschaftliche Unterricht bereits Anfang der sechziger Jahre tiefgreifend reformiert wurde, verspätete sich die Reaktion der Bundesrepublik Deutschland bis in den Oktober 1968, als »Richtlinien für den Mathematikunterricht« erschienen.

Ein wesentlicher Hintergrund für die Entwicklung war ein wirtschaftspolitischer Gedanke: Der Ministerrat der OECD hatte im Jahre 1961 den Beschluß gefaßt, als Ziel für 1970 eine Steigerung des Sozialprodukts um 50 Prozent für die Gesamtheit der beteiligten Länder zu erreichen. Man fragte sich, wie viele Mathematiker, Ingenieure und Techniker zusätzlich ausgebildet werden müßten, um eine derartige Steigerung zu erreichen. Dabei spielte auch folgende Überlegung eine Rolle: Würde man bereits in der Schule beginnen, die Mathematik im Geist der modernen Universitätsmathematik zu lehren, so wäre damit der Übergang zum Studium erleichtert. Damit könnte die Anzahl der mathematisch-naturwissenschaftlich Gebildeten erhöht werden. »Unser wirtschaftliches Wachstum hängt davon ab«, so heißt es auch in den Richtlinien von 1968, »daß hinreichend viele mathematisch-naturwissenschaftlich oder technisch gut ausgebildete Menschen zur Verfügung stehen.«

Vom Inhaltlichen her orientierte man sich an der sogenannten Strukturtheorie des Nikolas Bourbaki, Pseudonym für eine Gruppe französischer Mathematiker. Sie hat ihren Ursprung im

Schaffen der Mathematiker Georg Cantor und David Hilbert (siehe Seite 000), also in der systematischen Axiomatisierung der gesamten mathematischen Wissenschaften und im fundamentalen Begriff der mathematischen Struktur (die Informatik ist in wesentlichen Teilen lediglich eine Fortsetzung dieser Entwicklung).

Die Folgen sind auch der Allgemeinheit etwas unscharf als der »Streit um die Mengenlehre« bekannt. Erinnern wir uns: Die Richtlinien von 1968 gingen von hohen Erwartungen aus: »Die Modernisierung des Mathematikunterrichts verlangt eine Zusammenschau der verschiedenen Teilgebiete unter übergreifenden Gesichtspunkten ... Tragende Grundbegriffe wie Menge, Abbildung und Struktur ... müssen an geeigneter Stelle immer wieder verdeutlicht werden. Es muß paradigmatisch das mathematisch Wesentliche gezeigt werden, um für den Schüler die Mathematik geordneter und übersichtlicher und damit auch klarer und durchsichtiger zu machen« (Lit. 20).

Gegen diese Bestrebungen – vom konkret Inhaltlichen zum rein Formalen zu abstrahieren – wurden schon früh Bedenken laut. So gebe es, meinten die einen, gegenwärtig keinen einheitlichen grundlagentheoretischen Standpunkt in der Mathematik. Die Auffassung Bourbakis sei einseitig. Auch wurde das Übergewicht von nominalistischem (formalistischem) Denken zuungunsten von realistisch-inhaltlichem Denken kritisiert (siehe dazu auch Seite 94). Detlef Laugwitz befürchtete, mathematisch Begabte könnten vor der Mathematik zurückschrecken, wenn sie ihnen nicht in der ihrem Alter gemäßen Form geboten werde. Die späteren Nichtmathematiker, die aber entweder Mathematik als Hilfswissenschaft brauchten oder in ihr zur Ergänzung der Allgemeinbildung unterrichtet würden, erhielten außerdem relativ wenig angeboten, was ihnen zugänglich wäre.

Alexander Israel Wittenberg kritisierte die Lehrplanreform vor allem aus pädagogischer Sicht: »Unglückliche Schüler, die nie genau verstanden haben, was es mit der Quadratwurzel aus 2 auf sich hat oder wieso ein vernünftiger Mensch sich für analytische Geometrie interessieren kann, werden mit Differential- und Integralrechnung, mit abstrakten algebraischen und mengentheoretischen Begriffen, womöglich sogar mit symbolischer Logik heimgesucht ... Solche Bestrebungen wüten im besonderen Maße in

Amerika. Sie kommen aber auch in Europa immer mehr zur Geltung. Die Gründe ihrer Unzulänglichkeit lassen sich in zwei Stichworten zusammenfassen: Oberflächlichkeit und Kurzsichtigkeit. Sie gehen von den oberflächlichsten Bildern der Mathematik aus und suchen den Unterricht an Gymnasien diesem Bilde anzupassen; es handelt sich oft um nicht viel Besseres als eine Nachäffung höherer Mathematik, bei der völlig verkannt wird, daß die frappanten äußerlichen Züge in der Mathematik – Allgemeinheit, axiomatische Begründung, formaler Aufbau, Strenge – ihr allmähliches Zustandekommen nicht einer Laune der Mathematik, sondern organischen Notwendigkeiten verdanken, die dem begrenzten Erfahrungsbereich des Gymnasiasten notwendigerweise fremd bleiben müssen« (Lit. 21).

Heute wissen wir, was aus dem Unterricht in Mengenlehre geworden ist: in vieler Hinsicht ein Mißerfolg.

Die Informatik als Folgeerscheinung der Mengenlehre

Hinter dem Bestreben, die Informatik in die Schullehrpläne einzufügen, steht einerseits der Zwang, mit Hilfe von Maschinen, die das Routinedenken übernehmen und um mehrere Zehnerpotenzen beschleunigen, der nationalen Volkswirtschaft den internationalen Anschluß zu vermitteln (siehe Seite 153 f.). Andererseits fußt es auf der schon erwähnten wissenschaftlichen Entwicklung in Logik und Mathematik, die auf die allerersten Anfänge der akademischen Philosophie zurückgeht und mit der Darstellung der Schlußverfahren durch Aristoteles, mit etwa dem Streben eines Raimundus Lullus, in einer Ars Magna mittels mechanischer Denkmaschinen die Ars inveniendi zu befördern, vorläufige und mit der Entwicklung der modernen Logik im 19. und 20. Jahrhundert ihren zunächst letzten Höhepunkt erreicht. So gesehen, ist die Informatik gewissermaßen eine Folgeerscheinung der Mengenlehre. Es ist zu hoffen, daß dem Schulfach Informatik nicht ein ähnliches Schicksal beschieden ist wie der Mengenlehre.

In den nun folgenden Kapiteln wollen wir uns zunächst mit der Einführung der elektronischen Datenverarbeitung beziehungsweise Informatik in den Unterricht an Schulen und Universitäten auseinandersetzen. Es erscheint sinnvoll, dabei auch auf die Entwicklungen der Lehrpläne detailliert einzugehen. Eine ausführliche Kritik an der gegenwärtigen Lage des Computerunterrichts findet sich im Anschluß daran (Seite 156 ff.).

2.3. Informatik in der Schule – eine Bestandsaufnahme

2.3.1. Entwicklung und Organisation des Informatikunterrichts in der Bundesrepublik Deutschland, in der Schweiz und in Österreich

Kaum war die Diskussion um die Einführung der Mengenlehre in den Mathematikunterricht der allgemeinbildenden Schulen etwas abgeflaut, wurde der Ruf nach einer angemessenen Berücksichtigung der elektronischen Datenverarbeitung – der Nutzanwendung von Prinzipien der formalen Logik – im Bildungswesen immer lauter. Die Diskussion über dieses Thema konzentrierte sich jedoch – im Unterschied zur Mengenlehre – nicht so sehr auf grundlegende inhaltliche und didaktische Fragen, sondern vor allem wirtschaftspolitische Überlegungen beherrschten die Szene. Schließlich stehen hinter der Informatik nicht nur abstrakte mathematische Konzepte, sondern rasch aufstrebende und mächtige Industriezweige, die mit dem Ruf, die Schüler müßten zeitgerecht und anwendungsbezogen auf das Leben in der Informationsgesellschaft vorbereitet werden, weithin Zustimmung ernten (siehe auch Seite 150). In manchen Ländern begann man außerdem relativ früh, Modelle des computerunterstützten Unterrichts auszuprobieren (siehe Seite 156 ff.).

Im folgenden wird zunächst die historische Entwicklung der Einführung des Computers in das institutionalisierte Bildungswesen im deutschen Sprachraum beschrieben. Dabei geht es in erster Linie um die Organisation des Unterrichts für das Lehrfach Informatik; inhaltliche Aspekte werden in einem späteren Kapitel besprochen (siehe Seite 54 ff.).

Das Fach Elektronische Datenverarbeitung wurde naturgemäß zuerst an den Hochschulen und Universitäten gelehrt. Bereits in den fünfziger Jahren, als deutsche Firmen zunehmend Rechenanlagen in eigener Regie herstellten und Computer in den Universitäten und Forschungszentren erstmals eingesetzt wurden, boten einige Universitäten eine Zusatzausbildung in Informatik für Mathematiker und Elektrotechniker an. Nach und nach gliederte sich die Informatik in Forschung und Lehre aus diesen Disziplinen aus; gegen Ende der sechziger Jahre wurden dann eigene Lehrstühle und eigenständige Studiengänge für Informatik an deutschen Hochschulen eingerichtet. 1969 wurde die »Gesellschaft für Informatik« gegründet. Eine Rahmenordnung für die Diplomstudien in Informatik legte im Jahre 1970 ein Konzept für die universitäre Informatikausbildung nieder. Dabei wirkten die konventionellen universitären Disziplinen – Physik, Mathematik und Elektrotechnik –, die Industrie sowie wissenschaftliche und sogenannte angewandte Vereine mit.

An den deutschen Fachhochschulen wurden von 1966 an Studiengänge für Informationsverarbeitung eingerichtet; erst 1975 erfolgte der Versuch, diese zu vereinheitlichen (»Empfehlungen für ein Informatikstudium an Fachhochschulen«, erarbeitet von der Gesellschaft für Informatik). Technische Inhalte wie beispielsweise Mikroprozessortechnik wurden in unterschiedlichem Ausmaß berücksichtigt.

Hand in Hand mit der Ausbreitung und Dezentralisierung der Mikroelektronik und der zugehörigen Produktionstechnologien zeichnete sich bald eine Tendenz zur Spezialisierung ab, so etwa in die Bereiche Rechts- und Betriebsinformatik sowie Verwaltungs-, Wirtschafts- und Medizininformatik. Auch in Disziplinen wie Soziologie, Politologie und Psychologie wurde Informatik in den Studiengängen nach und nach berücksichtigt.

Im Jahre 1971 wurden im Rahmen des Zweiten Forschungsprogramms zur Datenverarbeitung der Bundesrepublik Deutschland ein »überregionales Forschungsprogramm Informatik« eingerichtet; darüber hinaus arbeitete 1975 ein Ad-hoc-Ausschuß »Ausbildung von DV-Fachkräften« des Bundesministeriums für Forschung und Technologie »Empfehlungen zur Ausbildung von DV-Fachkräften« aus. Darin wurde auf die Notwendigkeit der Vermittlung zusätzlicher Datenverarbeitungsqualifikationen an eine große Zahl von DV-fremden Fachkräften hingewiesen und DV-Basiswissen als »unverzichtbarer Bestandteil für Grund- und Allgemeinbildung« betrachtet. 1976 begann der deutsche Volkshochschulverband mit der Einführung von Informatikkursen (VHS-Zertifikat-Programm). Sie wandten sich vorwiegend an Mitarbeiter kaufmännischer Bereiche (Lit. 22).

Informatik in der Sekundarstufe II

Im Bereich des allgemeinbildenden Schulwesens setzte die Diskussion um ein Lehrfach Informatik Anfang der siebziger Jahre ein: Die Ständige Konferenz der Kultusminister der Länder der Bundesrepublik Deutschland beschloß 1972, Datenverarbeitung (Informatik) als Grundkurs in der reformierten Oberstufe zuzulassen; das Angebot entwickelte sich über Arbeitsgruppen, zufällige oder regelmäßige Kursangebote bis zur möglichen Wahl als drittes oder viertes Abiturfach. 1980 konnte man in jedem Bundesland im Rahmen des Kursangebots Informatikkurse besuchen. »Einheitliche Prüfungsanforderungen in der Abiturprüfung Informatik«, die von der Kultusministerkonferenz am 23. Februar 1981 verabschiedet wurden, schlossen den Prozeß der Einführung der Informatik in gewisser Weise ab.

Da in der Bundesrepublik Deutschland das Schulwesen im wesentlichen in die Kompetenz der Länder fällt, gab und gibt es regional recht unterschiedliche Ansätze im Informatikunterricht. Sehr bald entstand eine verwirrende Vielfalt von Lehrplänen mit Unterschieden hinsichtlich der Jahrgangsstufen, in denen Informatik angeboten wurde, der Wählbarkeit als Prüfungsfach im Abitur sowie der Dauer des Unterrichts. Zunächst wurde Informatik vorwiegend als Wahlfach in der Sekundarstufe II angeboten und dort nur von Computerbegeisterten ausgewählt. Neben dem reinen Fach Informatik wird in manchen Bundesländern Informatik im Mathematikunterricht vermittelt. Die Einsetzung des Faches Informatik erfolgt in der Regel über sogenannte Modellversuche, mit denen Lehrpläne entwickelt und in der Schule erprobt wurden. Gegenwärtig sind Rahmenrichtlinien und Rahmencurricula von vielen Ministerien verabschiedet. Zwischen 1970 und 1984 führten das Bundesministerium für Bildung und Wissenschaft und die Länder über 50 Modellversuche in diesem Bereich durch; sie wurden mit mehr als 50 Millionen DM gefördert.

Die Einführung des Informatikunterrichts verlief allerdings keineswegs so reibungslos, wie die obige nüchterne Aufzählung glauben machen könnte. Immer wieder kam es zu heftigen Auseinandersetzungen. So berichtet der Senator für Schulwesen, Jugend und Sport in Berlin, Hubert Kaiser, über die Diskussion, ob Informatik als Wahl- oder Pflichtfach eingerichtet werden könne: »Überlegungen, ein weiteres Unterrichtsfach in den Fächerkanon der allgemeinbildenden Schule aufzunehmen, rühren zwangsläufig an der traditionell gewachsenen und hart umkämpften Verteilung der Unterrichtszeiten. Jeder Änderungsversuch setzt starke gesellschaftliche Kräfte frei, die je nach Berücksichtigung des eigenen Faches oder der speziellen Interessenlage befürwortend oder ablehnend, in jedem Falle aber leidenschaftlich streiten« (Lit. 23).

Im Dezember 1984 verabschiedete die Kultusministerkonferenz schließlich ein Rahmenkonzept für die informationstechnische Bildung in Schule und Ausbildung (siehe Seite 145 ff.).

Das informationstechnische Fundamentum

Während im vergangenen Jahrzehnt das Fach Informatik in erster Linie in der Sekundarstufe II angesiedelt war, pflegt man seit etwa zwei Jahren Überlegungen, ein »Fundamentum informationstechnische Grundbildung« für alle Schüler zu entwickeln. Im Herbst 1984 veröffentlichte die Gesellschaft für Informatik den Entwurf einer Rahmenempfehlung für die Informatik im Unterricht der Sekundarstufe I. Dieser Entwurf schlägt vor, das Fundamentum alle Schüler der Sekundarstufe I obligatorisch zu lehren; das Verständnis von Lösungsverfahren und deren Realisierung in Computerprogrammen stehen dabei im Vordergrund. Die Gesellschaft für Informatik schlägt hierfür mindestens 30 Stunden vor.

Mittlerweile haben sich verschiedene Realisierungskonzepte

herausgebildet: In Bayern kann Informatik allen Schülern eines mathematisch-naturwissenschaftlichen Gymnasiums angeboten werden. Informatik ist dabei der Mathematik zugeordnet. Entscheidet sich der Mathematiklehrer für Informatik, so wird dies für alle Schüler in Klasse 10 obligatorisch (Lit. 24). Das Land Baden-Württemberg dagegen praktiziert das »Verteilungsmodell«. Die Lehrpläne verschiedener Fächer von Klasse 9 an wurden zunächst daraufhin untersucht, inwieweit einzelne Elemente von Informatik an verschiedenen Stellen eingeführt werden könnten. So wurden beispielsweise in das Fach Natur und Technik in der Klasse 10 »Grundlagen der Informationsverarbeitung« und »Bau einer einfachen computer-gesteuerten Anlage und Entwurf eines entsprechenden Programms« eingefügt. In Gemeinschaftskunde der Klasse 9 wird »Bedeutung der Mikroelektronik, insbesondere des Computers für die Arbeitswelt in die Gesellschaft« aufgenommen.

Auch ein blockweises Vorgehen, etwa ein 60-Stunden-Curriculum, wird diskutiert, die Hälfte davon als Projektunterricht. Die Schüler sollen beispielsweise den Unterricht damit beginnen, daß sie ihr eigenes Freizeitverhalten erfassen. Sie legen entsprechende Listen an und versuchen, die verschiedenen Angaben zu klassifizieren. In der Folge erstellen sie ein geeignetes Programm und geben die Daten ein. Im Zuge dieser Arbeiten behandeln die Schüler Prinzipien des Aufbaus von Software- und Hardware-Systemen. Beim Fortschreiten der Arbeit sehen sie die über sie gespeicherten und ausgewerteten Daten. Fragen des Datenschutzes, des Einsatzes und der Auswirkung von Datenverarbeitung schließen sich an.

Informationstechnik im berufsbildenden Schulwesen

Noch unübersichtlicher als beim allgemeinbildenden Schulwesen stellt sich die Lage bei den berufsbildenden Schulen dar. Dabei ist zu unterscheiden zwischen Berufsausbildung im Sekundarbereich II, beruflicher Fortbildung und Umschulung.

In den beruflichen Schulen kaufmännischer Richtung wird Datenverarbeitung im Grundschuljahr unterrichtet. In der Berufsfachschule Wirtschaft, in der Höheren Berufsfachschule Wirtschaft und in der Fachoberschule Wirtschaft gibt es ein eigenständiges, meist ein- oder zweistündiges Fach Informatik oder Wirtschaftsinformatik. Die beruflichen Schulen gewerblich-technischer Richtung haben kein eigenständiges Fach Informatik, sondern konzentrieren sich auf den Begriff »Informationstechnik«; entsprechende Inhalte werden häufig kursartig gelehrt.

Ähnlich wie im Bereich der Sekundarstufe I des allgemeinbildenden Schulwesens wird auch hier eher eine Integration angestrebt: Bezüge zur Informationstechnik sind in den Fächern Steuer- und Regelungstechnik, Vermessung, Zeichnen mit dem Computer, numerische Verfahren und in anderen enthalten. Daraus ergibt sich eine deutliche Betonung des Hardware-Aspekts.

Für die Ausstattung der Schulen mit Computern sind im wesentlichen die Gemeinden und Städte als Schulträger zuständig. Hilfestellung kommt jedoch auch von den Landesregierungen und der Wirtschaft (siehe Seite 150). In Bayern wurden beispielsweise alle Gymnasien mit mindestens drei Arbeitsplätzen ausgestattet, im Saarland mit mindestens einem. In den übrigen Bundesländern verfügten im Jahre 1984 50 bis 85% der Schulen über eine Rechnerausstattung. Viele von ihnen erlauben allerdings höchstens die Benutzung von BASIC; 16-Bit-Rechner spielen noch kaum eine Rolle (Lit. 25). Die Schülerzahlen im Fach Informatik nehmen seit Beginn der achtziger Jahre mit zunehmender Rechnerausstattung im allgemeinen zu; gegenwärtig wählen im Schnitt 10 bis 15% der Oberstufenschüler dieses Fach.

Schweiz

An den Hochschulen und an den meisten Höheren Technischen Lehranstalten in der Schweiz erhalten Studenten technischer und naturwissenschaftlicher Richtungen seit vielen Jahren auch eine knappe Einführung in Computerprogrammierung und -theorie, allerdings nur als Ergänzung beziehungsweise als Nebenfach. Eine Hauptfachausbildung in Informatik ist erst seit verhältnismäßig kurzer Zeit möglich, und zwar an den Universitäten Genf und Zürich und den Eidgenössischen Technischen Hochschulen in Zürich und Lausanne. Im Jahre 1983 traten die ersten Absolventen dieser Studienrichtungen in das Berufsleben.

Das Schulwesen ist in der Schweiz im wesentlichen eine Sache der 26 Kantone, die über eigene Schulsysteme, Lehrpläne und Lehrerbildungsanstalten verfügen. Auf der oberen Sekundarstufe des Gymnasiums wirken allerdings zwei wesentliche Koordinationsfaktoren: Die gesamtschweizerische Maturitätsanerkennungsverordung regelt Bedingungen und Lehrinhalte für die Abschlußprüfungen der Gymnasien, sie gilt als Zulassungsgrund für alle elf Hochschulen der Schweiz; die Ausbildung der Gymnasiallehrer erfolgt im wesentlichen an den Hochschulen, mit Schwergewicht auf der wissenschaftlichen, nicht auf der fachdidaktischen Seite.

Die Einführung des Informatikunterrichts in die Schulen begann, bedingt durch die stark föderalistische Situation, weitgehend unkoordiniert. Interessierte Lehrer begannen in den sechziger Jahren vereinzelt Versuche mit Informatikkursen. Sie fanden sich später zu größeren Gruppen zusammen. Seit 1975 werden diese Aktivitäten über gesamtschweizerische Instanzen koordiniert. Im Jahre 1978 entstand schließlich das Minimalprogramm »24 Lektionen Informatik« (die einzelnen Lektionen benötigen mehr Zeit als jeweils eine Unterrichtsstunde). Dieses erlangte in den Folgejahren wachsende Anerkennung und gilt seit 1982 als Arbeitskonzept für Schulen und Schulbücher. Das Ziel dieses Kurses ist die Vermittlung von Wissen und einigen Eindrücken über Einsatzmöglichkeiten, Funktionsweise und Grenzen des Computers und der Datentechnik.

Im Rahmen der beruflichen Ausbildung ist Informatik nur vereinzelt anzutreffen. Seit 1981 gibt es geprüfte Analytiker-Programmierer, seit 1976 die Fachprüfung zum EDV-Analytiker. Nach wie vor scheint der Nachholbedarf groß zu sein. Deshalb hat der Bund im Jahre 1979 ein Impulsprogramm geschaffen, in dessen Rahmen die Software-Schule Schweiz (siebenmonatige Kurse für technische Informatik, Prozeßsteuerung) und eine Wirtschaftsinformatikschule Schweiz aufgebaut wurden.

Die Clubschulen MIGROS als größte private Erwachsenenbildungsinstitution in der Schweiz begannen im Jahre 1984, ein umfassend konzipiertes Informatikausbildungsprogramm anzubieten. Ein nach dem Baukastenprinzip aufgebautes System von Grundkursen und Aufbaukursen soll es ermöglichen, maßgeschneiderte Lehrgänge zusammenzustellen. Man erwartet, daß jährlich etwa 17 000 Teilnehmer den Kursen folgen werden. Sogar für Kinder und Jugendliche werden zwanzigstündige Kurse angeboten. Für Acht- bis Vierzehnjährige setzt man dabei auf die Computersprache LOGO (siehe Seite 133).

Österreich

In Österreich kann man seit den siebziger Jahren an (Technischen) Universitäten in Wien, Linz und Klagenfurt Informatik studieren. Von Herbst 1985 an ist Informatik auch für alle Studiengänge der Wiener Wirtschaftsuniversität verpflichtend. An den kaufmännischen und technisch-gewerblichen Schulen wird in größerem Umfang EDV unterrichtet. Insbesondere die Handelsschulen sind mit Geräten vergleichsweise gut ausgestattet. Seit 1982 gibt es eine Höhere Technische Lehranstalt (HTL) für Datenverarbeitung.

Anfang der siebziger Jahre begann ein Schulversuch mit dem Ziel, die DV-Inhalte in den Mathematikunterricht der Oberstufe an Allgemeinbildenden Höheren Schulen (AHS) aufzunehmen. Daraus entwickelte sich ein Freifach »Datenverarbeitung«, das seither an zahlreichen österreichischen Gymnasien angeboten wird. Seit Herbst 1985 verfügen fast alle der 229 Allgemeinbildenden Höheren Schulen über eine Minimalausstattung an Geräten (insgesamt über tausend Personalcomputer der 16-Bit-Generation wurden angeschafft). Gleichzeitig beginnt auch an allen diesen Schulen der Unterricht in Informatik als Pflichtfach.

2.3.2. Informatikunterricht: die Inhalte

Informatik in der Sekundarstufe II – von der Mini-Universitätsausbildung zum projektorientierten Lehrplan

In der Entwicklung der Lehrpläne für den Informatikunterricht seit etwa 1970 sind mehrere inhaltlich relevante Phasen zu beobachten. Am Anfang bot man den Schülern im wesentlichen eine stark verkleinerte und verkürzte Version der Universitätsausbildung. Damals war häufig noch von »Elektronischer Datenverarbeitung« oder »Automatischer Datenverarbeitung« die Rede. Der Unterschied in der Terminologie läßt vermuten, daß hinter diesen Begriffen unterschiedliche Wertvorstellungen stecken. Als simpler Vergleich drängt sich hier die Analogie mit den Begriffen »Rechnen« und »Mathematik« auf, der zwar in vieler Hinsicht hinkt, für den schulischen Bereich aber gar nicht so unzutreffend ist, lehrt doch ersteres unmittelbar anwendbare Techniken, während letzteres allgemeingültige Modelle mit den damit verbundenen Abstraktionsmechanismen vermittelt (Lit. 26). Ebenso stellt die »Datenverarbeitung« die technischen Aspekte des Computereinsatzes in den Vordergrund, die im berufsbildenden Schulwesen zweifellos von Bedeutung sind, während »Informatik« für sich beansprucht, grundlegende technologieunabhängige Modelle zur Beschreibung komplexer Informationsstrukturen bereitzustellen, deren Anwendbarkeit weit über den bloßen Computereinsatz hinausgeht (Lit. 27).

Von einem anderen Blickwinkel gesehen, lassen sich folgende Ansätze unterscheiden: das gerätetechnische, das algorithmen- und das anwendungsorientierte Konzept. Das erste wird im allgemeinbildenden Bereich derzeit nicht weiter verfolgt; bei den meisten Lehrplänen überwiegen algorithmenorientierte Ansätze, einige wenige sind anwendungsbezogen. (Ein Algorithmus ist ein durch Regeln festgelegter Rechenvorgang. Schon im 3. Jahrtausend vor Christus entwickelten die alten Babylonier Algorithmen zum Wurzelziehen, zur Lösung quadratischer Gleichungen und zur Zinseszinsrechnung. Im 9. Jahrhundert nach Christus schrieb ein gewisser Abu Ja'far Mohammed ibn Musa al-Khowarizm ein Buch, in dem er grundlegende Verfahren zum Lösen von Gleichungen behandelt. Aus dem Teilnamen »al-Khowarizm« entwikkelte sich der Begriff »Algorithmus«.)

Die Orientierung am Algorithmus begann etwa um die Mitte der siebziger Jahre (siehe Seite 48). »Lehrerfortbildungskurse, die ich 1973/74 in Dortmund durchführte«, berichtet Prof. Dr. Volker Claus vom Lehrstuhl für Informatik der Universität Dortmund rückblickend, »standen ganz im Zeichen des Algorithmus. Damals mußten einer Assembleranhängerschaft Kontrollstrukturen oberhalb von Sprüngen und Zählschleifen und die Vorteile eines Prozedurkonzepts und der Rekursion erläutert werden« (Lit. 28).

Das »algorithmische Denkvermögen« geistert heute noch in zahlreichen Informatiklehrplänen herum. So lauten die ersten beiden Ziele des Informatikunterrichts nach den Empfehlungen der deutschen Gesellschaft für Informatik: systematisches Finden algorithmischer Lösungen von Problemen und Formulierung algorithmischer Problemlösungen als Programm. Grundlegend für alle Bereiche der Informatik und ihre Anwendung sei das algorithmische Denken. Durch Behandlung verschiedener Beispiele konkreter Probleme solle die Fähigkeit, algorithmische Formulierungen und Lösungen zu entwickeln, allmählich zu einer Denkdisziplin ausgebaut werden (Lit. 29).

In der Folge wurden mehr und mehr anwendungsbezogene und gesellschaftskritische Aspekte berücksichtigt. Natürlich war die Entwicklung in jedem Stadium von kontroversen Diskussionen begleitet.

Eine neuere Entwicklungsstufe läßt etwa der Grundband des Schulbuchs »Metzler Informatik« erkennen. Die Autoren beginnen dort mit einem Kapitel »Eine Firma will auf EDV umstellen«. Später wird »Ohne Computer wäre Luftfahrt heute nicht möglich« besprochen. Weiter hinten heißt es: »Mit EDV läßt sich die Zukunft sicherer planen.« Man könnte diesen Ansatz auch »problemorientiert« nennen. Der Unterricht kann dabei in Form von Projekten abgewickelt werden. Während früher das »algorithmische Denken« zuerst kam, geht es nun um Problem- und Zielformulierung sowie um Problemanalyse und Modellbildung; erst dann folgt die Algorithmierung.

Schließlich sind die Inhalte des Informatikunterrichts auch stets gewissermaßen ein Spiegel für die Verfügbarkeit von Computern zu einem annehmbaren Preis: Als Ende der sechziger Jahre die ersten Taschenrechner auf den Markt kamen, waren sie für viele noch unerschwinglich. Wenig später konnte sich jeder ein solches Hilfsmittel leisten. Noch in der Mitte der siebziger Jahre waren die ersten Mikrocomputer verhältnismäßig teuer. Die ersten für den Gebrauch in Freizeit und Schule vom Preis her geeigneten »Heimcomputer« waren technisch alles andere als leistungsfähig. Die Grenzen ihres Einsatzes wurden nur zu sichtbar, sobald man nicht nur relativ einfache (Spiel-)Programme in ihnen laufen lassen und mehr mit ihnen anfangen wollte. Erst seit Mitte der achtziger Jahre sind billige Personalcomputer am Markt, deren Speicher- und Rechenkapazität auch anspruchsvolles Arbeiten erlaubt.

Informatik auch in der Pflichtschule?

In den Vereinigten Staaten und vereinzelt auch in Europa gibt es bereits Bestrebungen, den Computer in die Volksschule, ja sogar in den Kindergarten einzuführen. Einerseits geht es dabei um computerunterstützten Unterricht, das heißt man soll mit dem Computer beispielsweise lesen und schreiben lernen (siehe Seite 158); andererseits geht es um das spielerische Erlernen des Programmierens etwa mit der Computersprache LOGO (siehe Seite 133 ff.).

Seit einigen Jahren wird in der Bundesrepublik Deutschland in breitem Umfang über eine informationstechnische Grundbildung für alle Schüler im Alter von zehn bis vierzehn Jahren diskutiert. Viel Beachtung fand dabei das »100-Schulen-Projekt« in den Niederlanden; »Bürgerinformatik« wird dort für alle Schüler im Alter zwischen zwölf und fünfzehn Jahren unterrichtet. Die Vereinigung für Lehrerbildung in Europa erarbeitete einen Modellehrplan »Informatische Grundkenntnisse« für alle Schüler und Lehrer (Lit. 30).

Ein eigenständiges Lehrfach Informatik in der Primarstufe wird aber gegenwärtig (noch) von vielen abgelehnt. So betont der Kultusminister des Landes Nordrhein-Westfalen, Hans Schwier, es gelte auch künftig das Prinzip altersgemäßen Lernens. »Deshalb kann für mich in der Grundschule keine systematische Einführung in das Computerwesen stattfinden, deshalb sollte für die Zehn- bis Fünfzehnjährigen keine Spezialbildung an die Stelle einer allgemeinen Grundbildung treten« (Lit. 31). An anderer Stelle wird betont, die Forderung nach Informatik als Pflichtfach in der Sekundarstufe I sei zur Zeit eine Überforderung. In Realschulen und besonders in Hauptschulen bestehe zur Zeit keine hinreichende Aufnahmebereitschaft bei den berufstätigen Lehrern. Die Zahl der teilweise autodidaktisch weitergebildeten Lehrer sei zu gering für ein allgemeines Pflichtfach Informatik. Dabei ist zu beachten, daß selbst Taschenrechner bis zur 8. Klasse von etwa 90% der Lehrer nicht im Unterricht eingesetzt werden. Selbst in der 9. Klasse wird der Taschenrechner nur von etwa jedem zweiten Lehrer benutzt.

Andererseits legte die Gesellschaft für Informatik im Jahre 1984 den Entwurf für eine Rahmenempfehlung vor, wonach Informatik für alle Schüler der Sekundarstufe I obligatorisch gelehrt werden soll (Lit. 32). Als informatikbezogenes Bildungsziel wird dabei strukturelles Denken angeführt, das heißt die Fähigkeit, in Aufgabenstellungen Strukturen zu erkennen, die eine Zerlegung in einfachere Teilaufgaben ermöglichen. Durch planvolles und zielgerichtetes Arbeiten sollen sodann diese Teilaufgaben auf die Lösung einer Hauptaufgabe hinorientieren (konstruktives Denken); schließlich soll das Werkzeug Computer in übergreifende Wertbezüge eingeordnet werden.

Tendenziell gehen viele Bestrebungen derzeit dahin, im 8. oder 9. Schuljahr ein informationstechnisches Fundament innerhalb eines Lernblocks von 40–80 Unterrichtsstunden einzurichten. Offen ist dabei, inwieweit informatikbezogene Inhalte in den Unterricht anderer Fächer einbezogen werden sollen beziehungsweise können. So kann beispielsweise der Computer im Mathematikunterricht als »Supertaschenrechner« eingesetzt werden; numerische Algorithmen können stärker betont werden; auch das Erlernen einer Programmiersprache und die Handhabung des Computers auf der Grundlage mathematischer Beispiele wären möglich (Lit. 33). Dabei ergeben sich jedoch Zeitprobleme in der Stundentafel. Der Unterricht in der Sekundarstufe I scheint ohnehin bereits überfrachtet. Manche Lehrer sind skeptisch und meinen, bei der Informatik handle es sich um eine Modeerscheinung wie bei der Mengenlehre. Andere befürchten, bei starker Veränderung tradierter Inhalte ginge der Charakter des Fachs Mathematik verloren. Schließlich dauern auch die Genehmigungsverfahren für Lehrplanänderungen oft Jahre, und die Fortbildung einer genügenden Zahl von Mathematiklehrern ist ein gewaltiges Problem.

Auch in Fächer wie beispielsweise Arbeitslehre lassen sich informatikbezogene Inhalte einbauen. Dabei geht es jedoch eher umfassend um mikroelektronische Technik. Ein zentraler Diskussionspunkt dabei ist, »ob sich die didaktische Struktur der Arbeitslehre an der jeweiligen Bezugswissenschaft zu orientieren habe ... oder ob das Fach sich eine eigene Struktur schaffen oder sogar als ›didaktisches Konstrukt‹ schöpferisch und gegenstandsbezogen einzelne Elemente der Bezugswissenschaften verknüpfen dürfe« (Lit. 34). Jedenfalls können in diesem Fach technische Grundlagen und Verfahrensweisen der Elektronik und der Mikroelektronik angesprochen werden sowie die Rationalisierung von Produktionsprozessen, Veränderungen in der Struktur der Berufe (Berufswahlhilfe), die Situation am EDV-Arbeitsplatz und Datenschutz.

In der Haupt- und Realschule beziehungsweise Gesamtschule könnten die neuen Technologien ohne Probleme in die Fächer Arbeit, Wirtschaft und Technik eingebaut werden. Die Rahmenrichtlinien dazu sind hinreichend offen konstruiert (Lit. 35).

Welche Erfahrungen mit den derzeit laufenden Modellversuchen gewonnen werden, bleibt abzuwarten. Einerseits bietet es sich natürlich an, neben einem informationstechnischen Fundamentum informatikbezogene Inhalte in andere Fächer einzubauen. Dabei kommt es meiner Ansicht nach aber sehr auf das Wie an: So erscheint es problematisch, die neuen Technologien in eine technische Hälfte (»mit den Computer umgehen können«) und eine medienkritische Hälfte (»die Gefahr kennen und ihr trotzen«) zu zerteilen: »Es kann nicht so sein, daß wir für die Vermittlung der technischen Seite gewissermaßen Fächer wie Mathematik, Informatik oder Physik ›als zuständig‹ erklären«, so der nordrhein-westfälische Kultusminister Hans Schwier, »für die kritische Auseinandersetzung auf der Gegenseite z.B. Deutsch, Kunst oder Sozialwissenschaften allein mobilisieren. Wer das Problem in dieser Weise meint teilen zu können, verhindert exakt, daß informationstechnische Bildung im Sinne von ›Befähigung und Beherrschung‹ stattfindet« (Lit. 31).

Andererseits bleibt in einem Block von 40–80 Stunden kaum Zeit, die Vielfalt der Aspekte mikroelektronischer Technik und ihrer Auswirkungen angemessen zu berücksichtigen. Deshalb besteht die konkrete Gefahr, daß entweder in einem allgemeinen Überblick die nötige Tiefe vermißt wird oder kaum mehr als ein Programmiersprachenkurs übrigbleibt.

Im September 1982 beschloß der Aufsichtsrat des Clarkson College of Technology in Potsdam im Staate New York, jeden Studienanfänger mit einem Mikrocomputer auszurüsten. Dieser Plan sollte im Herbstsemester 1983 in die Tat umgesetzt werden. Alle Vorlesungen für Anfänger sollten soweit als möglich diese Mikrocomputer benutzen. Ein ehrgeiziger Plan: Die Hochschule hat im Jahr immerhin fast eintausend Studienanfänger. Die Hochschullehrer mußten mit den Computern vertraut gemacht werden (was insbesondere in der Fakultät für Geisteswissenschaften auf einige Zurückhaltung stieß), und Kurse waren zum Teil zu revidieren, um den neuen Geräten Rechnung zu tragen.

Als Grundüberlegung für die Mikrocomputeraktion wurde angeführt, man müsse die Studenten möglichst früh mit diesem Werkzeug vertraut machen, um sie optimal auf ihr Berufsleben vorzubereiten. Neben diesen Überlegungen berücksichtigte jedoch der Aufsichtsrat die vermutliche Werbewirkung einer solchen Maßnahme, die für Clarkson als einer privaten Hochschule lebenswichtig sein kann: Clarkson würde die erste Universität in den Vereinigten Staaten sein, die ihre Anfänger mit Mikrocomputern ausrüstet (andere Universitäten haben ähnliche Pläne; diese dürften jedoch erst in der zweiten Hälfte der achtziger Jahre voll realisiert werden). Die Vorhersage traf ein, und die Werbewirkung durch Meldungen in allen größeren Tageszeitungen in den Vereinigten Staaten war so groß, daß die Anfrage auf Zulassung zum College in allen Bereichen um etwa 10% stieg. Um 1600 US-Dollar pro Stück wurden 16-Bit-Mikrocomputer gekauft. Die Studiengebühren (im Jahr etwa 8000 Dollar) wurden um jährlich 400 Dollar erhöht. Absolviert der Student sein Studium erfolgreich, geht die Maschine in sein Eigentum über; falls er dagegen sein Studium abbricht, bleibt die Maschine im Besitz der Hochschule, die jährlich zu entrichtenden 400 Dollar sind dann die Benützungsgebühr für den Computer. »Was am meisten für die Mikros spricht, ist die kaum zu überschätzende Motivation, die durch ihre leichte Verfügbarkeit begründet ist. Hatte ein Student vorher zu unchristlichen Zeiten manchmal Stunden auf einen Platz am Terminal zu warten, um ein Programm in aller Hast ablaufen zu lassen, so kann er nun in seinem Zimmer im Studentenwohnheim das Programm in aller Ruhe entwickeln und testen, was der Qualität der Programme zugute kommt... Die Begeisterung der Studenten für die Maschinen schlug sich in Noten nieder, die hier ja wesentlich wichtiger als in Deutschland sind: Mehr als 60% aller Studenten bekamen in der Einführung ein ›A‹, was einem ›sehr gut‹ an deutschen Hochschulen entsprechen würde (vorher waren es knapp 20%), und mehr als 75% der Studenten belegten den zweiten Teil des Kurses (vorher waren es in der Regel etwa 40%). Man sollte freilich nicht verkennen, daß sich möglicherweise ein besonderer Studententyp (der bekannte Hacker) besonders zu diesem Szenario hingezogen fühlen könnte. Dem wird im zweiten Teil dieser Einführung unter anderem durch Betonung der Verbalisierung des Problemlösungsprozesses wirkungsvoll begegnet. Allgemein wird der Mikro auf dem Campus als wichtiges Arbeitsmittel akzeptiert und eingesetzt, sei es für numerische Rechnungen oder zur Formenmanipulation, sei es, um Briefe und Memoranden zu schreiben; es beginnt sich als Praxis durchzusetzen, daß man unter Kollegen auf dem Campus nicht mehr Briefe auf Papier, sondern auf Diskette austauscht« (Lit. 36).

Ein anderes Beispiel: Seit Ende 1983 bietet die Firma Tele-Learning System in San Francisco für US-Studenten eine sogenannte Electronic University an. Ausgerüstet mit einem Personalcomputer kann man sich von jedem beliebigen Ort der Vereinigten Staaten aus über das Telephonnetz in die Elektronische Universität einwählen. Die Eintrittsgebühr beträgt rund 250 DM, einzelne Kurse auf Collegeniveau kosten zwischen 150 und 400 DM. Viele der Kurse bereiten auf standardisierte Aufnahmetests vor, die in den USA von fast zweitausend Institutionen anerkannt werden. Auch zahlreiche computerisierte Datenbanken sind über das System zugänglich. Darüber hinaus lädt die Elektronische Universität anerkannte Experten ein, Vorlesungen und Seminare zu halten – um 50 DM zuzüglich Telephonkosten können die Studenten der Electronic University die Vorlesungen on-line mitverfolgen. Über Electronic Mail sind die Dozenten auch jederzeit ansprechbar. Bereits im ersten Jahr hatten sich 1500 Studenten eingeschrieben (Lit. 37).

Diese beiden Fallbeispiele zeigen, wie in den Vereinigten Staaten das Bildungsziel Informationstechnik werbewirksam und kommerziell umgesetzt wird. Es könnte der Eindruck entstehen, auch an den anderen Universitäten finde gegenwärtig eine Computerrevolution statt. Tatsächlich ist aber eher das Gegenteil der Fall. »In den meisten Industriestaaten ist das Bildungswesen auf allen Stufen der Bereich, der dieser technologischen Revolution den größten Widerstand entgegensetzt«, so Pierre Duguet von der OECD (Lit. 38). Gesamthaft gesehen berühre der Computer nicht nur Lehrpläne und Lehrinhalte, sondern pädagogische Fragen, den Prozeß der Demokratisierung, die Entwicklung, Organisation und Übermittlung von Wissen, die Rolle der Lehrer und das Verhältnis der Universität zu ihrer Umwelt; daraus ergebe sich eine sehr komplexe Situation. Sie erfordere außerdem den Versuch, in die Zukunft zu blicken, einen Versuch, der jedoch bestimmte essentielle Hypothesen voraussetze, über die gegenwärtig keine Einigkeit herrscht.

Ähnlich dem Informationstechnik-Führerschein für alle Schüler wird auch auf akademischem Boden erwogen, Grundkenntnisse in Informatik in allen Studienrichtungen zu vermitteln. Dennoch gibt es derzeit in Mitteleuropa kaum Ansätze, dieses Ziel zu verwirklichen. Die Rückständigkeit der deutschen Universitäten zeigt sich besonders deutlich im wissenschaftlichen Bibliothekswesen. So bezeichnet Berthold Stukenbröker von der Bertelsmann Datendienste GmbH den Zustand des wissenschaftlichen Informationswesens in der Bundesrepublik als »verheerend«. Insgesamt rund eine Milliarde DM seien von der Bundesregierung bislang für das Informations- und Dokumentationsprogramm aufgewendet worden. Dennoch seien noch nicht einmal tausend Nutzer an die einzelnen Fachinformationszentren angeschlossen. Die meisten Datenbankrecherchen werden von der Industrie durchgeführt, nur 10% kommen aus dem Wissenschaftsbereich und hiervon wiederum die wenigsten aus den Universitäten. Bislang ist an keiner deutschen Hochschule die Ausleihe von Büchern mittels Bildschirmtext möglich, noch gar die Information darüber, ob ein gesuchtes Werk dort in einer der angeschlossenen Institutsbibliotheken vorhanden ist, ob es am Platz steht oder ausgeliehen ist. An eine Verkürzung der Zugriffszeiten durch computerautomatisierte Lagerung wagt man in Bibliothekskreisen offenbar noch nicht einmal zu denken (Lit. 39).

Die Tatsache, daß an rund zwei Dutzend deutschen Universitäten Studiengänge in Informatik angeboten werden, kann also nicht darüber hinwegtäuschen, daß die Universitäten mit der Computerrevolution bisher ebensowenig fertiggeworden sind wie die Schulen. Dazu kommt, daß auch die Situation für den Informatikstudenten alles andere als erfreulich ist. Zur Zeit stehen rund 2500 Studienplätze zur Verfügung, aber fast doppelt so viele Studenten werden zugelassen. Viele Institute sind hoffnungslos überfüllt. An der Wiener Technischen Universität standen im Herbst 1985 für rund tausend Studienanfänger in Informatik ganze 32 Personalcomputer zur Verfügung, auf einen Professor kommen dort 335 Studenten. (Zum Vergleich: In der Bundesrepublik Deutschland sind es etwa hundert, in den USA dagegen zum Teil nur fünf).

Die Gesamtzahl an diplomierten Informatikern dürfte in der Bundesrepublik Deutschland im Jahre 1990 bei 13 000–15 000 liegen. Dazu kommen etwa 30 000 Diplominformatiker als Absolventen einer der bundesdeutschen Fachhochschulen. Im Durchschnitt erreichen gegenwärtig nur etwa 50% der Studienanfänger das Diplom. Für sie gibt es gegenwärtig kaum Probleme, einen Arbeitsplatz zu finden.

In den ersten vier Semestern bis zum Vordiplom in Informatik nehmen mathematische Vorlesungen einen breiten Raum ein. Im Vordergrund stehen dabei formale Strukturen – Mengen, Abbildungen, Relationen – sowie die Analysis. Neben der eigentlichen Informatik mit Themen wie Schaltalgebra, Programmierung, Struktur von Rechenanlagen und ähnlichen steht ein Ergänzungsfach nach eigener Wahl, das von den Wirtschaftswissenschaften über Linguistik bis hin zur Biologie reichen kann. Im zweiten Studienabschnitt muß dieses Ergänzungsfach fortgeführt werden. Die übrigen Fächer lassen sich mit theoretischer, praktischer und technischer Informatik umschreiben. Der Student kann dabei meist selbst Schwerpunkte setzen. Aber auch die einzelnen Hochschulen unterscheiden sich hier in ihrer Richtung.

Viele Studenten bleiben schon in den ersten Semestern auf der Strecke, weil sie von diesem Studium etwas anderes erwartet hatten. Schwer tun sich oft gerade die, die aus Spaß am Programmieren des eigenen Computers zur Informatik gekommen sind. Sie sind enttäuscht, daß diese Fähigkeit erst in zweiter Linie gefragt ist, und scheitern an der abstrakten Mathematik, deren Bezug zu ihrem einstigen Hobby, dem Computer, ihnen in den ersten Semestern ihres Studiums oft verborgen bleibt (Lit. 40).

Etwa 20% der Informatiker sind Frauen. Ungefähr jeder zweite Informatiker ist bei Anwendern der Datenverarbeitung beschäftigt, bei Banken und Versicherungen ebenso wie bei Automobilherstellern, Behörden und großen Kliniken. Rund ein Drittel der Informatiker arbeitet in der Datenverarbeitungsindustrie, bei Computerherstellern, bei Servicerechenzentren, Softwarehäusern und Unternehmensberatern. Etwa ein Zehntel ist in Forschung und Lehre, vorwiegend an den Hochschulen, tätig. Präzise aktuelle Daten über die Beschäftigungssituation und den Arbeitsmarkt bei diplomierten Informatikern sind aber nur indirekt erhältlich.

Die vermutliche Lage schätzt Dr. Werner Dostal vom Institut für Arbeitsmarkt- und Berufsforschung der Bundesanstalt für Arbeit in Nürnberg folgendermaßen ein: »Informatikstudenten werden auch heute noch den Universitäten förmlich aus den Händen gerissen. Viele arbeiten schon während des Studiums als Praktikanten bei Firmen und knüpfen so Kontakte. Andere bearbeiten schon als Studenten einzelne Projekte und verdienen dabei mehr als andere mit abgeschlossener Ausbildung« (Lit. 41). In Softwarehäusern verdienen Informatikstudenten auch ohne abgeschlossenes Studium 4000 DM und mehr. Deshalb ist es durchaus denkbar, daß viele Studenten das Informatikstudium nicht abbrechen, weil sie damit nicht zu Rande kommen, sondern weil sie bereits eine lukrative Arbeit gefunden haben.

Auch an Informatikprofessoren besteht ein spürbarer Mangel: Etwa jede fünfte der insgesamt rund zweihundert Stellen für Hochschullehrer der Informatik sind nicht zu besetzen, weil es zu wenig Kandidaten gibt. Informatiker werden in der Wirtschaft weit besser bezahlt als an den Universitäten. Dazu kommt, daß einige Informatikfachbereiche noch mit Rechnern ausgestattet sind, die man in den USA bestenfalls als Übungsmaschinen für Anfänger einsetzen würde.

Die mikroelektronische Revolution betrifft praktisch alle Bereiche von Wirtschaft und Gesellschaft. Der Computer ist eben nicht bloß ein Rechner; er ist auch Textautomat, Zeichenhilfe und elektronisches Archiv. Nicht nur Programmierer arbeiten mit Computern, sondern auch Angestellte in Reisebüros, Bauern und Mechaniker. Deshalb ist die Forderung nur zu verständlich, relevante Inhalte der Informatik in allen Fächern an Schulen und Universitäten zu lehren. Der Bundesminister für Bildung und Wissenschaft, Dorothee Wilms, bezog zu dieser Frage im Jahre 1984 eindeutig Stellung: »Ich meine, daß der Weg der Integration in den bestehenden Fächerkanon gegenüber der Einführung eines neuen Faches Informatik der bessere ist, wenn es um eine praxis- und anwendungsbezogene Grundbildung in allen Schulformen geht. Das heißt natürlich nicht, daß es nicht auch ein Wahl- oder Wahlpflichtangebot ›Informatik‹ geben sollte, mit dem Ziel, ein vertieftes Wissen und Können für besonders Interessierte und Befähigte zu vermitteln« (Lit. 42; siehe auch die Kritik des Integrationsansatzes auf Seite 59).

Die Realisierung des integrativen Ansatzes stößt in der Praxis jedoch auf erhebliche Probleme. Wir haben bereits gesehen, daß die Verfügbarkeit von qualifizierten Lehrern für das Schulfach Informatik ein kritisches Hemmnis war und ist. Demgegenüber ist es ein noch weitaus schwierigeres Unterfangen, Lehrern aller Fächer in Aus- und Weiterbildung die erforderlichen Zusatzqualifikationen zu vermitteln. Es darf daher erwartet werden, daß die Integration in alle Schulfächer wesentlich langsamer vonstatten gehen wird als die Einrichtung des Informatikunterrichts. Es dürfte auch nicht genügen, Informatik zum Unterrichtsprinzip zu erheben und zu glauben, die Lehrer würden das schon in der Praxis verwirklichen. Dabei sei auf die schlechten Erfahrungen mit der Integration etwa der Verkehrserziehung in andere Fächer verwiesen (Lit. 43). Es muß vielmehr in den einzelnen Fächern konkret angegeben werden, welche Themen in Verbindung mit dem Computer vermittelt werden sollen (Ansätze dazu werden wir sogleich erläutern).

Bei der Integration informatikbezogener Inhalte geht es überdies nicht bloß darum, über ein bestimmtes Thema zu reden, sondern es muß auch konkret mit dem Computer gearbeitet werden. Das setzt dreierlei voraus: Erstens müssen die geeigneten Geräte vorhanden sein; zweitens müssen die erforderlichen Computerprogramme existieren; und drittens müssen die Lehrer diese so gut bedienen können, daß der Computer ein didaktisch geeigneter Vermittler ist und nicht einen an sich anschaulichen Sachverhalt vernebelt, indem er die Aufmerksamkeit auf periphere Aspekte lenkt, die mit dem eigentlich zu beschreibenden Phänomen nichts zu tun haben.

Diese Voraussetzungen sind jedoch gegenwärtig nicht annähernd erfüllt. Vom bereits erwähnten Problem der Lehrerqualifikation abgesehen, macht sich ein eklatanter Mangel an geeigneter Software bemerkbar. Die Verfügbarkeit von Hardware ist demgegenüber wahrscheinlich ein viel geringeres Problem. Für den Engpaß an Software sind mehrere Faktoren maßgebend. Zunächst einmal wird die Informationsrevolution von der Hardwareentwicklung diktiert – die Computer werden rasant immer kleiner, schneller und billiger. Jede Hardwaregeneration bietet ein eigenes Spektrum an Betriebssystemen und Computersprachen; andere Programme können daher nur sehr bedingt auf die nächste Generation übertragen werden. Bis vor kurzem wurden in vielen Schulen Computer der 8-Bit-Generation angeschafft. Viele typische Heimcomputer gehören dazu. Diese Geräte sind in ihrer Leistungsfähigkeit und Speicherkapazität sehr begrenzt. Die mangelnde Qualität vieler Anwenderprogramme legt ein beredtes Zeugnis dafür ab (siehe Seite 160). Mittlerweile sind längst Mikrocomputer der 16-Bit-Generation am Markt weit verbreitet, und die Schulen beginnen, solche anzuschaffen. Das bedeutet jedoch, daß viele für Heimcomputer entwickelte Anwenderprogramme weggeworfen werden können: Entweder sind sie aus technischen Gründen nicht übertragbar, oder aber es ist sinnlos, sie auf den moderneren Geräten einzusetzen, weil diese viel leistungsfähiger sind und daher das Programm von vornherein anders konzipiert werden sollte. Dazu kommt, daß viele Modelle ein- und derselben Leistungsgeneration untereinander nicht kompatibel sind. Genauso wenig wie ein für einen Commodore C 64 geschriebenes Programm auf einem Apple II läuft, kann man Software für Apples Macintosh ohne weiteres auf einen IBM PC übertragen. Nun herrscht aber an den Schulen in der Bundesrepublik Deutschland, der Schweiz und Österreich zur Zeit eine verwirrende Vielfalt an unterschiedlichen Computermodellen. Die Entwicklung didaktisch wertvoller Software ist außerdem sehr aufwendig. Die Lage ist demnach alles andere als erfreulich: Auf Grund der geschilderten Probleme ist mit hoher Wahrscheinlichkeit zu erwarten, daß der Mangel an geeigneter Software eine didaktisch sinnvolle Integration des Computers in den Fächerkanon kurz und mittelfristig behindern wird.

Auf den Fachtagungen zum Thema »Computer und Schule« wurden in den vergangenen Jahren mehrere Integrationsmodelle vorgestellt. Von punktuellen Erfahrungsberichten abgesehen, ist aber gegenwärtig nicht bekannt, in welchem Maß die Integration praktiziert wird. Es darf vermutet werden, daß nur ein geringer Teil aller Schüler im allgemeinbildenden Unterricht derzeit mit computerrelevanten Themen konfrontiert wird. Klaus-Henning Hansen vom Kieler Institut für die Pädagogik der Naturwissenschaften hat im Jahre 1984 die Lehrpläne der Länder der Bundesrepublik Deutschland auf Informatikinhalte systematisch untersucht. Wir werden uns im folgenden auf die Ergebnisse dieser Erhebung beziehen (Lit. 44).

Mathematik

Beginnen wir mit dem Einsatz des Computers als Thema und als Medium im Mathematikunterricht, einem, wie Dr. Rolf Zimmermann aus Gießen meint, brisanten Thema: Als die ersten Computer in den Schulen auftauchten, war der Mathematikunterricht der »natürliche« Ort für ihren Einsatz. Später war man dann froh, als die Computer in der Sekundarstufe II aus der Mathematik in ein eigenes Fach Informatik übersiedeln konnten. Heute hat sich die Richtung, so Zimmermann, teilweise wieder umgekehrt, da man sich neuerdings verspricht, über den obligatorischen Mathematikunterricht alle Schüler zu erreichen und ihnen damit eine Grundbildung in den Methoden der Informatik zu vermitteln. Mit wenigen Ausnahmen (zum Beispiel Bayern) hat die Diskussion noch keine Auswirkungen auf die Lehrpläne gezeigt, und auch in der Welt der Schulbücher regt sich nur langsam etwas (Lit. 45).

Wirft man aus der Sicht der Informatik einen Blick auf die Lehrzielkataloge des Mathematikunterrichts, so sind Berührungspunkte naturgemäß gegeben – zumindest in den Bereichen Anwendungsorientierung (Modellbildung), Algorithmen, formales und abstraktes Denken sowie Handeln ist eine gemeinsame Basis denkbar.

Auf die grundsätzlichen Probleme der Durchsetzung derartiger Vorhaben wird an anderer Stelle hingewiesen (siehe Seiten 50, 145). Vor allem aber ist zu bedenken, daß eine stärkere Betonung informatikbezogener Inhalte im Mathematikunterricht die Zielsetzungen des Fachs verändert. »Die Bedeutung der Mathematik für die Bildung des Menschen sehe ich weniger in der durch sie vermittelten Denkschulung oder der Vermittlung von Tugenden wie Exaktheit, Beharrlichkeit etc. als vielmehr in ihrer formalen und inhaltlichen Funktion als Analyse- und Prognoseelement. In dieser Hinsicht ist Analysis als das Studium der Verknüpfung von lokalen und globalen Eigenschaften von Funktionen und Prozessen von besonderer Bedeutung« (Lit. 46). Von dieser Definition ausgehend, nimmt Bernard Winkelmann vom Institut für Didaktik der Mathematik der Universität Bielefeld zum Thema Stellung. Die Schule habe gegenwärtig die Tendenz, Schüler zu funktionierenden »Computern« auszubilden, das heißt, sie in Fertigkeiten auszubilden, die schon heute besser durch Computer ausgeführt werden können. Winkelmann belegt dies mit Computerprogrammen, die Kurvendiskussionen als Aufgaben trivialisieren, oder mit algebraisch-symbolischen Programmpaketen, die normale Abituraufgaben weitgehend automatisch zu lösen gestatten.

Dabei bestätige sich wieder einmal, daß die meisten Abituraufgaben im wesentlichen eng angeleitete Übungsaufgaben sind, zu deren Bearbeitung kein Überblick, sondern lediglich ein eingedrilltes Beherrschen niederer algorithmischer Fertigkeit notwendig ist.

Wichtig für die Verwendung von Analysis sei aber der verständige und kreative Umgang mit Differentialgleichungen und nicht so sehr die Begriffe »Grenzwert«, »Ableitung« und »Integral«. Differentialgleichungen sind gegenwärtig die Grundlage wesentlicher mathematischer Modellbildungen für gegebene Situationen und Probleme, und sie werden in Anwendungen in vielfacher Weise vom Computer bearbeitet. Wenn es für den verständigen Umgang mit Differentialgleichungen entsprechende mathematische Software gibt, dann werden dadurch die erforderlichen Qualifikationen deutlich verändert. »Algorithmische Detailkenntnisse und stupende Sicherheit im symbolisch-algebraischen Rechnen, wie sie von früheren Bearbeitern von Differentialgleichungen im Anwendungskontext gefordert waren, werden von Benutzern nicht mehr verlangt, sondern bereits in die Software integriert ... Insgesamt ergibt sich eine Verschiebung des Fähigkeitsspektrums von genauen algorithmischen Fertigkeiten hin zu komplexeren Interpretationen, also gewissermaßen vom Kalkül zur Bedeutung« (Lit. 47).

Hier sind wir, so meine ich, bei einem entscheidenden Punkt angelangt. Die meisten traditionellen Mathematiklehrer bemühen sich, mathematische Sätze immer »ab ovo« herzuleiten, und legen Wert auf eine klare und durchgehende Durchdringung des Stoffs. Der durch Computer erweiterte Umgang mit Differentialgleichungen bedingt allerdings eine Umorientierung des Mathematikunterrichts, indem Black boxes zugelassen werden, das heißt Sätze und Verfahren, die nicht deduktiv abgeleitet wurden und in ihrem inneren technischen Aufbau dem Schüler nicht vollständig bekannt sind. Damit werden wichtige Zusammenhänge um einen mathematischen Gegenstand herum ausgeblendet. Das birgt die Gefahr in sich, daß die Integration des Gegenstandes in das bereits vorhandene Wissensgeflecht erschwert wird. Ich halte es für wichtig, daß über dieses Problem umfassend diskutiert wird. Nur dort, wo es vom Gesichtspunkt der Didaktik gerechtfertigt und notwendig erscheint, darf der Computer in den Mathematikunterricht Einzug halten.

Dies gilt natürlich genauso für alle anderen Fächer, wenngleich nicht in derselben Dringlichkeit wie für die Mathematik. Pädagogen wie Martin Wagenschein und Vertreter der Waldorfschulen fordern mit gutem Grund für den naturwissenschaftlichen Unterricht die Nähe zum Naturphänomen und lehnen damit ein Übermaß an »grauen Kästen« ab. Auch die im folgenden beschriebenen Einsatzmöglichkeiten des Computers im naturwissenschaftlichen

Unterricht sind daher vom Gesichtspunkt dieser Einwände zu prüfen.

Naturwissenschaften

In Physik, Chemie und Biologie eröffnet der Computer als Medium die Möglichkeit, komplexe Zusammenhänge zu simulieren; er kann für Prozeßsteuerungen ebenso eingesetzt werden wie zur rechnerischen Auswertung von Versuchsergebnissen. Leo H. Klingen vom Helmholtz-Gymnasium in Bonn zählt eine Reihe von Modellversuchen auf, welche seiner Meinung nach auf andere Weise nicht gut durchgeführt werden können.

Dazu gehört zum Beispiel die Bewegung eines Massenpunktes im Zentralfeld. Das Computerprogramm dafür läßt sich so übersichtlich gestalten, daß es ohne Kommentar verstanden werden kann (siehe dazu Lit. 48). Die Variation der Eingabeparameter ergibt Kreis-, Ellipsen-, Parabel- und Hyperbelbahnen, je nach Anfangsgeschwindigkeit. In jeder Teildisziplin der Physik ergeben sich mannigfache Möglichkeiten für derartige Simulationen. »In vielen Fällen stellen sie ›eingefrorene‹ Zustände dar, welche Kurzzeitmessungen überflüssig machen. Natürlich kann man im realen Experiment einen Ball eine Schultreppe hinunterspringen lassen. Daß die Tatsache des unelastischen Stoßes aber hier zu einer Abweichung vom Gesetz ›Einfallswinkel = Ausfallswinkel‹ führt, muß man entweder berechnen oder trickfilmen. Und im letzteren Fall ist die Simulation auf einem graphischen Terminal weit weniger aufwendig« (Lit. 49). Zudem gibt es eine Reihe von käuflich erhältlicher Software, die Phänomene wie den ballistischen Wurf, die Lissajous-Figuren, die Lichtbrechung eines einzelnen Strahls an beliebig geformten Körpern oder den radioaktiven Zerfall simulieren (Lit. 50).

Zur Versuchsauswertung kann der Computer Meßreihen, Ausgleichsgeraden und Ausgleichskurven berechnen und zeichen. Die Wahl der Kurve – etwa einer Exponentialkurve für die Entladung eines Kondensators – erfolgt aus dem theoretischen Hintergrund; dabei ist es sinnvoll, auch die Theorie der Ausgleichsrechnung zu erläutern.

Auch Mikroelektronik als Unterrichtsthema findet sich vereinzelt in den Lehrplänen der Physik für die Sekundarstufen I und II (dabei ergeben sich Überschneidungen zu den Lehrplänen der Fächer Technik und Arbeitslehre). So sieht der Lehrplan für das Fach Physik in der Hauptschule in Bayern beispielsweise für die 9. Jahrgangsstufe die Themen »Funktion elektronischer Bauelemente«, »Technologischer Fortschritt durch Miniaturisierung« sowie »Elektronik und Freizeit« vor. In der 10. Klasse der Berliner Hauptschulen wird ein Themenbereich »Bauteile der Elektronik« behandelt. Im Gymnasium wird dort ein Kursthema für den Zusatzgrundkurs »Digitale Elektronik » angeboten. In den Realschulen in Bremen ist für den Wahlpflichtbereich »Signalübertragung und -verarbeitung – analoge und digitale Schaltungen« genannt. In manchen Lehrplänen finden sich Elemente der Nachrichtentechnik und Datenverarbeitung, Diode, Transistor und ihre Anwendungen sowie logische Schaltungen. In Hessen werden diese in Hauptschule, Realschule und Gesamtschule/Gymnasium bis zum Volladdierer geführt (Lit. 51).

Einige Hinweise gibt es auch zum Einsatz des Computers im Chemieunterricht. In Frage kommt etwa die Simulation eines dynamischen Gleichgewichts oder der Reaktionskinetik. Das chemische Institut Dr. Flad in Stuttgart unterstützt seit 1979 einen Arbeitskreis »Computer im Chemieunterricht«. Dort arbeiten vor allem Chemielehrer, die sich zum Ziel gesetzt haben, Möglichkeiten für einen sinnvollen Einsatz von Computern im Chemieunterricht und im Praktikum zu erforschen. Unter anderem ist ein Simulationsprogramm »Reaktionskinetik« für Apple II käuflich erhältlich (Lit. 50).

Ein weiteres Einsatzbeispiel kann anhand der Ammoniaksynthese dargelegt werden. Im Unterricht wird zunächst durch das Experiment die Synthese von Ammoniak aus den Elementen unter Mitwirkung eines Katalysators bei erhöhter Temperatur und vorgegebenem Luftdruck gezeigt. In einem Praktikum wird daraufhin dieser Versuch unter anderen Voraussetzungen mit einem Computer simuliert. Es lassen sich dabei die verschiedenen Parameter wie Druck, Temperatur und Katalysator variieren. Der Rechner gibt die zu erwartende prozentuale Ausbeute an und berechnet die Dauer der Reaktion bis zur Einstellung des Gleichgewichts. Der

Schüler hat damit die Möglichkeit, den Reaktionsablauf zu optimieren. Dabei soll herausgefunden werden, unter welchen Bedingungen eine maximale Ausbeute in einer vertretbaren Zeit zu erwarten ist.

Für den Biologieunterricht gibt es fertige Programme zur statistischen Auswertung, beispielweise Regressionskurven für biologische Meßreihen oder das Programm »Energiestoffwechsel«. Im Bremer Lehrplan für die Realschule wird im Wahlpflichtbereich der Sekundarstufe I Signalübertragung und -verarbeitung (Nervenreflexe, Regelkreise) unterrichtet. Das Thema »Biologische Informationsverarbeitung« findet sich mehrfach in einzelnen Lehrplänen für Gymnasien. In Rheinland-Pfalz sind für einen Leistungskurs Grundbegriffe der allgemeinen Kybernetik vorgesehen, ebenso im Saarland und in Schleswig-Holstein.

Technik und Arbeitslehre

Eher unübersichtlich ist die Lage bei den Fächern Technik und Arbeitslehre. Seit Anfang der sechziger Jahre gibt es in der Bundesrepublik Deutschland einen eigenständigen Unterricht über Technik, der in einigen Bundesländern als eigenes Schulfach vorgesehen ist, in anderen unter dem Titel »Arbeitslehre«, im Verbund mit Haushalt und Wirtschaft, gelehrt wird. Auch hier zerfällt die Einbeziehung des Computers in zwei Bereiche: Anwendung der EDV und Kenntnisse über EDV. Die erste Perspektive eröffnet den Blick auf die elektronische Datenverarbeitung als zunehmend bedeutsames Werkzeug der Technik. Ebenso wie die Dampfmaschine im Bereich der Energieverarbeitung funktionell durchschaubar gemacht werden soll, müßten auch die technischen Systeme der Datenverarbeitung (nicht bloß Computer, sondern auch Drucker, Photokopierer, Fernschreiber) Gegenstände des Technikunterrichts sein. Unterrichtseinheiten über Elektronik gehören jedenfalls zum festen Bestand der Techniklehrpläne. Hier lernen die Schüler Platinen herstellen, löten, den Umgang mit Transistoren und integrierten Schaltungen, erwerben Grundkenntnisse der Schaltungstechnik und lernen dabei wichtige elektronische Bauteile kennen.

Die zweite Perspektive richtet sich auf die Vermittlung von Grundkenntnissen über Aufbau und Funktionsweise mikroelektronischer Technik: Lagerverwaltung, Materialbedarfsrechnungen, werkstoffkundliche Versuchsauswertungen und standardisierte Berechnungen nennt Hartwig Mackeprang vom Institut für Arbeitslehre der Technischen Universität Berlin »typische technische Tätigkeiten«, bei denen der Schüler den Umgang mit »Denkzeugen« im Bereich der Technik lernen könne (Lit. 52). So könnten beispielsweise die Schüler ein Computerprogramm benützen, um die optimal verschnittarme Aufteilung einer Holzplatte für ein beliebiges Werkstück zu ermitteln. Auch können Eigenschaften des computerunterstützten technischen Zeichnens (CAD = computer aided design) gezeigt werden, um beispielsweise ein Zahnradgetriebe in Aufbau und Konstruktion am Bildschirm zu variieren.

Für den Begriff »Arbeitslehre« haben die Kultusverwaltungen im einzelnen unterschiedliche Vorstellungen entwickelt. Die meisten Lehrpläne entstanden in ihren wesentlichen Teilen zu einer Zeit, als die Bedeutung der Mikroelektronik noch nicht in das allgemeine Bewußtsein vorgedrungen war. Neben den Inhalten, die bei der Besprechung des Technikunterrichts erwähnt wurden, sehen die Lehrpläne unter anderem Veränderungen in der Struktur der Berufe (Berufswahlhilfe), die Rationalisierung von Produktionsprozessen, die Situation an EDV-Arbeitsplätzen und anderes vor. Darüber hinaus sollte es möglich sein, sich beispielshaft an Wirtschaftssektoren oder an Berufsfeldern zu orientieren (etwa dem Einsatz der EDV in Reisebüros). Auch bietet sich die Simulation realer Prozesse an, etwa für ökonomische Fragestellungen (Planspiele, Börsenspiel), aber auch zur Analyse von Verkehrsströmen und so weiter.

Gesellschaftswissenschaften

In diesem Bereich ist auf die »Bonner Vereinbarung« von 1972 zur Neuordnung der Oberstufe zu verweisen, nach der Geschichte, Erdkunde, Politik, Sozialwissenschaften und Philosophie zu einem Aufgabenfeld zusammengefaßt wurden. Hier dürfte vor allem den Simulationen im ökonometrischen Teil der Sozialwissenschaften ein besonderes Interesse zukommen. Ein Beispiel hierfür ist das Samuelson-Modell für die Entwicklung eines Bruttosozialprodukts. Es benützt nur relativ wenige Annahmen: Das Volkseinkommen setzt sich additiv aus Konsumentenausgaben, unternehmerischen Investitionen und Regierungsausgaben zusammen. Die Konsumentenausgaben verhalten sich proportional zum Bruttosozialprodukt des Vorjahres, die unternehmerischen Investitionen proportional zum Trend der Konsumentenausgaben, die Regierungsausgaben bleiben (irrealerweise) konstant. Ein entsprechendes Computerprogramm ist relativ einfach herzustellen.

Für Personalcomputer gibt es eine große Zahl von Softwarepaketen für den Einsatz in Wirtschaft und Verwaltung, die relativ leicht erlernbar sind und in Form eines Projektunterrichts wirtschaftskundliche Inhalte vermitteln können. So ermöglicht etwa das Programm »Lotus 1-2-3«, in Bilanzprognosen leicht und flexibel »what if«-Fragen durchzuspielen und graphisch anschaulich darzustellen. Auf die Problematik der Simulation durch den Computer werden wir später noch ausführlich eingehen (siehe Seite 164).

Für den Unterricht in Sozialkunde sind Themenbereiche wie Arbeitsmarkt, Datenschutz, Neue Medien und empirische Sozialforschung relevant. Ansätze zur Integration des Computers gibt es derzeit im sprachlich-künstlerischen Aufgabenfeld kaum. Vereinzelt werden Vorschläge angeführt, die Arbeitsweise mit Textautomaten zu vermitteln. Soferne die verwendeten Programme anspruchsvoll genug sind, kann dabei die Flexiblität des Computers anschaulich demonstriert werden. Dennoch muß man sich fragen, ob derartiges im Bereich der grundlegenden Allgemeinbildung notwendig ist.

2.4. Was in Lehrplänen und Schulbüchern oft vergessen wird

In den letzten Jahren wurden zahlreiche Schulbücher und Lehrbehelfe für den Unterricht in Informatik beziehungsweise elektronischer Datenverarbeitung ausgearbeitet. Ihre inhaltliche und didaktische Qualität ist unterschiedlich. Zu deutlicher Kritik ist vor allem deshalb Anlaß, weil in aller Regel einige – meiner Ansicht nach grundlegende – Aspekte ausgeklammert bleiben. Dazu gehören unter anderem:

- das ausführliche Eingehen auf Begriffe wie »Information« und »Intelligenz«;
- die Regeln des Rechnens im binären Zahlensystem vor dem Hintergrund einer phänomenologischen Betrachtung (siehe Seite 81);
- das Bewußtmachen der wesentlichen Elemente der formalen Logik und ihrer Grenzen sowie
- die Technik der Künstlichen Intelligenz. Die Elemente der letzteren sind seit vielen Jahren bekannt; es darf angenommen werden, daß in naher Zukunft Expertensysteme (siehe Seite 100) und andere Produkte dieser Technik maßgebliche Bedeutung im Wirtschaftsleben haben werden; das Eingehen auf diese Thematik wäre daher längst erforderlich.

Dieses Buch soll zweifellos kein Schulbuch im herkömmlichen Sinne sein. Die Ausführungen auf den Seiten 75—123 sind daher nicht als Kapitel zu werten, die in dieser Form zur Ergänzung der eingangs erwähnten Schriften dienen könnten. Es geht vielmehr darum, wesentliche Lücken inhaltlich aufzuzeigen und zum Nachdenken anzuregen, wie diese gefüllt werden könnten. Manche der nun folgenden Beiträge dürften als recht anspruchsvoll empfunden werden. Wer sich mit der Materie zunächst nicht ausführlich befassen will, kann ohne weiteres auf Seite 124 weiterlesen. Dort beginnt die für das Anliegen dieses Buches wesentliche Kritik zum Generalthema Computer, Schule und Lernen.

2.4.1. Information – ein komplexer Begriff

Zunächst einige konkrete Beispiele, wie die Begriffe »Information« und »Daten« in Schulbüchern behandelt werden: Das Schulbuch »Informatik für AHS« (Lit. 53) definiert auf Seite 69: »Unter Information versteht man jedes Merkmal eines Zeichens oder Vorgangs, das sich beschreiben oder verschlüsseln läßt. Eine solche Information kann analog oder digital sein ... Die Digitalisierbarkeit von Informationen ist heute fast überall möglich ... Die kleinste Informationseinheit ist ein Bit.«

Das »Arbeitsbuch der elektronischen Datenverarbeitung für Selbststudium, AHS und HTL« (Lit. 55) verrät: »Daten (= Mehrzahl von lateinisch ›datum‹) sind etwas Gegebenes, Vorhandenes. Man versteht darunter im weitesten Sinn Informationen jeder Art, z.B. Zahlen, Meßwerte, Begriffe, Wörter, Texte usw.«

In der Wiener Höheren Technischen Lehranstalt für EDV fand ich in Hefteintragungen folgendes:

»Daten: alle Dinge mit Informationscharakter. Die Daten müssen so vorliegen, daß sie vom Prozeßrechner verstanden werden können (digitalisierbar)«; oder, in einer anderen Klasse:

»Unter Daten versteht man Informationen (= Angaben über Sachverhalte oder Vorgänge) zusammen mit bekannten oder unterstellten Abmachungen in einer maschinell verarbeitbaren Form.«

Der in vieler Hinsicht hervorragende »Grundband Metzler Informatik« (Lit. 55) drückt sich um den Begriff »Information« gänzlich herum – ein Hinweis auf den Begriff findet sich weder im Stichwortregister noch im Text.

So weit, so schlecht: Mit dem für die gegenwärtige industrielle Revolution zentralen Begriff darf man so, behaupte ich, nicht verfahren. Im folgenden wird deshalb über die Vielschichtigkeit des Informationsbegriffs berichtet; der Leser möge sich dann seine Meinung bilden, was von den oben zitierten Beschreibungen zu halten ist.

»Information« kommt aus dem Lateinischen und bedeutet soviel wie Nachricht, Auskunft, Belehrung (das lateinische Zeitwort »informare« heißt eigentlich »eine Gestalt geben, formen«). Im modernen Sprachgebrauch hat das Wort »Information« verschiedene Bedeutungen. Die deutsche Umgangssprache verwendet es in einem engeren Sinn als die Informationstheorie. So unterscheidet man im Alltag Information von Kommentar, obwohl auch ein Kommentar eine Form von Information ist. Information im weiteren Sinne betrifft alle Fakten, die übermittelt, erfahren oder gespeichert werden können. Die Informationstheorie (siehe Seite 78) untersucht den Informationsgehalt von Nachrichten oder physikalischen Beobachtungen und den Zusammenhang zwischen Informationsgehalt und der Übertragung dieser Information von einem

Ort zum anderen. Im Rahmen dieser Theorie hat der Begriff »Information« keinen Bezug zu Bedeutung oder Richtigkeit einer Nachricht, sondern bezieht sich darauf, in welchem Ausmaß die Nachricht als Translation in Zeichen unverfälscht, redundant, zufällig oder unerwartet ist, sowie auf die Geschwindigkeit der Informationsübertragung beziehungsweise deren Kanalbreite.

Je nach ihrer Entstehung gibt es Information aus unmittelbarer Auseinandersetzung mit der Wirklichkeit und Information, die von anderen Menschen produziert wurde, etwa von einem Schriftsteller oder von einem Journalisten. Vor allem die durch Menschen erzeugte Information wächst heute schneller denn je. Sie hat zunehmend den Charakter einer Ware, nicht nur im Sinne des Produktes eines Autors, das durch das Urheberrechtsgesetz geschützt ist. Sie ist auch eine Ware der Informationsvertreiber, etwa des Verlegers, oder einer Kabel-TV-Gesellschaft, die einen Film gegen Nutzungsgebühr anbietet.

Information kann über räumliche Distanzen bewegt werden (Informationsübertragung im engeren Sinn), durch Briefe, Telephon oder Fernsehen. Sie kann aber auch über zeitliche Distanzen transportiert werden, allerdings nur in einer Richtung, von der Vergangenheit in die Zukunft (Informationsspeicherung), etwa in Büchern, Schallplatten oder Datenbanken.

Information wird nicht nur transportiert, sondern auch verarbeitet. Die Informationsverarbeitung dient der Handhabung und Umwandlung von vorhandener Information zu »neu verpackter« Information.

Informationelle Strukturen finden sich in zahllosen Bereichen, in Biologie, Technik, Soziologie und anderwärts. Die Wissenschaft von diesen informationellen Strukturen heißt Kybernetik (von griechisch »kybernetes« = Lotse, Steuermann).

Information behebt Nichtwissen. Der Mensch will aber nicht nur wissen, sondern er will und muß auch handeln. Dies ist nun gewiß nur ein anderer, aber ein wesentlicher Aspekt desselben Vorgangs: Nachrichten, die Informationen übertragen, beeinflussen unser Verhalten, und zwar spontan oder auf Dauer. Im ersten Fall werden wir sagen, daß die Information nicht so sehr ein Nichtwissen, als vielmehr eine Ungewißheit behebt. Eine Ungewißheit, die eine Wahl oder eine Entscheidung erst notwendig macht. Im zweiten Fall haben wir eine Verhaltensbeeinflussung, die man auch im engeren Sinne des Wortes als Lernen bezeichnen kann.

Die Beziehungen, die auf diese Weise zwischen Wissen, Nichtwissen, Auswahlmöglichkeiten und Information aufgezeigt werden können, sind aber recht allgemein. Sie erlauben jedenfalls keine quantitative Aussage wie »größer«, »kleiner« oder »gleich«. Für Naturwissenschaftler ist dies ein schwerer Mangel, denn schließlich will man ja irgend etwas messen, also genaue quantitative Zahlenangaben machen können. Das ist aber bei der bisherigen Betrachtungsweise nicht möglich.

Information wird durch Nachrichten übermittelt, und Nachrichten werden durch Signale, also durch Zeichenkombinationen, übertragen – der letzte Träger der Information ist somit das Zeichen. Nicht nur ein einzelnes Signalzeichen übermittelt Information, sondern jedes Zeichen einer Kombination leistet auch einen Beitrag zur Information, die das ganze Signal überträgt. Ob und inwieweit eine Nachricht Information überträgt, hängt somit einmal von der Signalfolge ab (syntaktische Dimension), dann selbstverständlich von der damit kodierten Nachricht (semantische Dimension) und schließlich vom Empfänger, seinem Wissen beziehungsweise Nichtwissen über den Gegenstand der Nachricht, also von der besonderen Wirkung der Nachricht auf den Empfänger (pragmatische Dimension).

Die bereits erwähnte Informationstheorie, wie sie von Claude Shannon und Norbert Wiener entwickelt wurde, befaßt sich zunächst und vor allem mit der syntaktischen Dimension der Information. Ihre Aussagen betreffen in der Regel lediglich die technische Dimension der Informationsübertragung, und es ist verständlich, daß der Nachrichtentechniker sich für die Bedeutung und den Sinn einer zu übermittelnden Nachricht ebensowenig interessiert wie ein Briefträger, der nur dafür zu sorgen hat, daß die Post schnell an den richtigen Bestimmungsort gelangt. Die syntaktische Dimension der Information ist nicht mit der technischen Dimension der Informationsübertragung identisch, doch sind diese beiden so eng miteinander gekoppelt, daß ihre Unterscheidung schwierig ist. Wichtig ist jedenfalls: Nur auf der syntaktischen Ebene wird Information gemessen. Die syntaktische Dimension des Begriffs »Information« ist damit nur eine von mehreren Dimensionen – aus der Verwechslung und ungenauen Bezeichnung der Begriffe resultieren mitunter folgenschwere Verwirrungen (siehe Seite 117).

2.4.2. Vom Wesen des binären Zahlensystems

Über das Rechnen im binären Zahlensystem gibt es in einigen Informatikschulbüchern gut lesbare Abschnitte. Was im allgemeinen fehlt, sind Aussagen über den Inhaltsbezug der Datenverarbeitung. Weil für das grundlegende Verständnis des Computers wesentlich, wollen wir im folgenden einige Elemente dieser Thematik wiedergeben.

Das Zahlensystem, in dem wir gewöhnlich rechnen – das Zehner- oder Dezimalsystem – ist nur eines von unendlich vielen möglichen. Jede Zahl kann grundsätzlich nach den Potenzen einer beliebigen anderen natürlichen Zahl, die größer als 1 ist, zerlegt werden. Im Dezimalsystem ist diese Zahl gleich 10; die Zahl 7653 kann demnach wie folgt dargestellt werden:

$$7653 = 7 \cdot 10^3 + 6 \cdot 10^2 + 5 \cdot 10^1 + 3 \cdot 10^0 = 7 \cdot 1000 + 6 \cdot 100 + 5 \cdot 10 + 3 \cdot 1$$

Dieselbe Zahl 7653 kann im Zweiersystem (Dual- oder Binärsystem) als Summe von Potenzen der Zahl 2 dargestellt werden:

$$7653 = 1 \cdot 2^{12} + 1 \cdot 2^{11} + 1 \cdot 2^{10} + 0 \cdot 2^9 + 1 \cdot 2^8 + 1 \cdot 2^7 + 1 \cdot 2^6 + 1 \cdot 2^5 + 0 \cdot 2^4 + 0 \cdot 2^3 + 1 \cdot 2^2 + 0 \cdot 2^1 + 1 \cdot 2^0$$

$$= 1 \cdot 4096 + 1 \cdot 2048 + 1 \cdot 1024 + 0 \cdot 512 + 1 \cdot 256 + 1 \cdot 128 + 1 \cdot 64 + 1 \cdot 32 + 0 \cdot 16 + 0 \cdot 8 + 1 \cdot 4 + 0 \cdot 2 + 1 \cdot 1$$

Das sieht auf den ersten Blick kompliziert aus, ist es aber nicht. Wir bemerken, daß vor jeder Zweierpotenz entweder eine 1 oder eine 0 steht; im Zweiersystem wird demnach die Zahl 7653 als eine Folge von 12 Nullen und Einsen dargestellt – nach dem oben stehenden Zerlegungsschema also:

1110111100101.

Damit sind wir bereits mitten in der Computertechnik. Computer heißt soviel wie Rechner. Er kann addieren, subtrahieren, multiplizieren und dividieren. Er kann aber auch Probleme lösen, die auf den ersten Blick nichts mit Rechnen zu tun haben, zum Beispiel eine Produktionsanlage steuern oder eine Anzahl von Begriffen alphabetisch ordnen. Diese Aufgaben löst der Computer mit Hilfe eines einfachen, um nicht zu sagen primitiven Prinzips: Er arbeitet mit den Begriffen »richtig« und »falsch« oder, mathematisch formuliert, mit 0 und 1, also im soeben vorgestellten Zweiersystem. Womit der Computer auch immer zu tun hat – die Zahlen, die er addieren soll, die Wörter, die er alphabetisch ordnen soll, die Befehle, die er empfängt: alles ist aus Folgen von 0 und 1 aufgebaut.

Die Leistung des Computers ist, daß er in der Sekunde viele Millionen Folgen von 0 und 1 verarbeiten kann. Sonst nichts.

Warum kann der Computer nur Folgen von 0 und 1 verwerten? Der Grund liegt in seiner Funktionsweise: Er arbeitet nämlich mit elektrischen Impulsen. Die Zentraleinheit eines Rechners besteht aus Millionen winziger Schalter, die nur zwei Zustände kennen:

Der Schalter ist offen	Folge: Es fließt kein Strom
Der Schalter ist geschlossen	Folge: Es fließt Strom

Ein Darstellungselement, das nur zwei Zustände kennt, bezeichnet man als »binäres Element« oder »Bit« (aus dem englischen »binary digit« = binäre Ziffer).

Das Bit ist somit das Grundelement des digital arbeitenden Computers.

Kehren wir nochmals zum Zweiersystem zurück und sehen wir uns an, wie eine einfache Addition darin aussieht, etwa die Summe aus 243 und 873. Im Dezimalsystem wird diese Rechenoperation durch schrittweises Addieren einstelliger Zahlen ausgeführt, also 3 + 3 = 6, 7 + 4 = 11 (dabei wird an die Zehnerstelle eine 1 geschrieben, und 1 als »Übertrag« behalten) und 2 + 8 = 10 und dazu den Übertrag 1, also insgesamt 11: 1116. Genau das gleiche sieht im Zweiersystem folgendermaßen aus:

$243 = 1 \cdot 2^7 + 1 \cdot 2^6 + 1 \cdot 2^5 + 1 \cdot 2^4 + 0 \cdot 2^3 + 0 \cdot 2^2 + 1 \cdot 2^1 + 1 \cdot 2^0$, abgekürzt: 11110011

$873 = 1 \cdot 2^9 + 1 \cdot 2^8 + 0 \cdot 2^7 + 1 \cdot 2^6 + 1 \cdot 2^5 + 0 \cdot 2^4 + 1 \cdot 2^3 + 0 \cdot 2^2 + 0 \cdot 2^1 + 1 \cdot 2^0$,

abgekürzt: 1101101001;

nun schreiben wir beide Zahlen im Zweiersystem untereinander:

11110011
\+ 1101101001;

zur Addition im Zweiersystem gibt es folgende Regeln: 1 + 0 oder 0 + 1 ergibt 1; 1 + 1 ergibt 2, und die 2 des Zweiersystems ist der 10 des Dezimalsystems analog ($1 \cdot 2^1 + 0 \cdot 2^0$), also wird 0 aufgeschrieben und 1 als Übertrag behalten. Wenn drei Einser addiert werden müssen, ergibt das 3, und 3 ist im Zweiersystem gleich 11 ($1 \cdot 2^1 + 1 \cdot 2^0$), also 1 aufschreiben und 1 als Übertrag. Es ergibt die obige Addition somit:

10001011100;

$$10001011100 = 1 \cdot 2^{10} + 0 \cdot 2^9 + 0 \cdot 2^8 + 0 \cdot 2^7 + 1 \cdot 2^6 + 0 \cdot 2^5 + 1 \cdot 2^4 + 1 \cdot 2^3 + 1 \cdot 2^2 + 0 \cdot 2^1 + 0 \cdot 2^0 =$$
$$= 1 \cdot 1024 + 0 \cdot 512 + 0 \cdot 256 + 0 \cdot 128 + 1 \cdot 64 + 0 \cdot 32 + 1 \cdot 16 + 1 \cdot 8 + 1 \cdot 4 + 0 \cdot 2 + 0 \cdot 1 =$$
$$= 1116$$

Stimmt. Wer das begreift, der weiß, wie ein Computer auf der untersten Ebene im Prinzip funktioniert.

An dieser Stelle ist es aber wesentlich, sich den Vorgang auch phänomenologisch zu verdeutlichen: 1 und 0 können durch die zwei Stellungen eines Schalters symbolisiert beziehungsweise materiell dargestellt werden, durch Anwesenheit oder Nichtanwesenheit eines Loches auf einer Platte (wie beispielsweise beim optischen Speicher) oder mit einem Raster von quadratischen Behältern aus Karton, in die man entweder ein Steinchen einfügt oder keines. Alle Regeln, die befolgt werden, sind rein formaler Natur und haben mit dem Inhalt, dem Sinn der Operation, nichts zu tun. 0 und 1 können Zahlen darstellen, Buchstaben oder Farbwerte; 0

und 1 sind damit lediglich sinnleere Merkzeichen. Fehlt eine begriffliche Erfassung des jeweils angezeigten Ergebnisses, so bleibt dieses bedeutungslos.

Was man im binären System alles machen kann, das hat der englische Mathematiker George Boole (1815–1864) übrigens schon vor mehr als hundert Jahren erdacht. Fast hundert Jahre hat es somit gedauert, bis sein Prinzip in der modernen Rechentechnik millionenfach verwirklicht wurde. Das logische Prinzip, das Probleme in eine Folge von »richtig«- und »falsch«-Aussagen zerlegt, heißt Boolesche Logik. Geht man davon aus, daß eine Aussage nur »richtig« oder »falsch« sein kann, dann braucht man nur noch die logischen Operationen »UND«, »ODER« sowie »NICHT«, und alle anderen logischen Operationen eröffnen sich mit deren Kombination. Wenn zum Beispiel zwei Aussagen A und B gegeben sind, dann ist die Aussage »A und B« nur dann richtig, wenn A und B beide richtig sind, während der Satz »A oder B« dann richtig ist, wenn A oder B oder beides richtig ist. So einfach ist das. Derartige Verknüpfungsregeln haben wir übrigens gerade kennengelernt: Sie entsprechen im Prinzip den Regeln zur Addition im Zweiersystem. Die Operationen »UND«, »ODER« und »NICHT« können durch eine unterschiedliche Verknüpfung zweier Schalter verwirklicht werden (etwa durch Parallel- beziehungsweise Hintereinanderschaltung). Im Technikunterricht lassen sich diese Prinzipien mit einfachsten Mitteln anschaulich machen; zusammen mit einem Verständnis des Binärsystems kann so die Basis des Funktionsprinzips von Computern in wenigen Stunden durchschaubar gemacht werden.

2.4.3. Formale Logik und ihre Grenzen

Die in diesem und in den beiden folgenden Abschnitten behandelten Themen sind in Schulbüchern so gut wie nirgendwo zu finden. Ein unakzeptables Manko; worin es besteht, das soll ausführlich dargelegt werden.

Oft wird behauptet, daß folgerichtiges Denken jene Fähigkeit sei, die uns von allen anderen Lebewesen unterscheide; deshalb kommt es uns zunächst etwas paradox vor, daß der Computer gerade das mechanisiert, was scheinbar von allem das Menschlichste ist. Andererseits wußten bereits die alten Griechen, daß folgerichtiges Denken ein strukturierter Vorgang ist und wenigstens zum Teil von angebbaren Gesetzen beherrscht wird. Aristoteles brachte die Syllogismen in ein System; Euklid kodifizierte die Geometrie; dann aber mußten viele Jahrhunderte vergehen, bis sich in der Erforschung des auf Axiomen beruhenden Denkens ein Fortschritt einstellte. Vor allem die englischen Logiker George Boole und Augustus De Morgan gingen im 19. Jahrhundert mit der Kodifizierung streng deduktiver Denkmuster über Aristoteles hinaus. »Die Gesetze des Denkens« nannte George Boole eines seiner Bücher. Auf die Arbeiten von Gottlob Frege, Guiseppe Peano, David Hilbert und Georg Cantor haben wir in diesem Zusammenhang bereits hingewiesen (siehe Seite 42). Dabei wurden auch die Paradoxien erwähnt, die den formalen Logikern in der Folge viel zu schaffen machten.

Bei diesen Paradoxien trat immer wieder das Problem der Selbstbezüglichkeit auf; Douglas R. Hofstadter nennt sie »Seltsame-Schleifen-Bildung« und widmete ihrer Darstellung sein Buch »Gödel, Escher, Bach«. Um diesen Sachverhalt etwas näher zu verstehen, erinnern wir uns an eine Paradoxie des Griechen Epimenides. Epimenides war ein Kreter, der den bekannten Satz aussprach:

»Alle Kreter sind Lügner.«

Eine Variante dieser Aussage heißt einfach »Ich lüge« oder »Diese Aussage ist falsch«. Die Epimenides-Paradoxie ist eine einstufige seltsame Schleife, so Hofstadter – wie Eschers Bildgalerie. Wenn man den Satz »Alle Kreter sind Lügner« als wahr betrachtet, dann müßten alle Kreter Lügner sein; da jedoch Epimenides ein Kreter war, kann sein Satz nicht wahr sein und so weiter. Eine andere Paradoxie liegt im folgenden vor:

Der folgende Satz ist falsch.

Der vorhergehende Satz ist richtig.

Bertrand Russell und Alfred N. Whitehead veröffentlichten kurz vor dem Ersten Weltkrieg das monumentale Werk »Principia Mathematica«, das unter anderem das Ziel hatte, die Mengenlehre von derartigen Paradoxien zu befreien. Sie gingen dabei von folgender Überlegung aus: Eine Menge des untersten »Typs« kann als Elemente »nur« Objekte enthalten und keine Mengen. Eine

Menge des nächsthöheren »Typs« kann nur Objekte oder Mengen des niedrigsten Typs enthalten und so weiter. Jede Menge gehört demnach einem spezifischen Typ an. Damit war klargestellt, daß keine Menge sich selbst enthalten konnte, weil sie dann einem höheren Typ als ihrem eigenen angehören müßte. Diese Theorie der Typen wurde zumindest mit einigen der Paradoxien der Mengenlehre fertig, aber nicht mit der des Epimenides und führte in einen infiniten Regreß der Metaebenen und Metamengen. Diese Probleme der mathematischen Grundlagenforschung führten dazu, daß man sich zu Beginn dieses Jahrhunderts lebhaft für die Kodifizierung menschlicher Denkweisen zu interessieren begann. Bei Mathematikern und Philosophen kamen ernsthafte Zweifel auf, ob selbst die konkretesten Theorien wie zum Beispiel die Erforschung der ganzen Zahlen (Zahlentheorie) auf sicheren Grundlagen ruhten. »Wenn Paradoxien mit solcher Leichtigkeit in der Mengenlehre auftauchen konnten«, schreibt Hofstadter, »könnten sie dann nicht auch in anderen Bereichen der Mathematik vorhanden sein?« Eine andere damit zusammenhängende Sorge war, daß logische Paradoxien wie die des Epimenides sich als der Mathematik innewohnend entpuppen und damit die gesamte Mathematik in Zweifel ziehen könnten. Das beunruhigte besonders jene – und es gab ihrer viele –, die fest daran glaubten, daß die Mathematik ganz einfach ein Teil der Logik oder, umgekehrt, daß Logik ganz einfach ein Teil der Mathematik sei.

Ebendiese Frage – »Sind Logik und Mathematik bloß verschieden oder voneinander unabhängig?« – war die Quelle zahlreicher Kontroversen.

Die Erforschung der Mathematik selbst wurde als Metamathematik oder gelegentlich auch Metalogik bekannt, da Mathematik und Logik so eng miteinander verknüpft sind. Die dringlichste und vorrangigste Aufgabe der Metamathematiker war, die wahre Natur mathematischer Beweisführung zu bestimmen (Lit. 56).

Russell und Whitehead hatten also versucht, die gesamte Mathematik widerspruchsfrei aus der Logik abzuleiten. Dabei war jedoch nicht sicher, ob wirklich die gesamte Mathematik in der angegebenen Methode angegeben war und daß die angegebenen Methoden auch nur in sich selbst widerspruchsfrei waren. In der Folgezeit beschäftigten sich zahlreiche Mathematiker mit diesem

Gedankengebäude. Der deutsche Mathematiker David Hilbert versuchte streng zu beweisen, daß das in den »Principia Mathematica« definierte System sowohl widerspruchsfrei als auch vollständig sei. Auch der britische Mathematiker John von Neumann hatte die Vorstellung, die Mathematik könnte eine völlig bereinigte und klare Wissenschaft werden, in der jede Behauptung, jede Hilfskonstruktion, jede Gleichung felsenfest und unerschütterlich abgesichert und beweisbar sein würde.

Weder Hilbert noch von Neumann erreichten ihr Ziel. Der Mathematiker Kurt Gödel war der Spielverderber. Er bewies 1931 den folgenden Satz:

»Alle widerspruchsfreien, axiomatischen Formulierungen der Zahlentheorie enthalten unentscheidbare Aussagen.«

Der Beweis von Gödels Unvollständigkeitssatz beruht darauf, so führt Hofstadter aus, daß man einen selbstbezüglichen mathematischen Satz niederschreibt, so wie die Epimenidesparadoxie eine selbstbezügliche sprachliche Aussage ist. Während es aber sehr einfach ist, in der Sprache über die Sprache zu reden, ist es keineswegs leicht einzusehen, wie eine Aussage über Zahlen über sich selbst zu sprechen vermag. »Gödel erkannte, daß eine zahlentheoretische Aussage etwas über eine zahlentheoretische Aussage (möglicherweise sogar über sich selbst) aussagen kann, wenn man nur irgendwie bewirken könnte, daß Zahlen Aussagen repräsentieren. Mit anderen Worten: Das Kernstück seiner Konstruktion ist die Vorstellung von einem Kode. Im Gödelschen Kode, den man gewöhnlich als ›Gödelnumerierung‹ oder ›Gödelisierung‹ bezeichnet, stehen die Zahlen für Symbole und Symbolfolgen. Auf diese Weise erhält jede Aussage der Zahlentheorie – eine Folge spezialisierter Symbole – eine Gödelnummer, etwa wie eine Telephon- oder Autonummer, mit der er bezeichnet werden kann. Und dieser Kunstgriff des Kodierens macht es möglich, daß man zahlentheoretische Sätze auf zwei verschiedenen Ebenen verstehen kann: Als zahlentheoretische Aussage und auch als Aussage über zahlentheoretische Aussagen« (Lit. 57).

Gödels Satz faszinierte die Logiker und Mathematiker, denn er zeigte, daß kein festes System, so kompliziert es auch sei, beispielsweise die Komplexität der ganzen Zahlen 0, 1, 2, 3, . . . repräsentieren kann.

In gewissem Sinn zeigte Gödel damit die Grenzen der formalen Logik auf.

Wir könnten nun darangehen, die Beweisführung Kurt Gödels im einzelnen durchzunehmen. Ich will aber davon absehen; nicht, weil die Ausführungen Gödels uninteressant sind, sondern weil bereits Jahre vor der Veröffentlichung des Gödelschen Theorems ein anderer Mathematiker im wesentlichen die gleichen (und in den Augen mancher sogar darüber hinausgehende) Sätze gezeigt hat, nämlich der Schweizer Paul Finsler. Ich beziehe mich im folgenden auf die Finslerschen Aufsätze »Gibt es Widersprüche in der Mathematik?« aus dem Jahre 1922, »Formale Beweise und die Entscheidbarkeit« aus dem Jahre 1925 und »Gibt es unentscheidbare Sätze?« aus dem Jahre 1944.

Finsler beginnt mit einem einfachen Beispiel: »Dazu schreibe ich auf diese Tafel die Zahlen 1, 2 und 3, und dann weiter noch den Satz:

›Die kleinste natürliche Zahl, die nicht auf dieser Tafel angegeben ist.‹

Gibt es eine solche Zahl?« (Lit. 58).

Auf der Tafel sind nur endlich viele Zahlen angegeben. Unter den übrigen muß es eine kleinste geben. Andererseits aber, wenn diese existieren würde, so wäre sie durch diesen Satz jedoch auf der Tafel angegeben.

»Jetzt liegt aber die Sache so einfach, daß man doch die Lösung finden muß. Und in der Tat, wenn man nur rein logisch vorgeht, so kommt man zu einem ganz eindeutigen Resultat. Und das ist ja das Ziel, jede Frage muß eine eindeutige Antwort erhalten.

Es ist aber gut, diese einfachen Dinge doch nicht zu leicht zu nehmen; sie sind notwendig zum Verständnis der schwierigeren mengentheoretischen Fragen, bei denen Schlüsse von ganz derselben Art vorkommen.

Wie verhält es sich also hier? Ich schließe, wie man sonst in der Mathematik zu schließen gewohnt ist. Es handelt sich um die Frage: Welche Zahlen sind auf dieser Tafel angegeben?

Erstens sind es die Zahlen 1, 2, 3. Ist weiter die Zahl 4 auf der Tafel angegeben? Angenommen, sie wäre angegeben, dann kann sie nur durch diesen Satz hier angegeben sein. Dieser Satz aber verlangt, daß die betreffende Zahl nicht auf der Tafel angegeben sein soll. Dies steht im Widerspruch zu der gemachten Annahme, diese ist also falsch, und es folgt, daß die Zahl 4 nicht auf der Tafel angegeben ist.

Weiter aber: Es gibt Zahlen, die nicht auf der Tafel angegeben sind und unter diesen gibt es eine kleinste. Wir haben eben gesehen, daß die Zahlen 1, 2 und 3 auf der Tafel angegeben sind und daß die Zahl 4 nicht angegeben ist. Also ist tatsächlich die Zahl 4 ›die kleinste natürliche Zahl, die nicht auf dieser Tafel angegeben ist‹.

Ist dies nun ein Widerspruch? Ist sie dann nicht doch durch diesen Satz hier angegeben?

Antwort: Nein! Denn dieser Satz, wie er hier steht, verlangt nicht nur explizit, daß die betreffende Zahl nicht auf der Tafel stehen soll, sondern er verlangt gleichzeitig auch implizit, dadurch, daß er auf der Tafel steht, daß die durch ihn angegebene Zahl doch auf der Tafel angegeben sein muß, und diesen zwei sich widersprechenden Forderungen genügt die Zahl 4 nicht.

Der eigentliche Fehlschluß bei der üblichen Überlegung besteht also darin, daß man diese implizite Forderung, in diesem Fall die Forderung, daß die Zahl doch auf der Tafel stehen muß, erst nachträglich berücksichtigt und nicht, wie es sein muß, schon zu Anfang. Es ist eben ein Unterschied zwischen dem Satz auf der Tafel und demselben Satz, wenn er ausgesprochen wird. Der ausgesprochene Satz enthält die implizite Forderung nicht, der Satz auf der Tafel aber enthält sie.

Ein gutmütiger Leser könnte vielleicht sagen, es wird doch mit diesem Satz die Zahl 4 gemeint sein. Aber die Logik ist nicht so gutmütig. Rein logisch genommen ist vielmehr dieser Satz vollkommen identisch mit dem folgenden: Es soll die Zahl 4 gemeint sein, wenn die Zahl 4 nicht gemeint ist. Es soll aber die Zahl 5 gemeint sein, wenn die Zahl 4 gemeint ist.

Und bei dieser Form ist es ganz klar, daß durch diesen Satz überhaupt keine Zahl angegeben wird, weder die Zahl 4 noch eine andere« (Lit. 58).

Damit kommen wir zu einem wichtigen Punkt: Es gibt einen Unterschied zwischen der formalen Widerspruchsfreiheit und der wirklichen Abwesenheit von inneren Widersprüchen in dem betreffenden Axiomensystem. Das führt uns von neuem zum Problem der Entscheidbarkeit: Wäre jede mathematische Behauptung, deren Richtigkeit oder Unrichtigkeit eine logische Folge der Axiome darstellt, durch rein formale Beweise entscheidbar, so könnte man aus der formalen Widerspruchsfreiheit ohne weiteres auf eine absolute schließen.

»Dies gilt aber nicht mehr, sobald es einen Satz gibt, über dessen Richtigkeit zwar das Axiomensystem in logischer Hinsicht eindeutig entscheidet, der aber rein formal weder bewiesen noch widerlegt werden kann. Dann kann man nämlich diesen Satz oder auch sein Gegenteil als neues Axiom zu dem System hinzufügen und erhält damit zwei formal widerspruchsfreie Axiomensysteme, von denen sicher eines einen inneren Widerspruch enthält.

Diese Möglichkeit liegt nun bei dem Axiomensystem der reellen Zahlen tatsächlich vor, falls die für die formalen Beweise zu verwendenden Zeichen nur in endlicher oder in abzählbar unendlicher Anzahl vorhanden sind, was ja bei konkret ausgeschriebenen Beweisen sicher der Fall ist.

Es kann dann im ganzen nur abzählbar viele formale Beweise geben, da jeder einzelne aus einer endlichen Zusammenstellung dieser Zeichen bestehen muß. Aus dem Axiomensystem der reellen Zahlen folgen aber rein logisch mehr als abzählbar viele Sätze. Man nehme zum Beispiel die Sätze von der Form: ›Alpha ist eine transzendente Zahl.‹ Für jeden bestimmten Wert von Alpha ist dies ein bestimmter richtiger oder falscher Satz. Von diesen nicht abzählbar vielen Sätzen kann nicht jeder einzelne formal entscheidbar sein, denn zu jedem speziellen Satz müßte auch ein spezieller Beweis gehören, der sich eventuell aus einem allgemeinen Beweis durch Einsetzen oder Spezialisieren ergeben müßte. Daraus folgt aber, daß es Sätze gibt, die formal nicht entscheidbar sind« (Lit. 59).

Finsler konstruiert sodann einen solchen formal nicht entscheidbaren Satz. Dabei gelte zunächst folgendes: Ein formaler Beweis ist eine ähnliche Kombination von Zeichen des Systems S von der Art, daß der vermöge B festzustellende Sinn einen logisch einwandfreien Beweis ergibt. Irgendein Satz heißt formal »nicht entscheidbar«, wenn weder für diesen Satz noch für sein Gegenteil ein formaler Beweis möglich ist. Das System S ist laut Finsler ein festes System von endlich vielen Zeichen. Es soll insbesondere alle für mathematische Zwecke zur Verwendung kommenden Zeichen enthalten oder überhaupt alle bisher (oder auch in Zukunft) in Schrift oder Druck verwendeten Zeichen. Eine fest gegebene Anordnung dieser Zeichen soll als die »alphabetische« gelten.

Weiter denke man sich ein festes »Wörterbuch« B einschließlich »Grammatik« gegeben, welches zu gewissen ähnlichen Kombinationen dieser Zeichen, den »Wörtern«, den zugehörigen Sinn eindeutig ergibt. Solche Wörter, die im gewöhnlichen Sprachgebrauch in endlich vielen verschiedenen Bedeutungen vorkommen, sollen etwa durch Indizes eindeutig unterschieden sein. Gewisse Zeichen oder Kombinationen können aber auch als »Variable« definiert sein, die ihren eindeutigen Sinn mittels der »Grammatik« aus dem Zusammenhang entnehmen. Insbesondere sollen in B alle in der vorliegenden Arbeit vorkommenden Wörter mit der hier gebrauchten Bedeutung angegeben sein, außerdem etwa überhaupt alle bisher (oder auch in Zukunft) geschriebenen oder gedruckten Wörter. Die »Erklärungen« des Wörterbuchs brauchen nicht aus Zeichen des Systems S zu bestehen, sie können als rein ideell gedacht werden.

Jede Zusammenstellung von Zeichen, für die sich nicht aus B ein eindeutiger Sinn ergibt, soll als sinnlos gelten.

Irgendein Ding soll endlich definierbar heißen, wenn es eine endliche Zusammenstellung von Zeichen des Systems S gibt, von der Art, das der vermittels B festzustellende Sinn dieses Ding eindeutig festlegt.

Weiter definiert Finsler, daß jede aus den Zahlen 0 und 1 gebildete Folge einschließlich 000 ... und 111 ... als Dualfolge bezeichnet werde. Zwei Dualfolgen sollen dann und nur dann als gleich gelten, wenn jede Stelle der einen Folge mit der entsprechenden Stelle der anderen Folge übereinstimmt. Die Gesamtheit aller Dualfolgen ist nach der Schlußweise Georg Cantors nicht abzählbar. Ist nämlich eine beliebige Folge von Dualfolgen gegeben, so ist darin diejenige eindeutig bestimmte Dualfolge, sie möge die Antidiagonalfolge heißen, nicht enthalten, deren n-te Stelle für jedes n von der n-ten Stelle der n-ten Dualfolge verschieden ist. Ein Folge von Dualfolgen kann also nicht alle Dualfolgen enthalten.

Nun betrachte man all diejenigen Kombinationen von Zeichen des Systems S, welche den formalen Beweis dafür liefern, daß in einer bestimmten Dualfolge die Zahl 0 unendlich oft vorkommt beziehungsweise daß sie darin nicht unendlich oft vorkommt. Zu jedem solchen Beweis gehört dann eine eindeutig bestimmte Dualfolge, nämlich eben die, für die der Beweis gilt. Umgekehrt kann es aber für dieselbe Dualfolge mehrere solche Beweise geben.

Diese Beweise können nun, wie soeben gezeigt wurde, in eine abzählbare Reihe gebracht werden; dadurch erhält man für die zugehörigen Dualfolgen ebenfalls eine abzählbare Reihe. Man nehme nun die zu dieser Reihe gehörende Antidiagonalfolge und stelle den Satz auf: In der soeben definierten Antidiagonalfolge kommt die Zahl 0 nicht unendlich oft vor.

Dieser Satz ist formal nicht entscheidbar, da die zugehörige Dualfolge nicht in der vorher aufgestellten Weise angeschrieben werden kann. Er kann daher als formal widerspruchsfrei bezeichnet werden.

»Nun kann man aber trotzdem einsehen, daß dieser Satz falsch, also widerspruchsvoll ist. In der betreffenden Antidiagonalfolge muß nämlich die Zahl 0 doch unendlich oft vorkommen, denn man kann offenbar mit beliebig vielen Worten formal beweisen, daß in derjenigen Dualfolge, deren erste Stelle gleich 1 ist, deren zweite Stelle ebenfalls gleich 1 ist, die Zahl 0 nicht unendlich oft vorkommt. Jedem solchen Beweis entspricht aber in der Antidiagonalfolge eine 0, es kommen also sicher unendlich viele Nullen vor.

Es scheint hier ein Widerspruch vorzuliegen, indem der formal nicht entscheidbare Satz anscheinend doch formal entschieden wurde.

Dies ist aber in Wirklichkeit nicht der Fall. Der soeben gegebene, aus Wörtern von B bestehende formale Beweis ist als solcher logisch nicht einwandfrei, denn da er sich auf eine Dualfolge bezieht, die in der vorher definierten Reihe nicht vorkommen kann, so verlangt er damit implizit, daß er nicht zu den gültigen formalen Beweisen gehören soll. Wenn er also doch einen solchen darstellen soll, so ergibt dies einen inneren Widerspruch im Beweise selbst, und er ist deshalb ungültig. Es kann auch auf keine andere Weise gelingen, den betreffenden Satz einwandfrei formal zu entscheiden« (Lit. 60).

Nun kommt Paul Finsler zu einem Satz, der sich aus seinen Betrachtungen relativ einfach ergibt, manchen formalen Logikern aber unangenehm sein dürfte: »Der Beweis wird aber sofort einwandfrei, wenn man ihn aus dem Formalen in das rein Gedankliche überträgt und vom Formalen abstrahiert.« Die formale Definition der genannten Antidiagonalfolge sei an sich einwandfrei, da hier kein solcher Widerspruch vorliege. Es gebe also tatsächlich einen formal darstellbaren Satz, der formal widerspruchsfrei, aber logisch falsch ist.

Die Quintessenz der Beweisführung Finslers liegt also darin, daß man in formalen Systemen allgemeiner Art Sätze angeben kann, die durch formale Beweise in den Systemen selbst nicht entscheidbar sind, die aber durch eine inhaltliche Überlegung doch entschieden werden können. Dabei betrachtet Finsler nur solche formalen Beweise als zulässig, bei denen der inhaltlich festzustellende Sinn einen logisch einwandfreien Beweis ergibt. In der Folge stellt Finsler einen Unterschied zu Gödels Theorem fest (in einem 1944 veröffentlichten Aufsatz). Gödel habe, so Finsler, keineswegs die Existenz von Sätzen nachgewiesen, die in einem allgemeinen Sinne formal nicht entscheidbar wären, sondern er habe gezeigt, daß die von ihm betrachteten Systeme, sofern sie nur gewisse einfache und inhaltlich korrekte Schlüsse enthalten, formal widerspruchsvoll sind. Bei Gödel muß demnach ein formaler Beweis nur gewissen formalen Bedingungen genügen, ohne Rücksicht auf seinen wirklichen Sinn. Dagegen hatte Finsler zu zeigen versucht, daß man in formalen Systemen allgemeiner Art Sätze angeben kann, die durch formale Beweise in den Systemen selbst nicht entscheidbar sind, die aber durch eine inhaltliche Überlegung doch entschieden werden können.

»Wenn man aber bei den Beweisen nicht allein auf die Form, sondern, wie zu Anfang bemerkt, auf die inhaltliche Bedeutung achtet, so verschwinden die Widersprüche, man braucht nichts mehr zu verbieten und kann tatsächlich formal unentscheidbare Sätze angeben. Wenn man jetzt die Beweise für die Wahrheit solcher Sätze formal darzustellen versucht, so mißlingt dies, weil diese Beweise eben durch die Formalisierung inhaltlich widerspruchsvoll, also falsch und daher ungültig werden. Die Beweise werden durch ihre formale Darstellung in derselben Weise falsch wie die Behauptung ›Ich schweige‹ falsch wird, sobald man sie ausspricht« (Lit. 61).

An diesem Punkt kommt Finsler noch einmal auf die Paradoxie des Epimenides zurück. Wenn man Sätze angibt, die ihre eigene Falschheit behaupten, wie zum Beispiel den Satz »Ich lüge« oder »Die hier stehende Behauptung ist falsch«, so entsteht die Frage, ob ein solcher Satz wahr oder falsch oder vielleicht sinnlos ist. Daraus kann man schließen: Wenn der angegebene Satz wahr wäre, so müßte er falsch sein. Wäre er aber falsch, so müßte er wahr sein. Der Satz kann also weder wahr noch falsch sein, er ist daher sinnlos oder hat wenigstens »keinen eindeutigen Sinn«. Finsler: »Diese Überlegung ist jedoch nicht haltbar, denn sie führt selbst zu einem Widerspruch. Wir wollen jeden Satz, der nicht entweder eindeutig wahr oder eindeutig falsch ist, als ›sinnlos‹ bezeichnen. Ein wahrer Satz ist aber nicht sinnlos, ebenso ist ein falscher Satz nicht sinnlos.

Wenn nun der angegebene Satz sinnlos wäre, so wäre die in ihm enthaltene Behauptung eindeutig falsch, denn die Behauptung besagt ja, daß der Satz falsch, also nicht sinnlos sei. Es folgt also, wenn der Satz sinnlos wäre, so wäre er falsch. Einen ›veränderlichen‹ Sinn kann der Satz aber schon deshalb nicht besitzen, weil er selbst nicht veränderlich ist.

Die richtige Lösung ergibt sich aus der Bemerkung, daß man bei einer Behauptung nicht nur auf den formalen Ausdruck, sondern auf den wirklichen Sinn zu achten hat. Jede Behauptung hat aber den Sinn, daß das, was behauptet wird, wahr sein soll. Wenn jedoch gleichzeitig behauptet wird, daß gerade dies falsch sei, so werden zwei entgegengesetzte Aussagen behauptet, und dies ergibt zusammen eine falsche Behauptung« (Lit. 62).

Ein Hauptgrund für das Entstehen von Paradoxien ist der, so Finsler, daß die impliziten Aussagen, die tatsächlich vorhanden sind, übersehen oder nicht beachtet werden, und diese Gefahr wird jedenfalls bei einer rein formalen Behandlung nur verstärkt. »Man wirft den inhaltlichen Überlegungen gelegentlich vor, sie seien ›vage‹ und meint, nur eine rein formale Darstellung sei hinreichend ›scharf‹. Dieses Bestreben, den Sinn vollständig durch Formeln zu ersetzen, gleicht aber dem Versuch, die Farbe von Gegenständen nur nach ihrer Form zu beurteilen. Es ist verständlich, daß Farbenblinde an solchen ›formalen‹ Definitionen ein großes Interesse besitzen; daß dies aber der beste Weg ist, um über die Farben

Aufschluß zu erhalten, kann doch wohl bezweifelt werden« (Lit. 62). Letzten Endes zeigt Finsler, daß Sätze, die wir nachweisbar nicht entscheiden können, in irgendeiner Weise auf unsere Leistungsfähigkeit Bezug nehmen müssen, daß sie also nicht der reinen Mathematik angehören.

Dies gilt auch für den Fall, daß man direkt zeigen könnte, bestimmte, an sich mögliche mathematische Operationen seien nicht ausführbar und auch nicht auf ausführbare Operationen zurückführbar; mathematisch gesehen würde dies nur eine Annahme und kein Beweis sein.

Wenn man sich aber auf rein formale Darstellungen beschränkte, so Finsler, so sei man an einen tatsächlich abzählbaren Bereich gebunden, und dabei könne viel Wertvolles verlorengehen.

Fassen wir zusammen: Finsler und Gödel zeigten im wesentlichen, daß es formal unentscheidbare Sätze gibt. Gödel bleibt dabei auf der Ebene des Formalismus und beweist damit die Beschränktheit formaler Systeme. Finsler dagegen spricht von einem Unterschied zwischen »formal« und »inhaltlich«; dies ein Ansinnen, das den Formalisten naturgemäß eine nur beschränkte Daseinsberechtigung zuordnet. Mag sein, daß dies auch ein Grund dafür ist, daß die Arbeiten Paul Finslers weniger Beachtung fanden als die Kurt Gödels.

Letzten Endes geht es darum, die Grenze scharf angeben zu können, wo der Nominalismus zu Recht besteht. (Auf den historischen Hintergrund dieses Begriffs kommen wir sogleich zurück.) Läßt man ihn über gewisse Grenzen treten, so ergeben sich Widersprüche, die nur im inhaltlichen Denken gelöst werden. Zum Beispiel muß bei der Anwendung des Begriffes »Menge« scharf unterschieden werden, ob ihm bloß nominalistische Bedeutung zukommt, so daß man besser die Bezeichnung »Gesamtheit« gebraucht, oder ob er eine inhaltliche Realität darstellt (Lit. 63).

Diese Unterscheidung ist nicht bloß eine Wortklauberei. Sie berührt zutiefst die Frage nach den Grenzen dessen, was ein Computer leisten kann. Aus diesem Grund wurden einige diesbezüglich relevante Gedankengänge ausführlich dargelegt. Der Leser möge sich aus den im einzelnen dargestellten Argumenten sein eigenes Bild machen, um zu beurteilen, welchen Stellenwert der Computer, der auf formallogischen Prinzipien aufbaut, haben kann.

2.4.4. Zum Thema (Künstliche) Intelligenz

Im Lexikon wird Intelligenz als Klugheit, Fähigkeit der Auffassungsgabe, des Begreifens und Urteilens, als geistige Anpassungsfähigkeit an neue Aufgaben beschrieben. Das Wort kommt aus dem Lateinischen – »intelligere« bedeutet soviel wie »mit Sinn und Verstand wahrnehmen; erkennen, verstehen; Einsicht gewinnen«, eigentlich »dazwischen wählen«, das heißt durch kritische Auswahl charakteristische Merkmale einer Sache erkennen.

In den Kulturen des Altertums sprach man nicht von Intelligenz, sondern von Weisheit im Sinne einer umfassenden schöpferischen Fähigkeit. Für Platon war sie die Kardinaltugend. Daraus entstand die »Philo-Sophie«, die Liebe zur Weisheit. Aus der Weisheit wurde die Klugheit, eine Fähigkeit des Denkens, versinnbildlicht durch die griechische Göttin Athene, die dem Haupt des Zeus entsprang.

Im Mittelalter setzte die als Universalienstreit bekannte Auseinandersetzung zwischen den Realisten, die in den Begriffen des Verstandes (»intellectus«) Wirklichkeiten sahen, und den Nominalisten ein, die in ihnen nur das Namhafte (die »nomina«) finden konnten. Thomas von Aquin deutete Intelligenz ganz im Gegensatz zu den Nominalisten: »Das Wort ›intellectus‹ faßt in sich ein gewisses innerstes Wahrnehmen; denn ›intelligere‹ heißt gleichsam ›innerlich lesen‹ ... das sinnliche Wahrnehmen wird im Bereich der äußeren sinnlichen Eigenschaften beschäftigt, das intellektive Wahrnehmen aber dringt durch bis zum Seinsgrund der Dinge« (Lit. 64). Im Nominalismus dagegen sind die Begriffe nicht Realitäten, sondern werden zu leeren Abstraktionen. Damit nimmt eine Entwicklung ihren Anfang, die letztlich in die formale Logik (siehe Seite 82 f.) mündet. Mit der Entwicklung der neuzeitlichen Naturwissenschaft weicht die Anschaulichkeit der Abstraktion: »Wenn die Dinge sich wegziehen: weggezogen, das andere Wort für abstrakt«, sagt Erhart Kästner. »Wegzug der Dinge, und das Abstrakte rückt nach.«

In getreuer nominalistischer Tradition versuchen manche, Intelligenz durch formelhafte Tests zu erfassen. Man definiert Faktoren der intelligenten Begabung und bewertet sie mit Intelligenzquotienten. Auf die Problematik der Gültigkeit dieser Messungen wollen wir hier nicht näher eingehen. Vielfach belegbare Tatsache ist jedenfalls, daß nicht wenige Forscher im Bereich der Künstlichen Intelligenz auch Maschinen die Fähigkeit der Intelligenz zubilligen wollen. Aus historischer Sicht meiner Ansicht nach ein bemerkenswerter Bedeutungswandel.

Sehen wir uns an, wie das Wort »intelligent« zur Bezeichnung von Maschinensystemen in Gebrauch kam. Zuerst sprach man von »intelligenten« Terminals und meinte damit Datenendstationen mit der Fähigkeit, digitale Informationen eigenständig (das heißt, ohne Zugriff auf einen Zentralrechner) zu verarbeiten. Anfangs setzte man das Wort »intelligent« in Anführungszeichen und betonte damit die Annahme, wirkliche Intelligenz sei ausschließlich ein Merkmal gewisser anerkannter biologischer Systeme. Heute sieht man kaum noch Anführungszeichen, wenn von intelligenten Computern die Rede ist. Die eher zwanglose Verwendung des Begriffs in der technischen Literatur suggeriert, daß Intelligenz gewisse biologische Systeme und Kunstprodukte gleichermaßen charakterisieren kann. Wenn man den Bedeutungsgehalt des Begriffs »Intelligenz« auf die Fähigkeiten beschränkt, die die Maschine vollziehen kann, dann sollte man sich jedenfalls des dabei waltenden Reduktionismus bewußt sein.

Damit sind wir bei einem Gedanken, der uns in diesem Buch mehrfach beschäftigt: In der Geschichte der neuzeitlichen Naturwissenschaft wurde der Mensch in der Regel mit dem Instrumentarium der jeweils vorherrschenden Disziplin zu charakterisieren versucht; zuerst beschrieb man den menschlichen Körper als mechanisch-physikalisches Gebilde (und schon damals baute man Roboter, etwa in Gestalt von Flötenspielern). Dann ortete man die chemische Natur des Menschen; und daraufhin wurde Leben als biologisches Phänomen erfaßt, das auf der Basis chemisch-physikalischer Prinzipien erklärbar sein sollte. Heute beginnen wir, den Menschen als informationsverarbeitendes System zu charakterisieren (siehe Seite 225 f.). Wir konstruieren datenverarbeitende Maschinen, sehen in der Praxis nach, was sie zu leisten vermögen, und richten danach unsere Meinung über Intelligenz. Überspitzt könnte man formulieren, wir suchten unsere eigenen Fähigkeiten im Spiegel der Maschine. Was wir dabei entdecken, ist aber lediglich das Maschinenhafte in uns. Wenn der Mensch darüber hinausgehende Fähigkeiten hat, könnte es leicht sein, daß diese infolge der ständigen Beschäftigung mit dem Teil, der den Maschinen nachzubilden ist, vernachlässigt werden, mangels geeigneter Erziehung verkümmern und schließlich ganz in Vergessenheit geraten.

2.4.5. Die Technik der Künstlichen Intelligenz

Der Begriff »Künstliche Intelligenz« (abgekürzt KI beziehungsweise AI für »artificial intelligence«) oder »Maschinenintelligenz« bezeichnet den Versuch, Maschinen zu bauen, die intelligentes menschliches Verhalten simulieren oder tatsächlich »intelligent« sind. Eine einfache, allerdings kaum ins Deutsche übersetzbare Definition lautet: KI ist, »to make machines smart«. Zahlreiche weitere Beschreibungen dieses Begriffes sind vorgeschlagen worden.

Die Bezeichnung »Künstliche Intelligenz« verlangt geradezu danach, darzulegen, was mit Intelligenz eigentlich gemeint ist. Wir haben uns mit diesem Thema bereits auseinandergesetzt (siehe Seite 94). Im folgenden scheint es zweckmäßig, wenn wir uns eine pragmatische Vorgangsweise wählen: Wir verwenden Begriffe wie »Künstliche Intelligenz« und verwandte Termini so, wie sie sich in der Fachwelt eingebürgert haben; bei der Frage nach den Grenzen der Maschinenintelligenz werden wir sie dann kritisch hinterfragen.

Dreißig wechselvolle Jahre

Die KI-Forschung begann um die Mitte der fünfziger Jahre. Die ersten Anfänge sind eng mit den Namen Alan Newell und Herbert Simon verknüpft, beides Forscher, die damals bei der US-amerikanischen Rand Corporation beschäftigt waren. Vielfach wird die Geburtsstunde der neuen Disziplin in den Sommer 1956 gelegt; damals kamen viele Wissenschaftler, die zunächst weitgehend isoliert voneinander geforscht hatten, am Dartmouth College zu einer Konferenz zusammen. »Nach der Dartmouth-Konferenz überschlugen sich die Ereignisse. Forscher aus verschiedenen Disziplinen begannen, sich als Gemeinschaft zu begreifen, die sich das Ziel gesteckt hatte, intelligente Maschinen zu schaffen, und Mitte der sechziger Jahre wurde die Arbeit bereits in spezielle KI-Labors verlagert« (Lit. 65).

Etwa Anfang der siebziger Jahre verfügte die KI-Forschung bereits über sämtliche Attribute einer anerkannten akademischen Disziplin – es gab internationale Kongresse zu dem Thema, Fachzeitschriften, Lehrbücher und Seminare an den Universitäten.

Die Forschungsrichtung »Künstliche Intelligenz« begann ursprünglich mit hochfliegenden Erwartungen. Der schon erwähnte Herbert Simon schrieb im Jahre 1957: »Ich möchte Sie weder verblüffen, noch schockieren ... in wenigen Worten ausgedrückt, gibt es jetzt auf der Welt Maschinen, die denken lernen und schöpferisch wirken.

Außerdem werden ihre Fähigkeiten sich in kurzer Zeit steigern, bis – in absehbarer Zukunft – der Bereich der Probleme, die von ihnen bearbeitet werden können, sich mit dem Bereich deckt, der bislang dem menschlichen Denken vorbehalten war« (Lit. 66). Simon prophezeite damals ganz konkret:

1. In spätestens zehn Jahren wird ein Computer Schachweltmeister, sofern ihn die Regeln nicht von der Teilnahme ausschließen.
2. In spätestens zehn Jahren wird ein Computer ein neues, bedeutendes mathematisches Theorem entdecken und beweisen.
3. In spätestens zehn Jahren werden die meisten Theorien der Psychologie die Form von Computerprogrammen oder von qualitativen Aussagen über die Merkmale von Computerprogrammen haben.

Mittlerweile sind etwa dreißig Jahre vergangen, und die Voraussagen sind noch immer nicht in vollem Umfang eingetroffen. Zwar gibt es längst Schachcomputer, die gute menschliche Spieler Partie für Partie mattsetzen; auch Landesmeister im Schachspiel wurden schon von Computern geschlagen. Einerseits ist das natürlich ein Erfolg; aber gemessen an der Erwartungshaltung Simons darf man es auch als Mißerfolg bezeichnen.

Derartige hochfliegende Prophezeiungen ziehen sich wie ein roter Faden durch die bisherige Geschichte der Künstlichen Intelligenz. Kein Wunder, daß die Massenmedien längst das Thema aufgegriffen haben und mit Schlagzeilen wie »Denkende Roboter« Visionen als Fakten ausgeben und dabei eine schon in Kürze zu erwartende Welt ausmalen, die – je nach dem Geschmack des Autors – an Frankenstein erinnert oder an ein arbeitsfreies Paradies.

Tatsache ist jedenfalls, daß die Künstliche Intelligenz gerade in den letzten Jahren enorme Fortschritte gemacht hat. Zum einen steigt der Einsatz von Produkten der KI-Forschung in der Wirtschaft rasant an. Im Jahre 1985 erzielte der weltweite KI-Markt einen Umsatz von rund 3 Milliarden Mark; bis 1990 wird ein Anstieg auf 12 Milliarden erwartet. Zum anderen sind in den letzten Jahren zahlreiche staatliche Förderungsprogramme angelaufen: Den Anfang machte die japanische Regierung, als sie für die neunziger Jahre die Entwicklung von Computern der »fünften Generation« ankündigte und dafür 150 Millionen DM Forschungsmittel zur Verfügung stellte. Ein Konsortium von US-Firmen antwortete mit dem auf zehn Jahre geplanten 500-Millionen-Projekt ALFA-OMEGA, und das US-amerikanische Verteidigungsministerium beantragte 1,7 Milliarden DM für die KI-Forschung; in der Bundesrepublik Deutschland begann ein Vierjahresprogramm für KI mit einem Volumen von fast 150 Millionen DM, und die EG-Kommission trumpft mit ESPRIT auf, einem ehrgeizigen Industrieförderungsprojekt, das Zuwendungen von etwa 4 Milliarden DM vorsieht, den Löwenanteil davon für den Bereich »Maschinenintelligenz«.

So gut wie alle funktionsfähigen und marktreifen KI-Produkte bauen derzeit auf konventioneller Computertechnik auf. Mit anderen Worten: Nach wie vor gibt es in diesen Maschinen eine Zentraleinheit, in der nach dem Prinzip des John von Neumann ein Rechenschritt nach dem anderen ausgeführt wird. Daneben sind aber auch Mehrprozessorsysteme und Parallelprozessoren in Entwicklung und Anwendung. Die Hardware ist am gegenwärtigen KI-Markt aber von geringerer Bedeutung – es dominiert vielmehr die Software (was sie kann, werden wir gleich erfahren).

Seit den Anfängen der KI-Forschung gab und gibt es außerdem eine Reihe von Wissenschaftlern, die dem soeben erwähnten »datenverarbeiteten Modell« der Intelligenz nicht die besten Zukunftschancen einräumen. Man müsse, so ihr Konzept, vielmehr die Funktionsweise des menschlichen Gehirns erforschen und diese dann mit der Maschine nachahmen. Bereits in den sechziger Jahren wurden beispielsweise in den Bell-Laboratories Modelle künstlicher Neuronen entwickelt. Das waren Schaltkreise, die wie die Nervenzellen des Gehirns untereinander zu einem Netzwerk verknüpft wurden. Die Experimente brachten zunächst keine eindrucksvollen Resultate – was nicht verwunderlich ist: Schließlich hat das menschliche Gehirn etwa 10 Milliarden Nervenzellen, zwischen denen gigantische 10 000 Milliarden Verbindungen bestehen. Von da ist der Sprung zu Schaltungsnetzen mit einigen Dutzend Nervenzellimitationen denn doch etwas groß. Trotzdem machen neuerdings die »connectionists« – so werden die mit nervenähnlichen EDV-Systemen spielenden Forscher genannt – wieder von sich reden.

Gegenwärtig sind die KI-Forscher, die auf der traditionellen Datenverarbeitung aufbauen, in der Praxis deutlich erfolgreicher. In den Anfängen der Flugzeugtechnik, so begründen sie ihre Vorgangsweise, habe man zuerst Maschinen gebaut, die wie die Vögel fliegen sollten und mit den Flügeln flatterten. Dabei sei wenig bis gar nichts herausgekommen. Heute fliegen Düsenjets schneller als die Vögel, aber nach einem anderen Prinzip. Genauso ist es vielen KI-Experten offenbar ziemlich gleichgültig, wie das menschliche Gehirn arbeitet. Hauptsache, die »intelligente« Maschine erbringt konkret einsatzfähige Leistungen. Schließlich rechnet auch der einfachste Taschenrechner bereits ungleich schneller als der Mensch.

Die Vertreter des Gedankens, KI durch Imitation des Gehirns zu erreichen, können auf die Metapher mit den Vögeln zur Zeit nur mit einem anderen Gleichnis antworten: Als die Alchimisten im Experiment versuchten, Blei in Gold zu verwandeln, scheiterten sie. Erst als die Atomtheorie Einblick in Aufbau und Funktion der Materiebausteine brachte, wurde die Transmutation der chemischen Elemente Wirklichkeit (statt Gold kam dabei allerdings unter anderem die Atombombe heraus).

Zur Zeit entwickeln weltweit einige hundert Firmen sogenannte Expertensysteme. Viele von ihnen haben noch experimentellen Charakter, dennoch soll 1986 das Umsatzvolumen dieser Branche bereits 1,5 Milliarden Mark ausmachen. Expertensysteme sind Computerprogramme, die Fakten aus einer möglichst eng umschriebenen wissenschaftlichen oder technischen Disziplin beherbergen sowie Regeln, dieses »Wissen« zu verknüpfen, so daß sich bestimmte Aussagen ergeben. Der Aufbau von Expertensystemen folgt im Prinzip immer dem gleichen Schema: Anfangs ist ein Spezialist erforderlich, der dem System beibringt, aus Informationen Schlüsse zu ziehen. Dazu müssen zunächst eine Anzahl von Fakten und ein System logischer Regeln aufgebaut werden. Die Art von Intelligenz, die Expertensysteme nutzen, steht in engem Zusammenhang mit der traditionellen Lehrbuchlogik jener Sorte, die sich mit Behauptungen und ihren Auswirkungen befaßt (siehe Seite 34).

Die Logik, die beispielsweise erforderlich ist, um in einem medizinischen Expertensystem von Symptomen zu Diagnosen zu gelangen, ist im Prinzip genau dieselbe wie bei folgendem, bewußt primitivem Beispiel:

Alle Hunde haben vier Beine und bellen.
Tasso hat vier Beine und bellt.
Also ist Tasso ein Hund.

Vor allem im Bereich medizinischer Fachdisziplinen werden seit den siebziger Jahren Expertensysteme entwickelt. In den meisten Fällen geht es dabei darum, aus einer Anzahl meßbarer Symptome die Diagnose einer bestimmten Krankheit oder verschiedene Diagnosemöglichkeiten abzuleiten. Für den heutigen medizinischen Wissenschaftler stellt sich dabei zuallererst ein Mengenproblem: Man zählt heute in der Medizin schon 20 000 bis 30 000 Krankheiten und phänomenologisch definierte Syndrome, geschätzte 50 000 bis 80 000 Symptome, also anamnestische Angaben, Beschwerden, Laboruntersuchungen, Biopsie- und Histologiebefunde, Röntgen-, Ultraschallbefunde und so weiter, die in einer bestimmten, für die diagnostische Entscheidung des Arztes wichtigen Beziehung zu einer oder mehreren Krankheiten stehen. Nur in seltenen Fällen ist es ausreichend, die Einzelbeziehung zwischen einem Symptom und einer Krankheit für die Diagnose heranzuziehen; meist müssen komplexe Symptome und Symptomkombinationen berücksichtigt werden. Erschwerend dabei ist, daß viele Patienten an mehreren Krankheiten gleichzeitig leiden, das heißt die Symptombilder überlagern einander. Das Mengenproblem ist auch bei der Therapie von Bedeutung: Weltweit gibt es derzeit Zehntausende registrierter pharmazeutischer Spezialitäten.

Die Entwicklung computerunterstützter Verfahren zur Diagnose begann bereits im Jahre 1958; damals wurde vorgeschlagen, die Differentialdiagnose von Blutkrankheiten mit Hilfe des Computers vorzunehmen. Seither hat sich eine Reihe von Verfahren zum Aufbau medizinischer Expertensysteme etabliert. Dabei unterscheidet man verschiedene Arten der Wissensdarstellung des diagnostischen Algorithmus und des Steuerungsprozesses. Der Prozeß der Formalisierung des medizinischen Wissens besteht darin, definierte, logische Relationen zwischen Symptomen und Krankheiten zu finden. Darüber hinaus werden Symptome zu Symptomkombinationen zusammengefaßt, die in logischer Beziehung zu bestimmten Krankheiten stehen. Einfache, implizierende oder ausschließende Beziehungen zwischen Symptomen oder zwischen Krankheiten werden ebenfalls ins Programm aufgenommen.

Verdeutlichen wir dieses Prinzip anhand von konkreten Beispielen:

1. Ein Symptom kann für eine bestimmte Krankheit »obligat und beweisend« sein. Das heißt, das Symptom muß bei dieser Krankheit unbedingt auftreten, und es beweist sie. Wenn das Symptom nicht vorhanden ist, kann die Krankheit ausgeschlossen werden. So ist etwa der Mangel an einem speziellen Enzym obligat und beweisend für die Krankheit Galaktosämie.

2. Ein Symptom kann aber auch »fakultativ und beweisend« für eine Krankheit sein. Das heißt, es besteht nicht die Notwendigkeit, daß das Symptom auftreten muß, aber wenn es auftritt, beweist es eine Diagnose.

3. Eine dritte Variante ist dann gegeben, wenn ein Symptom »obligat und nicht beweisend« für die Diagnose einer Krankheit ist. Wird es bei einem Patienten nicht beobachtet, dann ist die Krankheit auszuschließen. So gehört beispielsweise ein erhöhter Blutspiegel eines speziellen Enzyms obligat zur Diagnose Hepatitis, aber nicht alle Menschen mit erhöhtem Wert dieses Enzyms haben deshalb notwendigerweise Hepatitis.

4. Schließlich kann ein Symptom »fakultativ und nicht beweisend« für eine Krankheit sein. Das heißt, es kann, muß aber nicht auftreten; wenn es auftritt, so beweist es die Diagnose nicht.

Die Mehrzahl der bekannten Symptom-Krankheits-Relationen gehören in letztere Kategorie. Sie liefern »weiche«, »unsichere« Angaben. Daraus ergibt sich in der Praxis nicht selten ein Problem der Abgrenzung. Es ist ja keineswegs so, daß sich die Mediziner über die Ursachen und Symptome von Krankheiten in jedem Fall einig sind. So kommt es überaus häufig vor, daß eine Studie ein bestimmtes Symptom in 40% der Fälle einer bestimmten Krankheit findet, eine andere Studie aber in 75% der Fälle. Die Einordnung in ein bestimmtes logisches Schema spiegelt demnach immer nur den Stand des jeweiligen Wissens beziehungsweise die Zugehörigkeit zu einer bestimmten medizinischen Schule.

Manche Symptome können eine Krankheit auch ausschließen. Dabei müssen die Konstrukteure von Expertensystemen mitunter auf banale Zusammenhänge zurückgreifen: So schließt das Geschlecht »männlich« die Diagnose »Krebs der Eierstöcke« aus.

Aus dieser Beschreibung wird unmittelbar deutlich, daß der Aufbau von funktionierenden Expertensystemen zunächst einmal besonders viel Detailarbeit bedeutet: Die besten Spezialisten einer bestimmten Disziplin müssen sich bemühen, ihr Fachwissen in ein logisches Skelett zu pressen. Für das, was man sich landläufig unter Intuition vorstellt, hat der Computer kein Verständnis.

Die KI-Forscher beschränken sich nicht nur auf eine zweiwertige Logik, die bloß »ja« oder »nein« zuläßt. Auch eine Abart der dreiwertigen Logik ist möglich: Dabei nehmen beispielsweise Symptome die Werte 1 (vorhanden), 1/2 (nicht untersucht) und 0 (nicht vorhanden) an. Den Diagnosen werden die Werte 1 (bewiesen), 1/2 (möglich) und 0 (ausgeschlossen) zugeordnet.

Dazu kann sich die »fuzzy logic« gesellen – »fuzzy« bedeutet soviel wie verschwommen oder unscharf und läßt detaillierte, aber »weiche« Aussagen zu.

Zu den bekanntesten medizinischen Expertensystemen gehört das Programm »MYCIN« zu Diagnose und Therapie bakterieller Infektionen, »INTERNIST« für die innere Medizin, »ONKOCIN« für die Chemotherapie gegen Krebs und andere. Sie werden an zahlreichen Kliniken erprobt und ihre Schlußfolgerungen mit dem Urteil anerkannter Fachleute verglichen. Viele Ärzte, die den Expertensystemen zunächst instinktiv Mißtrauen entgegenbrachten, mußten nach deren konkreter Erprobung zugeben, von den Ergebnissen zumindest beeindruckt zu sein.

Beim Einsatz medizinischer Expertensysteme geht es nicht vorrangig darum, den Arzt zu ersetzen. Immerhin kann es durchaus nützlich sein, wenn ein computerunterstütztes Diagnoseverfahren mögliche Varianten aufzeigt, an die der Arzt zunächst nicht dachte (weil er die jeweiligen Zusammenhänge nicht kennt oder sie aus irgendwelchen Gründen gerade nicht berücksichtigt). Umfangreiche Sammlungen medizinischen Wissens, die in einem Computersystem verfügbar sind, können auch die Grundlage für diagnostische Lehrsysteme bilden. Studenten und angehende Mediziner werden dadurch in die Lage versetzt, einen diagnostischen und therapeutischen Prozeß nachzuvollziehen. Schließlich zwingt der Einsatz des Computers zur Überprüfung, zum Überdenken und Systematisieren des Fachwissens.

Damit entpuppen sich Expertensysteme als getreue Nachfolger und Vollender der logisch-analytischen Denkweise. Es ist verständlich, daß sich an diesem Punkt auch die Kritiker zu Wort melden. Dabei geht es im wesentlichen um die Frage, ob Fachleistung ausschließlich das Ergebnis einer Befolgung von Regeln sei. Auf der einen Seite schreibt dazu der KI-Forscher Edward A. Feigenbaum: »...in den meisten Berufen, wo erlerntes Wissen sich mit praktischer Erfahrung verbindet, gelten die ›Fachkenntnisse‹ als Höhepunkte der Kunst, und wir meinen mit Kunst jene Teile der Wissensbereiche, die der sachkundige Praktiker als ›Regeln der Fachkenntnisse‹ oder Regeln der richtigen Beurteilung zur Hand hat. Diese Regeln möchten wir auf unsere Programme übertragen.« Dem entgegnet der KI-Kritiker Hubert Dreyfus, es gebe für das, was mit Hilfe von Regeln verstanden wird, eine Grenze. Diese Grenze werde Feigenbaum aber nicht zu Gesicht bekommen – am wenigsten in Bereichen wie der Medizin. Dort existiere ein umfangreicher und ständig rapide anwachsender Bestand an Faktenwissen, so daß der Computer mit seiner Kapazität zur Verarbeitung von Daten allenfalls das ausgleichen könne, was ihm an Urteilsfähigkeit fehlt. Dreyfus: »Dennoch müssen wir als Tatsache anerkennen, daß selbst in jenen Bereichen, in denen die Technisierung des Wissens ihren wertvollen Beitrag geleistet und die Experten überflügelt hat, noch immer einige Fachleute mehr leisten als die Maschine« (Lit. 67).

Kehren wir zurück zur Technik der Expertensysteme. Ein wesentlicher Teil dieser Programme ist die »Inferenzmaschine«, ein Regelalgorithmus, der anhand des Expertenwissens anstehende Probleme zu lösen versucht. Dieses Wissen wird von Experten entsprechend der jeweiligen Anwendung zur Verfügung gestellt und ist prinzipiell austauschbar. Die »Wissensbasis« wird in der Praxis durch einen intensiven Dialog zwischen den menschlichen Experten und dem »Wissensingenieur« für das System aufbereitet. Dieser neue Berufszweig für Informatiker spielt bei Expertensystemen eine immer wichtigere Rolle.

Um die Vielfalt der Anwendungsmöglichkeiten für Expertensysteme zu verdeutlichen, seien noch einige Beispiele erwähnt: So wird das Diagnoseprogramm »DRILLING ADVISER« (Bohrungsberater) an Ölbohrstellen eingesetzt und dient dem Bohrpersonal als Berater bei Zwischenfällen. Wenn beispielsweise beim Bohren etwas schiefgegangen ist, holt sich »DRILLING ADVISER« vom Bohrpersonal im Dialog alle verfügbaren Informationen und versucht sodann anzugeben, was die Ursache für den Zwischenfall sein könnte. Der US-amerikanische Elektrokonzern General Electric verwendet das Expertensystem »DELTA« zur Fehlerdiagnose bei Diesellokomotiven. Das Programm weist nicht nur auf mögliche Ursachen hin, sondern gibt in vielen Fällen auch konkrete Anweisungen, wie ein Fehler zu beheben sei. In die Welt der organischen Moleküle steigt das Expertensystem »DENDRAL« ein. Es kann anhand von massenspektrometrischen Angaben die chemische Struktur großer Moleküle identifizieren (bei der Massenspektometrie werden Moleküle unter definierten Bedingungen in Bruchstücke zerlegt; das Muster der Bruchstücke läßt Rückschlüsse auf die Struktur der untersuchten Verbindung zu). Auch als »intelligente« Anlageberater können Expertensysteme eingesetzt werden.

Bei all dieser Vielfalt möglicher und bereits realisierter Anwendungen ist aber festzuhalten, daß ein wesentliches Kennzeichen der Programme ihre Beschränkung auf einen eng umschriebenen Wissensbereich darstellt. Je besser die Mikrowelt eines bestimmten Fachs von der Umgebung abgetrennt und strukturiert werden kann, um so besser können Expertensysteme funktionieren. Je banaler, alltäglicher der Anwendungsbereich aber wird, um so größere Probleme ergeben sich beim Aufbau von Expertensystemen.

Mit dem Computer »deutsch reden«

Vielleicht der bedeutendste Hemmschuh für die Verbreitung von Mikrocomputern unter Laien lag bisher darin, daß man bestimmte formale Sprachen wie LOGO oder BASIC (siehe Seite 130 ff.) beherrschen muß, um der Maschine die Bearbeitung eines alltäglichen Problems beizubringen. Ähnlich wie beim Erlernen von Fremdsprachen erfordert auch das Verständnis von Programmiersprachen die Kenntnis von Vokabeln und grammatikalischen Regeln. Handbücher zur Beschreibung des Betriebssystems »MS-DOS« für die angeblich so »benützerfreundlichen« Mikrocomputer umfassen oft mehrere hundert Seiten (was noch lange nicht heißt, daß sie auch verständlich sind). Zahlreiche EDV-Firmen bemühen sich daher, ihre Systeme einfacher zu gestalten. Vor allem geht es dabei darum, die Sprache, die eine Maschine verstehen kann, der natürlichen Sprache anzunähern. Programme, die dies versuchen, nennt man »natürlichsprachige Schnittstellen«. Sie werden für Datenbanken, Dialogprogramme und Expertensysteme entwickelt und sollen die Akzeptanz des Computers erhöhen. Die zur Zeit bekannteste natürlichsprachige Schnittstelle ist das Programm »INTELLECT« der Firma Artifical Intelligence Corporation. Es wurde mittlerweile für einige hundert verschiedene Systeme angepaßt.

Ein anderes Ziel der KI-Sprachforscher ist die maschinelle Übersetzung von Texten aus einer Sprache in die andere. Die ersten primitiven Übersetzungsprogramme arbeiteten Wort für Wort und lieferten dabei recht häufig unsinnige und lächerliche Resultate, beispielsweise »unsichtbarer Idiot« für »out of sight, out of mind«. Moderne Übersetzungsprogramme beginnen, auch Syntax und Semantik zu berücksichtigen. Von maschinellen Simultanübersetzungen sind wir aber noch weit entfernt. Immerhin liefern Computerübersetzungen in günstigen Fällen eine Vorlage, die der Dolmetscher nur mehr geringfügig überarbeiten muß; ein Teil der Übersetzungsarbeit wird dem Menschen dadurch bereits abgenommen.

Aus der Tatsache, daß die meisten Computer auf mehrere Programmiersprachen ansprechen, könnte man zunächst naiv schließen, es müsse doch möglich sein, ihnen auch Deutsch, Englisch oder Französisch beizubringen. Dabei ergeben sich jedoch zahlreiche Probleme, die für alle genannten Anwendungsbereiche von Bedeutung sind. Keine der vorhandenen Computersprachen liefert eine Grundlage, auf der Maschinen ein Verständnis für natürliche Sprache aufbauen könnten, wie wir sie verwenden. Von einem Computer kann man schließlich nur in einem begrenzten Sinn sagen, er »verstehe« die Sprache, die er gebraucht. So kann man eine Maschine, die BASIC benutzt, mit »PRINT« oder »LIST« ein Resultat anzeigen oder ein Programm auflisten lassen; letztlich reagiert die Maschine aber so wie ein Hund auf die Befehle »Sitz« oder »Platz«. Man könnte den Computer ebenso leicht darauf programmieren, etwas anzuzeigen, wenn man ihm »Sitz« befiehlt, wie man einem Hund beibringen kann, sich hinzusetzen, sobald man »Print« ruft.

Die Schwierigkeit bei der natürlichen Sprache ist die, daß sie, soll sie irgendeinen Sinn haben, von etwas handeln muß; angesichts der Tatsache, daß ein Computer über die in seinen Programmen enthaltenen Informationen hinaus kein Wissen besitzt, gibt es keinen Ausgangspunkt dafür, ihm beizubringen, was Wörter bedeuten. »Dieses Problem wird vielleicht deutlicher«, schreibt der KI-Forscher Igor Aleksander, »wenn wir uns die Schwierigkeiten vorstellen, einem menschlichen Schüler eine Sprache unter Umständen beizubringen, bei denen es dem Lehrer verboten ist, vom

Wortschatz irgend etwas zu übersetzen oder Sinn durch Geste oder Beispiel zu vermitteln. In einem solchen Fall könnte ein fleißiger Schüler mit makellosem Gedächtnis sehr wohl einen großen Wortschatz erwerben und auch die grammatikalischen Regeln, die Konjugation von Verben, die Anwendung von Großbuchstaben und mehr beherrschen, aber sogar wenn er danach Sätze ausspricht, die in Stil und Syntax unangreifbar sind, bliebe doch die Tatsache bestehen, daß es für ihn keine Möglichkeit gibt, dem, was er spricht und hört, irgendeinen Sinn zu verleihen« (Lit. 68). Die einzig mögliche Lösung scheint, folgert Aleksander, den Erwerb einer Sprache mit einem Programm zu koppeln, das die Welt, von der gesprochen werden soll, auch wahrnimmt und auf sie einwirken kann.

Sehen wir uns an einem konkreten und einfachen Beispiel an, wie die KI-Forscher versuchen, Computer mit elementaren Formen natürlicher Sprache auszustatten. Stellen wir uns eine kleine, streng eingegrenzte Welt (eine sogenannte Mikrowelt), etwa von Muttern und Schrauben, vor; ein Roboter soll verschiedene Szenen daraus interpretieren, die aus einer Auswahl solcher Dinge zusammengestellt wurden. Nehmen wir an, es sind sechs solche Gegenstände sichtbar und jede Art Gegenstand kann in zwei Formen auftreten, groß und klein. Die Muttern und Schrauben nehmen jeweils eine von acht festen Lagen innerhalb des Bildes ein, numeriert von 1 bis 8. Jeder Gegenstand sei schließlich mit einem Buchstaben von A bis F bezeichnet. Eine konkrete Szene setze sich beispielsweise zusammen aus zwei großen Schrauben A und F, zwei großen Muttern B und C, einer kleinen Schraube D und einer kleinen Mutter E. Der Wortschatz bestehe aus den bestimmten und unbestimmten Artikeln, zwei Hauptwörtern »Mutter« und »Schraube«, zwei Adjektiven »groß« und »klein«, drei Verben »ist«, »ergreif« und »leg« und zwei Relativausdrücken »links von« und »rechts von«.

Die im Programm festgelegte Grammatik schreibt vor, daß eine Hauptwortverbindung aus einem Artikel, einem Adjektiv und einem Hauptwort besteht und daß die den Computer bedienende Person drei Arten von Sätzen verwendet: Fragen, Behauptungen und Befehle. Auch die Form dieser Sätze ist auf folgende Weise vorgegeben:

Frage: Ist (Hauptwortverbindung) (Relation) (Hauptwortverbindung)

Behauptung: (Hauptwortverbindung) ist (Relation) (Hauptwortverbindung)

Befehl: Ergreif (Hauptwortverbindung); oder: Ergreif (Hauptwortverbindung) (Relation) (Hauptwortverbindung).

Mit einer derartigen »Grammatik« kann das Programm eingegebene Sätze zerlegen, um festzustellen, in welche Kategorie er gehört und ob er sich innerhalb der Regeln befindet, also für das Programm »verständlich« ist. So wird das Programm beispielsweise den Satz »Ist links von der Mutter eine kleine Schraube?« zerlegen und feststellen, daß er aus »ist« besteht, gefolgt von einer Hauptwortverbindung, einer Relativphrase und einer weiteren Hauptwortbezeichnung, und daß es sich deshalb um eine Frage handeln muß. Das Programm besitzt also eine Datenbank, einen Katalog von Daten, und logisch strukturierte Regeln zur Verarbeitung der Daten. Wenn Programme dieser Art natürliche Sprachen in vereinfachter Form akzeptieren, ist damit noch keineswegs gesagt, sie verstünden sie in unserem Sinn des Wortes. Gegenwärtig verwenden die meisten der natürlichsprachigen Systeme derartige Zerlegungssysteme, Methoden also zur Reduzierung jeder Form von Wörtern durch die aufeinanderfolgende Anwendung grammatikalischer Regeln, bis ein Punkt erreicht ist, an dem der Computer eine logische Form »erkennt«, auf die er reagieren kann. Wollte man darüber hinaus mit dem Computer einen Satz in natürlicher Sprache erzeugen, benötigte das Programm erneut eine Datenbank, mit der die intern verwendeten Symbole zu den Wörtern seines Vokabulars in Beziehung gebracht werden, sowie eine Gruppe von Regeln, um eines in das andere zu verwandeln.

Daß Computerprogramme der gegenwärtigen Bauart und Komplexität nur begrenzt für solche Zwecke anwendbar sind, bedeutet aber andererseits nicht, daß es ein prinzipielles Hindernis für die Entwicklung natürlichsprachiger Computer gibt. Die KI-Forschung hat jedenfalls die Diskussion um die Frage belebt, ob die Menschen als sprachbegabte Wesen »konstruierte« Automaten sind oder »Lern«-Automaten, die ein Verständnis für Sprache erst im Lauf der Zeit erwerben. Die erste Meinung wird von dem US-amerikanischen Mathematiker Noam Chomsky vertreten. Er fand heraus, daß in allen Sprachen »tiefreichende« grammatikalische Strukturen erkennbar und daß diese einander sehr ähnlich sind. Daraus zog Chomsky den Schluß, allen Sprachbenützern müsse eine Zustandsstruktur eingeprägt sein, die sie befähigt, Sätze zu formen. Wenn Chomsky recht hat, so würde das bedeuten, daß sprachverstehende Computer und Roboter von Anfang an mit sehr komplizierten Zustandsstrukturen ausgestattet sein müßten. Ihre Sprachnutzungsfähigkeit könnte nur erweitert werden, indem man auch die Programme und damit die Zustandsstrukturen erweiterte.

Der Schweizer Psychologe Jean Piaget allerdings widerspricht der Chomskyschen Ansicht. Nach Piaget ist die Sprache eine Fähigkeit, die Kinder im Wachstum erwerben, so wie sie lernen, Bauklötze zu gebrauchen oder alleine mit dem Löffel zu essen. Durch genaue Beobachtung konnte Piaget die Stufen in der Entwicklung eines Kindes nachverfolgen, die das Wachstum sprachlicher Fähigkeiten bezeichnen, und zeigen, daß diese den Stufen entsprechen, auf denen andere Arten von Fähigkeiten erworben werden, von denen nur wenige behaupten würden, sie seien angeboren. Daraus würde folgen, daß das Ziel, sprachlernende Computer und Roboter zu bauen, zumindest prinzipiell erreichbar sein könnte.

Das Sprachverständnis ist insofern ein besonderes Problem der KI-Forschung, als dafür die besonders ausgeprägte Nachahmung einer menschlichen Fähigkeit durch die Maschine erforderlich ist. Während es ziemlich gleichgültig ist, wie der Computer eine komplizierte Rechenoperation ausführt (wenn nur das Ergebnis richtig ist), muß sich die EDV bei der Sprachverarbeitung nach dem menschlichen Sprachgebrauch und Sprachverständnis richten. Wieweit das gelingen mag, ist im Hinblick auf die praktische Anwendbarkeit natürlichsprachiger Systeme zunächst eine Frage des Programmieraufwands. Setzte man ganze Heerscharen von Informatikern ein, um etwa für die Entscheidung des Computers, ob beziehungsweise in welchem Sinne ein mehrdeutiges Wort gerade gemeint ist, komplexe Entscheidungskriterien vorzufertigen, dann kann es durchaus so weit kommen, daß der Computer eine ganze Reihe von Problemen so bewältigt, daß wir das Ergebnis als menschliche Leistung anerkennen würden.

Entscheidende Fortschritte könnten darüber hinaus jedenfalls erzielt werden, wenn es gelänge, induktive und Lernprozesse in Maschinen nachzubilden. Aber auch hier sind weitere Klippen zu erwarten: Programmiertes Verhalten ist entweder willkürlich oder erfolgt streng nach Regel. Deshalb muß eine Maschine, die sich einem neuen Sprachgebrauch gegenübersieht, diesen entweder als Fall betrachten, der klar unter die vorgegebenen Regeln fällt, oder einen blinden Versuch wagen. Im alltäglichen Gebrauch der Muttersprache gibt es jedoch noch eine dritte Möglichkeit. Man kann eine zunächst nicht verständliche Aussage irgendwie als merkwürdig erkennen und ihr trotzdem einen Sinn geben, indem man sie in einen Kontext des menschlichen Lebens einordnet, ohne dabei auf ersichtliche Regeln zurückzugreifen und ohne dabei bewußt willkürlich vorzugehen. Schließlich verstehen Menschen einander nicht selten auch dann noch, wenn der eine einen grammatikalischen oder semantischen Fehler macht. Selbst wenn jemand weitgehend regelwidrig spricht, wird er in den meisten Fällen dennoch mühelos verstanden.

Wir sollten immer bedenken, daß die Diskussion, was Computer allenfalls können und was nicht, philosophisch und wissenschaftstheoretisch interessant und bedeutungsvoll sein mag, aber mit der Marktentwicklung von KI-Produkten wenig zu tun hat. So sind die als benützerfreundlich hoch gepriesenen Personalcomputer in Wahrheit noch unverschämt kompliziert; sie mit einem Programm-Mantel auszustatten, der einen Mensch-Maschine-Dialog in einer Sprache ermöglicht, die nur oberflächlich Ähnlichkeit mit der jeweiligen Muttersprache aufweist, ist erstens möglich und eröffnet zweitens einen riesigen Wachstumsmarkt (wie sich dadurch die Einschätzung der Maschine durch den Menschen ändert, ist noch eine andere Frage).

Wissensdarstellung in Teilbereichen

»Wissen« ist ähnlich wie »Intelligenz« einer der Begriffe, die auf den ersten Blick so klar beschreibbar zu sein scheinen und sich doch bei näherem Hinsehen jeder exakten Definition entziehen. Es erweist sich in der Praxis als schwierig (in manchen Bereichen unter Umständen als unmöglich), Wissen in seine einzelnen Bestandteile zu zerlegen. Wissen im herkömmlichen Sinn ist eine Frucht der menschlichen Erfahrung, des bewußten Umgangs mit der sinnlich erfaßten Welt und ihrer begrifflichen Verarbeitung; die Vorgänge in unserem Bewußtsein sind aber den Wissenschaftlern nach wie vor unerklärlich – daher auch die Probleme, Wissen in den Computer zu füttern. Schließlich gibt es verschiedene Arten von Wissen, wobei nicht eine einzige Art als Beispiel für alle anderen dienen kann. Bestimmte Wissensgebiete lassen sich einfach in die Sprache des Computers übersetzen. Die mathematische Logik eignet sich beispielsweise hervorragend dafür. Sie hat ihre eigene, sehr präzise Symbolik, die leicht in die Ebene des Digitalrechners übersetzt werden kann. Andere Wissensgebiete können jedoch nicht so komplikationslos übertragen werden. Ein Musiker, der gerade eine Sonate von Beethoven spielt und auf dem Notenblatt die Bezeichnung »dolce« sieht, weiß sofort, daß er die Musik in einer bestimmten Weise spielen soll (was nicht heißt, daß sich alle Interpreten darüber einig sind). Das kleine, aus fünf Buchstaben bestehende Symbol »dolce« enthält jedenfalls eine ganze Menge an Informationen beziehungsweise ist mit dem Begriff »Information« nicht zu erfassen. Der KI-Kenner und Bestsellerautor Douglas R. Hofstadter hat in diesem Zusammenhang die Wissensrepräsentation im Computer die »Crux der künstlichen Intelligenz« genannt.

Der US-amerikanische KI-Forscher Marvin Minsky erfand zur Wissensdarstellung das Konzept der »frames« (Rahmen); sie bezeichnen eine spezielle Form der Netzwerkstruktur. Innerhalb jedes Rahmens gibt es eine logische Folge von Informationen, die »scripts« genannt werden (ähnlich wie bei einem Drehbuch). Wir führen unbewußt Tag für Tag Hunderte derartiger Skripten aus – spezifische Situationen, die immer wieder in bestimmter Reihenfolge ablaufen. Ein typisches Beispiel für solche Skripten sind Kochbücher. So lautet ein Skript für die Zubereitung von Rühreiern etwa wie folgt:

1. Ganze Eier in der Schale nehmen.
2. Eier aufschlagen und den Inhalt in eine Schüssel geben.
3. Inhalt mit einer Gabel, einem Löffel oder sonst einem passenden Gerät umrühren, bis sich eine einheitlich gelbe Farbe ergibt.
4. Diese Masse in eine vorgeheizte Pfanne geben.

5. Während des Garens gelegentlich umrühren.

6. Wenn die Eier nicht mehr flüssig sind, aus der Pfanne nehmen, bevor sie anbrennen.

Überall dort, wo es gelingt, aus dem Bereich der Wirklichkeit genau umrissene Mikrowelten herauszuschälen, haben Systeme zur Darstellung von Wissen im Computer Erfolg – das haben wir schon bei der Besprechung der Expertensysteme gesehen. Andererseits treten in allen Bereichen, die einen breiten Kontextbezug erfordern, enorme Schwierigkeiten auf. In den Anfängen der KI-Forschung bastelte man hoffnungsfroh an einem »general problem solver« (einem Problemlöser für alles); man dachte, es sei nicht besonders schwierig, die dafür erforderliche Theorie des Alltagsverstands zu formulieren. Die Aufgabe erwies sich jedoch als weitaus vertrackter, als ursprünglich angenommen.

Jedes Märchenbuch ist angefüllt mit Beispielen dafür, wieviel man wissen muß, um eine Geschichte zu verstehen. Das Märchen vom Rotkäppchen ergibt nur wenig Sinn, wenn man so gut wie nichts über fleischfressende Tiere weiß (speziell daß Wölfe Fleischfresser sind, die gern Schweine reißen und manchmal auch Menschen anfallen). Dabei sind Kindermärchen für einfache Verständnisebenen geschrieben. Wenn aber nur ein einziges kleines Detail an Information fehlt – eine Information, die sich der Mensch unter Umständen auf Grund kreativen Ratens dazudenken kann –, dann ist der Computer möglicherweise total verwirrt. So wäre vorstellbar, daß er plötzlich reagiert: »Warum will der Wolf Rotkäppchen fressen? – Nicht zu errechnen.«

Wir sehen: All das, was man als Alltagsverstand bezeichnet, birgt nicht nur eine Summe von Informationen, sondern eine Fülle von Beziehungen zwischen diesen. Wenn ich beispielsweise ein Wasserglas kippe und das Wasser auf meinen Schreibtisch rinnt, dann entsteht zuerst ein kleiner Wasserfleck, dann eine Fläche, die sich fortbewegt und schließlich über die Tischkante läuft. Tausende von Skripten müßten eingegeben werden, um der Vielfalt möglicher unvorhergesehener Ereignisse vorausschauend gerecht zu werden.

Es würde zu weit führen, hier die verschiedenen Werkzeuge der KI-Forscher zu beschreiben. Es möge der Hinweis genügen, daß es sich dabei im wesentlichen um Software, also um Programme handelt. Für KI-Anwendungen wurden eigene Computersprachen formuliert, vor allem PROLOG und LISP, die beide in sehr vielen unterschiedlichen Dialekten existieren. Der KI-Forscher Terry Winowgrad hat auch eine eigene Sprache zur Wissensdarstellung – KRL (»Knowledge Representation Language«) – entwikkelt, mit deren Hilfe Programmierer »Wissen« als einen Corpus spezifischer Überzeugungen zu formulieren vermögen, aus denen sich das »Modell der Welt« eines Individuums zusammensetzt, und diese Überzeugungen in symbolische Beschreibungen multidimensionaler, prototypischer Gegenstände fassen können, deren relevante Aspekte eine Funktion ihres Kontexts sind. Die Prototypen sollen so strukturiert sein, daß mit Beschreibungen jeder Art, von Eigennamen bis zu Verfahren zur Erkennung eines Beispiels, jeder der Knoten oder Fächer ausgefüllt werden kann, die mit einem Prototyp verbunden sind. Dies erlaubt den Darstellungen, sich gegenseitig zu repräsentieren. Darüber hinaus läßt sich jeder prototypische Gegenstand oder jede Situation aus vielen unterschiedlichen Perspektiven beschreiben. Damit werden Definitionen über notwendige und hinreichende Merkmale entbehrlich. Gegenstände werden nach dem Grad ihrer Ähnlichkeit mit bestimmten prototypischen Beschreibungen klassifiziert. »Wenn es mit Hilfe der KRL gelingen sollte«, konzediert sogar der KI-Kritiker Hubert Dreyfus, »in der KI-Forschung dank solcher Prototypen flexible Programme zu schreiben, dann ist eine solche Sprache tatsächlich ein bedeutender Durchbruch und vermeidet außerdem den Ad-hoc-Charakter der für Mikroweltprogramme typischen ›Lösungen‹« (Lit. 69).

Maschinen und Mustererkennung

Die Mustererkennung durch das menschliche Bewußtsein ist eine erstaunliche Fähigkeit. Wahrnehmung als Information wird vom Menschen sofort mit Begriffsbildung beantwortet, wobei der Vorgang von Wahrnehmung, Begriffsbildung und denkendem Verstehen seit alters Gegenstand philosophischer Bemühungen des menschlichen Geistes war. Erst heute wird vom Standpunkt des

Computers aus behauptet, es handle sich dabei um Information und Mustererkennung.

Bei Computern steckt die Mustererkennung bislang noch in den Kinderschuhen. Betrachten wir das »silhouette-vision system« (System zum Erkennen von Umrissen), zusammengesetzt aus einer Fernsehkamera und einem Computer. Stellen wir uns eine Auswahl von Gegenständen, etwa von Löffeln vor, vom Kaffeelöffel bis zum Schöpflöffel. Wir breiten sie auf einem dunklen Tuch aus und verteilen sie so, daß keine Ordnung erkennbar ist. Nun wollen wir erreichen, daß ein Roboter, der mit dem »silhouette-vision system« ausgestattet ist, Gegenstände nach Größe ordnet.

Die Fernsehkamera produziert zuerst ein Bild von den Gegenständen. Durch den dunklen Hintergrund der Tischdecke ist ausreichend Kontrast gegeben. Das »Sehsystem« des Roboters setzt dann mit Hilfe des Computers einen Grenzwert für Helligkeit fest, der irgendwo in der Mitte zwischen dem Schimmern der Löffel und dem dunklen Tuch liegt. Dieser Referenzwert dient dem Computer zur Unterscheidung von Löffel und Hintergrund.

Nun beginnt der Computer, die Bildfläche der Fernsehkamera von links oben bis rechts unten Punkt für Punkt abzutasten. Das System stellt so die Umrisse aller Gegenstände dar.

Jetzt folgt der anspruchsvollste Teil: Der Roboter muß herausfinden, wie groß die einzelnen Löffel sind. Für den Menschen ist das eine Aufgabe, die wir ohne viel Nachdenken ausführen. Der Computer muß dagegen eine Reihe komplizierter mathematischer Operationen erledigen: Zunächst berechnet er den geometrischen Mittelpunkt nach dem Umriß jedes einzelnen Löffels. Damit ist der Mittelpunkt der Silhouette gemeint, der Punkt, von dem aus links und rechts genau die halbe Löffelfläche liegt, egal ob man den Löffel nun längs entlang des Griffs oder quer durch den Griff teilt. Dieser Mittelpunkt der Fläche ist aber gleichzeitig auch der Mittelpunkt einer Äquivalentellipse. Der Computer benützt diese Ellipse zur Messung der Löffelgrößen – er erstellt für jeden Löffel eine Ellipse, die der Löffelfläche entspricht und entlang der Längsachse des Löffels orientiert ist.

Damit ist auch die Lage des Löffels festgelegt. Nun können die Roboterarme nach einem eigens vorgefertigten Programm die Löffel ergreifen und sie in die gewünschte Ordnung bringen.

Ähnlich wie es sehr aufwendig ist, die Wissensbasis für ein Expertensystem zu programmieren, braucht es sehr viel Zeit, um einem Roboter beizubringen, eine Anzahl verschiedener Gegenstände zu erkennen und zu manipulieren.

Wir erkennen, daß dieser Prozeß der Mustererkennung offenbar anders läuft als beim Menschen. Vor einen Tisch unbekannter Art gestellt, messen wir ihn nicht (jedenfalls nicht bewußt) an einem semantischen Netz, um sein Maß an »Tischhaftigkeit« festzustellen, sondern erkennen ihn unmittelbar als Abwandlung eines vertrauten Gegenstands. Eine vorprogrammierte Maschine, die semantische Netze verwendet, kann dagegen die reale Welt oder auch nur kleine, sorgfältig geplante Teile davon lediglich dann bewältigen, wenn der Programmierer die Bestandteile jeder Art von Bild, das auftreten kann, voraussieht und Algorithmen liefert, mit der die Maschine sie richtig interpretieren kann.

»Solche Systeme geraten offenkundig sehr rasch an die kombinatorische Explosion«, stellt Igor Aleksander fest. »Die Wahrscheinlichkeit, daß der vorprogrammierte algorithmische Ansatz unzulänglich ist, muß sich noch vergrößern durch die Tatsache, daß er in der Praxis völlig unfähig war, aus der vereinfachten Welt stilisierter Objekte in die reale Welt der bildlichen Vielfältigkeit vorzustoßen. Wo vorprogrammierte Bilderkennungssysteme in Automation oder Robotik Anwendung gefunden haben, sind sie auf Nutzungsmöglichkeiten beschränkt gewesen, in der die Welt, die sie bewältigen sollen, eine garantiert elementare ist – eben jene, wo die Automation in vielen Fällen schon billigere und weniger anspruchsvolle Techniken gefunden hatte« (Lit. 70).

Betrug mit Worten?

Mit hohen Ansprüchen war die künstliche Intelligenzforschung vor rund dreißig Jahren ausgezogen, um intelligente, sehende, hörende und lernende Maschinen zu bauen. Heute ist man wesentlich bescheidener, obwohl mittlerweile viel passiert ist.

Jedenfalls ist Künstliche Intelligenz zum Geschäft geworden. Die großen Industriestaaten investieren Milliarden, weil sie hier einen strategischen Forschungsbereich zu erkennen glauben, der über die Zukunft des Informationsmarktes entscheiden wird. Die Tatsache, daß immer mehr Produkte mit dem Schlagwort »intelligent« vermarktet werden, darf aber nicht darüber hinwegtäuschen, daß viele grundlegende Probleme der Erforschung Künstlicher Intelligenz von einer realisierbaren Lösung weit entfernt sind. Manchmal habe ich den Eindruck, daß die Produktmanager in vielen Firmen aus der Not eine Tugend machen, indem sie das bisher nicht Erreichte verdrängen und statt dessen den erfolgreichen kleinen Schritten auf dem Weg zur Künstlichen Intelligenz den verbalen Mantel ihrer Zielvorstellung umhängen.

Wir müssen vor allem auch in der Erziehung dem oft schleichenden Bedeutungswandel von Begriffen wie »Denken«, »Verstehen« und »Intelligenz« Aufmerksamkeit zuwenden. So entwickelte etwa Daniel Bobrow ein Programm zur Lösung algebraischer Textaufgaben namens »STUDENT«. Bobrow wählte bewußt den Kontext eingekleideter Mathematikaufgaben, um innerhalb dieses Kontextes Techniken zu entwickeln, die eine Eingabe natürlicher Sprache in einen problemlösenden Computer erlauben. Das Programm zerlegt die Sätze der Textaufgabe unter Nutzung von Hinweisen wie den Wörtern »mal«, »von«, »gleich« und so weiter in Einheiten. Dann ersetzt es diese Satzsegmente durch Variablen und versucht, simultane Gleichungen aufzustellen. Sind diese Gleichungen unlösbar, greift das Programm auf weitere Regeln für die Zerlegung der Sätze in kleinere Einheiten zurück und versucht es erneut. Das Ganze funktioniert nur, weil die Satzteile repräsentierenden Variablen zwangsläufig lösbare Gleichungen ergeben müssen, und nicht etwa durch das Verstehen natürlicher Sprache.

Diese Beschränkung schließt gewissermaßen die Mehrdeutigkeit der natürlichen Sprache aus. Es erhebt sich die Frage, ob man behaupten kann, ein derartiges Programm »verstehe«. Bobrow: »Für diesen Bericht wähle ich folgende Gebrauchsdefinition von ›verstehen'. Ein Computer versteht eine Teilmenge des Englischen, weil er Sätze aus dieser Teilmenge als Eingabe akzeptiert und Fragen beantwortet, die sich daraus ergeben. In diesem Sinne versteht STUDENT englisch« (Lit. 71). Mit dieser vorsichtigen Formulierung meint Bobrow gezeigt zu haben, daß es im Prinzip möglich ist, »verstehende« Maschinen zu bauen.

Genau an diesem Punkt sind sich allerdings zwei Wissenschaftler gehörig in die Haare geraten, der KI-Forscher Marvin Minsky und der Philosoph Hubert Dreyfus. Dazu muß man wissen, daß Dreyfus – der Autor des Buches »Die Grenzen künstlicher Intelligenz« – von manchen KI-Forschern regelrecht verachtet wird, weil er darin eine Reihe von Unmöglichkeitspostulaten aufstellte und damit die ehrgeizigen Ansprüche der KI-Zunft diskreditierte. Ich habe mehrfach erlebt und gelesen, daß KI-Forscher, wenn sie auf die Dreyfussche Kritik angesprochen wurden, zu Verbalinjurien wie »dumm« und »idiotisch« Zuflucht nahmen. Wie immer man dies psychologisch deuten mag – Dreyfus behauptet, daß der Erwerb von Fertigkeiten des Programms »STUDENT« durch den Computer nichts mit »verstehen« zu tun habe. Minsky dagegen behauptet, daß »STUDENT« Englisch »versteht« und weiter: »Bobrows Programm hat keine vorsichtigen statistischen Einheiten, denen man etwas immer wieder sagen muß. Sein Lernen ist zu brilliant, um so genannt zu werden« (Lit. 72).

Ohne für die Ansichten von Hubert Dreyfus im allgemeinen Partei ergreifen zu wollen, scheint mir dennoch an diesem Punkt notwendig, für einen korrekten Gebrauch der Sprache zu plädieren: Wir sollten uns energisch gegen die Formulierung wehren, daß ein Programm wie beispielsweise »STUDENT« eine Sprache »versteht«. Den Sprachgebrauch mancher KI-Forscher kann man mit Fug und Recht »wishful mnemonics« nennen – Wortassoziationen aus Wunschdenken heraus, Bezeichnungen statt Einsichten. Seit dem Beginn der Neuzeit sind die Naturwissenschaftler offenbar zu sehr damit beschäftigt, Abbilder der Wirklichkeit zu schaffen, so daß sie – eingesponnen in der dadurch geschaffenen Begriffswelt – vergessen, Abbild und Wirklichkeit gebührend auseinanderzuhalten. Genau dasselbe gilt natürlich auch für den Gebrauch von Wörtern wie »sehen«, »hören« und »Kreativität«.

Hier liegt meiner Ansicht nach eine eminent wichtige Bildungsaufgabe: Wenn wir Orwellsche Sprachumdeutungen unkritisch zulassen, dann ermöglichen wir, daß die kommende Generation etwa mit dem Begriff »denkende Maschinen« aufwächst, ohne sich dabei viel zu denken – und das angesichts von Maschinen, die weit davon entfernt sind, denkend genannt werden zu können. Nochmals: Zur Untermauerung dieser Behauptung brauche ich gar nicht in die Zukunft zu blicken und zu fragen, ob jemals denkende

Maschinen möglich seien; ich behaupte lediglich, daß die Computer, welchen von manchen KI-Forschern das Attribut »denkend« zugewiesen wird, dieser Beschreibung keineswegs gerecht werden. Daran ändert auch noch so werbekräftige Etikettierung nichts. George Orwell hat es zuwege gebracht, uns im Bereich der politischen Sprache für die schleichende, aber nichtsdestoweniger gefährliche Umdeutung von Begriffen zu sensibilisieren (beispielsweise die Umbenennung von Kriegsministerium in Verteidigungsministerium oder, wie Orwell sarkastisch vorschlug: Friedensministerium); wir müssen versuchen, dieselbe Aufmerksamkeit und Sensibilität im Bereich der Computerwissenschaften durchzusetzen. Alles andere wäre eine unverzeihliche Lässigkeit des Denkens, ein Betrug mit Worten.

Zum Positivismus in der KI-Technik

Abgesehen von der unbestreitbaren Tatsache, daß Produkte der KI erstaunliche und vor kurzem noch für unmöglich gehaltene Erfolge zeitigen, fordert die Auseinandersetzung mit diesen Entwicklungen die Naturwissenschaftler und Philosophen mit bisher nicht dagewesener Intensität auf, die Frage »Was ist der Mensch?« aufs neue zu stellen.

Die KI-Forscher im engeren Sinne gehen von Modellen aus, die sie auf Grund der Eigenschaften und Randbedingungen der mikroelektronischen Technik verwirklichen zu können hoffen. Überspitzt formuliert kann man diese Vorgangsweise mit der philosophischen Parabel von dem Mann vergleichen, der abends unter einer Laterne seinen Schlüssel sucht. Ein Passant kommt hinzu, hilft ihm suchen und fragt dann: Sind Sie denn sicher, den Schlüssel hier unter der Laterne verloren zu haben? Nein, antwortet der Mann. Sicher bin ich nicht; aber woanders ist doch kein Licht. Ähnlich schildert der Astronom und Naturphilosoph Arthur Eddington das wissenschaftliche Vorgehen eines Ichthyologen, eines Fischkundigen also. Dieser wollte die Meerestiere untersuchen, warf ein Netz aus, fischte, analysierte seinen Fang und stellte dann den Satz auf: Es gibt keine Fische, die kleiner sind als zwei Zoll. Darauf wurde ihm entgegengehalten, es gebe durchaus kleinere Fische, nur könne er sie mit seinem Netz nicht fangen, der Fang sei schließlich von der Maschengröße mitbestimmt. Der Ichthyologe sah den anderen mitleidig an. Was sind Sie doch für ein Metaphysiker, sagte er. Was ich nicht fangen kann, interessiert mich nicht und ist nicht Gegenstand meiner Wissenschaft. Oder mit anderen Worten: Was ich nicht fangen kann, ist kein Fisch.

Eine derartige positivistische Haltung ist in gewissem Umfang legitim, solange sie Methode und nicht Dogma ist. Es ist wissenschaftlich berechtigt zu sagen: Was ich nicht fangen, nicht messen, nicht untersuchen kann, interessiert mich als Naturwissenschaftler nicht. Es wäre aber dogmatisch und verfehlt zu sagen: Das gibt es nicht, das kann es nicht geben. Der Wissenschaftler hat das Recht, seinen Gegenstandsbereich methodisch zu beschränken; er hat dann aber auch die Pflicht, diese Beschränkung zumindest anzuerkennen und sie ausdrücklich anzugeben. Ein Beispiel hierfür ist der Informationsbegriff, den Shannon auf Häufigkeiten und Wahrscheinlichkeiten des Auftretens von Zeichen bezogen hat, um neue Kapazitäten, Signal- und Rauschintensitäten sowie ähnliche Größen zwecks Übertragung von Nachrichten messen zu können. Damit wurde der Begriff auf seinen syntaktischen, das heißt seinen bedeutungsfreien Aspekt eingeengt. Und das in gewisser Weise mit Recht. Den Beamten am Postschalter interessiert auch nicht der Inhalt eines Telegramms, wohl aber die Anzahl der Zeichen, die zu übermitteln sind. Ganz anders aus der Sicht des Empfängers. Hier ist es gerade der Inhalt, der berührt oder kalt läßt, erfreut oder traurig stimmt. Der Begriff »Information« ist eben reicher als das, was an ihm meßbar gemacht worden ist (Lit. 73).

Manche Philosophen und Erkenntnistheoretiker – sie werden immer seltener – geben sich aber nicht mit mehr oder weniger engmaschigen Netzen zufrieden und suchen auch nicht an einer bestimmten Stelle, bloß weil dort Licht ist, sondern wollen das Wesen des Menschen in seiner Gesamtheit erfassen.

Betrachten wir aus diesem Gesichtspunkt noch den Vorgang des Denkens etwas näher. So kann man die Begriffe »logisches Denken« und »problemlösendes Denken« untersuchen und sich fragen, ob beziehungsweise wie diese Vorgänge in Maschinen abgebildet werden können. So läßt sich beispielsweise nicht leugnen, daß Maschinen in gewissem Sinne schlußfolgern können und daß sie manchmal korrekter und schneller Schlüsse ziehen als menschliche Wesen. Allerdings können diese Maschinen den Schlußprozeß nicht verstehen (in gewisser Weise gilt das auch für den Menschen, denn auch der Mensch weiß nicht, wie das Schlußfolgern in seinem Gehirn vor sich geht).

Zu dieser These gibt es jedoch eine Antithese, die in die Frage nach dem Verhältnis von Materie und Bewußtsein mündet. Demnach kann keine Maschine logisch denken. Es sei zwar möglich, die logischen Beziehungen auf zahlreiche verschiedene Weisen in materiellen Modellen darzustellen. Es sei aber falsch, zu behaupten, daß ein derartiges elektrisches Schaltsystem aussagenlogisch denken könne. Es handle sich vielmehr um eine isomorphe Beziehung zwischen gewissen Systemen von Abstraktionen und wirklichen physikalischen Systemen. »Philosophisch völlig unsinnig ist es aber, aus dieser Isomorphie Identität zu machen« (Lit. 74).

Wenn wir als Menschen logisch schlußfolgern, dann denken wir tatsächlich meist nicht in logischen Formen und Schemata. Konsequenterweise müßte man deshalb davon abgehen, die Logik als Wissenschaft vom Denken zu bezeichnen, sondern sie als »systematische Wissenschaft von den Gedanken« definieren. Logik ist demnach die allgemeine und formale Wissenschaft vom Gedachten. Die mathematische Logik betrachtet dabei das Gedachte an sich, unabhängig von seinem »Gedachtsein« – die philosophische Logik dagegen betrachtet es »als Gedachtes«, in bezug zum denkenden Menschen. Demgegenüber sollte man das, was Maschinen tun, als »logisches Herstellen« bezeichnen.

Unversehens geraten wir damit wiederum in den Universalienstreit der Philosophiegeschichte, also in die Diskussion der Seinsweise dessen, was Allgemeinbegriffe wie »Mensch«, »Gegenstand« oder »Idee« meinen (siehe Seite 94). Bei Aristoteles sind die Gesetze des Denkens Gesetze der Assoziation von Wesenheiten. Formen und Ideen sind den Dingen inhärent – eine Steinplastik besteht aus Materie und Form, und die inhärente Form oder Idee ist ihr Wesen. (Demnach ist in den Dingen dieselbe Intelligenz paritätisch anwesend wie im Geiste des Menschen und wirkt in beiden gleichermaßen. Auch die KI-Techniker behaupten, Nervenzellen und ihre Verknüpfungen seien zu Transistoren und deren Verdrahtungen kompatibel.)

Die Ideen des Nominalisten John Locke dagegen sind empirisch erfahrene Inhalte von »sensation« und »reflection«. Denken heißt gemäß Locke, Ideen zu verknüpfen. Seine Theorie des Denkens kann, so Karl R. Popper und John C. Eccles, als eine an Letzterklärungen orientierte, essentialistische Theorie des Denkens durch Assoziationen gesehen werden (Lit. 75). Descartes und Spinoza dagegen fanden die Ideen im Geist; sie stellen die Elemente von Denkprozessen dar, die geistigen Begriffe oder Vorstellungen, die wir beim Denken der wesenhaften Eigenschaften der Dinge verwenden.

Der Wissenschaftstheoretiker Popper wiederum baut auf dem Grundgedanken einer pluralistischen Deutung auf; seiner Meinung nach können weder die monistische noch die dualistische Sicht befriedigen. Nach Popper ist die erste Welt die physikalische, die zweite die Bewußtseinswelt und die dritte die der Ideen im objektiven Sinne. Seine Welt 3 ist die der möglichen Gegenstände des Denkens: die Welt der Theorien an sich und ihrer logischen Beziehungen, die Welt der Argumente an sich; die Welt der Problemsituationen an sich.

Im Gegensatz zum Nominalismus formuliert Rudolf Steiner in »Wahrheit und Wissenschaft«: »Es ist der Grundirrtum der modernen Wissenschaft, daß sie die Wahrnehmung der Sinne schon für etwas Abgeschlossenes, Fertiges ansieht. Deshalb stellt sie sich die Aufgabe, dies in sich vollendete Sein einfach zu photographieren. Konsequent ist in dieser Hinsicht wohl nur der Positivismus, der jedes Hinausgehen über die Wahrnehmung einfach ablehnt. Doch sieht man heute fast in allen Wissenschaften das Bestreben, diesen Standpunkt als den richtigen anzusehen. Im wahren Sinne des Wortes würde dieser Forderung nur eine solche Wissenschaft genügen, welche einfach die Dinge, wie sie nebeneinander in Räumen vorhanden sind, und die Ereignisse, wie sie zeitlich aufeinanderfolgen, aufzählt und beschreibt. Die Naturgeschichte alten Stiles kommt dieser Forderung noch am nächsten. Die neuere verlangt dasselbe, stellt eine vollständige Theorie der Erfahrung auf, um sie – sogleich zu übertreten, wenn sie den ersten Schritt in der wirklichen Wissenschaft unternimmt.

Wir müßten uns unseres Denkens vollkommen entäußern, wollten wir an der reinen Erfahrung festhalten. Man setzt das Denken herab, wenn man ihm die Möglichkeit entzieht, in sich selbst Wesenheiten wahrzunehmen, die den Sinnen unzugänglich sind. Es muß in der Wirklichkeit außer den Sinnesqualitäten noch einen Faktor geben, der vom Denken erfaßt wird. Das Denken ist ein Organ des Menschen, das bestimmt ist, Höheres zu beobachten, als die Sinne bieten. Dem Denken ist jene Seite der Wirklichkeit zugänglich, von der ein bloßes Sinnenwesen nie etwas erfahren würde. Nicht die Sinnlichkeit wiederzukäuen, ist es da, sondern das zu durchdringen, was dieser verborgen ist. Die Wahrnehmung der Sinne liefert nur eine Seite der Wirklichkeit. Die andere Seite ist die denkende Erfassung der Welt« (Lit. 76).

Versuchen wir einige in dieser Hinsicht wesentliche Phänomene nochmals zu verdeutlichen: Zum einen geht es darum, ob Erkennen als Folge von Sinneswahrnehmung ein passiver Prozeß ist oder ob das Bewußtsein hier einen aktiven Beitrag leistet. Wir haben bereits mehrere Hinweise auf den intentionalen Charakter menschlichen Denkens angeführt. Ein weiterer wesentlicher Punkt betrifft das Verhältnis zwischen »Denken« und dem menschlichen »Ich«. Es versteckt sich hinter der kontroversen Frage der Kontextbezogenheit, auf die wir im folgenden eingehen werden.

Künstliche Intelligenz und das menschliche Ich

KI-Forscher gehen von der Arbeitshypothese aus, die Welt könne erschöpfend in kontextunabhängige Daten oder kleinste Tatbestände zerlegt werden. Dieses Phänomen kann man am Beispiel des Sprachverständnisses deutlich charakterisieren. Wenn beispielsweise jemand einen schwer lesbaren Brief zu entziffern sucht, kann er den Sinn mit Hilfe seines Wissens über die Grammatik der Sprache und vermöge der Bedeutung des Textes, den er bereits lesen konnte, oder vielleicht aus einer Kenntnis des Gemütszustandes des Schreibers rekonstruieren beziehungsweise erraten. »Im allgemeinen verfügen wir über ein unausgesprochenes Verständnis der menschlichen Situation, die den Kontext liefert, indem wir uns speziellen Fakten gegenübersehen und sie aussprechen. Wir haben keinen Grund zu der Annahme – es sei denn, wir gingen von der ontologischen Annahme aus –, daß alle Fakten über eine Situation, die wir aussprechen können, schon unbewußt in einer ›Modellstruktur‹ enthalten sind oder daß wir jemals unsere Situation völlig explizit machen können, selbst wenn wir es versuchten« (Lit. 77). So bedeutet beispielsweise die Formulierung »zu Hause sein«, je nachdem, in welchem Kontext sie gebraucht wird, etwas völlig anderes: Sie kann meinen, jemand befinde sich in seiner eigenen Wohnung, aber auch daß sich jemand in einem bestimmten Fachgebiet auskennt. Die natürlichen Sprachen sind voll von mehrdeutigen Begriffen, deren aktueller Sinn sich immer nur aus dem jeweiligen Zusammenhang, dem Kontext eben, ergibt.

In weiterer Konsequenz geht es bei diesem Thema um die Frage, ob es zum Denken eines einheitlichen Wesens bedarf, das denkt. Die KI-Forscher stellen das in Abrede und kehren damit gewissermaßen von Descartes' »cogito sum« ab. Während dieser Satz so interpretiert werden kann, daß es, wo Denken ist, auch einen Handelnden, ein »Ich«, geben müsse, und demnach nur ein »Ich« denken könne, löst das Postulat »denkender« Maschinen diesen Bezug auf. So gesehen, fußt die Technik der Künstlichen Intelligenz auf dem Prinzip der Ich-Verneinung.

Zusammenfassend ist anzumerken, daß die Frage, was Computer (prinzipiell) leisten können und was nicht, auch das Verständnis des Menschen von sich selbst in grundlegender Weise berührt. Es erscheint daher essentiell, diese Zusammenhänge der heranwachsenden Generation nahezubringen. Wenig zielführend ist es, den Kopf in den Sand zu stecken und zu hoffen, der Kelch – gemeint ist die Verbreitung von Maschinen mit Künstlicher Intelligenz – werde an uns vorübergehen. Wir müssen davon ausgehen, daß der Computer da ist und die Fortentwicklung seiner Leistungsfähigkeit nicht aufzuhalten sein wird. Daher ist es wichtig, die in den vorangegangenen Abschnitten beschriebenen Probleme bewußt zu erfassen. Auch die Schule wird um die Erfüllung dieser Forderung nicht herumkommen, will sie ihrem Anspruch, auf das Leben vorzubereiten, auch in Zukunft gerecht werden.

3. Der Computerunterricht im Kreuzfeuer der Kritik

3.1. Computerführerschein versus Menschenerziehung

3.1.1. Technik bedienen zu können heißt noch lange nicht, Technik zu verstehen

Wenn in bildungspolitischen Diskussionen über die Einführung des Computers in das Schulwesen diskutiert wird, ist in der Regel von Begriffen wie »Computerführerschein«, »computer literacy« oder auch »Bürgerinformatik« die Rede. Um zu verdeutlichen, was damit gemeint ist, wollen wir zunächst Beschreibungen dieser Begriffe anführen, so wie sie sich aus Stellungnahmen von Lehrern und Bildungspolitikern der letzten Jahre darbieten.

Der Begriff »Informationstechnik-Führerschein« beziehungsweise »Computerführerschein« ist eng verknüpft mit den bildungspolitischen Forderungen des Physikers Dr. Klaus Haefner, Professor für angewandte Informatik an der Universität Bremen. Haefner fordert den Informationstechnik-Führerschein »für alle«. Die Grundidee dieses »Führerscheins« besteht im wesentlichen in drei Forderungen:

Erstens sollen alle Bürger in die Bedienung der modernen Informationstechnik eingeführt werden; gemeint ist damit das Umgehenkönnen mit der Technik.

Zweitens soll eine angemessene Bewältigung der Mensch-Maschine-Grenzfläche erlernt werden. Haefner meint damit beispielsweise die Nutzung eines hierarchischen Programmaufbaus (Menüstrukturen) oder das »Fragen stellen können«.

Drittens soll mit dem Informationstechnik-Führerschein vor allem eine Einführung in die Struktur der informationellen Umwelt gegeben werden, so daß eine angemessene Bewegung auf den »informationellen Straßen« und im »informationellen Verkehr« möglich ist (Lit. 78).

Der Ausdruck »literacy« (Literalität) wird im angelsächsischen Raum häufig verwendet und bedeutet soviel wie »in einem Gebiet kundig sein« oder »das Alphabet eines Gebietes beherrschen«. Damit ist beispielsweise gemeint, daß jemand in der Lage ist, wissenschaftliche Veröffentlichungen zu lesen und zu verstehen. Die Bezeichnung »computer literacy« wurde erstmals im Jahre 1981 auf der Weltkonferenz »Computer and Education« in Lausanne einer breiten Öffentlichkeit vorgestellt. Die einen hoben dabei den Aspekt des Programmierens als »zweites Alphabetentum« hervor, während die anderen mehr die Kompetenz betonten, mit Computersystemen umzugehen, und die Fähigkeit, Computer für die eigenen Aufgabenstellungen sinnvoll einzusetzen. Mit dem Begriff »computer literacy« wird die Prognose verbunden, daß Personen, welche die moderne Informationsverarbeitung und Kommunikationstechnik nicht zu nutzen verstehen, in Zukunft keine gesellschaftlichen oder beruflichen Positionen erreichen werden. Wesentliche Grundlagen dieser Kulturtechnik »computer literacy« bestehen in der Abstraktion von Information, in der Modellbildung, in Problemlösemethoden und in der Algorithmisierung (Lit. 79).

In Anlehnung an einen in den Niederlanden geprägten Begriff wird neuerdings auch im deutschen Sprachraum der Begriff »Bürgerinformatik« in die Diskussion gebracht, eine Art Fundamentum für eine informationstechnische Grundbildung. Bei dem Wortteil ». . .informatik« in »Bürgerinformatik« soll dabei mehr an die Auswirkungen neuer Informationstechnologien als an Fachdisziplinen im Bereich der Hochschulinformatik gedacht werden. Der Begriff »Bürgerinformatik« ist eng verbunden mit der Behandlung des Themas »Computer in der Sekundarstufe I« (siehe Seite 57).

Allen diesen Begriffen ist mehr oder minder die Betonung auf dem Nutzen-Können gemeinsam. Die Vorrangigkeit dieses Ziels wird auch durch die Forderung, über die Auswirkungen der Computertechnik auf Mensch und Gesellschaft zu unterrichten, nur scheinbar eingeschränkt.

Gegen dieses Bildungsziel können mehrere Einwände geltend gemacht werden. Zunächst einmal muß bezweifelt werden, daß es Aufgabe des allgemeinbildenden Schulwesens ist, Kenntnisse in der Nutzung von Maschinen zu vermitteln, noch dazu von solchen, die bereits heute im Berufsleben kaum mehr anzutreffen sind und schon in Kürze durch Vertreter einer neuen Generation abgelöst werden, für deren anwendungsbezogenen Gebrauch andere – jedenfalls fast gar keine traditionell-informatischen – Kenntnisse erforderlich sein werden (siehe Seite 105).

Ich behaupte nicht, daß die Einführung in die Computertechnik auf dem Niveau von Heimcomputern und BASIC in jeder Hinsicht völlig nutzlos ist. Sie kann zumindest einen ersten Einblick in manche Eigenheiten der neuen Technik vermitteln. Nicht zutreffend ist jedoch der weit verbreitete Glaube, derartige Kenntnisse seien eine effiziente Vorbereitung für das Berufsleben im Informationszeitalter.

Das Schlagwort vom Computerführerschein als einer »vierten Kulturtechnik« sollte in diesem Zusammenhang auch als wohlüberlegter Schachzug der Computeranbieter gesehen werden. Ihnen geht es dabei in erster Linie um die Akzeptanz der neuen Technik. Denn nur wenn diese gewährleistet ist, sind auf lange Sicht steigende Verkaufserfolge gesichert. Man will deshalb das Nutzen-Können des Computers auf der gleichen Stufe wie die Fertigkeiten im Lesen, Schreiben und Rechnen sehen. Tatsächlich ist aber das im Computer kristallisierte Denken lediglich die konkrete Ausgestaltung der formalen Logik und die Anwendung der dabei zweckmäßigen Methoden auf den Umgang mit Daten und Programmen. Wo dabei die vierte Kulturtechnik zu sehen ist, bleibt unerfindlich. Neu sind dagegen zahlreiche berufsorientierte Anwendungen, die sich aus der gewaltigen Datenverarbeitungsleistung des Computers ergeben, sowie die damit verbundenen Auswirkungen auf Mensch und Gesellschaft. Mit anderen Worten: Nicht die Computertechnik an sich ist revolutionär, sondern vielmehr das, was sie bewirkt. Um aber die in der Tat umwälzenden Folgen der Computertechnik auf alle Bereiche des menschlichen und sozialen Lebens begreifen zu können, ist es sehr wohl erforderlich, diese Technik »verstehen« zu lernen. Das ist aber etwas anderes als sie »nutzen« zu können.

Verstehen heißt durchschaubar und begreifbar machen. Das erfordert in unserem Zusammenhang zunächst die Vermittlung der grundlegenden Funktionsprinzipien des Computers (beispielsweise das Rechnen im Binärsystem und das Experimentieren mit logischen Schaltkreisen, siehe Seite 79 ff.). Verstehen bedeutet weiter, auch einen phänomenologischen Zugang zu der beinahe unglaublichen Komplexität zu öffnen, die trotz – oder gerade wegen? – der im Grunde primitiven Arbeitsweise des Computers erreicht werden kann. Dazu gehört – paradoxerweise – auch die Einsicht, daß zunächst einfache Prinzipien wie das Binärsystem und die Boolesche Logik, wenn sie von mannigfachen Hierarchien immer höherer Komplexität überlagert werden, in ihrer Funktionsweise und Vorhersagbarkeit zunehmend undurchschaubarer werden. Wir stehen damit vor einer ähnlichen Problematik wie beim Unterricht in moderner Physik: Auch dort muß die Forderung, etwas anschaulich und begreifbar zu machen, vor der Unanschaulichkeit der modernen Quantentheorie weitgehend kapitulieren. In ähnlicher Weise läßt sich auch nicht unmittelbar anschaulich machen, warum – wie der Computerexperte Joseph Weizenbaum immer wieder betont – beispielsweise das Computersystem der US-Militärs und jedes andere sehr komplexe EDV-Programm sogar für Fachleute undurchschaubar und in manchen Reaktionen unvorhersehbar ist. Man kann sich dieser Einsicht als Erwachsener nähern, wenn man gute naturwissenschaftlich-technische Kenntnisse und ein hinreichend ausgebildetes Abstraktionsvermögen besitzt; schwierig dürfte es dagegen sein, dieses Ziel dem durchschnittlichen Heranwachsenden glaubhaft zu vermitteln. Geradezu verhindert wird jedoch ein derartiges Bemühen, wenn man ihn glauben macht, das simple – so leicht durchschaubare – BASIC sei typisch für die Computertechnik. Nicht vertretbar ist es daher, wenn sich Lehrer und Bildungspolitiker auf das Lehrziel Nutzen-Können zurückziehen, die darüber hinausreichenden Aspekte der informationstechnischen Revolution aber bestenfalls als moralisierende Floskeln dem Technikunterricht anfügen.

Entscheidend für die begriffliche Durchdringung des Phänomens Computertechnik ist meiner Ansicht nach ferner, beispielsweise den Unterschied zwischen Datenverarbeiten einerseits und Schließen, Urteilen und Denken andererseits deutlich zu machen. Zwei Aspekte dieses Unterschieds seien hier genannt: Der Mensch kann in seinem Bewußtsein logische Schlüsse ziehen, ein Vorgang, der – wenn es sich um formale Logik handelt – in Maschinen abgebildet werden kann; er kann aber auch urteilen und bringt damit zu einem logischen (oder vielleicht gar nicht logischen) Schluß eine moralische Komponente ein. Insoweit sind logische »Richtigkeit« eines Schlusses und subjektive »Wahrheit« eines Urteils voneinander zu unterscheiden; in diesem Sinne urteilen kann ein Computer nicht (den Versuchen der Computerexperten, ihren Maschinen ein »moralisches Gewissen« einzuimpfen, sehe ich mit Interesse entgegen). Das Denken schließlich ist der Umgang mit Begriffen, die in unserem Bewußtsein geformt sind: Die Sinneswahrnehmung ist ein selektiver Prozeß; sie ist als solche »leer«, wenn unser Bewußtsein nicht über Begriffe verfügt, die die Erfassung äußerer Dinge erst ermöglichen. So gesehen macht das Denken als aktiver Prozeß die Zusammenhänge der Wahrnehmung deutlich. In diesem Sinne denken kann ein Computer ebenfalls nicht.

Dazu kommt weiter, daß der Programmierer dem Computer eine »intelligente« Struktur aufprägt, die jedoch auf die konkrete Umwelt nicht Bezug nimmt. Für das Menschsein dagegen ist der Bezug zur Umwelt als individuelle Intentionalität entscheidend (siehe Seite 122).

Es genügt zweifellos nicht, als Lehrsatz etwa auf die Tafel zu schreiben: »Der Computer denkt nicht, er ist nur ein Blechtrottel.« Zwar läßt sich im Experiment hervorragend demonstrieren, wie »dumm« ein Computer reagieren kann (und ich halte das in gewisser Hinsicht für durchaus sinnvoll); aber wir sollten uns vor der Illusion hüten, damit vor unseren Kindern überzeugend zu wirken. Spätestens die Computer der fünften Generation – gemeint ist die Entwicklung der Künstlichen Intelligenz (siehe Seite 94 ff.) – werden sich zumindest für den unkritischen Beobachter so verhalten, als seien sie intelligent, als könnten sie denken, ja als hätten sie Gefühle. Schon der vergleichsweise primitive Personalcomputer erweckt, wie wir noch ausführlich sehen werden, beim Benützer partnerschaftliche Gefühle, in manchen Fällen sogar eine Art pseudoreligiöser Bindung. Den Computer zu verstehen heißt deshalb nicht nur, den logischen Formalismus seiner Funktionsweise zu durchschauen, sondern verlangt vor allem und immer wieder die Rückbesinnung auf das eigentlich Menschliche. Den Unterschied zwischen Mensch und Computer klarzumachen erfordert aber zwingend eine Stärkung des menschlichen Denkens und Urteilens im oben angegebenen Sinne.

Die Aufgabe der Schule in der Auseinandersetzung mit der Computertechnik ist deshalb, wie Helmut Danner, Privatdozent für Pädagogik in München, meiner Ansicht nach richtig aufgezeigt hat, eine dreifache: Die Schule darf die Augen nicht davor verschließen, daß der Computer immer mehr zur Tatsache unseres Berufs- und Alltagslebens wird. Sie muß darum den Umgang mit diesem Gerät vorbereiten helfen. Andererseits muß die Schule aber auch die Wirklichkeit, die vom Computer hergestellt wird, in ihrer Reduktion und Entfremdung bewußt machen. »Nehmen wir den Bildungsauftrag ernst, dann reicht die Vermittlung der bloß technischen Beherrschung des Computers nicht aus. Schule muß einen qualitativen Umgang vermitteln, die Qualität dessen, was der Computer leistet, mit Eugen Fink den ›Geist des Technischen'. Unsere Kinder müssen also lernen, mit diesem Gerät und all seinen Möglichkeiten zu leben. Dazu müssen sie erfahren, erkennen und wissen, womit sie es zu tun haben, und sie müssen lernen, die Computerleistung auf das Ganze zu beziehen und in dieses einzuordnen; sie müssen ihr ihren Stellenwert zuweisen lernen« (Lit. 80). Schließlich müsse die Schule Wege bieten, dem Bedürfnis der Einseitigkeit und Entfremdung der mit dem Computer herstellbaren Wirklichkeit zu entrinnen. Sie dürfe die Entfremdungseffekte einer einseitig technischen Wirklichkeit nicht verleugnen, sondern müsse sie vielmehr sichtbar machen. Nur so könne auch die Computerleistung ihren Stellenwert erhalten.

Dazu braucht die Jugend die Erfahrung anderer Qualitäten als die der technischen Anwendung, um eigene Maßstäbe gewinnen zu können. Diese Forderung bezieht sich natürlich nicht nur auf den Computer, sondern genaugenommen auf Naturwissenschaft und Technik generell. Lediglich in noch stärkerer Ausprägung gilt jedoch heute, was der Physikdidaktiker Martin Wagenschein schon vor mehr als zwanzig Jahren sagte, daß nämlich »die allgemeinbildende Schule, ohne es zu wissen, in den Gymnasien nicht eigentlich verstehende, sondern nur ausführende Techniker vorbildet, in der Volksschule entsprechend überhaupt nicht verstehende, sondern nur manipulierende Facharbeiter« (Lit. 81).

3.1.2. BASIC lernen – bald unbedeutend wie das Morsen?

Die kalifornische Computerfirma Apple warb vor einiger Zeit in Zeitschriften mit folgender Anzeige: »Als 1876 Tausende von Menschen das Morsen lernten, wußten sie nicht, daß kurze Zeit später das Telephon erfunden werden würde. Sollten Sie heute noch eine Computersprache lernen, machen Sie denselben Fehler« (Lit. 82). Apple weist damit auf ein neuartiges Konzept der Computernutzung hin, das zuerst im Xerox Palo Alto Research Center entwickelt wurde und als eines der fortgeschrittensten Produkte der Büroautomatisierung gilt: das System STAR. Es war zunächst nur um mehr als 100 000 DM erhältlich. Wenig später bot die Firma Apple mit ihrem System LISA ähnliche Eigenschaften – bei einem Preis von 30 000 DM. Dann kam Apples Macintosh auf den Markt, der das gleiche Konzept um ein Drittel des Preises ermöglicht. Und seit Herbst 1985 wartet die Firma Atari mit einem ähnlich arbeitenden Computer um nur 4000 Mark auf. Die Systeme sind weitgehend selbsterklärend. Man benützt sie, indem man auf kleine ikonische Darstellungen auf dem Bildschirm deutet und gelegentlich Text eintippt. Der Benutzer muß keine Kommandofolgen mehr memorieren können; er soll jederzeit durch das, was das System über sich selbst zeigt, über seine Möglichkeiten informiert werden. Will er etwas drucken lassen, so zeigt er auf das am Bildschirm dargestellte Bild eines Druckers. Will er rechnen, so deutet er auf das Bild eines Taschenrechners. Tippt er auf das Bild eines Dokumentes und anschließend auf den am Bildschirm gezeichneten Papierkorb, so »verschwindet« das Dokument. Um mit einem derartigen System Büroaufgaben zu erledigen, benötigt man weder Kenntnisse der Funktionsweise des Computers noch Praxis im Programmieren.

Computer zu bedienen dürfte in Zukunft noch wesentlich einfacher werden. Die Technik der Künstlichen Intelligenz unternimmt bedeutende Anstrengungen, um durch natürlichsprachige Schnittstellen, Expertensysteme, Mustererkennung sowie Sprachein- und -ausgabe eine wesentlich direktere und voraussetzungslosere Kommunikation zwischen Mensch und Maschine als bisher zu ermöglichen. Die Ansicht, daß für die Allgemeinheit Programmieren bald überflüssig sein werde, bestätigen deshalb die im Bereich der Künstlichen Intelligenz tätigen Forscher durchweg: »Die Perfektheit der ›Benutzer-Illusion‹ in den komplexen Programmierumgebungen macht schon in wenigen Jahren das Sprachproblem überflüssig« (Lit. 82). Auch die Technik des automatischen Programmierens werde den Bedarf, Programmiersprachen zu lernen, für die meisten Menschen obsolet machen. Kenntnisse komplexer Programmiersprachen – von LISP bis zum »knowledge engineering« (siehe Seite 104) – werden dagegen zweifellos diejenigen benötigen, die für die Entwicklung der informationstechnischen Systeme der Zukunft sorgen wollen. Dabei handelt es sich jedoch um ein berufsbezogenes Problem, das mit der Bildung an Gymnasien oder Realschulen nichts zu tun hat.

Beobachten wir dagegen die aktuelle Diskussion zum Thema »Computerunterricht in der Schule«, so ist festzustellen, daß vorrangig über die Frage gestritten wird, ob nun BASIC, LOGO, ELAN oder irgendeine andere Programmiersprache für den Schulunterricht besser oder schlechter geeignet sei. Auch der Markt macht seinen Einfluß geltend: Die überwiegende Mehrheit aller Lernprogramme für Mikrocomputer ist in BASIC geschrieben; BASIC ist wohl die meistverbreitete Computersprache überhaupt, und: BASIC ist leicht zu erlernen. Aus dieser Situation ergibt sich dann beispielsweise folgender Erfahrungsbericht über den Umgang mit Mikrocomputern an der Realschule in Schöningen: »Für den Unterricht wurde die Computersprache BASIC ausgewählt. Abgesehen von dem Gerätezwang schien sie uns grundsätzlich geeignet für eine Einführung in den Umgang mit Mikrocomputern, da sie bereits nach kurzer Zeit die für Schüler dieser Altersstufe wichtigen Erfolge in Form von kleinen Programmen ermöglicht und so dazu beiträgt, die Motivation zu erhalten ... in den Computerarbeitsgemeinschaften hat sich die Computersprache BASIC bewährt. Abgesehen von der geäußerten Kritik spricht für BASIC der erhebliche Verbreitungsgrad und der leichte Zugang durch die auf allen Niveaus vorhandene Fachliteratur« (Lit. 83).

Auch der Erfinder der Computersprache LOGO, Seymour Papert, äußert sich kritisch zur Einsatzfähigkeit von BASIC (Lit. 84). »Ein sehr kleiner Computer kann BASIC verstehen, während andere Sprachen höhere Ansprüche an den Computer stellen. Daher gab es früher, als Computerleistung noch sehr teuer war, einen ernstzunehmenden Grund für den technischen Einsatz von BASIC, besonders in Schulen, wo der Etat immer sehr knapp war. Heutzutage und eigentlich schon seit einigen Jahren sind die Kosten für Computer so weit gesunken, daß etwa verbleibende wirtschaftliche Vorteile von BASIC unbedeutend sind. Trotzdem gehören in den meisten Schulen die Sprache BASIC und das Programmieren fast untrennbar zusammen, obwohl es andere Computersprachen gibt, die nachweislich leichter zu lernen und größeren geistigen Gewinn bei ihrer Erlernung bieten.«

Die Situation ist paradox. Die Computerrevolution hat kaum begonnen und züchtet schon ihren eigenen Konservatismus. Wenn man den Vorgang näher betrachtet, gewinnt man einen Einblick in die Mechanismen, durch die sich ein konservatives Sozialsystem ein potentiell revolutionäres zu eigen macht und zu neutralisieren versucht: BASIC ist für die Computertechnik, was die Buchstabenanordnung QWERTZ auf der Schreibmaschine ist. Viele Lehrer haben BASIC gelernt, viele Bücher sind darüber geschrieben worden, viele Computer sind so konstruiert worden, daß BASIC sozusagen mitverdrahtet ist. Bei der Schreibmaschine haben wir gesehen, wie Leute Rationalisierungen erfinden, um den – technisch wie funktionell heute nicht begründbaren – Status quo der QWERTZ-Anordnung zu rechtfertigen. Im Fall BASIC ist das Phänomen viel weiter fortgeschritten – bis zu einem Punkt, wo es einer Ideologiebildung ähnelt: Komplexe Argumente werden erfunden, um Merkmale von BASIC zu rechtfertigen, die eigentlich nur entstanden sind, weil ein längst überholter Stand der Technik sie erforderte.

Um nicht mißverstanden zu werden, wiederhole ich: Es geht nicht darum, zu zeigen, daß die Vermittlung von Kenntnissen im Programmieren wertlos ist, sondern es ist wichtig, diesem Anliegen den richtigen Stellenwert zuzumessen. So halte ich es für durchaus sinnvoll, Technikunterricht in historischer Perspektive anzubieten, das heißt, Funktionsprinzipien des Computers an einfachen Prototypen von Hardware und Software erlebbar zu machen. In diesem Zusammenhang ist das Programmieren zweifellos eine wichtige Etappe; mindestens ebenso wichtig wäre es aber vor dem Hintergrund dieses Arguments, auch das Programmieren in Maschinensprache zu zeigen. Es genügt meiner Ansicht nach nicht, zunächst das Funktionsprinzip des binären Rechnens darzustellen und nachher ohne viel Umschweife bei BASIC fortzufahren (oder überhaupt gleich bei BASIC zu beginnen). Auch die Ebenen dazwischen müssen transparent gemacht werden. Damit bekommt aber die Vermittlung einer höheren Programmiersprache wie etwa BASIC im Unterricht eine andere Bedeutung.

Natürlich ist es verlockend, in erster Linie BASIC zu unterrichten: Zum einen kann sich der Lehrer die dafür notwendigen Kenntnisse im Schnellkurs aneignen; zum anderen kommt man tatsächlich relativ rasch zu Erfolgserlebnissen. Wenn das Programmieren in BASIC zur Motivation der Schüler maßgeblich beträgt, ist auch nichts dagegen einzuwenden, vorausgesetzt, der Stellenwert dieser Computersprache wird im Unterricht in geeigneter Weise relativiert; und das in dreifacher Hinsicht: ihre Bedeutung für die berufliche Praxis, das Verhältnis zu anderen Programmiersprachen – BASIC ist bewußt eine Sprache für Anfänger – und die bereits erwähnten Probleme der Durchschaubarkeit großer Computersysteme betreffend.

3.1.3. Fördert Programmierenlernen das Denken?

Nach alldem, was in den vergangenen Kapiteln über die Computersprache BASIC gesagt wurde, klingt die Frage, ob Programmierenlernen das Denken fördere, eher unangebracht. Ich glaube auch nicht, daß es viele Menschen gibt, die diese Frage mit Bezug auf BASIC bejahen. Es gibt allerdings eine andere Programmiersprache, die speziell für Kinder entwickelt wurde und sehr wohl den Anspruch erhebt, das Denken zu fördern, nämlich LOGO. Der Erfinder dieser Sprache ist der als BASIC-Kritiker bereits vorgestellte Computerwissenschaftler Seymour Papert. Die von ihm enthusiastisch vorgetragenen Möglichkeiten von LOGO haben vor allem in der amerikanischen Fachwelt breite Beachtung gefunden;

aber auch in Mitteleuropa beginnt man, sich mehr und mehr für diese Computersprache zu interessieren. Deshalb erscheint es nötig, auf LOGO näher einzugehen.

Zunächst zur Vorgeschichte: Seymour Papert arbeitete Anfang der sechziger Jahre fünf Jahre lang mit dem Entwicklungspsychologen Jean Piaget. Im Mittelpunkt seines Interesses standen Kinder, das Wesen ihres Denkens und wie Kinder »Denker« werden. Später übersiedelte Papert an das Massachusetts Institute of Technology (MIT) und damit in die Welt der Computer und der Kybernetik. Er beschäftigte sich fortan mit der Frage: »Wie baut man Maschinen, die denken« (Lit. 85). (Bemerkenswert ist, daß Papert gar nicht fragt, ob man Maschinen bauen kann, die denken können, sondern bloß, wie man sie baut.) Aus der Zusammenschau der Welt des MIT und der Piagets entstand schließlich LOGO, eine Programmiersprache, die Elemente der Technik der Künstlichen Intelligenz beinhaltet und damit bereits einen Vorgeschmack auf das gibt, was uns in den neunziger Jahren auf diesem Gebiet erwartet.

In vielen Schulen wird der Computer benutzt, argumentiert Papert, um das Kind zu programmieren. Papert: »In meiner Vorstellung programmiert das Kind den Computer, und dadurch erwirbt es nicht nur ein Gefühl der Souveränität gegenüber einem Produkt der modernsten und leistungsfähigsten Technologie, es stellt auch eine persönliche Beziehung zu einigen der tiefgreifendsten Ideen aus dem Bereich der Naturwissenschaften, der Mathematik und der Kunst des geistigen Modellbaus her« (Lit. 86). Mit LOGO soll das gelingen, was Piaget als »entdeckendes Lernen« bezeichnet hat.

Lassen wir Papert einige Grundzüge seines Programms beschreiben. Dabei geht es zunächst um einen Gegenstand, der im englischen »turtle« (Schildkröte) und in deutscher Übersetzung merkwürdigerweise Igel genannt wird, ein, so Papert, Gegenstand »mit dem man denkt«. Der Igel ist ein computergesteuertes, kybernetisches Tier. Er existiert innerhalb der kognitiven Mikrowelten des LOGO-Milieus, wobei LOGO die Sprache ist, in welcher die Kommunikation mit dem Igel stattfindet. Der Igel erfüllt laut Papert keinen anderen Zweck als den, mit ihm gut zu programmieren und gut denken zu können. Einige Igel sind abstrakte Objekte, die auf Bildschirmen von Computern leben; andere sind physische Objekte, die wie jedes andere mechanische Spielzeug in die Hand genommen werden können.

Die erste Begegnung beginnt oft damit, daß dem Kind gezeigt wird, wie man den Igel in Bewegung setzt, indem man in die Tastatur eines Computers Kommandos tippt: »VORWÄRTS 100« läßt den Igel in einer geraden Linie 100 Igelschritte machen, jeder etwa einen Millimeter lang. »RECHTS 90« veranlaßt den Igel, sich auf der Stelle um 90 Grad zu drehen. Auf ein Kommando wie »STIFT AB« senkt der Igel einen Stift ab, so daß er eine sichtbare Spur seiner Bewegung hinterläßt, während »STIFT HOCH« ihm befiehlt, den Stift zu heben. »Natürlich muß das Kind eine Menge erforschen, bevor es die Bedeutung der Symbole meistert. Aber die Aufgabe ist fesselnd genug, so daß die meisten Kinder diesen Lernprozeß durchstehen« (Lit. 87). Der Gedanke des Programmierens werde durch die Metapher eingeführt, dem Igel ein neues Wort beizubringen. Das gehe ganz einfach, und die Kinder machten ihre ersten Programmiererfahrungen oft damit, daß sie den Igel darauf programmieren, auf neue Kommandos zu reagieren, die die Kinder selbst erfunden haben (zum Beispiel »QUADRAT« oder »DREIECK«, oder als Abkürzungen »Q« oder »DRE«, oder was immer das Kind wünscht). Sind diese Kommandos erst einmal festgelegt, können sie zur Definition anderer verwendet werden. Wie zum Beispiel ein stilisiert gezeichnetes Haus aus einem Quadrat und einem Dreieck besteht, kann auch das Programm »HAUS« (kurz »PR HAUS«) aus den Kommandos zum Zeichnen eines Quadrats und eines Dreiecks gefertigt werden. Von solchen einfachen Zeichnungen aus kann der junge Programmierer in viele verschiedene Richtungen weitergehen und sich dabei Schritt für Schritt eine eigene Welt aufbauen. Einige arbeiten dann bald an komplizierteren Zeichnungen, gegenständlichen oder abstrakten. Andere gehen vom Gebrauch des Igels als Zeicheninstrument ab und lernen den Gebrauch seiner Berührungssensoren, um ihn darauf zu programmieren, Gegenstände aufzusuchen oder zu umgehen. Später sollen die Kinder lernen, so Papert, daß der Computer nicht nur auf Igelbewegungen, sondern auch »auf Musikmachen programmiert werden« kann; sie könnten beides kombinieren, indem sie Igel »auf Tanzen programmieren«, oder sie könnten von

Fußbodenigeln zu Bildschirmigeln übergehen, die sie darauf programmieren, in strahlenden Farben bewegliche Bilder zu malen. »Es gibt unendlich viele verschiedene Beispiele, aber jedesmal lernt das Kind, Kontrolle über eine außergewöhnlich reiche und niveauvolle ›Mikrowelt‹ auszuüben« (Lit. 88).

Papert behauptet, daß das Erlernen des Computergebrauchs mithilfe von LOGO alle anderen Lernprozesse der Kinder verändern kann: »Indem er bewußt lernt, mechanisches Denken zu imitieren, wird der Lernende befähigt, klar auszudrücken, was mechanisches Denken ist und was nicht . . . Anstatt mechanisches Denken zu verursachen, könnte der Kontakt mit Computern sich in Wahrheit als das denkbar beste Gegenmittel herausstellen. Für mich ist hierbei am wichtigsten, daß Kinder bei diesen Experimenten eine Lehrzeit als Erkenntnistheoretiker durchmachen würden, das heißt, sie würden lernen, klar und deutlich über das Denken nachzudenken« (Lit. 89).

Oberflächlich betrachtet, klingt das gut. Ich bezweifle aber ganz entschieden, daß es in der Praxis zutrifft. Es ist völlig unerfindlich, warum jemand, der lernt, mechanisches Denken zu imitieren, nachher wissen soll, was mechanisches Denken nicht ist. Um zu lernen, was nichtmechanisches Denken ist, muß man nämlich auch dieses erst lernen. Wie sollte das Imitieren mechanischen Denkens dazu befähigen? Die Behauptung Paperts klingt ähnlich wie die Meinung, jemand, der Carl Cernys Schule der Geläufigkeit am Klavier beherrsche, wisse deshalb, was Kunst ist. Aber niemand lernt Mozart oder Beethoven »schön« zu spielen, bloß weil er die Tonarten und Akkordzerlegungen mechanisch richtig beherrscht.

Bisher gibt es vergleichsweise erst einige wenige Studien, die den Einfluß des Programmierenlernens auf die Entwicklung kognitiver Fähigkeiten – eines Teilbereichs des Denkens – untersuchen. Erwartungsgemäß verweisen die Verfechter der LOGO-Konzeption diesbezüglich auf durchwegs positive Befunde. Diese sind jedoch in der Regel qualitativer Art, haben den Charakter von Einzelfallstudien, und ihre Verallgemeinerung ist fraglich (Lit. 90).

Einige empirische Studien liegen jedoch vor: So wurde Anfang der achtziger Jahre das Niveau der Programmierfähigkeiten von fünfzig Schulkindern unterschiedlicher Altersstufen untersucht, die im Durchschnitt etwa 27 Stunden Programmiererfahrung in

LOGO besaßen. Im einzelnen erfaßte man dabei das Verständnis von Programmbefehlen sowie die Fähigkeiten des Erstellens eines Programms und der Fehleranalyse. Es zeigte sich in bezug auf das Verständnis von Programmbefehlen, daß ältere Kinder signifikant mehr Befehle verstanden als jüngere, wobei sich jüngere und ältere Kinder jedoch nicht deutlich unterschieden hinsichtlich der mit dem Programmieren zugebrachten Zeit. Jungen schnitten besser ab als Mädchen, hatten allerdings auch mehr Zeit für das Programmieren aufgebracht. Zur Programmerstellung ergab sich, daß aus direkten Befehlsabfolgen bestehende Programme in der Regel ohne Schwierigkeit geschrieben werden konnten, kompliziertere Befehlsabfolgen und der Gebrauch von Variablen jedoch beträchtliche Probleme aufwarfen. In bezug auf die Fehleranalyse zeigte sich, daß offensichtliche Syntaxfehler oder fehlende Variablenwerte in der Regel identifiziert werden konnten, prozedurale Fehler wie das Vertauschen von Programmzeilen aber kaum entdeckt wurden.

In einer anderen Studie wurde das Verständnis des Programmierkonzepts der Rekursion untersucht. Sechs Kindern der vorstehend bezeichneten Stichprobe, die zu den besten Programmierern ihrer Schulklasse zählten, wurde eine Reihe zunehmend komplexer LOGO-Programme vorgelegt. Diese sollten zeilenweise durchgegangen und das jeweilige Programmgeschehen erläutert werden. Dabei zeigte sich, daß komplexere Programmabläufe häufig nur unzureichend verstanden wurden. Daraus kann man folgern, daß Programmanweisungen zum Teil ohne weitergehendes Verständnis im Sinne eines gedankenlosen Einsetzens von »chunks«, zu deutsch Trümmern, gegeben wurden, die dem vom Lehrer erläuterten Programm oder anderen Programmbeispielen entnommen waren.

Eine weitere Untersuchung, die den Charakter einer Langzeitstudie über ein Jahr mit Vor- und Nachtestung einer Experimental- und Kontrollgruppe hatte, galt speziell dem Problem des Transfers von beim Programmieren erlangten Fähigkeiten auf andere Bereiche. Es wurde untersucht, inwieweit erworbene Programmierfähigkeiten in LOGO die Planungsfähigkeit von Schulkindern verbessern. Im Vor- und Nachtest war jeweils ein optimaler Plan für die sukzessive Erledigung verschiedener Hausarbeiten zu erstellen. Der Untersuchung lag die Annahme zugrunde, daß gute Planer strategisch vorgehen, erforderliche Planrevisionen effektiv gestalten und stärker auf metakognitive Fähigkeiten zurückgreifen würden. Dazu erfaßte man eine Reihe qualitativer Daten. Es zeigten sich keine signifikanten Unterschiede zwischen Kontroll- und Experimentalgruppe. Bei der Interpretation des Befunds verweisen die Untersucher auf die Beobachtung, daß die zufolge der Entwicklung von Programmierfähigkeiten als mitentwickelt erwarteten Planungsfähigkeiten im Programmierbereich nicht in der Weise auftraten, wie dies von Vertretern des LOGO-Konzepts behauptet wird. Das Programmieren im Dialogbetrieb erfolgte ohne umfangreiche Zielanalysen, allenfalls wurden kleinere Programmabschnitte fallweise geplant und durchgeführt. Die Untersucher sehen in der relativ kurzen, einjährigen Lernzeit eine mögliche Ursache für den ausgebliebenen Effekt. Im übrigen halten sie aber selbst bei Vorliegen eines Lerneffekts einen Transfer auf andere Bereiche für fraglich.

Im Hinblick auf die LOGO nachgesagten Wirkungen in Mathematik wurde auch der Effekt einer zweijährigen wöchentlich einstündigen LOGO-Unterrichtung elfjähriger Jungen mit durchschnittlicher oder unterdurchschnittlicher Mathematikleistung untersucht. Im Vergleich zu einer Kontrollgruppe zeigte sich in dem in Vor- und Nachtestung angewendeten Basic-Mathematics Test eine signifikante Leistungsverbesserung, im Math-Attainment Test dagegen eine Verschlechterung. Die von den Untersuchern dennoch als positiv herausgestellte Bewertung geht auf Schätzurteile der Lehrer zurück, die die LOGO-Schüler bei der Behandlung mathematischer Problemstellungen als insgesamt erfolgreicher beurteilten. Diese Urteile wurden allerdings in Kenntnis der Gruppenzugehörigkeit der Schüler abgegeben, so daß die Objektivität der Ergebnisse angezweifelt werden kann.

Im Jahre 1984 wurden schließlich die Wirkungen von LOGO auf das Lernen von Mathematik weiter untersucht, wobei auch Veränderungen von Motivation und Einstellungen der Schüler berücksichtigt wurden. Die Arbeit erstreckte sich auf die 4. Klasse fünfzehn amerikanischer Schulen und umfaßt einen Zeitraum von etwa acht Monaten mit Vor- und Nachtestung einer Kontrollgruppe und Experimentalgruppe. In bezug auf Einstellungsänderungen gegenüber Mathematik zeigte sich, daß die beobachtete generelle Zunahme der Angstwerte und die beobachtete allgemeine Abnahme der Zuversicht in der LOGO-Gruppe signifikant geringer ausfiel. Zur Motivation ergaben sich insgesamt keine signifikanten Unterschiede zwischen Kontroll- und Experimentalgruppe. In einem Test, mit dem kognitive Leistungen der Klassifikation, Synthese und Analogien erfaßt werden, ergab sich für die LOGO-Gruppe ein besseres Gesamtergebnis. Die Untersucher halten es allerdings für möglich, daß die Ergebnisse ein Artefakt zufolge der relativ kleinen Stichprobe sind.

Zusammenfassend: »Auf Grund der Befunde ist zu folgern, daß den Behauptungen ›Programmieren fördert die Entwicklung kognitiver Fähigkeiten‹, die verallgemeinerbar und auf andere Bereiche übertragbar seien, nicht vorbehaltlos zugestimmt werden kann. Die Vorstellung, Programmierenlernen fördere höhere geistige Fähigkeiten oder diene der Entwicklung der Denkfähigkeit, ist bisher nicht eindeutig belegt worden« (Lit. 91).

Ein weiteres Argument für den Einsatz von LOGO wird von der Soziologin Sherry Turkle – sie ist die Frau Seymour Paperts – vorgebracht (Näheres zu ihren Untersuchungen siehe Seite 197): Das Programmieren von Computern trage dazu bei, im Programmierenden ein Empfinden dafür auszubilden, was für ein Mensch er sei – etwa: Bin ich jemand, der Angst vor Maschinen und technischen Dingen hat? Bin ich jemand, der etwas Schönes hervorbringen kann? Seine Art, mit der Maschine zu arbeiten, bringe etwas darüber zum Ausdruck, wer er ist. Er habe die Möglichkeit, sich im Spiegel dieses Mediums zu sehen. Gleichzeitig könnte er diese Erfahrung als eine Chance nutzen, mit der Frage zu experimentieren, wer er nicht ist.

Ich bezweifle keineswegs, daß die Auseinandersetzung mit dem Computer Erfahrungen (und damit auch Selbsterfahrungen) bewirkt, die über die mit dem Computer gerade bearbeitete Fragestellung hinausgehen. Bei der Besprechung der Bedeutungsdimensionen des Personalcomputers werden wir dieses Phänomen ausführlich erörtern (siehe Seite 210 ff.). Damit ist jedoch noch nicht gesagt, daß diese Erfahrungen beziehungsweise Selbsterfahrungen vorteilhaft im Sinne der Heranbildung umfassenden Menschseins wirken. Es geht meiner Ansicht nach nicht an, die Beobachtung, daß Erfahrungen vorliegen, als Indiz oder Beweis dafür anzusehen, daß die Auseinandersetzung mit Computern vom Standpunkt der grundlegenden Bildungsziele her vorteilhaft ist. Zumindest ist, so meine ich, Vorsicht am Platz: Wenn wir den Befürwortern von LOGO blindlings Glauben schenken, beginnen wir ein Abenteuer ungewissen Ausgangs.

Dennoch besitzt LOGO im Vergleich zu BASIC meiner Ansicht nach mehrere Vorzüge. Darauf verweist auch Professor Dr. Helmut Schauer von der Technischen Universität Wien (Lit. 92) aufgrund seiner Erfahrungen mit Computercamps für Kinder. LOGO erlaube es, die wesentlichen Konzepte der Programmierung mit minimalem Ballast an syntaktischen und systemspezifischen Detailkenntnissen zu erlernen; bereits nach den allerersten Anfängerprogrammen entstehe ein Erfolgserlebnis, das zu immer neuem Experimentieren motiviere.

Letzten Endes dürfte es wahrscheinlich vorteilhaft sein, im allgemeinbildenden Unterricht die Fixierung auf eine bestimmte Computersprache zu überwinden. Unabhängig davon sei aber auch mit Nachdruck auf die Bedeutung der technischen Qualität der verwendeten Geräte hingewiesen. So ist es meiner Ansicht nach unverantwortlich, Kinder oder Jugendliche vor flimmernden Fernsehmonitoren programmieren zu lassen. Wer täglich stundenlang in etwa ein Meter Entfernung vor einem solchen Bildschirm sitzt, verdirbt sich sicherlich mit der Zeit die Augen. Auch die Auflösung des Bildes spielt eine Rolle. Bei den meisten für Heimcomputer vermarkteten Bildschirmen erscheint überdies ein Kreis keineswegs als stetige Kurve konstanter Krümmung, sondern als mehr oder weniger eiförmiges Gebilde, jedenfalls aber mit zahlreichen Ecken. Ich bezweifle, daß derartige Darstellungen dazu angetan sind, einen Eindruck vom Wesen geometrischer Formen zu wecken.

3.1.4. Lernen in Mikrowelten oder »Lernen mit allen Sinnen«

Eine Anekdote über den berühmten Mathematiker David Hilbert berichtet, seine Frau habe ihn wenige Minuten vor dem Beginn einer abendlichen Gesellschaft in seinem Hause aufgefordert: »So kannst du dich unseren Gästen nicht präsentieren, geh bitte nach oben und hol dir wenigstens eine andere Krawatte!« Nach einer Weile fällt der Gattin auf, daß er noch nicht wieder zurück ist. Sie geht hinauf und findet ihn im Schlafanzug im Bett, fest schlafend.

Die Situation, sich in seinem Schlafzimmer zu befinden, neben seinem Bett zu stehen und den Schlips abzubinden, hat in Hilbert offenbar den täglichen Vorgang des zu Bett Gehens aktiviert. Erfolgreich, wie wir sehen – jedoch nicht, was den Anlaß betrifft, weil schließlich die Partygäste warteten. Es hat also ein Teil in der Kette der situationsspezifischen Handlungen eine ganz subjektive Wirklichkeit des zu Bett Gehens aktiviert, unterstützt von der dafür spezifischen Umgebung. Hilbert, der nahezu ständig auf mathematische Probleme konzentriert war – was ihn im Alltag typisch zerstreut erscheinen ließ –, tat dies offenbar nicht in wachem Bewußtsein; um so mehr wird deutlich, wie das Bestehen eines subjektiven Erfahrungsbereiches wie »zu Bett gehen« dessen vertraute Handlungsfolgen auch bei verringerter Aufmerksamkeit zuverlässig aktiviert und ablaufen läßt.

Wir haben uns in den vorstehenden Kapiteln mit den Wechselwirkungen zwischen dem Programmierenlernen und der Entwicklung des menschlichen Denkens in einem Kontext auseinandergesetzt, der sich auf die Frage bezog, welchen Stellenwert das Programmierenlernen im allgemeinbildenden Unterricht hat beziehungsweise nicht hat. Dabei sind wir schließlich auf Seymour Papert gestoßen, der an seine Computersprache LOGO weitreichende Hoffnung für die Erziehung junger Menschen knüpft. Sein Konzept geht über den Bereich des Programmierenlernens hinaus und betrifft das Lernen und Denken allgemein. In der Folge wollen wir deshalb näher erörtern, ob und wie Inhalte, die durch und mit dem Computer vermittelt werden und die von der Alltagserfahrung abgehoben sind, auf den Bereich der Lebenswirklichkeit übertragbar sind.

In neueren Ansätzen der sogenannten kognitiven Wissenschaft, die sich in gewissem Sinne mit Gedächtnis und Erkenntnistheorie auseinandersetzt, wird die fundamentale Natur abgeschlossener Bereiche und ihrer Situationsspezifik beschrieben. In diesem Zusammenhang ist das Konzept der Skripten (siehe Seite 111) zu erwähnen, deren Prototyp beispielsweise »essen in einem Restaurant« darstellt; entworfen wird dabei ein teilweise hierarchisches

Produktionssystem aus kleinen Einheiten von »Bedingungen« und »Aktionen«. Der Computerwissenschaftler Marvin Minsky vertritt in ähnlicher Weise das Konzept der Rahmen (siehe Seite 111). Sie werden als »Assimilationsschemata zur Organisation des Erkennens« beschrieben. Seymour Papert spricht von »Mikrowelten« und meint damit Computerarrangements als objektive didaktische Hilfsmittel. Die genannten Modelle wurden ursprünglich mit unterschiedlichen Forschungsinteressen entwickelt. Dennoch haben sie einen – in diesem Zusammenhang wesentlichen – gemeinsamen Nenner: Sie zielen auf die Gliederung von Erfahrungen beziehungsweise Erinnerungen nach verschiedenen voneinander abgeschlossenen Bereichen ab. Wesentlich dabei ist die behauptete Totalität der daraus vermittelten Orientierung für das Erkennen und Handeln. Jede Teilorganisation des Geistes, schreibt Marvin Minsky, muß ihre eigene innere Erkenntnistheorie und Phänomenologie besitzen, deren Details zumeist verdeckt funktionieren, und dies nicht nur gegenüber den zentralen Prozessen, sondern auch gegenüber den anderen Teilorganisationen. »Jeder Teil des Geistes sieht nur sehr wenig von dem, was in anderen vor sich geht ... Das meiste Wissen bleibt mehr oder weniger, wo es entstand, und erfüllt seine Aufgabe dort« (Lit. 92).

Dieses »Lernen in Mikrowelten« wird von Seymour Papert für den Computereinsatz in der Grundschule empfohlen. Über die Wirkung dieser Methode berichtet R. W. Lawler in einer Fallstudie mit seiner ältesten Tochter Miriam. Er ließ sie im LOGO-Labor des MIT arbeiten und beobachtete ihre Lernentwicklung. Lawler zeigte Miriam verschiedene Programme der »Schildkrötengeometrie« und leitete sie zu grundlegenden arithmetischen Operationen an, wie schriftlichem Addieren und Subtrahieren ohne Computerhilfe. Der Wissenschaftler fand Miriams Wissen in streng voneinander getrennte »Mikrowelten« gegliedert; so zum Beispiel in die »Geldwelt«, in der alle wichtigen Erfahrungen mit Münzen, Taschengeld-Bezahlen und Wechselgeld beim Einkaufen und so weiter repräsentiert sind. Miriam beantwortete eine Frage wie etwa »Wieviel sind 50 Pfennig plus 61 Pfennig?«, indem sie rechnete: »Eine 50-Pfennig-Münze, noch eine 50-Pfennig-Münze, ein 10-Pfennig-Stück und ein Pfennig.« In der »Zählwelt«, bei der frühe Zahlenerfahrungen, besonders das Rechnen nach der Fingerabzählmethode, verfügbar sind, löste Miriam dieselbe Aufgabe anders: 50, 60, 70, 80, 90, 100, 110, 111; die »Dekadenwelt« wiederum entstand mithilfe der Schildkrötengeometrie – sie bezieht sich auf Befehle zur Richtungsänderung wie zum Beispiel »60 NACH RECHTS«, »20 NACH LINKS« und so weiter. Hier begriff Miriam schnell, daß »90 PLUS 90« gleich 180 ist, weil es zu dem besonderen Fall des »Auf-demselben-Weg-Zurückgehens« führt.

Lawler resümiert: »In einer ›Geld‹-Situation ... rechnet sie mit Einern, Fünfern und Zehnern, Fünfundzwanzigern entsprechend den Pennys, Nickles, Dimes and Quarters. Das würde sie in einer Zählsituation nie tun. Ebenso ist die Fertigkeit, im Kopf große Zahlen zu addieren und zu substrahieren, nur in ›Schildkrötenspielen‹ zugänglich, das heißt, innerhalb ihrer Dekadenwelt, aber nicht in den anderen ihrer ›Welten‹« (Lit. 93).

Mit anderen Worten: In einer gegebenen Situation wird eine subjektiv angemessen erscheinende Mikrowelt aktiviert, und diese bestimmt die Wahrnehmung der betreffenden Aufgabe. Zwischen den Mikrowelten besteht keine Verbindung, wiewohl für einen Beobachter die Wörter und besonders die Zahlennamen sich gleich anhören und ebenso die Zahlensymbole auf der Tastatur oder auf dem Papier gleich aussehen. Es gibt keine Übertragung von Verfahren in andere »Welten«. »Das aber heißt«, folgert der Bielefelder Mathematikdidaktiker Heinrich Bauersfeld, »daß die Mikrowelten beziehungsweise vollständiger die Subjektiven Erfahrungsbereiche nicht nur situationsspezifisch sind, sondern auch spezifisch hinsichtlich des Sprachgebrauchs, der Bedeutungen, der Handlungsmöglichkeiten und des subjektiven Sinns« (Lit. 94).

In vieler Hinsicht dürfte menschliches Denken und Handeln tatsächlich in dieser Weise organisiert sein. Man kann demnach prinzipiell zwei Arten des Lernens unterscheiden: Das Ausdifferenzieren eines bestehenden subjektiven Erfahrungsbereiches und das Entstehen eines neuen subjektiven Erfahrungsbereichs. Für den ersten Typus mag ein Lernen in Mikrowelten geeignet sein; zweifelhaft ist, ob dies auch für den zweiten Typus gilt, insbesondere wenn es sich um Erfahrungen handelt, die am Computer gewonnen wurden: Der Computer ist ein geschlossenes System, er ist in vielerlei Hinsicht vorprogrammiert; der Sprachgebrauch ist dabei eingeschränkt, die Komplexität der natürlichen Sprache aufgehoben; Handlung und Produkt sind getrennt – man drückt Tasten, auf dem Bildschirm bewegen sich Lichtzeichen. Vor diesem Hintergrund schreibt Bauersfeld: »Erfahrungen mit dem Computer zeichnen sich durch eine extreme Eigenartigkeit und Abgehobenheit gegenüber allen Alltagserfahrungen aus. Wenn zudem prinzipiell Erfahrungen sich beim Individuum in getrennte Subjektive Erfahrungsbereiche gliedern, so ist für die vom Computer bestimmten Erfahrungen eine besondere Isoliertheit zu erwarten – und zwar um so gravierender, je jünger die Schüler sind, das heißt, je früher der Einsatz in der Schule erfolgt und je größer die Faszination durch das System ist.« Diese prinzipielle Differenz lasse sich durch noch so ausgefeilte Tricks der Softwareentwickler nicht überwinden. Die Schule müsse daher mit sehr isolierten Computererfahrungen der Schüler rechnen, weithin unverbunden mit anderen Erfahrungen. Anders gesagt: Sie wird einen besonderen und intensiven didaktischen Aufwand betreiben müssen, wenn die erforderliche Verknüpfung und Integration mit allen übrigen relevanten Erfahrungen möglich und erfolgreich werden soll (Lit. 95).

Bauersfeld weist auf Parallelen zwischen der Papertschen Lernsituation und der Didaktik der Mengenlehre (siehe Seite 45) hin. Beide geben dem Lernenden vorstrukturierte Arbeitsanordnungen vor; beide werden durch ihr Vermittlungsmedium zu einer sehr begrenzten Auswahl von mathematischen Inhalten gezwungen. So werden die Grenzen von Paperts Schildkrötenbewegungen durch die Beschreibungsmöglichkeiten der Sprache LOGO gezogen. Daraus ergeben sich in beiden Ansätzen spezifische Transferprobleme. Die Begrenztheit und die Spezifik der Lernsituationen dürften eine nachhaltige Abschottung gegen andere Lernerfahrungen bewirken. In beiden Ansätzen wird explizit nichts unternommen, um das Übertragen, selbst auf geeignete Situationen, erfahrbar zu machen.

In denkbarem Kontrast dazu steht das »Lernen mit allen Sinnen«, so wie es im Alltag, in der Auseinandersetzung mit der realen Wirklichkeit vor sich geht. In der Kommunikation etwa zwischen Mutter und Tochter oder Lehrer und Schüler ist nicht nur die Information bedeutend, die übermittelt wird, sondern ihr Gehalt; dieser Gehalt wird auch durch nonverbale Mittel weitergetragen. Modelle der »Ganzkörperkommunikation« zählen eine Fülle von Schienen auf, auf denen die Kommunikation transportiert wird: visuelle, akustische, Geruchs- und Tastinformation, Gesten, Körperhaltungen, Änderung der Distanz zwischen den Gesprächspartnern und anderes.

Fassen wir zusammen: Ein beängstigendes Ausräumen von Wirklichkeitsgehalt ist schon der Schule von heute anzumerken. Es besteht aber für die Zukunft die konkrete Gefahr, daß eine – didaktisch nicht aufmerksam begleitete – Einführung des Computers in das Schulwesen zum fast völligen Verlust des Wirklichkeitsbezugs führt und in der Folge existentielle Nominalisten erzeugt, die dem Begriff »Wahrheit« (siehe Seite 128) gleichgültig gegenüberstehen.

3.1.5. Hat das Bildungswesen die Informationstechnik verschlafen?

Der niedersächsische Kultusminister Georg-Bernd Oschatz gab auf diese Frage anläßlich seiner Antrittsrede als Präsident der Ständigen Konferenz der Kultusminister der Länder eine deutliche Antwort: »Bis heute haben unsere Schulen auf die Herausforderung durch die Mikroelektronik kaum oder nur sehr zögernd reagiert. Es kommt hinzu, daß wir nur außerst schlecht auf die vor uns liegende Zeit vorbereitet sind, weil wir zu großen Teilen nicht besonders sachkundig sind. Sich sachkundig zu machen und schleunigst alle dem Bildungssystem verfügbaren Vorkehrungen für die Zukunft zu treffen, ist meiner Auffassung nach eine der drängendsten Aufgaben für alle jene, die in diesem Bereich Verantwortung tragen.« Auch der Berliner Informatiker Professor Dr. Wolfgang Arlt ist der Überzeugung, daß die Integration der Informatik in Schule und Ausbildung mit völlig unzureichenden Mitteln und Methoden in Gang gekommen sei (Lit. 96). Hinlänglich bekannt ist auch die Auffassung Klaus Haefners, wonach das Bildungswesen die Herausforderung der Informationstechnik bislang verschlafen habe. Es sei im Vergleich zur Informationstechnik hoffnungslos im Nachteil: Während es einer einmaligen zentralen Programmierung bedürfe, um einen informationsverarbeitenden Algorithmus für 100 000 neue Systeme verfügbar zu haben, müßten dezentral Hunderte von Seminaren gehalten werden, bis eine neue Vorstellung in Form von Fort- und Weiterbildung an die Lehrenden vermittelt werden könne. Während die Informationstechnik-Industrie in der Lage sei, ein erfolgloses Produkt in wenigen Monaten zu überarbeiten, bedürfe es jahrelanger parlamentarischer Auseinandersetzung, um einen Irrweg in der Bildungspolitik zu erkennen und abzubrechen. Haefner: »Geht es darum, Informationsverarbeitungsleistung anzubieten, so hat die Industrie gegenüber dem Bildungswesen den Vorteil einer schnellen und geschmeidigen Antilope gegenüber einem langsam voranschreitenden Flußpferd: Während sie auf schnellem Kurs die technische Informatisierung der Gesellschaft vorantreibt, bewegt sich das Bildungswesen mit 600 000 Lehrern schweren Schrittes von Reförmchen zu Reförmchen, ohne die akute Gefahr bisher überhaupt ernsthaft registriert zu haben. Hierbei entschuldigt es sich für seinen schweren Tritt mit der ›Verantwortung für den gesamten Menschen, der gebildet werden muß‹, ohne aber explizit darzustellen, welcher Anteil der vermittelten Qualifikationen durch das Angebot der informationstechnischen Industrie obsolet ist und welcher Anteil weiterhin zentral bleibt« (Lit. 97).

Die Wortwahl Haefners ist problematisch: Er spricht von »Informationsverarbeitungsleistung« und meint offenbar, die Schule habe diese zu steigern. Die Wirtschaft und ein Teil der Informatiker applaudieren.

Der Staat werde sein Monopol auf das Bildungswesen bald verlieren, wird sodann prophezeit: zum einen, weil sich die Schule in der Vergangenheit zu sehr um kognitive Fertigkeiten gekümmert und damit Fähigkeiten vermittelt habe, die das Beschäftigungssystem zwar im Prinzip brauche, die dort aber bereits vom Computer zumindest teilweise abgedeckt werden könnten; zum anderen, weil die dezentrale Verfügbarkeit des Computers und die Möglichkeit, ihn an Netzwerke anzuschließen, die Institution Schule in letzter Konsequenz überflüssig mache.

Wenn es tatsächlich die vorrangige Erziehungsaufgabe ist, die Informationsverarbeitungsleistung der Jugend zu steigern, dann können wir die Schulen wirklich bald zusperren.

Mich wundert, daß derartige Argumente vorgebracht werden können, ohne daß sich sofort ein Sturm der Entrüstung erhebt. Offenbar ist das Menschenbild der angehenden Informationsgesellschaft bereits so weit auf die Terminologie des Computers konditioniert, daß die Tragweite dieses Reduktionismus gar nicht mehr bewußt wird.

Die Bildungsverantwortlichen könnten allerdings froh sein, wenn die Kritik aus der Ecke der Technokraten und Wettbewerbsförderer (siehe Seite 153) die einzige wäre, die sich bemerkbar macht. Aber auch die Humanisten protestieren und fürchten um ihr vielgeliebtes Latein. Die Grünen wiederum wollen von Computern in der Schule überhaupt nichts wissen. Andere meinen, die Computertechnik sei zu riskant, um sie in diesem Tempo einzuführen. Man solle besser den Fortschritt drosseln und abwarten.

Weiter gibt es auch Lehrer, die an und für sich dem Computer eher neutral gegenüberstehen, die aber auf die Gefahr eines Verlusts der traditionellen Qualifikationen wie Lesen, Schreiben und Rechnen hinweisen. »Bevor Computer richtig zur Erziehung verwendet werden können«, so Leon Botstein, Präsident des US-amerikanischen Bard College, »müssen die Fähigkeiten zu schreiben, zu lesen und zu denken gelehrt werden.« Und A. Daniel Peck, Professor für Erziehung an der San Francisco State University, sekundiert: »Eine neue Computerreligion breitet sich explosionsartig aus – zum Schaden der Erziehung der essentiellen Fertigkeiten; wir müssen prüfen, in welchem Ausmaß der Computer die Erziehung verwässert« (Lit. 98).

Eine verhältnismäßige kleine Gruppe von Pädagogen schließlich ist der Überzeugung, die Schule müsse sich sehr wohl mit dem Computer auseinandersetzen, dabei jedoch behutsam und pädagogisch wohlüberlegt vorgehen und gleichzeitig der ganzheitlichen Bildung des Menschen vermehrt Aufmerksamkeit widmen.

Die breite Palette der Meinungen zum Verhalten des Bildungswesens in der Frage der Informationstechnik spiegelt, wie nicht anders zu erwarten ist, Weltanschauung und Einstellungen des jeweiligen Betrachters wider. Fast alle Kommentatoren sind jedoch der Ansicht, die Schule nehme die Herausforderung der Informationstechnik zu spät und zu wenig intensiv wahr. Das stimmt zweifellos. Die bildungspolitische Auseinandersetzung verdrängt aber auch – und das ist meiner Ansicht nach entscheidend – die seit langem dringend nötige Diskussion über die adäquate Bildung von Menschen, die sich in einer von Technik dominierten Umwelt als eigenständige Persönlichkeiten behaupten können. Kurzum: ein doppeltes Versagen.

Die Situation der Lehrer: Mangel im Überfluß

Es ist nicht damit getan, für jede Schule ein paar Computer zu kaufen. Vor allem müssen auch ausreichend viele Lehrer umfassend für den Informatikunterricht ausgebildet sein. Jede Kette ist nur so stark wie ihr schwächstes Glied; ich vermute, daß die Verfügbarkeit von Informatiklehrern gegenwärtig den wichtigsten Engpaß auf dem Weg zu einem Computerunterricht für alle Schüler – in welcher Form auch immer – darstellt. Eine paradoxe Lage: Bei den Arbeitsämtern der Bundesrepublik Deutschland sind gegenwärtig mehr als 30 000 arbeitslose Lehrer gemeldet. Man schätzt, daß insgesamt etwa doppelt so viele ohne Anstellung sind. Die Situation wird sich aller Voraussicht nach noch verschlechtern: Die Zahl der Lehrer stieg von 1960 bis 1985 stetig von 224 000 auf über 500 000, die Zahl der Schüler nahm zwischen 1960 und 1975 von 6,6 Millionen auf 10 Millionen zu, betrug aber 1985 nur mehr 7,3 Millionen. Im Jahre 1990 wird es 40% weniger Schüler geben als 1975 – der Pillenknick macht sich deutlich bemerkbar. In vielen europäischen Staaten ist die Situation ähnlich: Die Zahl der arbeitslosen Akademiker steigt, ein beträchtlicher Teil dieser Arbeitslosen sind Lehrer, und die Schülerzahlen stagnieren oder sinken.

Trotzdem gibt es bei weitem nicht genug Informatiklehrer. Mitten im allgemeinen Überfluß an Lehrern herrscht ein deutlich spürbarer Mangel.

Die allgemeine Arbeitslosigkeit führt offenbar nicht dazu, diesen Bedarf auszugleichen. Die Zahl der in die Schule drängenden Lehrer wächst vielmehr gerade in jenen Bereichen, die für den Arbeitsmarkt nicht so relevant sind, während in Informatik ausgebildete Lehrer jederzeit einen Arbeitsplatz in der Wirtschaft finden können: »Boshaft könnte man vermerken, es versammelten sich gerade die Lehrer in der Schule, deren Fachgebiet für den Arbeitsmarkt nicht relevant ist. Dies induziert zugleich eine einseitige

Lehrkörperstruktur an den Schulen, die sich mit Hilfe starker Interessenvertretungen stabilisieren kann« (Lit. 99).

Nach Ansicht von Professor Dr. Peter Gorny vom Institut für angewandte Informatik der Universität Oldenburg müßte ein »crash program« zur Lehrerfortbildung eingeleitet werden, um allen Lehrern informatische Grundkenntnisse zu vermitteln und ihnen den kompetenten Umgang mit Informationstechnik zu ermöglichen. »Meines Erachtens müssen von den mehr als einer halben Million Lehrer innerhalb von drei Jahren 100 000, und innerhalb der dann folgenden drei Jahre weitere 300 000 entsprechende Fähigkeiten und Kenntnisse erwerben, damit das Bildungswesen der Herausforderung der technologischen Entwicklung gewachsen ist.« In der Lehrerausbildung sollten »informatische Grundkenntnisse« schleunigst in alle Studienpläne aufgenommen werden, damit die Studenten, die von 1990 an die Hochschulen verlassen, dann nicht auch erst noch »fortgebildet« werden müssen (Lit. 100).

Es ist eine unhaltbare Situation, daß die wenigen verfügbaren Lehrer, die Informatik unterrichten, ihr Wissen autodidaktisch oder in Schnellkursen erlangt haben. Ich bin sicher, daß sich die meisten von ihnen redlich bemühen. Es werden ihnen aber nicht nur im Vergleich zu den anderen Lehrern erhöhte Anstrengungen abgefordert, sondern in vielen Fällen dürfte es auch notwendig sein, den Unterricht anders zu gestalten als bisher: Mit hoher Wahrscheinlichkeit finden sich in jeder Schulklasse ein oder mehrere Jungen oder Mädchen, die zumindest in Teilbereichen mehr über Computer und deren Programmierung wissen als der Lehrer. Dieser muß also gleichsam von seinem Podest herabsteigen. Er ist dann nicht mehr der von Ivan Illich charakterisierte Lehrer, der als Zeremonienmeister auftritt und seine Schüler durch ein langwieriges rituelles Labyrinth geleitet (Lit. 101). Man kann diese Situation durchaus positiv sehen – sofern sie dazu führt, daß sich die Lehrer wieder mehr als Erzieher engagieren denn als bloße Informationsvermittler.

Trotz allem persönlichen Engagement der gegenwärtig tätigen Lehrer muß die Lage gesamthaft als katastrophal bezeichnet werden: Ohne eine rasche und umfassende Verbesserung im Angebot an gut ausgebildeten Lehrern ist jeder Computerunterricht von vornherein zum Scheitern verurteilt.

3.2. Zum Einfluß der Wirtschaft auf das Bildungswesen

3.2.1. Großzügige Firmenspenden

»The kids can't wait« – mit diesem Slogan startete 1983 die US-Firma Apple eine großangelegte »Schenkungsaktion«. Knapp 10 000 Mikrocomputer der Type Apple IIe im Marktwert von 21 Millionen US-Dollar wurden kalifornischen Schulen zur Verfügung gestellt. Laut Steven Jobs, damals noch Präsident von Apple, kostete den Hersteller die ganze Operation nur 1 Million Dollar, da auf Grund des eigens für diese Spende geschaffenen »Apple Act« – eines Gesetzes der kalifornischen Regierung – Apple eine Steuergutschrift von 5 Millionen Dollar erhielt. Diese Aktion erregte weltweit das Interesse der Medien und wirft zugleich ein Schlaglicht auf das offenkundige Interesse der Wirtschaft, die Jugend frühzeitig mit Computern bekanntzumachen. Apple begründete sein Ansinnen folgendermaßen: »Wir müssen den Computeranalphabethismus bekämpfen, wenn Amerika weiterhin auf dem Gebiet der Technologie führend sein will«, berichtet Uwe Kalbhen über Apple (Lit. 102).

Die Konkurrenz ließ nicht lange auf sich warten. Mehrere EDV-Hersteller antworteten mit ähnlichen Schenkungen. Auch in der Bundesrepublik Deutschland stiftete beispielsweise die Firma Nixdorf für ein Volumen von rund 10 Millionen DM 250 Computer für die Berufsschulen des Landes.

Im Sommer 1985 kündigte wiederum Apple eine europaweite Aktion an, die es Studenten und wissenschaftlichen Angestellten von Universitäten ermöglicht, den Mikrocomputer Macintosh zum halben Preis zu erwerben.

Ähnliche Preisnachlässe für Schulen werden fast überall, wo im großen Stil Computer unterworfen und gebaut werden, überlegt.

Auch Firmen wie IBM und Siemens engagierten sich in den letzten Jahren, allerdings vorwiegend im universitären Bereich: IBM bot den europäischen Universitäten das Forschungsnetzwerk EARN als Verbundsystem an. Verschiedene EDV-Hersteller schenkten Österreichs Universitäten im Zeitraum von 1982 bis 1984 insgesamt Geräte im Wert von knapp 50 Millionen Schilling.

Siemens sieht derartige Aufwendungen als Investition in die Zukunft: Man sei daran interessiert, das Ausbildungsniveau der künftigen akademischen Elite zu heben (und würde davon schließlich auch selbst profitieren). Bei IBM laufen derartige Aktionen unter dem Schlagwort »corporate responsibility«, womit die Verantwortung des Konzerns für das Wohlergehen der Gemeinschaft unterstrichen werden soll.

Gegenwärtig zerfällt die EDV-Branche hinsichtlich ihrer Schenkungspolitik in drei Lager: Die einen schenken Computer und können diese entweder von der Steuer abschreiben oder erhalten im Gegenzug Steuergutschriften; zahlreiche Firmen verkaufen Mikrocomputer und Software im Bildungsbereich mit Rabatten bis zu 50%; andere Hersteller dagegen tun keines von beiden. Die US-Firma Sperry beispielweise führt die ethischen Grundsätze des Konzerns als Grund dafür ins Treffen, grundsätzlich nichts schenken zu wollen (im Umkehrschluß bedeutet das, Schenken sei unethisch).

Aus reiner Nächstenliebe dürften jedenfalls die Schenkungs- und Rabattaktionen nicht veranstaltet werden – schließlich müssen die jeweiligen Verantwortlichen firmenintern begründen, warum sie so handeln. Offenbar besteht ein direktes Marktinteresse der Unternehmen, die erheblichen Beschaffungsmittel in diesem Bereich auszuschöpfen; selbst wenn man die Anfangsinvestition in Form einer Spende selbst geleistet hat, ergeben sich große Folgemärkte vor allem im Softwarebereich und beim Ersatz der Geräte auf Grund des schnellen Wandels der Gerätegenerationen (Lit. 102). Auch indirekt ist zweifellos ein beträchtliches Marktpotential denkbar, wenn eine Bindung später kaufkräftiger Kunden an die eigene Marke entsteht. Und die Hoffnung, in der Zukunft qualifizierte Arbeitskräfte zur Verfügung zu haben, ist sicherlich ebenfalls von Bedeutung.

Die Firmenspenden werden von den Bildungsverantwortlichen in aller Regel mit offenen Händen aufgenommen. Der niedersächsische Kultusminister Georg-Bernd Oschatz, gleichzeitig Präsident der deutschen Kultusministerkonferenz, hat in einer Presseaussendung im März 1984 die verantwortlichen Vertreter der Mikroelektronikindustrie sogar aufgefordert, »bei der überfälligen Fort- und Weiterbildung der Lehrer auf dem Gebiet der neuen Informations-

und Kommunikationstechnologien die Bildungsverwaltung nicht allein zu lassen«. Es sei eine kaum erfolgversprechende »Trockenübung für Lehrer«, wenn ihre Qualifizierung in Sachen neue Technologien ohne das entscheidende Know-how der Software- und Hardwarehersteller erfolgte. Der Kultusministerpräsident begrüßte in diesem Zusammenhang die Gründung einer gemeinsamen Ansprech- und Koordinierungsstelle der Industrie, mit der es hoffentlich gelinge, die drohende Abkoppelung der Schule von den technologischen Innovationen zu verhindern.

Auch in Österreich konnten EDV-Firmen wie IBM und Philips maßgeblich an der Erstellung der Lehrpläne für das Fach Informatik an den Allgemeinbildenden Höheren Schulen mitwirken und die Lehrer in firmeneigenen Schulungszentren ausbilden.

Bislang regte sich kaum Kritik an der starken Einbeziehung der Wirtschaft in bildungspolitische Belange des Informatikunterrichts. Die Ursachen dafür liegen auf der Hand: Die Schulen stehen schließlich unter Druck von vielen Seiten – sie mögen doch auf die Herausforderung der Informationstechnik reagieren, heißt es. Wer nun beispielsweise behaupten kann, die Ausstattung der Schulen mit Computern sei im vergangenen Jahr um 100% gestiegen, hat damit zumindest vordergründig eine wirksame Rechtfertigung, »etwas getan« zu haben. Und wenn überdies Geräte um die Hälfte billiger gekauft oder sogar als Geschenk erhalten wurden, dann muß ja wirklich jegliche Kritik verstummen.

Dennoch habe ich einiges an dieser Situation auszusetzen: Mit der Anschaffung von Geräten ist weder der »Computerführerschein« noch irgendein anspruchsvolleres Ziel erreicht. Entscheidend sind außerdem noch die Software, das heißt die Computerprogramme, mit denen die Schüler lernen und arbeiten sollen (das gilt für den Computer als Unterrichtsgegenstand wie auch als Unterrichtshilfsmittel), und die Ausbildung der Lehrer (siehe Seite 148). An beidem besteht allerdings zur Zeit ein empfindlicher Mangel (zur Situation der Lernsoftware siehe Seite 160). Solange dieser Mangel nicht einigermaßen behoben ist, muß jede Anschaffung von Hardware als Alibiaktion gewertet werden.

Darüber hinaus sollten wir uns grundsätzlich fragen, wie weit der Einfluß der Wirtschaft auf das Schulwesen gehen soll. Darauf wollen wir im folgenden näher eingehen.

3.2.2. Scheinargument Wettbewerbsfähigkeit

»Mehr Computer!« ist zum Schlachtruf im sozialdarwinistischen Kampf der Nationen um das Überleben in der Zukunft geworden: So gut wie alle nationalen Förderprogramme der Informationstechnik stützen sich zumindest teilweise auf das Argument, man müsse die wirtschaftliche Wettbewerbsfähigkeit der heimischen Wirtschaft erhalten beziehungsweise erreichen (in den Vereinigten Staaten und in Japan meint man, man dürfe sie nicht verlieren). Diese Politik der vermeintlichen Sachzwänge hat längst auch auf den Bildungsbereich übergegriffen.

Der Bildungsbericht der ersten Regierung unter Reagan begründete zum Beispiel die Notwendigkeit für die Aktion »120 Stunden Computerkunde für alle Amerikaner« mit der Gefahr, daß die japanischen Computerhersteller sowie die südkoreanischen und deutschen Werkzeugmaschinenbauer der Nummer eins auf dem Weltmarkt den Rangplatz streitig machen könnten. Frankreich erlebte eine jahrelange Kampagne von Industrie und Regierung, die die »micros«, wie sie in Frankreich genannt werden, als Conditio sine qua non der wirtschaftlichen Prosperität hinstellten (Lit. 103).

Auch der Ministerrat der Europäischen Gemeinschaft drängt auf die stärkere Nutzung der Inormationstechnik im Schulwesen, weil dies eine der Voraussetzungen für die industrielle Wettbewerbsfähigkeit Europas bilde. Schon jetzt sei man in Gefahr, ins Hintertreffen zu geraten, tönt es vielfach auch in der Bundesrepublik Deutschland, und deshalb müsse man schleunig möglichst viele Computer in den Schulen aufstellen. Vor allem die Vereinigten Staaten seien diesbezüglich bereits weit voraus. Kurioserweise argumentiert der Bericht »Informational Technology and its Impact on American Education« genau umgekehrt: Die Vereinigten Staaten produzierten prozentual die geringste Zahl von Ingenieuren, gemessen als Anteil an der relevanten Altersgruppe. Vor allem Westdeutschland und Japan seien weit voraus. Diese Prozentanteile korrelierten direkt mit dem Wachstum des Anteils dieser Staaten am internationalen Handel während der letzten zehn Jahre (Lit. 104).

Das Wettbewerbsargument mag zwar politisch wirkungsvoll sein, dennoch ist es mangelhaft fundiert. Unterschiede in der Wirtschafts- und Bildungsstruktur verschiedener Länder werden verwischt, Aussagen zur Qualität (auf die es gerade in Bildungsfragen ankommt) mit quantitativen statistischen Vergleichen untermauert und Maßnahmen empfohlen, deren Einfluß auf die Wettbewerbsfähigkeit nicht kritisch hinterfragt wurde.

Selbst wenn die diversen Schulcomputerprogramme die Wettbewerbsfähigkeit eines Landes erhöhten – was ich bezweifle – , muß man sich wirklich fragen, ob das Diktat technischer und wirtschaftlicher Sachzwänge eine treibende Kraft für die Bildungspolitik sein darf. In besonderem Ausmaß ist diese Skepsis angebracht für kleine Staaten wie etwa Österreich und die Schweiz. Genausowenig wie der Anstieg der Gesundheitskosten in den letzten Jahrzehnten die Gesundheit der Bevölkerung ansteigen ließ und genausowenig wie der Anstieg der Bildungskosten in den letzten Jahrzehnten die erhoffte breite Erhöhung des Bildungsniveaus brachte, dürften Investitionen im Bereich der Schulcomputer die Wettbewerbsfähigkeit per se steigern.

3.3. Computerunterricht im Berufsleben

Mit dieser Überschrift ist eine Fülle von Fragen angesprochen, die für die berufliche Situation zahlreicher Erwachsener drängend geworden sind, die in unserem Zusammenhang aber keineswegs erschöpfend behandelt werden können; auch hier geht es keineswegs bloß um eine Computerkundigkeit, sondern gefragt ist ein Wissen um die tiefgreifenden Strukturveränderungen, welche die Einführung der Informationstechnik mit sich bringen. In aller Regel ist es nicht zielführend, eine historisch gewachsene betriebliche Struktur unverändert in das EDV-Zeitalter zu übernehmen – die Neuorganisation der Arbeits- und Kommunikationsprozesse ist vielmehr eine der wichtigsten Voraussetzungen, um ein solches Vorhaben zum Erfolg zu führen. Zahlreiche Arbeitskräfte müssen lernen und sich umstellen. Vor allem aber brauchen die Manager (und mit ihnen die Betriebsräte) ein Bewußtsein von der Strukturdynamik des Computers.

Dabei geht es in erster Linie um Macht: Informationstechnik ist eine Fabrik für Modelle, eine Fabrik für Beherrschungsmöglichkeiten; Kommunkationstechnik ist ein System zur Verteilung von Machtelementen, von Beherrschbarkeit. Nur zu oft läuft das EDV-Systemdenken auf ein Nutzenmonopol hinaus. Besser wäre es freilich, dieses zu verteilen; es darf nicht vordergründig um passive Akzeptanz gehen – aktives Mitgestalten der Betroffenen sollte entscheidend sein. Und das erfordert natürlich ein waches Bewußtsein von dem, was Informationstechnik in der betrieblichen Praxis bewirken kann und was sie vor allem nicht bewirken soll: den Menschen als lästigen Störfaktor weitgehend auszuschalten. Wenn wir eine Renaissance der Irrationalität verhindern wollen, dann dürfen wir nicht – wie es gegenwärtig nur allzuoft der Fall ist – mit kurzsichtigem Rechenstift dem Neo-Taylorismus huldigen.

Für jeden Betrieb, für jede öffentliche Behörde und Regierung, die sich der gegenwärtigen technischen Revolution stellen will, ist eine wohlabgewogene Politik in Sachen Informationstechnik unverzichtbar. Sie erfordert ein umfassendes Gestaltungswissen, das aus einer gründlichen Systemanalyse ebenso besteht wie aus den Kenntnissen der einzelnen Elemente. Informationstechnik ist nicht nur Rationalisierungstechnik, sondern vor allem auch Organisationstechnik.

Diesbezüglich besteht aber zur Zeit ein gravierender Nachholbedarf: Viel zu viele Topmanager scheuen davor zurück, selbst auf den Zug der neuen Technik aufzuspringen, und delegieren EDV-Entscheide an Abteilungen, die schwerlich in der Lage sind zu realisieren, daß der Ankauf von Computern das gesamte System der betrieblichen Organisation beeinflußt. Die überwiegende Mehrheit der Computerschulungskurse für Arbeitgeber wie Arbeitnehmer beschränkt sich auf Schnellkurse zum richtigen Tastendrücken, auf Checklisten zur Hardwareauswahl und auf Vorführungen von Programmen, die der potentielle Anwender zunächst gar nicht daraufhin beurteilen kann, ob sie seinen Problemen angemessen sind. Nur zu oft ist »Computerschulung« in Wirklichkeit ein kaum verhülltes Verkaufsgespräch.

Man präsentiert stolz frischgebackene EDV-»User«, die in farbigen Diagrammen fabelhafte Gewinnsteigerungen ausweisen. Völlig verkehrt: Wichtiger wäre es, die nicht erfolgreichen Beispiele der EDV-Einführung darzustellen und zu analysieren. Daraus würden die potentiellen Computeranwender allemal noch mehr lernen können.

Eine, so fürchte ich, unrealistische Sicht: Gefragt wird, welcher Computer am schnellsten rechnet. Ob überhaupt einer sinnvoll ist beziehungsweise in welcher Weise er – vor einer langfristigen Perspektive richtig – eingesetzt werden soll, ist bestenfalls Nebensache.

Kurzum: Die moderne Informationstechnik stellt an die Fortbildung Erwachsener andere, aber mindestens ebenso wichtige Anforderungen wie an die Grundbildung. Da wie dort sind viele Wünsche offen.

3.4. Computerunterstützter Unterricht: Erzeugen wir »Computer auf zwei Beinen«?

»Computer literacy«, also das sachgerechte Bedienen des Computers und Kenntnisse im Programmieren, betrifft die elektronische Datenverarbeitung als Lerninhalt. Auf einige der dabei auftretenden Probleme sind wir bereits kritisch eingegangen (siehe Seite 124 ff.). Der Computer kann aber auch als Vermittler von Inhalten eingesetzt werden, die mit Informationstechnik nichts zu tun haben. Damit ist der Bereich des computerunterstützten Unterrichts (abgekürzt: CUU) angesprochen. Mit ihm wollen wir uns nun ausführlich beschäftigen.

LEACHIM heißt der Roboter, der seit über zehn Jahren in einer New Yorker Schule unterrichtet. Er hat Gesicht und Arme und kann jedes Kind in der Klasse durch akustische Analyse seiner Sprache erkennen. Die neun- und zehnjährigen Kinder unterrichtet er in Wissenschaft, Geschichte, Mathematik und Sozialkunde. »Die Kinder lieben die Maschine«, behauptet Michael Freeman, der die Programme für den Unterricht schrieb; Kinder, die besonders gut lernen, belohnt LEACHIM mit Scherzen. »Es erstaunt nicht, daß die Kinder ungeduldig warten, bis sie an die Maschine können, und es wird berichtet, daß sie sie wie einen freundlichen Lehrer behandeln« (Lit. 105).

Die meisten Formen des computerunterstützen Unterrichts haben wenig Ähnlichkeit mit dem Roboter LEACHIM. Dennoch ist das Ziel das gleiche: die Lehr- und Lernmaschine. Den Prototyp dafür hat der Psychologe Burrhus Frederic Skinner bereits umschrieben, als der Computer noch kein Thema für den Unterricht war:

Bei der Lernmaschine Skinners befindet sich das Lernmaterial in einem verschlossenen Kasten. Der Lernende kann jeweils nur eine einzige Aufgabe lesen. Alle anderen, sowohl die vorhergehenden als auch die nachfolgenden, sind ihm unsichtbar und nicht zugänglich. Wenn nun die eine Aufgabe in dem Fenster (links) erscheint, dann formuliert der Lernende seine Antwort und schreibt sie in das daneben befindliche Fenster auf einen Papierstreifen. Nun betätigt der Lernende einen Hebel, um die richtige Antwort in das Blickfeld des linken Fensters zu rücken und gleichzeitig seine geschriebene Antwort unter einem Glasfenster verschwinden zu lassen. Der Schüler vergleicht die richtige Antwort immer mit seiner eigenen Antwort unter den Glasfenstern. Wenn die beiden Antworten übereinstimmen, wird ein Hebel betätigt, wodurch die richtige Antwort in einem Zählwerk registriert wird. Die nächste Aufgabe erscheint im linken Fenster und der Vorgang beginnt von neuem. Der Schüler wiederholt ein Programm so oft, bis alle Aufgaben richtig beantwortet sind und die Gewähr dafür besteht, daß er den Sachverhalt nicht nur gelesen, sondern auch verstanden hat. Elektronische Sperren verhindern dabei, daß der Schüler mogelt (Lit. 106).

Nach Skinner ist der Mensch nichts anderes als das Resultat von Umwelteinflüssen. Der Psychologe erklärte es zu seinem Ziel, den autonomen Menschen als Idee und als Wirklichkeit abzuschaffen: »Der autonome Mensch ist ein Mittel, dessen wir uns bei der Erklärung jener Dinge bedienen, die wir nicht anders erklären können. Er ist ein Produkt unserer Unwissenheit, und während unser Wissen wächst, löst sich die Substanz, aus der er gemacht ist, immer mehr in nichts auf« (Lit. 107). Bezeichnend ist schon der Titel eines Buches von Skinner, es heißt: »Jenseits von Freiheit und Würde«.

Lehr- und Lernmaschinen vom Skinnerschen Typ sind seit Jahrzehnten Gegenstand pädagogischer Kontroversen. Immer wieder tauchen sie in neuem Gewand und mit neuen Bezeichnungen auf; einmal ist es »programmierter Unterricht«, dann ist von Sprachlabors die Rede und heute – wie könnte es anders sein – ist der Computer an der Reihe.

Man kann grundsätzlich mehrere Formen des computerunterstützten Unterrichts unterscheiden:

Zunächst ist der Unterrichtstyp »drill and practice« zu nennen. Darunter versteht man das Einüben von Fertigkeiten und Kenntnissen, die vorher erworben und nun gefestigt werden sollen. Als Beispiele sind Rechtschreibübungen, Vokabellernen, Rechenbeispiele und so weiter zu nennen. Mit entsprechenden Programmen lassen sich derartige Fähigkeiten eintrichtern. Der Vorteil liegt angeblich im »individualisierten« Lernen, das heißt, jeder Schüler kann so lange an seinem Gerät arbeiten, bis er den Stoff beherrscht. Das Verfahren beruht auf den lernpsychologischen Befunden des Behaviorismus. Danach wird Gelerntes am besten verstärkt, wenn die Bestätigung direkt im Anschluß an die gewünschte Leistung erfolgt (die Lerntheorie hat in den letzten Jahren jedoch erheblich komplexere Modelle der kognitiven Fähigkeiten des Menschen entwickelt). In den gegenwärtig für Personalcomputer erhältlichen »drill and practice«-Programmen fehlen in aller Regel Analysen der Fehlerarten und Erklärungen für den Schüler, wie er Fehler vermeiden kann.

Etwas anders verläuft der sogenannte tutorielle computerunterstützte Unterricht. Der Lernstoff wird dabei in kleine Einheiten zerlegt und auf dem Bildschirm präsentiert. Durch Kontrollfragen wird später der Lernerfolg festgestellt. Dem Schüler wird in der Folge eine geeignete Anschlußsequenz vorgesetzt. Auch hier soll »individualisiert« gelernt werden. Ein wesentliches Problem des tutoriellen Unterrichts liegt in der Detailliertheit, mit dem jeder einzelne Lernschritt geplant werden muß: Wie soll der Stoff dargestellt werden? Wie fragt man unmißverständlich? (Rückfragen sind schließlich nicht möglich.) Welche Antworten könnte der Schüler geben? Welche werden als richtig und welche als falsch bezeichnet? Es erscheint beispielsweise schwierig, von vornherein die Liste aller richtigen Antworten auf eine Frage zu erstellen. Geringfügige orthographische Abweichungen (Phantasie – Fantasie) können – wenn der Autor des Programms dies nicht vorher berücksichtigt hat – dazu führen, daß eine »richtige« Antwort nicht anerkannt wird.

Darüber hinaus gibt es computerunterstützten Unterricht auch in Form von Simulationen (siehe Seite 164 ff.) und Spielen (siehe Seite 195 ff.).

Computerunterstützter Unterricht in der Schule

Das Spektrum der Einschätzungen des computerunterstützten Unterrichts reicht von begeisterter Befürwortung bis zu schroffer Ablehnung. Bedenken wir in diesem Zusammenhang zunächst, daß der Einsatz von Lehr- und Lernmaschinen letztlich eine logische Folge der spezifischen Entwicklung unserer Schulen ist: Die Kinder sollen schließlich etwas lernen, und zwar kontrollierbares, »nützliches« Wissen; sie sollen »gebildet« werden. Bildung wird aber in unserer Gesellschaft nur allzu oft mit formalen Schulabschlüssen gleichgesetzt. Diese erreicht man über »Noten« und diese über kontrollierbare Quantitäten von gesellschaftlich nützlichem Wissen. Es geht also um die Vermittlung abrufbaren Faktenwissens. Für jede Unterrichtsstunde bereitet der Lehrer in der Regel ein bestimmtes, klar abgegrenztes Wissenspensum (»Lernziele«) vor, das am Ende der Unterrichtsstunde in den Köpfen fest eingespeichert sein soll. Dieses Ziel kann aber auch eine Maschine vermitteln. Kurzum: Je mehr sich ein Lehrer auf die bloße Vermittlung von Faktenwissen beschränkt, um so eher kann ihm der Computer den Rang ablaufen.

Kritiker des computerunterstützten Unterrichts verweisen deshalb vor allem darauf, daß der Lehrer mehr ist (zumindest sein sollte) als bloß Faktenvermittler – er ist Erzieher, die Schule ist Erziehungs- und Sozialisierungsinstanz. Aus dieser Sicht hält auch Klaus Haefner den computerunterstützten Unterricht für den falschen Weg, Unterrichtsstoff zu vermitteln. Er klammere den erziehenden Lehrer aus und dressiere ein eindimensionales Reiz-Antwort-Verhalten an (Lit. 108). Außerdem sehe es gegenwärtig so aus, als ob ein großer Teil der heute über Übungs- und Trainingsprogramme angebotenen Qualifikationen schon mittelfristig nicht mehr zu den Fertigkeiten gehören werde, die der Mensch als Ergänzung zur Informationstechnik benötige (Lit. 109). Überspitzt ausgedrückt: Das, was der computerunterstützte Unterricht im Endeffekt produziert, sind »Computer auf zwei Beinen«.

Darüber hinaus ist ein großer Teil der verfügbaren Lernsoftware für Schulen von denkbar schlechter Qualität. »Es fehlt an guter Software«, schreibt beispielsweise Professor Dr. Karl Frey vom Institut für Pädagogik der Naturwissenschaften in Kiel: »Viele Programme sind im Sinne der heutigen Ansprüche nicht gut dokumentiert, viele verfügen nicht über die nötigen Begleitmaterialien. Und bei den meisten ist nicht genügend Zeit auf die pädagogischen Überlegungen ... und die unterrichtliche Phantasie verwendet worden. Man begann zu schnell mit dem Programmieren. So ersetzen viele Programme einfach herkömmliche Demonstrationsexperimente, lassen eine Messung über den Computer laufen, statt daß sie der Schüler selbst abliest, oder verwenden Formeln, um danach daran zu üben« (Lit. 110). »Die gegenwärtige Lernsoftware steht auf einem sehr primitiven Niveau«, urteilen auch Roger C. Schank und Stephen Slade vom Computer Science Department der Yale University (Lit. 111). »Mehr als alter Wein in neuen Schläuchen«, kommentiert Joachim Wedekind, wissenschaftlicher Mitarbeiter am Projekt SCHULAN der Gesellschaft für Mathematik und Datenverarbeitung in St. Augustin: »Da hüpft der Westermann-Löwe über den Commodore-Bildschirm als Belohnung für richtiges Rechnen, Lesen und Schreiben, bietet ein poppig verpackter Vokabeltrainer des Klett-Verlages sture Abfragerei. Da feiert ein seit den siebziger Jahren überwunden geglaubter klassischer computerunterstützter Unterricht fröhliche Wiederauferstehung« (Lit. 112).

Fassen wir zusammen: Gute Lernsoftware ist Mangelware. Sie wäre – wenn es sie gäbe – in aller Regel unverschämt teuer. Schon heute rechnet man in den USA mit Herstellungskosten von etwa 20 000 Dollar pro Stunde programmierten Unterrichts (Lit. 113). Will man bei einem solchen Aufwand auch ein Geschäft machen, muß das Programm möglichst oft eingesetzt werden. Daraus folgte, daß der Unterricht für mindestens ganze Länder zentral gesteuert werden müßte. »Aus Rahmenrichtlinien würden vorgeschriebene Stoffpläne; der Lehrer verlöre seine Gestaltungsfreiheit; die Auswahlmöglichkeiten für Schulbücher und Unterrichtsmaterialien würden reduziert. Da weder das teure Programm noch zentrale Vorschriften schnell änderbar sind, drohte der Unterricht zu erstarren« (Lit. 113).

Die Befürworter des computerunterstützten Unterrichts verweisen dagegen auf Studien, die einen besseren Lernerfolg als bei herkömmlichen Unterrichtssituationen nachweisen wollen. So wird über die Wirkungen von Übungsprogrammen für Mathematik und für Lesefertigkeit berichtet, die jeweils täglich im Rahmen des herkömmlichen Unterrichts für zwanzig Minuten eingesetzt wurden. Insgesamt 100 Schüler einer ersten Klasse nahmen an dem Experiment teil, wobei die eine Hälfte das Mathematikprogramm erhielt und gleichzeitig Kontrollgruppe war für die mit dem Programm für Lesefertigkeiten unterrichtete Gruppe – und diese Gruppe wiederum gleichzeitig als Kontrollgruppe für die mit dem Mathematikprogramm beglückte Gruppe fungierte (damit sollten mögliche andere Einflüsse des computerunterstützten Unterrichts ausgeglichen werden). Die Rechen- und Lesefertigkeiten wurden mit standardisierten Testverfahren erhoben. Es ergab sich sowohl in bezug auf das Mathematik- wie auf das Programm für Lesefertigkeiten, daß der computerunterstützte Unterricht dem herkömmlichen schulischen Lernen überlegen war. »Die Ergebnisse zeigen, daß kognitive Leistungen wie Lese- oder Rechenfertigkeiten durch CUU-Übungsprogramme insbesondere im Elementarbereich gefördert werden können. Dabei erscheint die Effektivität des Einsatzes der Übungsprogramme auch dann erhalten zu bleiben, wenn für angereicherten sowie traditionellen Unterricht gleiche Lernzeiten vorausgesetzt werden. Die Ursache für die größere Effektivität dürfte in den Individualisierungsmöglichkeiten dieser Programme liegen« (Lit. 114).

Lassen wir uns nicht täuschen: Die Untersuchung geht von formalisierbaren und daher durch simple Tests evaluierbaren Lernzielen aus; hier hat, wie wir noch sehen werden, der computerunterstützte Unterricht auch seinen Platz. Wir dürfen diese Art des Lernens aber nicht mit Bildung und Erziehung verwechseln. Außerdem ist natürlich anzumerken, daß derartige Effizienzvergleiche nicht nur den computerunterstützten Unterricht beurteilen, sondern stets auch den Lehrer, der dazu in Konkurrenz stand.

Das wohl bekannteste computerisierte Lehrsystem wurde seit 1959 an der University of Illinois mit staatlicher und privater Unterstützung entwickelt und später von der Control Data Corporation unter dem Namen PLATO vermarktet. Im Jahre 1981 gab es bereits achtzehn PLATO-Systeme. Jedes System besteht aus einem zentralen Großcomputer, der über Telekommunikation mit Hunderten, ja sogar Tausenden von Terminals in aller Welt verbunden ist. Das System PLATO IV konnte bereits 1979 zehn Millionen Benützerstunden verzeichnen und ist damit wohl das weltgrößte System der Computerinstruktion. Eine Fülle von Inhalten wird vermittelt: Sprache, Mathematik, Psychologie, Kunst und Training im Bereich der Wissenschaft; die Fluggesellschaft United Airlines etwa benützt PLATO zur Einschulung neuer Angestellter. Das Programm dauert insgesamt elf Tage. Die Fluggesellschaft schätzt, daß die Verwendung des Computersystems pro Jahr etwa 100 000 DM einspart.

Die von Control Data eingerichteten Lerninstitute unterweisen jährlich etwa 7000 Programmierer und Techniker für die Computerindustrie. Auch die US-Navy nutzt das System. Darüber hinaus hat eine Reihe von Universitäten PLATO-Programme entwickelt. Wegen der anfangs hohen Kosten konnte PLATO zunächst im Schulunterricht nicht eingesetzt werden. Seit kurzem ist PLATO aber auch auf Mikrocomputern verfügbar; es ist daher zu erwarten, daß es vor allem in den Vereinigten Staaten demnächst auch im Schulbereich auftauchen wird (Lit. 115).

Seit kurzem werden neue Versionen tutorieller Programme unter Benützung der Technik Künstlicher Intelligenz entwickelt. Diese Programme ermöglichen einen Vergleich der Reaktionen beziehungsweise Antworten des Lernenden mit denen eines fiktiven Experten in der in Frage stehenden Wissensdomäne. Darüber hinaus wird versucht, das Problem des angemessenen Feedback, das heißt der Rückmeldung zum richtigen Zeitpunkt und in der richtigen Form, zu lösen. So werden tutorielle Programme auf der Grundlage von Verlaufsnetzwerken entwickelt, welche den Lernweg und die kognitiven Prozesse des Lernenden differenziert erfassen, eine entsprechende Fehlerdiagnose ermöglichen und auf dieser Basis die tutoriellen Aktivitäten optimal anleiten (weshalb sie auch neuerdings ICAE = Intelligent Computer Assisted Instruction genannt werden).

Das vielleicht am weitesten entwickelte Programm ist das System SOPHIE zur Vermittlung von Fertigkeiten und Wissen im Bereich der Elektronik. Aufgrund der Maßnahmen und Reaktionen des Lernenden baut das System ein internes Modell auf, das den aktuellen Wissensstand des Lernenden repräsentiert und die Grundlage für tutorielle Aktivitäten bildet. Die Fähigkeit, im Dialog die Fortschritte des Lernenden einzuschätzen und seine Wissensstrukturen fortlaufend zu formen, ist ein entscheidendes Merkmal des Systems. Damit wird gewährleistet, daß zu jedem Zeitpunkt das richtige Informationsangebot vermittelt wird.

Eine andere Entwicklungsrichtung ist durch die Verschmelzung audiovisueller Lehrsysteme mit der Computertechnik gekennzeichnet. Das System CAVIS (Computer Assisted Video Instruction System) beispielsweise ist ein computerunterstütztes audiovisuelles Lehr-Lern-System zur Vermittlung naturwissenschaftlicher Inhalte. Es wurde am Deutschen Institut für Lernstudien entwickelt. Es bietet die Möglichkeit einer Verknüpfung von Stoffdarbietung und lernbegleitender Diagnose. Das System kann im Lernmodus, im Dialogmodus und im Diagnosemodus angewendet werden. Der Lernmodus ist so gestaltet, daß der Lehrstoff sowohl in linearer Sequenz als Ganzes, wie auch selektiv in modularen Blöcken bearbeitet werden kann. Eine Themenübersicht zu Anfang der Lehrstoffsequenz orientiert über die einzelnen Themen; sie stellt zugleich ein Ordnungsgerüst für die Stukturierung der zu vermittelnden Inhalte bereit. Im Dialogmodus werden dem Lernenden zunächst Aufgaben zu den Themen vorgelegt. Unmittelbar auf eine Fehlantwort kommt eine knappe Videorückmeldung, die den Sachverhalt klärt. Im Diagnosemodus erhält der Lernende sämtliche den Lehrstoff der Unterrichtseinheit abdeckenden Fragen zur Beantwortung vorgelegt. CAVIS besteht aus einem Apple-II-Computer, einem Panasonic Videorecorder mit Fernbedienung und einer Schnittstelle zwischen beiden. Neuerdings werden ähnliche Systeme in Kombination mit Bildplatten angeboten.

Bei der Bewertung des computerunterstützten Unterrichts ist also zu differenzieren, um welchen Typ es sich handelt (von der grundsätzlichen Problematik abgesehen, daß der Lernprozeß nicht im Dialog mit Menschen, sondern mit einer Maschine abläuft). Es ist schwer vorstellbar, daß zahlreiche Firmen derartige Systeme – offenbar mit Erfolg – vermarkten, wenn die Käufer nicht einen meßbaren Nutzen feststellen könnten. Der computerunterstützte Unterricht hat damit seine Daseinsberechtigung; allerdings muß man sich fragen, in welchen Bereichen diese liegt. Dort, wo es um klar umgrenzte Wissensgebiete geht, die bei der Einschulung für eine Firma verwendet werden, oder in Bereichen, wo es im wesentlichen auf Faktenwissen ankommt, kann der computerunterstützte Unterricht durch die von Zeit und Ort weitgehend unabhängige Form des Lernens Vorteile bieten. In der Wirtschaft werden auch die Kosten im Vergleich zum Unterricht durch menschliche Lehrer oft den Ausschlag geben. Fraglos kann CUU auch für Bewohner entlegener Regionen ein attraktives Angebot vermitteln. In allen diesen Fällen handelt es sich aber in der Regel um eine Ergänzung zur ohnehin vorhandenen Schulbildung und nicht um deren Ersatz.

3.5. Computersimulation: Chancen und Gefahren

Die Simulation ist vordergründig ein Einsatzgebiet, für das sich der Computer besonders gut eignet. Während die einfachen Versionen von Lernprogrammen die weitgehend unveränderte Übernahme des programmierten Unterrichts darstellen (wobei das, was früher auf Papier gedruckt wurde, nun am Bildschirm erscheint), ist die Möglichkeit, komplexe Vorgänge in Modellen zu simulieren, ohne Computer bestenfalls umständlich zu realisieren.

Unter Simulation kann man ein Verfahren verstehen, das die Nachbildung komplexer Systeme nach Festlegung aller freien Parameter erlaubt. Die Computersimulation bietet sich also überall dort an,

- wo physikalische, chemische, technische oder biologische Vorgänge nicht direkt meßtechnisch oder durch die Sinnesorgane erfaßbar sind (etwa die Bewegung von Elektronen und Molekülen oder Planeten),

- wo die Abmessungen oder erwarteten Kosten eines (zu entwickelnden) realen Systems es nicht gestatten, an ihm direkt zu experimentieren,
- wo gefährliche Prozesse vorliegen (radioaktiver Zerfall chemischer Elemente) sowie dort,
- wo ein System komplexer Zusammenhänge und Wechselbeziehungen gegeben ist und die Wirkung – etwa der Veränderung eines Systemparameters – nicht von vornherein anschaulich erfaßbar ist.

»Simulation« soll im folgenden in diesem Sinne verstanden werden; schon jetzt sei erwähnt, daß Simulation auch in einem breiteren Sinne verstanden werden kann. Grundsätzlich zielen naturwissenschaftliche Verfahren darauf ab, modellhafte Abbilder der Wirklichkeit zu erarbeiten, und sind damit in gewissem Sinne Simulation; auch das, was die elektronischen Medien vermitteln, kann als Abbild der Wirklichkeit, als Simulation aufgefaßt werden.

Ob wir wollen oder nicht – wir müssen der Tatsache ins Auge schauen, daß Computersimulationen mehr und mehr zum täglichen Brot in der Arbeit von Politikern, Wissenschaftlern sowie Praktikern und Theoretikern der Wirtschaft gehören. Unsere Welt ist eben ungeheuer komplex und kompliziert geworden. Die Simulation als mathematisches Verfahren ist deshalb unentbehrlich, meint auch Bernard Winkelmann vom Institut für Didaktik der Mathematik der Universität Bielefeld, wenn es um ein realistisches Verhalten gegenüber komplizierter werdenden Systemen geht. Deshalb könnte man argumentieren, die Simulation solle als ein grundlegendes mathematisches Verfahren angesehen und dementsprechend auch in die Schule aufgenommen weren.

So kann sich heute jedermann mit den zahlreichen kommerziell erhältlichen Tabellenkalkulationsprogrammen auf einem Personalcomputer Simulationsmodelle selbst bauen. Die Programme beruhen auf dem Prinzip der »elektronischen Blätter«; diese sind in Zellen gegliedert, die in Reihen und Spalten aufeinanderfolgen und nach dem Prinzip des Koordinatensystems numeriert werden. »Inhalt« dieser Zellen können Beschriftungen, Zahlen und Formeln oder logische Funktionen sein. Durch Belegen einzelner Zellen mit entsprechenden Bezeichnungen, Werten und Formeln wird ein Simulationsmodell vollständig definiert. Da beim Verändern des Inhalts einer bestimmten Zelle der Inhalt aller anderen Zellen sofort aktualisiert wird, wird in einfacher Weise anschaulich, welche Konsequenzen die Änderung eines Parameters hat. Dies läßt sich am Beispiel des Populationswachstums, des radioaktiven Zerfalls und der Simulation einer Räuber-Beute-Beziehung ebenso demonstrieren wie anhand einer Unternehmensbilanz.

Das Beispiel »Tangaland«

Verdeutlichen wir Vorteile und Nachteile der Computersimulation an dem zur Umwelterziehung vielfach angepriesenen Modell »Tangaland«. Es geht davon aus, daß die Ökosysteme unserer Biosphäre zu komplex sind, als daß wir sie auf Anhieb durchschauen könnten. Unwillkürlich versuchen wir deshalb, einfache Kausalzusammenhänge in Ursache und Wirkung anzunehmen, wo in Wirklichkeit Kausalnetze für ein kompliziertes Gefüge von Ursache und Wirkung verantwortlich sind. Durch Computersimulation eines Ökosystems soll diese Hürde überwunden werden. Das Modell »Tangaland« ist in der Programmiersprache BASIC verfaßt und auf verschiedenen Commodore-Rechnern lauffähig. Die ursprüngliche Idee für »Tangaland« ergab sich aus einem psychologischen Experiment, bei dem das Verhalten von Menschen in einer für sie unübersichtlichen Situation untersucht werden sollte; später wurde das Programm für pädagogische Zwecke umgestaltet (Lit. 116).

»Tangaland« thematisiert Vorgänge einer zwar fiktiven, als solcher aber modellhaft typischen Region der Dritten Welt. Dabei wird etwa das Wechselspiel zwischen Bevölkerungswachstum, Zahl der Rinder, Aktivität der Tsetsefliege, Verfügbarkeit von Weidefläche und Grundwasserstand dargestellt. Das Spiel läuft in Jahresperioden ab. Jedes Jahr können bestimmte Maßnahmen gesetzt werden; der Computer rechnet dann die Gesamtsituation für das Folgejahr aus und zeigt damit, welche Auswirkungen die gewählte Maßnahme hat. Die Idee eines solchen Modells kann natürlich in vielen verschiedenen Arten realisiert werden, von relativ einfachen Zusammenhängen bis zu sehr komplexen, vernetzten Systemen. Die Befürworter derartiger Computersimulationen unter den Pädagogen sind der Ansicht, die Schüler könnten damit die Komplexität eines Wirkungsgefüges – in diesem Fall des Ökosystems – selbst erfahren, das dem Computer zugrunde liegende Modell durchschauen lernen, es auf seine Angemessenheit prüfen und verbessern, empfindsamer für die Umwelt werden und Kenntnisse über tatsächliche Verursachungen, Verläufe und Folgen von Umweltproblemen erwerben. »Es empfiehlt sich ein projektartiges Arbeiten; die Schüler werden in Dreiergruppen eingeteilt und sitzen an drei Ecken eines Quadrats, die vierte hat der Computer inne. Der Computer steht also nicht im Mittelpunkt; er hat lediglich die Rolle eines »vierten Mannes«. Hauptsache ist die Auseinandersetzung der Schüler mit dem gestellten Problem; der Computer wird – wo es notwendig ist – zu Rate gezogen. Ein Schüler bedient das Tastenfeld, das heißt, er führt im Auftrag der übrigen den Dialog mit dem Programm . . . die Schüler sollen mit dem Programm ›spielen‹ und dabei auf experimentelle Weise herausfinden, wie die einzelnen Größen voneinander abhängen. Diese Erkenntnisse sollen sie nützen, um das System zielgerechter zu beeinflussen« (Lit. 117).

Bernhard Claußen, Professor für Erziehungswissenschaft in Hamburg, führt jedoch eine Reihe von Einwänden gegen das pädagogische Lernspiel ins Treffen. »Im Gegensatz zu den recht präzisen und differenzierten Begrifflichkeiten und Konzeptentwürfen zur Umwelterziehung bleibt in den Grundlegungen und Materialien des Spiels der Umweltgedanke sonderbar ungenau und uneindeutig« (Lit. 118). Die fehlende Unterscheidung zwischen naher und ferner sowie direkt und indirekt beziehungsweise kurz- und mittelfristig beeinflußbarer Umwelt erschwere einen erkenntnisfördernden Zugang zum Problem. Darüber hinaus sei zwar die Zurückweisung simpler Kausalketten zugunsten von Kausalnetzen für Ökosysteme zu begrüßen, das dem »Tangaland«-Spiel zugrunde liegende Kausalnetzmodell sei jedoch unbefriedigend. Es reduziere die lernrelevante Problematik auf Elemente der Fiktion, mit denen wesentliche Dimensionen realer Problemkonstellationen allein nicht abgedeckt werden.

Nun kann man anmerken, diese Kritik beziehe sich auf ein konkretes Produkt; dieses sei aber verbesserungsfähig; die Einwände könnten daher nicht verallgemeinert werden. Dem ist jedoch nicht so: Meiner Meinung nach geht es etwa in sozialkundlichen Kontexten grundsätzlich nicht an, deren Kausalnetze auf geologisch-landwirtschaftliche und im engeren Sinne ökologische Aspekte zu reduzieren. Fragen nach den historischen und kulturellen Rahmenbedingungen, nach soziopolitischen Gegebenheiten (etwa der Sozialstruktur der Bevölkerung, gesamtgesellschaftlichen und ökonomischen Wechselbeziehungen) dürfen nicht ausgeblendet werden. Wenn schon die Art und Weise sowie die Folgen der Mathematisierung höherer als in Lernspielen präsentierter Ordnung dazu beigetragen haben, Industriegesellschaften in die Krise zu führen, wäre es geradezu fatal, die Mathematisierbarkeit von Problemen der benannten Art zu suggerieren und ein Ausrechnen von Lösungsmöglichkeiten vom Standpunkt und mit den Mitteln des Industrialismus nahezulegen.

Damit ist ein Kernproblem der Computersimulationen angesprochen: Zum einen wird die reale Welt reduziert dargestellt – zahlreiche Parameter müssen notgedrungen weggelassen werden, damit die einzelnen Wechselbeziehungen als mathematische Relationen abstrahiert werden können; und zum zweiten suggerieren derartige Simulationen Problemlösungsstrategien, die im Modell zwar tauglich sein mögen, deren Übertragbarkeit zurück auf die Wirklichkeit aber zumindest fragwürdig ist.

Überdies ist es zweifelhaft, ob eine – noch dazu affektiv äußerst aufgeladene – Empfindsamkeit für eine (übrigens nicht näher spezifizierte) Umwelt durch eine thematisch und zeitlich begrenzte Simulation entwickelt werden kann. Völlig unklar bleibt, wie an fiktivem Material Kenntnisse über tatsächliche Verursachungen, Verläufe und Folgen von Umweltproblemen erworben werden sollen, wenn das Lernspiel einen Vergleich zwischen Simulation und Realität nicht vorsieht. Das Streben nach intelligentem und solidarischem Handeln zur Verhinderung weiterer Naturzerstörung muß illusorisch bleiben, solange die Aktivität auf unterrichtsinterne Prozesse und dort auf Kommunikationen – mit dem Ziel eines Durchspielens irrealer Situationen von wenigen Variablen – beschränkt bleibt. Gegen die Erreichbarkeit derart pompöser Absichten spricht auch, daß die Frage der Bedürfnisstruktur und des Bewußtseinsstandes der Lernenden ebenso ausgeblendet bleibt wie die nach einem möglichen politischen Aktionsradius.

Trotz aller Kritik bleibt aber dennoch festzustellen, daß die käuflich erhältlichen Programme zur Computersimulation gegenüber den primitiv-eindimensionalen Frage-und-Antwort-Lernprogrammen zumindest deshalb ein Fortschritt sind, weil sie wenigstens das Medium Computer ausnützen (Kritiker können hier gleich einwerfen, schon wieder werde das Medium, also das Mittel, zum Zweck erhoben). Ich halte es für möglich, daß Lehrer in dem die Simulation begleitenden Unterricht die aufgezeigten Nachteile verhindern beziehungsweise ihnen vorbeugen können. Als unabdingbare Voraussetzung für den Einsatz von Computersimulationen im Unterricht muß aber gelten:

1. Die dem Modell zugrunde liegenden Annahmen müssen hinreichend klar und durchschaubar gemacht werden (bei komplexen Programmen ein mitunter zeitaufwendiges Unterfangen).

2. Der jedem Modell innewohnende Reduktionismus muß überzeugend dargestellt und begreifbar werden (am ehesten könnte dies gelingen, wenn Schüler einfache Simulationen selbst herstellen). So gesehen, würde der pädagogische Wert von Computersimulationen gerade darin liegen, ihre Beschränktheit im Vergleich mit der Wirklichkeit zu erklären und damit zu kritischem Umgang mit Computermodellen zu erziehen.

Auf dem Weg in eine Welt der Schatten

Abschließend wollen wir nochmals zur eingangs erwähnten breiteren Bedeutung des Begriffs »Simulation« zurückkommen. Denken wir dabei an Videospiele – wie etwa den Flugsimulator – oder andere interaktive Trainingssimulatoren. Sie tangieren unsere Beziehung zur Wirklichkeit in grundlegender Weise. »Was als Mensch-Maschine-Interaktion beginnt, treibt nun in Richtung auf eine Art ›Identität‹. Dabei scheint es, als würde sich das Maschinenhafte über das ›Menschliche‹ stülpen, sich gewaltförmig in den Menschen hinein fortsetzen«, schreibt Günther Feuerstein vom Technisch-Sozialwissenschaftlichen Forschungsinstitut in Berlin. Andererseits wird im Prozeß der Grenzverwischung von Mensch und Maschine überhaupt erst sichtbar, wie sich Teile der menschlichen Psyche und Verhaltensorganisation mit einer äußeren Maschinerie vereinen lassen. Ohne diese strukturelle Affinität hätte die Computersimulation kaum eine Chance, uns ihre Wirklichkeit »aufzuzwingen«.

Im Computer entsteht durch solche Programme eine künstliche Welt, die von den realen Bedürfnissen des Menschen losgelöst funktioniert, dennoch aber Rückwirkungen auf den Menschen hat. Die Gefahr besteht dabei darin, daß die Computerwirklichkeit unmerklich zu unserer Wirklichkeit wird. Je mehr wir uns mit simulationsgerecht verengten Bildern der Wirklichkeit auseinandersetzen, um so eher könnte in der Folge der Zugang zu unserer »eigentlichen« Wirklichkeit versperrt werden. Damit würden sich die Akteure unmerklich zu Als-ob-Persönlichkeiten entwickeln, in denen der Widerspruch von Sein und Schein erlischt. Ihre eigentliche Realität verschwimmt mit dem Schein der Simulation.

Oder, mit den Worten Oswald Wieners: »Wir bewegen uns nur mehr in einer Welt von Modellen, in welcher Modelle entscheiden, was ein Modell ist, ob ein Modell das Modell innerer oder äußerer Vorgänge ist, wo die Vorgänge aufhören, Vorgänge zu sein, und beginnen, Modell zu werden, ob es Sinn hat, von Vorgängen zu sprechen, die nicht Modell sind, ob ein Zuordnungsmechanismus, der ein Modell auf ein anderes bezieht, selbst ein Modell ist und so weiter und so fort« (Lit. 119).

Diese Aussage kann von den Videospielen direkt auf die Problematik aller elektronischen Medien übertragen werden. Ihr Inhalt bleibt gleich: Nicht Facetten der Wirklichkeit transportieren die Informationsmedien von Mensch zu Mensch, sondern die dem Menschen gezeigte Wirklichkeit ist ein Kunstprodukt, sie ist bloße Simulation.

Aus dieser Sicht ist es schließlich interessant, den Vorschlag von Klaus Eurich, Professor für Journalistik in Dortmund, zu betrachten, der sich eine Schule als Gegenwelt zum real existierenden Alltag wünscht. »Das ist nicht einmal mehr romantisch«, kritisiert Dieter Lenzen, Professor für Philosophie der Erziehung an der Freien Universität Berlin (Lit. 120); denn wenn der vermeintlich real existierende Alltag nichts weiter als die Simulation der Wirklichkeit darstelle, könne man sich dieser Simulation nicht mit einer Institution entgegenstellen, die vom ersten Augenblick ihres Existierens an nie etwas anderes gewesen ist als selber: Simulation.

Seit es Schule gibt, wird über die Frage diskutiert, ob es ihr gelingen möge, der Wirklichkeit adäquat zu sein. Wenn sich also die Schule hinsichtlich ihres gebrochenen Verhältnisses zur Wirklichkeit vom Simulationscharakter dieser »Wirklichkeit« gar nicht mehr unterscheiden kann, ist jede Hoffnung auf eine Gegenwelt ohne Basis. Die Schule wird damit eine (in vieler Hinsicht) schlechtere Traumfabrik als Fernsehen, Video, Schallplatten und Computer.

4. Die geheimen Erzieher

Wir alle werden tagtäglich »erzogen«, von der Wiege bis zur Bahre: Jeder Kontakt mit der Umwelt beeinflußt, verändert, formt unser Denken, unsere Emotionen und Reaktionen. Weder Eltern noch Lehrer können an der Tatsache vorbeigehen, daß die informelle Beeinflussung durch technische Medien immer stärker in Konkurrenz zur formalen Bildung der Heranwachsenden tritt. Als geheime Erzieher sind diese heute allgegenwärtig.

Noch wissen wir viel zuwenig über die Wirkungen von Fernsehen, Videospielen und Computern auf den Menschen. Aber eine Erkenntnis zeichnet sich bereits ab: Sie sind vielfältig und teifgreifend. Abgründe tun sich auf.

Die folgenden Kapitel konzentrieren sich deshalb auf die Frage, was die moderne Informationstechnik im Menschen selbst auslöst beziehungsweise auslösen könnte. Zunächst geht es dabei um die Kommunikation Mensch–Bildschirm, also um Fernsehen und Videospiele. Im folgenden betrachten wir, was die Auseinandersetzung mit Computern für Kinder, Programmierer und Erwachsene bedeuten kann. Weiter setzen wir uns unter dem Motto »Mensch und (Informations-)Maschine« mit dem uralten Mythos vom Maschinenmenschen auseinander und versuchen schließlich einen Ausblick ins Zeitalter der Künstlichen Intelligenz.

4.1. Mensch und Bildschirm

4.1.1. Wirkungen des Fernsehens

Zur Erfassung und Beurteilung der Einflüsse moderner Massenmedien auf den Menschen hat sich eine eigene Wissenschaftsdisziplin herausgebildet, die sogenannte Medienwirkungsforschung. Unter »Medienwirkung« werden alle Veränderungen bei Individuen und in der Gesellschaft verstanden, die durch Aussagen der Massenkommunikation oder durch die Existenz von Massenmedien entstehen. Die individuellen Wirkungen können sich auf Wissen, Einstellungen, Verhalten und Emotionen erstrecken. Die gesellschaftlichen Wirkungen beschäftigen sich mit Fragen nach der Rolle der Medien als Faktoren gesellschaftlicher Integration, nach der Sozialisierung durch Massenkommunikation, nach dem Einfluß des Fernsehens auf das Familienleben und auf die Freizeitstruktur, nach den Medien als Mittler von Information, Bildung, Unterhaltung und von Werbung, nach deren Einflüssen als »Passivmacher« oder als Faktor der politischen Aktivierung oder der politischen Apathie, nach den Auswirkungen von Gewaltdarstellungen oder neuen Medientechnologien.

Für die Bundesrepublik Deutschland ist hier zunächst die Langzeitstudie »Massenkommunikation 1964–1980« zu nennen, die im Auftrag der Landesrundfunkanstalten, deren angegliederten Werbeunternehmen und des ZDF von Infratest durchgeführt wurde (Lit. 121). Danach verfügen 97% der Haushalte in der Bundesrepublik Deutschland über mindestens ein Fernsehgerät, jeder vierte Haushalt über zwei Geräte und mehr. 98% besitzen mindestens ein Radiogerät, zwei Drittel zwei oder mehr.

Die Experten streiten – suche sich jeder aus, was ihm ins Konzept paßt

Die elektronischen Medien sind damit ständig präsent. Das führt uns sogleich zur Frage, welche Probleme eine darüber hinausgehende Vermehrung des Programmangebots zur Folge haben könnte. Hier spielen die vor allem politisch kontroverse Diskussion um die Monopolstellung von Rundfunk- und Fernsehanstalten eine Rolle sowie das unaufhörliche Vordringen von Kabel-TV, Bildschirmtext und Satellitenfernsehen. Als Beispiel für mögliche Einflüsse einer großen Programmvielfalt wird immer wieder Nordamerika genannt – dort kann man jederzeit zwischen Dutzenden von Programmen unterschiedlichster Herkunft auswählen; Kinder sitzen im Durchschnitt mehr vorm Fernseher als in der Schule. In den Vereinigten Staaten sind zahlreiche Studien über die Einflüsse des Fernsehens erstellt worden. Dabei ist jedoch von vornherein zu bedenken, daß Programmangebot und Fernsehnutzung in den USA mit mitteleuropäischen Verhältnissen nicht vergleichbar sind. Die Ergebnisse der US-Untersuchungen können nur mit Vorbehalt auf hiesige Verhältnisse übertragen werden.

Vorab ist jedenfalls festzustellen, daß die aktuelle medienpolitische Diskussion vielfach irrationale Züge trägt; es geht offensichtlich nicht nur um Fakten, sondern um die Gültigkeit und Interpretation von widersprüchlichen Befunden und Vermutungen. Schlagworte und Buchtitel wie »Schafft das Fernsehen ab« oder »Die Droge im Wohnzimmer« beherrschen das Bild. Kämpferische Autoren kommen zum Schluß, für die kindliche Psyche sei Fernsehen Gift. Es gebe nur ein Gegenmittel: abschalten. Die Reizüberflutung durch das Fernsehen löse bei vielen jungen Zuschauern Passivität aus, meinen die einen. Der ständige rasche Bildwechsel im Fernsehen, behaupten dagegen andere, stehe in ursächlichem Zusammenhang mit dem hyperkinetischen Syndrom. Von den ständig wechselnden Einstellungen und Brennweiten konfrontiert, ändere sich der Bezugspunkt des Zuschauers alle paar Sekunden. Durch diese Technik werde eine kurze Aufmerksamkeitsspanne buchstäblich programmiert. Viele Kinder versuchten demnach, die dynamische Qualität des Bildschirms durch rapide Veränderung ihrer Wahrnehmungsorientierung zu duplizieren.

In Gesprächen mit den Eltern über die Fernsehgewohnheiten ihrer Kinder taucht anderseits immer wieder das Wort »Passivität« auf. Auch von Fernsehsucht ist vielfach die Rede. Die vergleichsweise größte Aufmerksamkeit findet vermutlich die Frage, ob Gewaltdarstellungen im Fernsehen manche Kinder zur Nachahmung anregten. Immerhin erhöhte sich in den Vereinigten Staaten, Statistiken des FBI zufolge, die Zahl der wegen schwerer Gewaltverbrechen verhafteten Jugendlichen zwischen 1952 und 1972 um 1600%. Jedes Kind, das häufig vor der TV-Röhre sitzt, bekommt im Laufe seines jungen Lebens Hunderte, wenn nicht Tausende von gespielten oder sogar echten Morden, Schießduellen und Vergewaltigungen vorgesetzt. Ein ursächlicher Zusammenhang zwischen Fernsehen und Jugendkriminalität konnte jedoch trotz zahlreicher Bemühungen von Sozialwissenschaftlern und Psychologen nicht eindeutig belegt werden. »Die überaus abstoßenden, sadistischen, erstaunlich variationsreichen Gewalttaten, die auf den häuslichen Bildschirmen zu sehen sind, dürften zweifellos unterschwellige Auswirkungen auf das Verhalten der Kinder haben, aber sie rufen bei ihnen kein asoziales Verhalten hervor. Zwar ist die Mehrheit der amerikanischen Kinder regelmäßig diesen Gewaltdarstellungen ausgesetzt, die als ein Kausalfaktor für die Zunahme der von Jugendlichen verübten Gewaltdelikte bezeichnet wurden; aber bei den Kindern, die in den FBI-Statistiken aufgeführt sind, handelt es sich nur um einen kleinen Prozentsatz des Fernsehpublikums. Und während eine Anzahl von Untersuchungen tatsächlich auf eine Beziehung zwischen dem Miterleben von Gewalttaten auf dem Bildschirm und darauf folgendem aggressiven Verhalten hindeutet, schließt dieses im Forschungslabor nachgewiesene Verhalten offensichtlich nicht Vergewaltigung oder Mord ein, die schweren Verbrechen also, die unter anderem im FBI-Report erscheinen, sondern eher alltägliche Formen kindlicher Aggression« (Lit. 122). Keine TV-erregten Morde, »nur« harmlose Aggression? Es ist schwerlich vorstellbar, daß ein Heranwachsen angesichts zahlloser Bildschirmverbrechen ohne tiefgreifende Wirkungen auf die Psyche der Kinder möglich ist: Die Dimensionen »Mord« oder »Aggression« sind ja nur zwei von vielen möglichen Varianten. Übrigens: Wenn Zusammenhänge schon nicht beweisbar sind – läßt sich umgekehrt verläßlich ausschließen, daß der Anstieg der Gewaltverbrechen mit dem Fernsehkonsum nichts zu tun hat?

Wie so oft, wartet auch hier die Wissenschaft mit widersprüchlichen Theorien auf: Nach der sogenannten Kartharsishypothese käme dem Fernsehen sogar eine heilende Wirkung zu, weil das Bedürfnis nach Gewalt auf harmlose Weise abreagiert werde. Die Inhibitionshypothese geht davon aus, daß durch das Sehen von Gewalt im Fernsehen eine Übererregung erfolge, die ihrerseits wieder einen Hemmungsmechanismus in Gang setze. Nach der Stimulationshypothese erzieht das Fernsehen zur Gewalt. Und die Habitualisierungsthese schließlich meint, daß man sich durch das Fernsehen an die Gewalt gewöhne. Kurzum: ein Selbstbedienungsladen an Theorien; suche sich jeder aus, was ihm ins Konzept paßt.

Auch über die Einflüsse des Fernsehens auf das Familienleben und die Kommunikation zwischen Eltern und Kindern gibt es unterschiedliche Auffassungen. Die einen kommen zu der Erkenntnis, bezüglich des familiären Gesprächs sei Fernsehzeit tote Zeit. Andere Beobachtungen an Familien mit eingeschalteten Fernsehgeräten fanden heraus, daß mehr als 70% dieser Situationen von Gesprächen begleitet waren. Fazit dieser Untersuchung: Fernsehen regt also durchaus zu familiären Gesprächen an (Lit. 123). Allerdings sollte man sich fragen, welche Qualität diese Kommunikation hat: Zweifellos wird bei TV-Witzen gelacht, und ein Tor beim Fußballmatch findet allemal Kommentare. Ist das Familienleben? Darf man aus der Zahl der ausgetauschten Wörter auf die Intensität des sozialen Lebens schließen?

Als gesicherte Erkenntnis bezüglich der Einwirkungen des Fernsehens auf die Familie gibt die deutsche Expertenkommission »Neue Medien« folgende Befunde an: Je höher die soziale Schicht, desto geringer ist der Fernsehkonsum. Sein Ausmaß steht offenbar im Zusammenhang mit der Fähigkeit der Familie, ihre Probleme in Gesprächen und gemeinsamen Handlungen zu lösen. Wird das Fernsehen »erzieherisch«, als Belohnung oder Bestrafung eingesetzt, so führt das bei Kindern zu einem höheren Fernsehkonsum; auch ein Mangel an elterlicher Zuwendung fördert mehr TV-Kontakt. Es besteht eine Korrelation zwischen Verhaltensstörungen bei Kindern und ausgedehntem Fernsehen. Ungeklärt sei, so die Stellungnahme, ob das Fernsehen das Gespräch in der Familie verhindere oder eher belebe (Lit. 124).

Wir sollten uns mehr um die Freizeitalternativen kümmern

Sieht man davon ab, daß sich eine Familie dafür entscheidet, ein Fernsehgerät erst gar nicht anzuschaffen, und geht man von der –

eigentlich evidenten – Schlußfolgerung aus, fernsehen sei jedenfalls nicht ohne Auswirkung auf Kinder und Jugendliche, so stellt sich damit die erzieherische Aufgabe, Medienkompetenz zu vermitteln, das heißt, den Mediennutzer im Bereich der Medien kompetent, eigenverantwortlich entscheidungsfähig zu machen; vor allem müssen Elternhaus und Schule dabei verstärkt und in neuer Weise auf die Heranbildung des ganzen Menschen schauen, der den Einflüssen der modernen Informationstechnik standzuhalten vermag.

Ich bin nicht der Ansicht, daß allein die Existenz beziehungsweise die Häufigkeit des Fernsehens dazu führt, daß Kinder alternative Angebote ablehnen. Letztlich entscheidet, welches Freizeitmittel anziehender ist. Die Attraktivität in den Augen des Kindes wird aber bestimmt durch Maßstäbe, die sich an Werten orientieren; auch hier liegt eine wichtige Erziehungsaufgabe für Lehrer und Eltern. Mag sein, daß gar nicht das Fernsehen »schuld« ist: Wenn für viele Menschen das Fernsehen spannender ist als eine alternative Freizeitumwelt, liegt das nicht einfach an der Anziehungskraft des Fernsehens, sondern ebensosehr an einer offenbar minderwertigen Qualität der jeweiligen sozialen Umgebung.

Wenn wir der Jugend keine Werte und Vorbilder bieten – das Fernsehen tut dies in reichem Maß, und viele Erzieher sind der Überzeugung, es seien die falschen Werte. Wer sich jedoch bloß an dem orientiert, was das Fernsehen bietet, ist möglicherweise auf dem falschen Weg und vermehrt das Übel.

Fernsehen und Lernen

Für Erzieher ist noch eine weitere Frage in diesem Zusammenhang von Bedeutung: Inwieweit beeinflußt das Fernsehen das Lernverhalten, und inwieweit kann Fernsehen als Lernmedium eingesetzt werden? Dazu bemerkt Marshall McLuhan, durch das Medium Buch werde unser Denken hauptsächlich an lineare Strukturen gewöhnt, an klare Abfolgen, gemäß dem naturwissenschaftlichen Konzept von Ursache und Wirkung; demgegenüber hätten die elektronischen Medien durch ihren Charakter der Gleichzeitigkeit eine tiefgreifende Veränderung bewirkt, vor allem in Richtung mehrschichtiger Informationsaufnahme und simultaner Verarbeitung mehrerer Datenstränge (siehe Seite 34).

Auch die Veranschaulichung als pädagogisches Prinzip spielt eine Rolle. Die Forderung nach Veranschaulichung ist dabei nicht gleichbedeutend mit der Forderung nach möglichst realitätsnaher Darstellung. Veranschaulichen bedeutet lediglich, einen Sachverhalt so darzustellen, daß ihn der Lernende in seine vorhandenen Vorstellungsschemata einordnen kann. So wurde der Lernerfolg von Lehrstoffen mit unterschiedlicher Realitätsnähe bei unterschiedlichen Medien überprüft: Versuchspersonen wurden dabei mit unterschiedlichen Realitätsstufen der Darbietung konfrontiert: mit Photographien des realen Gegenstands, Photographien eines Modells, einer detaillierten räumlichen Zeichnung, einer einfachen Strichzeichnung und einer schriftlichen Bezeichnung. Abgesehen von der abnehmenden Realitätsnähe der Darstellungsformen wurden die Materialien in Schwarz-Weiß oder in Farbe präsentiert. Der Lernerfolg der insgesamt neunfach abgestuften Lehrmittel wurde in einem Zeichentest, einem Identifizierungstest, einem Terminologietest und einem Verständnistest gemessen. Es stellte sich heraus, daß bei den Darbietungsformen Fernsehen und Tonbildschau – dabei war das Lerntempo von außen fest vorgegeben – visuelle Darbietungen mit geringer Realitätsnähe am wirkungsvollsten waren, während in Lernsituationen mit selbstgesteuertem Lerntempo visuelle Darbietungen mit mittlerer bis hoher Realitätsnähe einen deutlich größeren Lernerfolg zur Folge hatten. Der Lernerfolg war bei abstrakteren Darbietungen häufig größer, obwohl realitätsnahe Darbietungen von den Versuchspersonen bevorzugt werden (Lit. 125).

Zu diesen vorwiegend kognitiven Aspekten kommen emotionale: Professor Herta Sturm, Leiterin des Seminars für Kommunikationspsychologie/Medienpädagogik an der Erziehungswissenschaftlichen Hochschule Rheinland-Pfalz verweist auf die schnelle Abfolge von Bildern beim Fernsehen. Im täglichen Leben gebe es in der Regel jeweils kurze Momente, in denen man Gelegenheit habe, sich auf eine neue Situation innerlich einzustellen. Sturm nennt sie Halbsekunden; in dieser Spanne können persönliche Erfahrungen und Erwartungen eingebracht werden. Beim Fernsehen dagegen stehen solche Halbsekunden nicht zur Verfügung, denn als Zuschauer weiß man nie genau, welches das nächste Bild sein wird. Jedermann kann an sich selbst beobachten, daß während einer Fernsehsendung versucht wird, einen Vorgang innerlich für sich selbst zu benennen. So kann es sein, daß man im Verlaufe eines TV-Krimi unwillkürlich zu sich sagt: »Vorsicht, da kommt einer.« Sturm: »Diese innere Benennung werte ich als den Versuch, eigene Erwartungen, Gefühle und Gedanken während einer Sendung einzubringen. Dieser Vorgang der inneren Benennung bedeutet zugleich eine Kategorisierung der fernsehvermittelten Außenreize, ein Einordnen in eigene kognitive und emotionale Bezugssysteme. Fehlen nun solche Halbsekunden bei den Übergängen, etwa bei rasanten Situations- und Szenenwechseln, wird der Zuschauer also gleichsam von Bild zu Bild getrieben, dann kommt er nicht mehr nach in seiner inneren Benennung. Er verstummt, wird inaktiv und ist dem rasch wechselnden Bilderstrom ausgeliefert. Daraus folgt eine hohe Erregung und ein Nichtverstehen und eine emotionale Überforderung« (Lit. 126). Sturm leitet aus dieser Überlegung die Forderung nach einer zuschauerfreundlichen Mediendramaturgie ab. Sie solle – auf wenige Halbsekunden bezogen – dem Zuschauer ein Mitgehen ermöglichen. Dazu kommen, so Sturm, emotionale Faktoren. Sie fand heraus, daß Fernsehakteure von zuschauenden Kindern sofort mit ähnlichen Gefühlen besetzt würden wie Personen im wirklichen Leben. Wenn solche gefühlsbesetzten Personen aber subjektiv als unzuverlässig empfunden werden und das Kind in der Folge auf eine Bestätigung seiner Gefühle verzichten muß, dürfte es solche Unsicherheiten im Gefühlsleben kaum ohne Schädigungen überstehen. Das fernsehende Kind ist deshalb immer wieder Gefühlsverlusten ausgesetzt: Es weiß nie, ob, wann und wie Akteure in den Medien, denen es seine Gefühle zugewandt hat, verschwinden, ob und wann sie wiederkommen. Zwar präsentiert das Fernsehen, insbesondere bei Serien mit vielen Folgen, regelmäßig und über längere Zeiträume vertraute Figuren, doch die Regelmäßigkeit ihres Erscheinens folgt dem Programmschema, aber nicht den Bedürfnissen des Kindes. Die Folge ist ein emotionaler Streß. Dieser ist für die Kinder sehr viel höher zu veranschlagen, meint Sturm, als die oft zitierte kognitive Überforderung (Lit. 127).

Grundsätzlich ist das »Lernen mit allen Sinnen« vom »Lernen am Bildschirm« zu unterscheiden (siehe auch Seite 140 ff.). Mit allen Sinnen zu lernen ist Teil des Prozesses des Erfahrens der Wirklichkeit und des Erfahrenwerdens. Demgegenüber ist das Lernen am Bildschirm von einer Reduktion vor allem auf die visuelle Ebene begleitet. Das Auge des zivilisierten Menschen ist gewissermaßen zu einem Zuschauerauge geworden. Mit distanziertem, »kaltem« Blick wird eine Welt erfaßt, abgetastet und durchlebt, zu der es einen komplex sinnlichen Zusammenhang kaum mehr gibt.

Marie-Anne Berr, Lehrbeauftragte an der Technischen Hochschule Hannover, prägte deshalb die Begriffe vom »kalten« und vom »warmen« Auge: Hören und Sehen erlauben eine distanzierte Wahrnehmung von Gegenständen und Vorgängen; sie sind sozusagen Fernsinne. Die Nahsinne dagegen, Geruch, Geschmack, Tastempfindung und Temperatursinn vermitteln eine distanzlose Vergegenwärtigung fremder Zustände; die Grenze zur Welt wird unmittelbar an der Grenze des eigenen Körpers spürbar. So kann »Betroffenheit« erst entstehen.

Die Reduzierung der Wahrnehmung auf das Sehen hat anderseits zur Folge, daß das Auge zur vorwiegenden sinnlichen Lustquelle wird. Der allgemeine Voyeurismus, der sich in die menschliche Bedürfnis- und Triebstruktur eingeschlichen hat, ist somit Ausdruck einer körperentfremdeten Sinnlichkeit. Die Reduzierung der Wahrnehmung auf das Auge, schreibt Berr, bringe die Gefahr mit sich, aus dem Menschen ein körperloses, gefühlloses, teilnahmsloses Monster zu machen. Die Erziehung darf deshalb nicht allein darauf abzielen, bloß das analytische Denken der Heranwachsenden zu fördern. Mindestens ebenso wichtig ist es, Lernsituationen zu schaffen, die sämtliche Sinne umfassen und die damit die Sprache des Körpers zu »Wort« kommen lassen (Lit. 128; siehe Seite 145).

4.1.2. Computer- und Videospiele

Im Anfang waren sie eine Domäne der Erwachsenen. Computertechniker und Programmierer an den großen US-amerikanischen Universitäten kamen bereits in den sechziger Jahren auf die Idee, die Großrechner, an denen sie arbeiteten, während der Arbeitspausen und zuweilen bis spät in die Nacht hinein zur Unterhaltung auszunützen. Viele von ihnen waren mit den ehrgeizigen Raumfahrtprojekten des damaligen US-Präsidenten John F. Kennedy beschäftigt, die – unter anderem – schließlich zum ersten bemannten Flug auf den Mond führten. Kein Wunder, daß sich die Phantasie der akademischen Computerfreaks extraterrestrischen Sphären widmete: »Space War« hieß eines der ersten Videospiele, die in den frühen sechziger Jahren am Massachusetts Institute of Technology entwickelt wurden. Auf dem Bildschirm konnte man zwei Raumschiffe sehen, jedes unter der Kontrolle eines Spielers. Die Objekte ließen sich fast beliebig manövrieren, per Knopfdruck wurden Raketen auf den Feind abgefeuert. Es gewann, wer als erster das Raumschiff des anderen zur Explosion brachte. Heute ist diese Art der Bildschirmgraphik längst alltäglich; damals bedurfte es jedoch noch leistungsfähiger Großrechner, um derartige dynamisch-interaktive Bildschirmabenteuer zu ermöglichen. Computerkriegsspiele entwickelten sich jedenfalls bald zu einer beliebten Attraktion für Studenten und Professoren; sie wurden auch den Besuchern der Rechenzentren voll Stolz präsentiert.

Zu den eifrigen Benützern des MIT-Spiels »Space Wars« gehörte ein gewisser Nolan Bushnell, Sohn einer gläubigen Mormonenfamilie. Er hatte sich das Studium des Elektroingenieurs durch Mitarbeit in einem Vergnügungspark in Salt Lake City verdient; dabei hatte er Einblick in die Geschäftswelt der Arcade-Spiele bekommen (in der Bundesrepublik Deutschland gibt es rund 300 000 Unterhaltungsautomaten, die einen Jahresumsatz von fast 4 Milliarden DM erwirtschaften). Bald träumte Bushnell davon, aus dem elitären Vergnügen am Campus einen gewinnträchtigen Massenartikel zu machen. Wie viele andere Elektronikpioniere übersiedelte er in das Mekka der Computerfreaks, nach Kalifornien. Dort entwickelte Bushnell – gemeinsam mit einem Freund – ein Kampfspiel namens »Computer Games«. Eine fliegende Untertasse kämpfte dabei gegen ein Raumschiff. Das Projekt war allerdings ein Flop. Offenbar war das Publikum nicht bereit, auf Anhieb in die bis dahin unbekannte und komplexe Welt der Computersimulationen einzusteigen.

Den Durchbruch erzielte wenig später »Pong«, ein einfaches Ballspiel, dessen herausragendes Merkmal seine betonte Einfachheit war: Ein »Blip«, ein quadratischer »Ball«, springt dabei in einer Art Pingpongspiel am Bildschirm hin und her. Ein Quadrat ist programmtechnisch einfacher darzustellen als ein runder Ball – eine für Videospiele typische Verfremdung. Zur Vermarktung seiner Idee gründete Bushnell die Firma Atari. Die ersten selbst gebastelten »Pong«-Automaten stellte er nahe seiner Wohnung in Spielhallen und Bars auf. Wenige Tage später rief ihn ein Barbesitzer an und bat ihn, er möge doch das Gerät reparieren. Bushnell kam und stellte fest, daß es gar nicht kaputt war – es war statt dessen mit Münzen regelrecht vollgestopft.

Von diesem Erfolg ermutigt, stellte der »Pong«-Erfinder eine eigene Serienproduktion auf die Beine. Damit begann gleichzeitig eine Erfolgsstory, die selbst in den USA, dem Land der unbegrenzten Möglichkeiten, Seltenheitswert hat, vergleichbar am ehesten mit dem steilen Aufstieg der Computerfirma Apple: Wenige Jahre nach der Gründung erzielte Atari bereits Milliardenumsätze.

Parallel zum rasanten Fortschritt bei der Miniaturisierung integrierter Schaltkreise, welche den Computer überhaupt erst handlich machten, wurden auch die Videospiele technisch rasch anspruchsvoller. Die Designer begannen, Spiele zu schaffen, die visuell reizvoll waren, vielseitige Fähigkeiten erforderten und zuweilen sogar eine richtige Story zur Basis hatten. Waren es anfangs einfache Symbole gewesen, die in Schwarz-Weiß über den Bildschirm flimmerten, kamen nach und nach immer realistischer scheinende und farbige Darstellungen diverser Phantasiefiguren auf den Markt. Der jüngste Meilenstein auf diesem Weg sind Arcade-Spiele, die gefilmte oder wirklichkeitsnahe Szenen aus optischen Speichern – sogenannten Laserdisks – abrufen.

Ähnlich sensationell wie der Erfolg mit »Pong« war das erste kommerziell erfolgreiche Weltraum-Kriegsspiel »Space Invaders«, ein Produkt »made in Tokyo«. Zum erstenmal kann der Spieler allein gegen den Automaten antreten und dabei die Erde gegen außerirdische Angreifer verteidigen, die von Runde zu Runde in immer rasanterem Tempo zur Invasion anfliegen. Das Konzept des Alleinspielens erwies sich jedenfalls als durchschlagender Erfolg. Kurze Zeit später ergoß sich eine Flut von Abwandlungen der Idee der »Space Invaders« über die Spielhallen in aller Welt. Die Verkaufserfolge waren so beeindruckend, daß bald niemand mehr glaubte, man könne andere als Weltraumspiele mit Gewinn vermarkten.

Doch die Japaner belehrten die Spielindustrie nochmals eines Besseren. »Mr. Pac-Man«, eines der erfolgreichsten Videospiele überhaupt, zeigt weder Weltraum noch Raketen, sondern ein mampfendes Mondgesicht, das sich durch ein Labyrinth hindurchfrißt, während ihn Gespenster verfolgen. Ihnen muß Pac-Man entfliehen, solange er nicht eine der »Krafttabletten« gefressen hat, die aus ihm einen Gespensterjäger machen. »Pac-Man« wurde zu einem regelrechten Mythos: der 3. April wurde zum Pac-Man-Tag; Pac-Man-Konterfeis zierten bald T-Shirts und Einkaufstaschen. Pac-Man war nicht nur das erste Videospiel, das nach der Ära der »Space Invaders« Erfolg hatte, sondern auch das erste elektronische Vergnügen, das in bemerkenswertem Ausmaß auch von Mädchen frequentiert wurde.

In der zweiten Hälfte des Jahres 1983 begann relativ unerwartet die große Krise des Videospiels. Bei einer Vielfalt aus Hunderten von Spielen gelang es offenbar nicht mehr, mit ständig neuen Sensationen den Markt im ökonomisch erforderlichen Ausmaß anzuheizen. Die Folge war ein für viele ruinöser Preiskampf. 1984 begannen sich mehrere Anbieter vom Markt zurückzuziehen. Bald benötigte man für ein Heimvideospiel nicht mehr Spielkassetten, sondern konnte mit Steckmodulen und Disketten arbeiten. Damit wurde es möglich, auf illegale Art Kopien der Spiele herzustellen. Das Sammeln zahlreicher Raubkopien entwickelte sich zu einer eigenständigen Leidenschaft – für viele Jugendliche ist heute das Tauschen von Spielprogrammen offenbar wichtiger geworden als das Herumballern per Tastendruck. Längst schon hat auch der Heimcomputer die technisch beschränkte Videospielkonsole abgelöst.

Nahezu jedes spielerische Motiv läßt sich zu einem »videogame« umfunktionieren; dies gilt für das herkömmliche Gruppenspiel ebenso wie für die einzelnen Sportarten. Allerdings unterliegt das Videospiel nicht den Bedingungen der Wirklichkeit – während sich Flipperspiele nach den physikalischen Gesetzen richten müssen, denen die Bewegung einer kleinen Metallkugel gehorcht, kennt die Videowelt keine derartigen Beschränkungen. Die Objekte in einem Videospiel sind lediglich Abbilder von Objekten. Das Abbild eines Balles muß im Gegensatz zu einem wirklichen Ball nur dann den Gesetzen der Schwerkraft gehorchen, wenn der Programmierer dies ausdrücklich so bestimmt.

Die große Mehrheit der Videospiele läßt sich auf einige wenige Bewegungsarten und Vernichtungsvorgänge reduzieren; dazu gehören vor allem Abschießen, Fressen, Laufen und Springen. »Da diese Elemente nahezu unbegrenzt kombinierbar, zu einer Darstellung eines ganzen Lebens zusammenfügbar wären, liegt offenbar die strukturelle Phantasielosigkeit im Design der Computerspiele nicht in diesem formalen Aspekt begraben, sondern in den sozialen, ökonomischen und kulturellen Umständen, unter denen sie entwickelt, vertrieben und gespielt werden« (Lit. 129).

Da sind zunächst einmal die elektronischen Simulationen herkömmlicher Brettspiele. Außer einer technischen Transformation der Spielbedingungen bringen sie nichts Neues. Als nächster Typus sind die Nachahmungen physischer Tätigkeit zu nennen, etwa das Schlagen eines Balles gegen eine Wand und sein »Abprallen«. Dieser Typus findet sich bei Spielen wie »Pong« oder »Basketball«. Eine andere Variante körperlicher Tätigkeit wird in unzähligen Spielarten des Fressens und Gefressenwerdens nachgeahmt.

Eine weitere Reaktionsform ist das von Spielpädagogen landauf, landab kritisierte »Ballerspiel« – die mehr oder minder kriegerische Realisierung des Gebrauchs einer Schußwaffe beziehungsweise des Ausweichens vor feindlichen Attacken. Simulationsspiele wie etwa der berühmt gewordene »Flight Simulator« sind vorwiegend bei Benützern von Personalcomputern populär.

Schließlich ist noch ein ganz anders gearteter Typus der Video- und Computerspiele zu erwähnen, die »fantasy games«. In den bunten Traumbildern und Kunstmythen von Welten, die jenseits von Zeit und Raum, aber diesseits von Gut und Böse liegen, triumphiert die Magie über die Physik, überwinden uralte Rituale die Logik und ersetzen Tiere die Technik. Viele Fantasy-Spiele sind den Werken britischer Schriftsteller des 19. Jahrhunderts nachempfunden, vor allem dem dreibändigen Bestseller »Der Herr der Ringe« von John Ronald Reuel Tolkien.

Bei »Adventure« beispielsweise präsentiert der Computer eine komplexe unterirdische Welt. Man befindet sich in einem Wald, bemerkt ein Haus, das von vielen Bäumen umgeben ist. Es kommt auf das Geschick des Spielers an, ob man das Gitter findet, durch das man, wenn es auf die richtige Weise geöffnet wird, in die sogenannte Gigantenhöhle gelangt. Der Computer geleitet den Spieler durch diese Traumwelt, indem er die Befehle ausführt, die man über die Tastatur eingegeben hat. Jedesmal, wenn der Spieler einen Zug gemacht hat, erscheint auf dem Bildschirm eine neue Nachricht, die darüber aufklärt, wo er sich gerade aufhält und was sich außer ihm selbst noch am Ort des Geschehens befindet. Im Prinzip geht es darum, einen Schatz zu entdecken. Aber selbst nach monatelangem Spielen, bei dem immer wieder neue Lageskizzen anfertigt und zahllose Suchstrategien entwickelt werden müssen, kommen nur wenige Spieler ans Ziel. Die meisten werden ständig von Drachen, Kobolden und Schlangen in Schach gehalten. Jeder dieser Gegner ist mit mehr oder minder komplizierten Tricks zu besiegen.

Die einzelnen Typen der Videospiele können technisch und funktionell nach verschiedenen Richtungen abgewandelt werden; so spielen die Farbgebung und die graphische Auflösung eine bedeutende Rolle (der gering auflösende Fernsehschirm muß diesbezüglich notwendigerweise unbefriedigend bleiben). Auch dreidimensionale Effekte sind möglich. Dazu kommt, daß die meisten Spiele in verschiedenen Schwierigkeitsstufen absolviert werden können.

Möglicherweise wird in Zukunft ein weitgehend frei zu gestaltender Spieltyp zunehmend populär: Nur mehr einige Randbedingungen und Spielbausteine wären dann vorgegeben, das eigentliche Spiel kann sich der Benützer nach seinen eigenen Wünschen zusammenbasteln.

Vordergründig geht es bei den Videospielen um die Geschicklichkeit: Auge und Hand müssen präzise koordiniert sein, um das Raumschiff in die richtige Schußposition zu bringen; blitzschnell variierende Strategien sollen den richtigen Pfad durch labyrinthartiges Feindesland gewährleisten; erst Übung macht auch hier den Meister. Dennoch scheint hinter den Videospielen weit mehr zu stecken als bloß eine mehr oder minder unterhaltsame Abwechslung im Alltag der Jugend. »An die Stelle der Unterhaltung tritt die Verschmelzung«, schreibt Sherry Turkle. »Beim Flipper reagiert man auf die Kugel. Bei Pac Man ist man der Mund« (Lit. 130). Während sich der Spieler in seiner Phantasie mit der jeweils gewählten Bildschirmfigur identifiziert, wird er gleichsam in ein komplexes Gefüge von mythischen Vorstellungen und rituellen Handlungen hineingezogen. So gesehen sind die elektronischen Helden der Videospiele eine Antwort der Computerszene auf die phantastischen Projektionen der Märchenwelt. Die Sprache des Videospiels ist gleichsam die Sprache eines Mythos. Wie die meisten Märchen geben auch die Videospiele die Situation einer konfliktbeladenen Trennung wieder, einschließlich der Sorge, die Verlassenen könnten nach Vergeltung suchen.

»Es fiele uns in jeder halbwegs plausiblen Storykonstruktion wahrscheinlich leicht«, schreiben Georg Seesslen und Christian Rost in ihrem Buch »Pac Man & Co«, »in den Grundsituationen der Videospiele ... die Abbildung eines mythischen Befreiungs- und Initiationsritus zu sehen. Die Flucht und das Ziel des Neubeginns, die Verwandlung, die durch den Beweis der Fähigkeiten erworbene neue Macht und immer wieder Geburtsvorgänge sollten uns das leicht machen. Allerdings: In der Stilisierung der Videospielgraphik erscheint es zunächst als zu ›schwere‹ Interpretation, der berüchtigte Schuß mit Kanonen auf Spatzen ... Aber jedes Videospiel verweist ja, da es sich seine Geschichte zu ›borgen‹ scheint, auch auf die Geschichten hinter der Geschichte. Und so kann man das Echo der Rituale und Symbole durchaus spüren, wenn man will, auch an sich selbst ... Schließlich ist es gewiß kein Zufall, wie sehr sich die Video-Labyrinthspiele und die Minotaurussage ähneln. Das Labyrinth und das Monster: die Begegnung mit dem (schrecklichen) Organischen in einem System (schrecklicher) Künstlichkeit; das mythisch Deformierte inmitten des wildgewordenen Formwillens. Das Ganze ist sicher auch ein Bild für die Videospiele als Medium. Im überorganisierten Formwillen der Mikroprozessoren erwarten uns mythische Halbwesen aus unvordenklichen Tiefen« (Lit. 131).

Sich verirren bedeutet im Märchen, wie Bruno Bettelheim feststellt, ein Symbol für die Notwendigkeit, sich selbst zu finden. Das Labyrinth könnte demnach die gewaltsam behinderte Suche nach sich selbst bezeichnen.

Mißt man diesem Erklärungsansatz Bedeutung bei, dann muß es als Irrweg erscheinen, Videospiele als Parodie oder Ersatz des Sportes zu begreifen. Es geht um Leben oder Tod, um archetypische Ängste und Wünsche – wenn auch in der Simulation der Bildschirmwelt. Daran vermag meiner Ansicht nach auch die Tatsache wenig zu ändern, daß in der Sparte der Videospiele Landeswettkämpfe und Bundesliga-Meisterschaften ausgetragen werden, die in Aufbau und Durchführung durchaus dem herkömmlichen Sport-Establishment gleichen. Worauf es vielen Menschen beim Videospiel ankomme, meint auch Sherry Turkle, sei nicht nur die jeweils erreichte Punktezahl, sondern ein veränderter Bewußtseinszustand: Videospiele verlangen die totale Konzentration; sie vermitteln das Gefühl, an einem Abgrund zu stehen; jede falsche Bewegung kann »tödlich« sein. Für Menschen, die gewöhnlich unter starkem beruflichen Druck stehen, kann eine derartige totale Konzentration sogar der »Entspannung« dienen. In diesem Sinn äußerte sich ein junger Betriebswissenschaftler, der für eine große Bank in Manhattan arbeitet und von Turkle über seine Einstellung zu Videospielen befragt wurde. Jahrelang hatte der Mann meditiert, um sich zu entspannen; jetzt erzielt er die gleiche Wirkung mit Videospielen: »Für mich kommt es aufs gleiche heraus. Es beherrscht mein Denken. Es ermöglicht mir, friedlich zu werden. Keine Entscheidungen. Die Konzentration aufrechtzuerhalten, die man fürs Meditieren braucht, ist mir ziemlich schwergefallen. Immer wieder sind Gedanken durchgedrungen. Dies funktioniert besser. Es gibt keine Chance, an irgend etwas anderes als an das Spiel zu denken, sonst ist alles vorbei. Eine falsche Bewegung oder ein falscher Gedanke, und du bist tot. Meine Frau macht es nervös, mich beim Spielen zu beobachten. Sie sagt, ich sehe so angespannt aus. Sie hat Angst, ich könnte einen Herzanfall kriegen. Aber wenn ich spiele, bin ich innerlich ganz gelassen. Das muß man sein, man muß über die Strukturen, die Strategie nachdenken. Man grenzt die Welt aus« (Lit. 132). Es mag fragwürdig-oberflächlich erscheinen, die Wirkung eines Videospiels mit der einer Meditation zu vergleichen. Zumindest müßte man in diesem Fall genauer untersuchen, was der Betreffende mit Meditation gemeint hat. Aber darauf kommt es gar nicht an. Das Zitat möge lediglich demonstrieren, daß die spielerische Interaktion mit dem Bildschirm offensichtlich mehr bewirkt als nur die Koordination von Auge und Hand. Von diesem Punkt ausgehend, wollen wir uns im folgenden Kapitel den Kontroversen über die möglichen Einflüsse der Videospiele auf Denken, Fühlen und soziales Handeln der Menschen auseinandersetzen.

Wirkungen der Computer- und Videospiele

Einer weit verbreiteten Auffassung zufolge führen Videospiele zur Vereinsamung: Die ständige Auseinandersetzung mit fiktiven Bildschirmwelten konditioniere bei manchen Menschen, so wird behauptet, den Schritt in die soziale Isolation. Die Spielindustrie scheint die Tragkraft dieses Gedankens erkannt zu haben und präsentiert in ihrer Werbung häufig eine Gruppe von Jugendlichen, die gemeinsam vor einem Bildschirm sitzen und sich dabei glänzend miteinander zu unterhalten scheinen. Das (Zerr-)Bild vom vereinsamten, isolierten Spieler könne, argumentiert auch Professor Dr. Joachim H. Knoll vom Institut für Pädagogik der Ruhr-Universität Bochum in einer von der deutschen Unterhaltungsautomatenwirtschaft verbreiteten Broschüre, nicht aufrechterhalten werden: »Das gemeinsame Spiel mit Freunden, die Unterhaltungs- und Geschicklichkeitsaspekte dieser Betätigung dominieren im Bewußtsein der Jugendlichen.«

Das mag allenfalls für einige elektronisch vermittelte Gesellschaftsspiele gelten. Bei zahlreichen Videospielen tritt man allerdings nicht gegen einen menschlichen Partner, sondern gegen den Computer an. Wo hier der soziale, also der zwischenmenschliche, gemeinschaftsbildende Aspekt herkommen soll, ist unerfindlich. Und wenn sich vor einem derartigen Spielautomaten mehrere Jugendliche scharen, sind die Blicke in aller Regel unverwandt auf den Bildschirm gerichtet; die soziale Interaktion bleibt auf verbale Äußerungen zum Spielgeschehen beschränkt; allenfalls werden geschickte Spielfreaks bewundert, wenn sie stolz ihren Namen in den ersten Platz der Siegerliste eintragen können.

Meiner Ansicht nach sind die typischen Videospiele per se daher zu den am wenigsten gemeinschaftsfördernden von allen Spielen zu zählen (was durch die Tatsache nicht widerlegt wird, daß Videospiele und Heimcomputer auch eine neue Kindersubkultur geschaffen haben, siehe Seite 192). Welche Wirkungen sie zeigen, hängt natürlich von der Spielintensität und der psychischen Konstellation des Spielers ab. Offen bleibt natürlich auch, ob das ständige Videospielen autistische Neigungen erzeugt oder bereits vorhandenen Autismus fördert. (Mit dem Begriff »Autismus« ist nicht so sehr das in der Psychiatrie bekannte Kernsymptom der Schizophrenie gemeint als vielmehr der Ansatz zu einem Verlust des Kontakts mit der Wirklichkeit.) Beides erscheint mir problematisch. Denn in beiden Fällen werden Sozialisierungsbemühungen korrumpiert. Vielleicht flüchten sich genau jene, die Angst vor der Auseinandersetzung mit Menschen haben, in den Umgang mit der Maschine. Das Spiel kann diese Angst subjektiv verringern, sicherlich; aber deswegen ist es noch lange nicht gemeinschaftsfördernd.

Denken wir in diesem Zusammenhang auch an den von Bruno Bettelheim beschriebenen Extremfall eines autistischen Kindes namens Joey, das sich zum Schutz vor der Unabschätzbarkeit der Menschen in die Phantasie flüchtete, es sei selbst eine Maschine, die von anderen Menschen betrieben wird. Die Geschichte vom »mechanischen« Menschen Joey sollte nicht als krankhafter Extremfall abgetan werden – sie bringt lediglich eine moderne Wahnvorstellung überdeutlich zum Ausdruck, wonach der Mensch von einer Maschine gesteuert ist. »So wie die Engel und die Heiligen eines tiefreligiösen Zeitalters uns helfen können, die größten Hoffnungen des Menschen von damals auszuloten, während die Gestalt des Teufels die Ängste der damaligen Zeit offenbart, scheinen auch die Wahnvorstellungen, die heute die Maschinen zum Gegenstand haben, ein Wahrzeichen dafür zu sein, was wir hoffen oder was wir befürchten, daß die Maschine für uns tun oder uns antun könnte« (Lit. 133).

Zu heftigen Kontroversen führte auch die Frage, ob die Kriegsimitationen auf dem Bildschirm die Aggressivität der Spieler erhöhe oder nicht. Mehrere Untersuchungen zu diesem Thema wurden angefertigt, ein Teil davon im Auftrag der deutschen Automatenindustrie. Die Ergebnisse dürfen als bekannt vorausgesetzt werden: Die einen orten eine zunehmende Neigung zur Aggressivität, die anderen stellen dagegen fest, Videospiele dienten der (nützlichen) Ableitung von Aggressionen. Fest steht jedenfalls, daß die Schulung von Kampfpiloten immer mehr mit aufwendigen Computersimulationen durchgeführt wird, die später – quasi als Abfallprodukt – auf dem Markt für Videospiele landen; ein typisches Beispiel dafür ist der »Flight Simulator« (Lit. 134).

Manche Jugendliche geben an, oft mehr als drei Stunden pro Tag vor dem Bildschirm zu sitzen und zu spielen. In Gesprächen fällt dabei immer wieder das Wort »Sucht«. Wohlgemerkt: nicht die Eltern oder Freunde von Spielfreaks meinen, diese seien süchtig; die Betroffenen geben dies vielmehr selbst, und nicht selten sogar ohne Aufforderung, zu (Lit. 135).

Eine andere Wirkung der Videospiele könnte in der Kraft der Simulation irrealer Welten liegen. Nicht so sehr die Geistlosigkeit vieler elektronischen Spiele ist bedenklich, sondern die Möglichkeit, daß junge Menschen sich in simulierten Welten regelrecht verlieren können. In manchen Fällen mag es dann so weit kommen, daß die simulierte Welt attraktiver wird als die reale. Nicht umsonst wurde mehrfach festgestellt, daß ein überdurchschnittlicher Prozentsatz der Besucher von Spielhallen Arbeitslose und jugendliche Dropouts sind. Die Gefahr des Selbstverlusts in einer simulierten Welt ist natürlich kein Phänomen, das nur den elektronischen Spielen eigen ist. Aber es kommt dabei eine wichtige Eigenschaft der Computertechnik zum Ausdruck, nämlich die Möglichkeit, künstliche Welten zu schaffen und in ihnen zu »leben«. So wie sich Narziß in sein eigenes Spiegelbild verliebt, so können Menschen leicht in jene Welten vernarrt sein, die sie mit Hilfe des Computers konstruiert haben oder in die sie sich spielerisch verlieren.

Sicherlich kann narzißtisches Gebaren auch lediglich eine vorübergehende Erscheinung der Adoleszenz sein. Aber wenn man dieses mit einem derart potenten Ablenkungsmechanismus wie dem Computerspiel auslebt, ist zu befürchten, daß sich in der Folge nie wieder ein »normaler« Altruismus einspielen kann. Das heißt: Wenn gerade im Pubertätsalter das Computerspiel gewissermaßen als Mittel der Selbstbefriedigung fixiert wird, dann sieht der über das adoleszente Alter hinausgehende Mensch nicht mehr die Notwendigkeit, sich in eine echte soziale Gemeinschaft zu begeben – diese ist außerdem in der Regel weit anstrengender als das Betätigen eines Apparats.

Dazu kommt weiter, daß beim Videospielen die Wahrnehmung im wesentlichen auf das Auge reduziert wird (siehe Seite 180). Videospiele stellt man mit seinem Kopf an; sie sind eine Welt, in die man eintritt – und bis zu einem gewissen Grade sind sie etwas, das man »wird«. Erotik und Leidenschaft bezeichnen dagegen eigentlich einen Zustand, der aus der Auseinandersetzung und der Hinwendung zu einem anderen Menschen entsteht. Die Faszination der Videospiele steht für einen erotischen, leidenschaftlichen Zustand, für dessen Urspung nicht mehr ein Mensch den Anlaß gibt, sondern der Computer. Daraus entwickelt sich eine Lust, die aus der Bearbeitung eines Gegenstandes heraus entsteht. Der Körper dient nur noch als Handwerkzeug für seine Betätigung. Alle Wahrnehmungen und Empfindungen laufen über das Auge und über das Denken. Die Lust am Videospiel kann auch als eine Art Gehirnsinnlichkeit gesehen werden. Ommo Grupe, Professor für Sportwissenschaften in Tübingen und Vorsitzender des Bundesausschusses für Wissenschaft und Bildung des Deutschen Sportbundes, beleuchtet diese Situation von der anderen Seite her – für ihn ist das Leiberleben das Medium des Erlebens überhaupt. Auf die Frage, ob der Bildschirm diese Funktion übernehmen könne, sagt Grupe: »Da ist zunächst der Verlust an sinnlicher Erfahrung. So kommt es zu dem, was man sehr verkürzt und vielleicht auch gar nicht immer zutreffend als ›Verkopfung‹ bezeichnet. Was auf das Kind – sicher auch auf die Jugendlichen und auf uns Erwachsene – eindringt, wird vornehmlich kognitiv aufgenommen und verarbeitet. Verloren gehen so sinnliche und leibliche Erfahrungen, die ja auch zu Einschätzungen, Einstellungen und Urteilsbildungen führen. Dem Kinde werden also Voraussetzungen genommen, Einsichten zu entwickeln« (Lit. 136).

Durch spielerische Simulationen werden – etwa bei Videokriegsspielen – Persönlichkeitsdimensionen aktiviert, die prägende Sozialisierungseffekte erwarten lassen. Gelernt wird: In der Welt gibt es zwei Sphären. Man selbst bewegt sich in jener, die »gut« ist. Die andere ist das Böse. Es ist übermächtig und bedrohlich. Das Gute hat es immer schwerer. Es muß kämpfen, auch auf verlorenem Posten – für einen noch so kleinen Sieg innerhalb der verlorenen Schlacht. Mag das simulierte Konfliktfeld so banal sein, wie es will – der Spieler gerät alsbald in eine subjektive Notwehrsituation, die in der Angst vor der Niederlage quasi existentielle Dimensionen annimmt. Es geht ganz eindeutig um Tod oder Leben, eigene Vernichtung oder Vernichtung des Feindes. Die Teilnahme an derart funktionierenden Systemen verlangt und produziert eine abstrakte Unterwerfungsbereitschaft unter die jeweiligen Systemregeln. Dazu gehört aber, daß Ohnmachtsgefühle zwar entstehen, aber das systemspezifisch angemessene Handeln nicht blockieren, sondern im Gegenteil es mit Triebenergie versehen. Die Triebziele (Zerstörung des Feindes) richten sich inhaltsabstrakt nach den Vorgaben und Effizienzkriterien des Systems. »Sozialisiert wird also ganz nebenbei auch zur moralischen Indifferenz, zur Mitläufermentalität« (Lit. 137; siehe auch Seite 145).

Aus der Auseinandersetzung mit Videospielen und Heimcomputern entwickelt sich weiter – und das mag viele Eltern schon zur Verzweiflung getrieben haben – eine eigene Kinderszene oder, besser gesagt, eine Kindersubkultur (wenn hier und im folgenden immer wieder von einer »Kultur« die Rede ist, sollte man sich daneben die uneingeschränkte eigentliche Bedeutung des Begriffs – die Pflege der geistigen Güter des Menschen – stets vor Augen halten). So wurden in den letzten Jahren Kaufhäuser zum beliebten Treffpunkt von Jugendlichen, die dort untereinander ihre Erfahrungen mit Computern austauschen; Computerclubs, Feriencamps und andere Veranstaltungen rund um die neuen Maschinen tragen maßgeblich zur Entstehung und Ausbreitung dieses spezifischen Kinderkollektivs bei. Viele Kinder und Jugendliche machen auf diese Weise erst Bekanntschaft mit dem neuen »Medium« und erwerben gleichzeitig kollektive selbständige Erfahrungen in einem Bereich, der neu und von der Erwachsenengesellschaft noch nicht »besetzt« ist. Diese Erfahrungen sollten nicht auf das reduziert werden, was bei der Nutzung bestimmter Programme in direkten Interaktionen mit der Maschine abläuft. Sie sind vielmehr durch verschiedene, zum Teil kollektiv organisierte Aktivitäten vermittelt. »Die besonderen Erfahrungen in der ›großstädtischen‹ Computerszene haben insofern exemplarischen Charakter, als sie eine Variante jenes Wechselspiels von kulturindustrieller Steuerung und eigenständiger Aneignung darstellen, das viele Medien und außerschulische Aktivitäten von Kindern und Jugendlichen kennzeichnet: Die Kultur- und Freizeitindustrien besetzen zwar die meisten Erfahrungsfelder, strukturieren sie über ihre Angebote vor. Aber die Heranwachsenden schneiden sie im Gebrauch auf ihre Interessen zu, entwickeln eigene Selektions- und Verarbeitungsmuster. Auf diese Weise schaffen sie u.a. Alternativen zur Schul- und Erwachsenenkultur« (Lit. 138).

Die so entstehende Kindercomputerszene hat mehrere Aspekte: Zunächst sind die Kinder – vor allem die Jungen – dabei unter sich; sie bilden eine nur ihnen verständliche Geheimsprache aus, es entsteht ein Tausch- und Schwarzmarkt für Software, der mit dem Geldwert des einzelnen Spiels auch dessen Bedeutung und Anspruch mindert. Dieses Netzwerk von Tauschkanälen macht sodann jegliche Bemühungen der spielpädagogischen Zensur weitgehend wirkungslos. So werden die elektronischen Märchen zu einem kulturellen Subsystem, in dem sich die Kinder mehr oder minder frei bewegen können. Und schließlich sind, wie in der gesamten Kultur des Heimcomputers, auch im Bereich der Videospiele männliche Bedürfnisse und Mythen eindeutig überrepräsentiert. Das mag in der Struktur der Spielkulturen liegen, die das weibliche Element ausgrenzen, aber auch in spezifisch männlichen Befreiungsphantasien.

Spielpädagogik

Als das Fernsehen in breiten Bevölkerungskreisen populär wurde, dauerte es nicht lange, bis Medienpädagogen auf den Plan traten und verkündeten, welche Filme gut und welche schlecht seien. Mittlerweile gibt es auch eine Spielpädagogik, die sich mit »guten« und »schlechten« Videospielen auseinandersetzt und die Produkte bewertet, beeinflussen will oder gegebenenfalls mit Hilfe staatlicher Macht sogar unterbinden möchte. Erinnern wir uns schlagwortartig an die Ausführungen des letzten Kapitels – Vereinsamung, Aggression, Sucht, Verkopfung und so weiter. Inzwischen gibt es zunehmend sogar – zum Teil allerdings besonders primitive – Computersexprogramme. Kurzum, für überzeugte oder selbsternannte Hüter der kindlichen Unschuld ist genug zu tun. Jugendgesetze werden herbeigerufen, der Artikel 131 StGB (Gewaltverherrlichung) und andere zitiert – man möge doch endlich hart durchgreifen. Aber: »Spielpädagogik ist immer ein bißchen in Gefahr, ein wenig hysterisch aufzutreten«, bemerken Georg Seesslen und Christian Rost, »weil es ganz einfach zwischen Spiel und Pädagogik ein paar allzu intime und allzu verschwiegene Beziehungen gibt. Oft sind Pädagogen verhinderte, besser gesagt: rationalisierte Spieler. Schließlich gibt es keine bessere Methode, die eigene Spielleidenschaft unter Kontrolle zu bringen, als sie zu pädagogisieren« (Lit. 139).

Wie schon erwähnt, dürfte außerdem die Existenz der neuen Computersubkulturen der Wirksamkeit spielpädagogischer Maßnahmen weitgehend den Boden unter den Füßen wegziehen. Und übrigens: Es sollte uns nicht weiter verwundern, wenn da und dort Halbwüchsige, die weder in ihrer Familie noch in der Schule sozialen Halt finden, gemeinsam mit anderen in die irreale Welt der Computersimulationen ausbrechen. Auch eine gemeinsame Flucht verbindet.

Selbst wenn sie durchsetzbar wären – Verbote können hier kaum weiterhelfen. Die beschriebenen Erscheinungen sind in erster Linie Symptome für soziale und menschliche Probleme, denen man nur wirksam beikommen kann, indem man die Ursachen behandelt. Und wenn die Ursachen beispielsweise in einer zerrütteten Familiensituation zu suchen sind, dann kann man dem Eintauchen in eine technisch vermittelte Kinderkultur, die nicht zuletzt auch soziale Akzeptanz zu schaffen vermag, notfalls sogar positive Seiten abgewinnen.

Lernspiele

Es ist eine Binsenweisheit, daß jeder Bildungsinhalt auch spielerisch vermittelt und gelernt werden kann. Ebenso unbestritten ist, daß für Jugendliche bis zur Pubertät das spielerische Element einen besonderen Stellenwert im Vermitteln von Wissen und von Fertigkeiten innehat. Von daher könnte man vermuten, daß es doch ein breites Angebot an Lernspielen auf dem Markt geben müßte. Wenn man davon absieht, daß viele Videospiele die Auge-Hand-Koordination verbessern und daß Flugsimulatoren zur Ausbildung von Piloten mit Erfolg eingesetzt werden, trifft die Vermutung jedoch nicht zu. Für Erwachsene gibt es zwar eine Reihe computerunterstützter Unternehmensplanspiele (siehe Seite 165); Wirtschaftssimulationen mit spielerischem Charakter stehen hoch im Kurs, und auch die Militärs bezeichnen ihre Kriegsimitationen als lehrreiche Planspiele (siehe Seite 190). Wenn man dagegen das Angebot an Lernsoftware für Kinder und Jugendliche durchforstet (siehe Seite 160), dann wird man Angebote mit spielerisch-kreativem Charakter schmerzlich vermissen. Nicht unerwähnt soll allerdings bleiben, daß beispielsweise die Fantasy-Spiele durchaus einen Bildungseffekt haben, weil sie wenigstens dazu herausfordern, die dem Spiel zugrunde liegenden Bücher genau zu lesen.

Ich behaupte, daß die Möglichkeiten, Lernspiele zu konzipieren, nahezu unbegrenzt sind (wie groß der Bildungeffekt des Lernens am Bildschirm ist, steht auf einem anderen Blatt – siehe Seite 136 ff.). So ließen sich beispielsweise in alle möglichen Geschicklichkeitsspiele ohne Schwierigkeit Aufgaben einbauen, die eine gut ausgebildete Fertigkeit im Kopfrechnen erfordern. Wer unbedingt mit Geschossen herumballern will, könnte auch, anstelle zielbewußt Knöpfe zu drücken, aufgefordert werden, die richtigen Parameter in die mathematische Formel für die Wurfbahn einer Kugel einzugeben. Es bleibt der Phantasie des Lesers überlassen, weitere Ideen zu formulieren. Ich bin jedenfalls überzeugt, daß mit einem Bruchteil des programmtechnischen Aufwands, der zur Produktion der gegenwärtig vermarkteten Videospiele nötig war, zumindest diskussionswürdige Alternativen entwickelt werden könnten. Ob diese bei der Jugend Anklang finden, ist fraglich. Hier könnten aber Schule und Elternhaus zweifellos Impulse geben.

Wohlgemerkt: Es geht nicht darum, den ohnehin schon weit verbreiteten Umgang mit Computerspielen noch zusätzlich zu forcieren, sondern wichtig wäre, anstelle von Verboten, eine qualitative Verbesserung des Angebots.

Zum Fernsehen und zu den Videospielen als »geheimen Erziehern« gesellt sich in ständig steigendem Ausmaß auch der Computer mit all seinen Möglichkeiten, ihn zu programmieren, für bestimmte Anwendungen zu nützen oder damit zu spielen. Die Kommunikation mit der Maschine gewinnt hier neue Dimensionen. Auf sie wollen wir im folgenden näher eingehen.

4.2. Mensch und Computer

4.2.1. Computer im Kinderzimmer

Jede Kultur hat die ihr gemäßen Spielzeuge. Offenbar ist es nur mehr eine Frage der Zeit, bis Computer und Roboter – letztere vielleicht als Puppen oder Feuerwehrhauptleute »verkleidet« – die Kinderzimmer vollends erobert haben. Vielen Eltern wird es nicht behagen, wenn ihre Sprößlinge, noch während sie in ihre Muttersprache hineinwachsen, anstatt mit dem hölzernen Schaukelpferd zu spielen, eine Plastikmaschine in Gestalt einer Mickymaus mit BASIC-Befehlen herumkommandieren. Andere Eltern greifen dagegen schon jetzt begierig nach Heimcomputern, damit Sohn und Tochter möglichst frühzeitig »für die Zukunft gerüstet« sind. Welche Mutter erzählt nicht voller Stolz ihren Bekannten, daß ihr eigen Fleisch und Blut zwei Monate früher als der gleichaltrige Sohn des Nachbarn aufrecht gehen kann oder als erster im ganzen Wohnblock bereits eindrucksvolle Floskeln aus der TV-Werbung nachplappert? Bald schon könnte der Stolz etwa in der Mitteilung zum Ausdruck kommen, der kleine Hansi habe im Kindergarten beim BASIC-Wettbewerb gewonnen.

Wer dieser Entwicklung mit instinktivem Mißbehagen entgegenblickt, sollte sich nicht der Hoffnung hingeben, die Computerisierung der Kinderzimmer werde schon noch eine Weile auf sich warten lassen. Genausowenig scheint es erfolgversprechend, die

Kinder der neunziger Jahre von der neuen, durch Informationstechnik bestimmten Umwelt fernhalten zu wollen. Zu groß war schon für die jungen Generationen der Nachkriegszeit die Attraktivität des Fernsehens (vor allem dann, wenn ihre Vorbilder, die Erwachsenen, ständig vor der Bildröhre saßen), zu mächtig ist heute die Anziehungskraft der blinkenden Geschosse, der unentwegt mampfenden Halbmonde und der durch Knopfdruck lenkbaren Bildschirmflugzeuge aus dem schier unerschöpflichen Angebot der Videospielindustrie (siehe Seite 184 f.).

Wir haben immerhin mehrere Jahrzehnte Zeit gehabt, um die Auswirkungen des Massenmediums Fernsehen auf das Denken des Menschen, seine Emotionen und sein soziales Verhalten zu beobachten und zu analysieren (siehe Seite 173 f.). Wie immer die bislang vorliegenden Ergebnisse dieser Bemühungen gedeutet werden – wir sind gegenwärtig weit davon entfernt, die Folgewirkungen der elektronisch vermittelten Massenkultur (Kultur?) in umfassendem Sinne zu begreifen, geschweige denn sie in der Erziehung unserer Kinder bewältigt zu haben.

Noch viel weniger wissen wir gegenwärtig jedoch, wie und in welchem Ausmaß Phantasie, Denken und Gefühle von Kindern und Jugendlichen durch eine frühzeitige Auseinandersetzung mit Computern geformt (verformt?) werden. Schon die spärlichen Versuche einer sozialpsychologischen Erhellung des Themas »Kind und Computer« geben jedoch Anlaß zur Besorgnis.

Wohl die erste umfangreiche Forschungsarbeit über Wirkungen des Computers auf Kinder im Vorschulalter und in der Grundschule stammt von Sherry Turkle, Professorin für Soziologie und Psychologie am Massachusetts Institute of Technology. Turkle ist mit dem Schöpfer der Computersprache LOGO, dem Computerwissenschafter Seymour Papert, verheiratet (siehe Seite 133 ff.); ihre Untersuchungen knüpfen an die Forschungsmethode des Schweizer Psychologen Jean Piaget (siehe Seite 134) an; durch eigens entworfene Spiele und ausführliche Gespräche mit Kindern verschiedener Altersstufen hatte dieser unter anderem herauszufinden versucht, wann und warum Gegenstände für Kinder »lebendig« sind und »Bewußtsein« haben: So gut wie alles, was Kinder bis zum Alter von etwa sechs bis sieben Jahren wahrnehmen, hat für sie – so fand Piaget heraus – den Charakter des Lebendigen. So erklärte ein zweijähriges Kind auf die Frage, warum auf dem See gerade keine Boote zu sehen seien, daß diese »schlafen«. Ein anderes Kind fragte: »Warum sterben die Steine nicht wie die Insekten, wenn man sie in eine Schachtel gibt?« Aufgrund dieser Untersuchungen kam Piaget zu seiner Stufentheorie der Kindesentwicklung: In einem ersten Stadium wird demnach all das als lebendig erachtet, was irgendeine Aktivität aufweist oder irgendwie nützlich ist. In einem zweiten Stadium wird das Leben durch die Bewegung erklärt, wobei von jeder Bewegung angenommen wird, sie enthalte einen Anteil an Spontaneität. In einem dritten Stadium schließlich unterscheidet das Kind zwischen eigener und erhaltener Bewegung; das Leben wird dann mit der Eigenbewegung identifiziert.

Sherry Turkle wandte die Methode Piagets auf den Gegenstand »Computer« an und fand dabei einige Besonderheiten. Die Gründe, die Kinder für die Beurteilung der »Lebendigkeit« von Objekten angeben, lassen sich demnach in sieben Kategorien gliedern:

Bewegung (von Punkt A zu Punkt B),
Andere Handlungen (»Der Kessel ist lebendig – er kocht«),
Realismus (»Superman ist nicht lebendig – er ist nicht wirklich«),
Moral (»Spinnen sind nicht lebendig; man kann sie zertreten«),
Biologie (»Es ist lebendig, es wächst«),
Psychologie (»Wecker sind lebendig – sie erinnern sich«),
und eine Kategorie mit »sonstigen Antworten«, in die auch die Erwähnung von nichtbiologischen Ursprüngen fällt (wie »Computer sind nicht lebendig – sie sind programmiert«).

Bei traditionellen Objekten, die nicht im Zusammenhang mit dem Computer stehen, wird Bewegung, so stellte Turkle fest, als häufigstes Kriterium für die Entscheidung genannt, ob ein Objekt »lebendig« ist oder nicht: 53 von 88 Kindern führten dieses an. Nur 13 von 88 Kindern dagegen benutzen Bewegung als Kriterium für die Lebendigkeit von Computerobjekten. Dabei erwies sich das Bewegungskriterium Piagets insofern als nützlich, als es eine klare Trennungslinie zwischen der Art und Weise zu ziehen erlaubte, in der Kinder die Lebendigkeit von traditionellen und von Computerobjekten diskutieren: Faßt man die vorliegenden Daten so zusammen, daß das Kriterium Bewegung mit anderen physischen Handlungen (»Der Kessel kocht« oder »Der Kreisel dreht sich«) in eine Gruppe und psychologische Kriterien in eine andere Gruppe zählen (Kriterien also, die mit Intention, Wille, Emotion und Intellekt zu tun haben), dann zeigt sich, daß bei herkömmlichen Objekten die Diskussion um ihre Lebendigkeit von physikalischen Kriterien beherrscht wird, bis diese irgendwann von allgemein anerkannten biologischen Kriterien (Atmen, Wachstum, Stoffwechsel) abgelöst werden, während psychologische Kriterien die Diskussion über Computer bestimmen, und zwar vom Kleinkindalter an bis hinein in eine Altersstufe, in der Kinder bei der Diskussion über die Lebendigkeit traditioneller Objekte längst eine konsistente biologische Terminologie benutzen. Bei einer Gruppe von 88 Kindern im Alter zwischen vier und vierzehn Jahren benutzten beispielsweise 68% physische und 11% psychologische Kriterien, um die Lebendigkeit traditioneller Objekte zu diskutieren. Bei Computerobjekten waren die Verhältnisse genau entgegengesetzt: 17% benutzten physische und 67% psychologische Kriterien (Lit. 140).

Nun läßt sich die Frage stellen, ob dieses Reflektieren des Kindes über den Computer mit psychologischen Vergleichen auf einem Mangel an Vertrautheit mit den neuen Maschinen beruht. Es wäre nicht verwunderlich, so könnte man weiter argumentieren, wenn Spielzeuge wie »Speak and Spell«, die einen bestimmten Schatz von Vokabeln tatsächlich sprechen können, durch diese ihre menschenähnliche Eigenschaft Verunsicherung auslösten. Ein Mangel an Vertrautheit scheint jedoch, so behauptet Turkle, keine Rolle zu spielen. Die von ihr untersuchten Kinder waren alle zum ersten Mal einem Computer begegnet. Als sie sich an diese Art von Spielzeug gewöhnt hatten, nahm die psychologische Komponente in ihren Äußerungen, wenn sie über Computer sprachen, eher noch zu, nicht ab. Je mehr Umgang Kinder mit computerisierten Objekten haben, desto nuancierter und differenzierter wird offenbar diese psychologische Sprache. So diskutieren Kinder auch untereinander, ob die Computer wohl wissen, wie schön ihre Anzeige auf dem Bildschirm ist. Sie malen sich aus, was die Maschinen wohl in der Nacht machen. Gespräche über Computer können sich zu Gesprächen über Empfindungsvermögen, über Gefühle, über Psychologie entwickeln. Sherry Turkle: »Diese Kinder wissen, daß die Maschinen nicht im selben Sinne wie Menschen lebendig sind, und doch denken und reden sie in einer Sprache über sie, die eigentlich nur für Lebewesen angemessen ist« (Lit. 141).

Die Autoren von Kinderbüchern gehen ganz in diese Richtung: Das Bilderbuch »Ein Wiesenfest für Computerkäfer« beispielsweise beschreibt eine Biene, die vom Tausendfüßler ausgeschickt wurde, eine Fabrik auszukundschaften, in der Insektengift hergestellt wird. »Als sich die Biene an die Dunkelheit gewöhnt hatte, sah sie, daß sie inmitten einer Schar Käfer gelandet war. Sie hatten dicke schwarze Körper und viele glänzende Beine. ›Was seid ihr für seltsame Insekten?‹ fragte sie. Die schwarzen Käfer summten und summten vor sich hin, ohne von der Biene Notiz zu nehmen. Sie wirkten sehr beschäftigt.

Nur der allerkleinste rief: ›Wir sind Computerkäfer, und du?‹«

Es entspinnt sich ein Gespräch – die Biene wird als Mißgeburt mit sechs Beinen verspottet. Die Computerkäfer prahlen, sie hätten vierzehn, andere sogar vierundzwanzig Beine (»Und unsere Königin hat sogar vierundsechzig«), könnten viele Zahlen im Kopf behalten, verstünden Buchstaben.

Der kleine Computerkäfer entwickelt schließlich den Wunsch, einmal eine Wiese zu sehen, und reißt sich von seinen Fesseln los. Die anderen folgen ihm. Die Fabrik steht still. Die Krönung ist ein Wiesenfest für Computerkäfer.

»Mein erstes Buch über Computer« von Luca Novelli läßt die »phantastische Welt der Computer und der Informatik« mit Andreas, einem sehr »persönlichen« Computer, erleben. Er ist eine Maschine, die alles kann, aber er ist ein bißchen begriffsstutzig, verrät das Buch. »Mit einem Computer ausgerüstet, hätte Napoleon bei Waterloo gesiegt«, und weiter hinten: »In Wirklichkeit bietet der Fortschritt der Elektronik und Telematik dem Menschen eine außergewöhnliche Chance.« – »Auch ich bin optimistisch, Freunde«, läßt eine Sprechblase daneben einen Hund sagen.

Das Computerprogramm »Gortek und die Microchips« von Commodore wiederum leitet so ein: »Tief unten in den bodenlosen Höhlen von SYNTAX befindet sich der mächtige, allwissende und unermüdliche Computer CREATIVITÄT.«

So sieht die Computer-»Bildung« aus, die man unseren Kleinsten angedeihen läßt. Eine erschreckende Perspektive. Wenn wir schon erkennen müssen, daß Kinder in bestimmten Entwicklungsstufen Computer als lebendig und mit Bewußtsein ausgestattet einstufen, müssen wir das in Märchen und Werbeaussagen unbedingt noch weiter vertiefen? Damit wird im Kind eine Begriffswelt gefestigt, die unterschwellig weiterwirken kann – der Computer als allmächtiger, unergründlicher Widerpart des Menschen, lebendig und kreativ. Sind wir bereits auf bestem Wege, unsere Kinder für die Überzeugung zu konditionieren, Computer – die noch nicht einmal die Errungenschaften der Künstlichen Intelligenz berücksichtigen – seien dem Menschen ähnlich, vielleicht sogar ihm überlegen?

Auch die Frage der Durchschaubarkeit des Computers spielt für Kinder von Anfang an eine Rolle. Schulkinder versuchen, die Gegenstände in ihrer Umwelt mit mechanischen Begriffen zu erklären und durch Zerlegen zu ergründen. Die Mechanik wird damit gewissermaßen zum Bezugsrahmen für das Verständnis von Objekten: Das Fahrrad wird in bezug auf seine Pedale und Zahnräder verstanden, das Aufziehauto in bezug auf seine Federn. Ähnliche Erklärungsversuche bemühen Kinder auch bei Computerspielzeugen – allerdings ohne viel Erfolg. Man kann Computer zwar zerlegen, aber wie sie funktionieren, wird damit keineswegs unmittelbar einsichtig. Das Kind fühlt sich dadurch in seinem Forschungsdrang gebremst. Turkle erlebte, wie diese Frustration auf bewegende Weise zum Ausdruck kam: Nachdem die Kinder ohne Erfolg herauszufinden versucht hatten, was innerhalb eines Computerspielzeugs vor sich geht, entwickelten sie oft ein plötzliches und betontes Interesse an dem Kassettenrecorder, mit dem Turkle die Gespräche aufzeichnete. Vor allem faszinierte sie die sichtbare und verständliche Bewegung der Bandantriebsachse – eine übliche Reaktion auf intellektuelle Frustration: »Reden wir über etwas anderes.« In diesem Sinne konzentrieren sich Kinder bisweilen auf die größten und »alltäglichsten« Teile, die sie in ihrem Computerspielzeug finden – die Batterie (obwohl auch deren Funktionsweise nicht unmittelbar begreiflich ist).

Auffallend ist aber vor allem ein anderes Phänomen: Wenn Kinder versuchen, eine Trennungslinie zwischen Computer und

Mensch zu ziehen, verweisen sie häufig auf Emotionen. Computer haben demnach in den Augen der Kinder zwar eine Psyche, aber in zwei verschiedenen Bedeutungen: Maschinen sind zwar intelligent, aber unfähig, zu lieben oder zu hassen. In ähnlicher Weise grenzten schon die Romantiker des 19. Jahrhunderts in ihrer Reaktion auf Wissenschaft und Technologie Leidenschaft von Vernunft, das Sinnliche vom Analytischen ab. Thomas S. Eliot spricht in diesem Zusammenhang von der »Auflösung des Gefühlslebens«, vom Verlust der Fähigkeit, Zustände des Geistes und des Gefühls zu integrieren. »Die Tatsache, daß Kinder bereitwillig die Vorstellung akzeptieren, Computer seien in ihrem ›Denken‹ dem Menschen sehr ähnlich und würden sich nur in ihrem Mangel an ›Gefühl‹ von diesem unterscheiden, fördert«, schließt auch Sherry Turkle, »eine dichotomische Betrachtungsweise der menschlichen Psyche.« Damit wird das Kognitive zum bloßen logischen Prozeß, zum Kalten, Trocknen und Leblosen, und das Affektive wird reduziert auf die Eingeweide, das Primitive, das nicht Analysierbare. Die immer schärfer werdende Trennung zwischen Intellekt und Emotion, die das Kind in der Auseinandersetzung mit dem Computer vollzieht, könnte in der Folge leicht eine seichte und sentimentale Art des Denkens über »Gefühle« zur Folge haben. Sherry Turkle: »Wenn es nicht gelingt, die Ängste zu verbannen, Computer könnten zu einer mechanisierten Auffassung des Verstandes führen, sehe ich eine andere Gefahr, die sowohl in Eliots Vorstellung der ›Abspaltung‹ als auch in dem zeitgemäßeren Bild einer Generation eingefangen ist, die eine Mischung aus Mystizismus, Zen und Romantizismus für das einzige hält, was den Menschen in einer Welt von Robotern auszeichnet« (Lit. 142).

Bedenken wir in diesem Zusammenhang, daß die heute Erwachsenen in der Regel an der Tatsache festhalten, daß Computer kein Bewußtsein von sich selbst haben. Andererseits ist aber für einige der Wissenschaftler, die sich mit der Entwicklung Künstlicher Intelligenz beschäftigen, das »Bewußtsein« des Computers zum endgültigen Kriterium für die Entscheidung geworden, ab wann er als so intelligent anzusehen ist, daß man ihn als lebendiges Wesen betrachten muß (siehe Seite 225). Kinder dagegen, die mit dem Computer aufwachsen, scheint die Vorstellung von einem künstlichen Bewußtsein nicht zu schrecken. Vielleicht sind sie die erste Generation, die mit einer radikalen Trennung zwischen den Begriffen »Bewußtsein« und »Leben« aufwächst; für sie werden in der Folge menschliche Wesen nicht mehr die einzigen bewußten und intelligenten Wesen sein.

Nun kann man sicher ausführlich darüber diskutieren, ob eine solche Entwicklung wünschenswert ist oder nicht. Aber noch kennen wir den Weg ungenügend, den Kinder nehmen, die mit Computern aufgewachsen sind und dabei von ihnen geprägt wurden. Mit einiger Sicherheit dürfte jedoch feststehen, daß die Auffassung, der Computer sei ein bloßes Werkzeug, das man zu einem bestimmten Zweck, etwa zum Spielen, benütze und das darüber hinaus keine weiteren Wirkungen habe, nicht zutrifft. Es wäre erstaunlich, wenn die Computerkinder durch die neue informationelle Umwelt, in die sie hineinwachsen, nicht in vielfältiger und tiefgreifender Art verändert würden. Bedenken wir auch, daß Kinder, vor allem im Alter bis zu etwa sieben Jahren, in erster Linie durch bloße Nachahmung lernen. Sie lernen zu sprechen wie ihre Eltern oder Erzieher, ohne sich zunächst des Aufbaus der Sprache bewußt zu sein. Turkle behauptet zwar, es fänden sich keine Hinweise, daß Kinder durch die Auseinandersetzung mit Computern, vor allem durch das Programmieren, ihre Denkweise auf die formelhafte Funktionsweise der Maschine reduzierten. Dennoch kann sie für diese Behauptung weder empirische Befunde noch plausible Argumente vorbringen. Es wäre eher verwunderlich, wenn Kinder, die sich in BASIC übten, noch während sie an der Ausgestaltung ihrer Muttersprache sind, ihre Denkweise unbewußt nicht auch an den Strukturen der Maschine formten.

Naheliegend scheint weiter die Vermutung, daß die Beschäftigung mit Objekten, die nicht unmittelbar »begreifbar« sind – ein auf einem Bildschirm dargestellter Kreis ist etwas anderes als der Versuch, mit Bleistift und Papier aktiv einen Kreis zu formen oder im Kreis zu gehen –, Vorstellungsgabe und Phantasiefähigkeit in eigenständiger Weise formen könnten. Auch das Lernen auf dem Computer erfolgt in einer weitgehend abgeschlossenen, abstrakten Sphäre; es ist kein »Lernen mit allen Sinnen«. Empirische Befunde deuten darauf hin, daß die dabei erzielten Lernerfolge alles andere als phänomenal sind (siehe Seite 161).

Jedenfalls wird der Einzug des Computers in das Kinderzimmer die Kluft zwischen den Generationen vertiefen. Jean-Jacques Rousseau sah im 18. Jahrhundert einen unmittelbaren Zusammenhang zwischen Schreiben und moralischer Gefährdung. Die Entwicklung der Fähigkeit zu schreiben markiere, so behauptete Rousseau, den Augenblick eines kulturellen Bruchs. Jedes Aufwachsen sei ein Verlust von Unschuld und Unmittelbarkeit, und das Schreiben signalisiere, daß dieser Verlust eingetreten ist. Heute wird der Computer zum neuen kulturellen Symbol der bedrohlichen Wirkungen, die Rousseau dem Schreibstift zugeschrieben hatte; Symbol eines Verlusts des unmittelbaren Kontaktes zu anderen Menschen, Symbol der Erschaffung einer eigenen Welt. In besonderer Ausprägung können wir dies am Phänomen der »Hacker« beobachten. Damit wollen wir uns im nächsten Kapitel auseinandersetzen.

4.2.2. Psychogramme von Programmierern

Alljährlich findet im Frühjahr unter den Studenten des MIT eine sonderbare Veranstaltung statt. Das Ganze hat die Form eines Schönheitswettbewerbs, doch geht es darum, »den häßlichsten Mann des Campus« zu wählen. Mehrere Wochen lang stolzieren die Studenten, die sich für die häßlichsten halten, über die Hauptkorridore des Instituts, wobei sie Plakate tragen, auf denen sie ihre Kandidatur ankündigen. Vor den prüfenden Blicken ihrer potentiellen Wähler stellen sie ihre Pickel, ihre aufgedunsenen Gesichter, ihre knotigen Knie, ihre mageren, noch nicht entwickelten Körper zur Schau. Sie sammeln Geld für ihre Wahlkampagnen. Schließlich findet eine Abstimmung statt. Die überschüssigen Geldmittel aus ihren Kampagnen fließen wohltätigen Zwecken zu.

»Ich habe mit dem ehemaligen Studenten gesprochen«, berichtet die US-amerikanische Soziologin Sherry Turkle, »der vor mehr als zwanzig Jahren den Wettbewerb aus der Taufe gehoben hat. Heute ist er Professor an einer anderen Universität. Er ist stolz auf seinen Beitrag zum kulturellen Leben des MIT: ›Jeder weiß, daß Ingenieure häßlich sind. In Harvard zu studieren heißt, ein Gentlemen, sexy, begehrt zu sein. Am MIT zu studieren heißt, ein Werkzeug, ein Nichts, ein Mensch ohne Körper zu sein. Der Wettbewerb zieht nur das ohnehin Offensichtliche durch den Kakao.‹

Die heutigen Studenten am MIT bestätigen seine Ansichten. Sie fühlen sich wohl mit einem Ritual, daß die Negierung des Körpers feiert, doch gleichzeitig sind einige von ihnen durch den Wettbewerb auch irritiert. ›Er trifft zu sehr ins Schwarze. Ich bin nicht häßlich genug, um mitzumachen, aber ich bin auch nicht hübsch genug, um mich normal zu fühlen, eine Freundin zu haben und zu wissen, was ich auf einer Party machen soll.‹ Einige sind wütend über den Wettbewerb und reagieren ärgerlich, als ich ihn erwähne. ›Ich hasse diesen verfluchten Wettbewerb. Er verdirbt unseren ganzen Ruf hier. Ich schäme mich dafür, hier zu sein.‹ Einige leugnen die Bedeutung der Veranstaltung. Andere werfen mir vor, ich sei eben ein ›schöngeistiger‹ Typ, übermäßig empfindsam. Merke ich denn nicht, daß das Ganze ›nichts weiter als ein Witz‹ ist? Doch die meisten empfinden sehr wohl, daß der Wettbewerb, auch wenn er nur ein Witz ist, eine allseits bekannte Wahrheit zum Ausdruck bringt. Eine Wahrheit, die man als soziale Konstruktion des Ingenieurs bezeichnen könnte. Doch die Studenten sehen es einfacher: Ingenieure stehen nun einmal in dem Ruf, häßliche Menschen zu sein, denen alles Sinnliche fremd ist« (Lit. 143). Diese szenische Darstellung der MIT-Soziologin Sherry Turkle wirft ein Schlaglicht auf die psychische Situation, in der sich wahrscheinlich viele Menschen befinden, die ihr berufliches Leben der Maschine widmen. In der Kultur des MIT sind es die Studenten der Computerwissenschaften, die die Rolle der »Outgroup« einnehmen – die Geächteten unter den Geächteten. Die Computerwissenschaft wird dabei, führt Turkle aus, zur Projektionsfläche für die Unsicherheiten und den Selbsthaß der übrigen in der Gemeinschaft, und viele Studenten der Computerwissenschaft akzeptierten dieses Selbstbild des archetypischen Widerlings, Einzelgängers und Verlierers. Im Computersystem des MIT, das als das modernste, fortschrittlichste System seiner Art gilt, werden die »user« als »looser«, die Benutzer als Verlierer bezeichnet.

Anzeichen dafür, daß die Arbeit des Computertechnikers und Programmierers besondere psychische Konstellationen begünstigt, gibt es genügend. Auch der Computerwissenschaftler Joseph Weizenbaum beschreibt ausführlich den Typus des »zwanghaften Programmierers«. Überall, wo man Rechenzentren eingerichtet habe, könne man aufgeweckte junge Männer mit zerzaustem Haar beobachten, die oft mit tief eingesunkenen, brennenden Augen vor dem Bedienungspult sitzen; ihre Arme sind angewinkelt, und sie warten nur darauf, daß ihre Finger – zum Losschlagen bereit – auf die Knöpfe und Tasten zuschießen können, auf die sie genauso gebannt starren wie Spieler auf die rollenden Würfel. Ihre verknautschten Anzüge, ihre ungewaschenen Gesichter und ihr ungekämmtes Haar bezeugen, wie sehr sie ihren Körper vernachlässigen und die Welt um sie herum vergessen (Lit. 144). Auch das Buch »Die Seele einer neuen Maschine« beschreibt eindrücklich Abenteuer, Streß und totale Verausgabung eines Teams von EDV-Technikern im Wettkampf um die Konstruktion eines neuen Computers. Aus den EDV-Hexenküchen des Silicon Valley wird berichtet, daß dort der Drogenkonsum beinahe epidemische Ausmaße genommen habe (Lit. 145).

Innerhalb der Welt der Programmierer gibt es einen mittlerweile allseits bekannten, besonderen Typus, den berühmt-berüchtigten »Hacker«. Er opfert viele Tage und Nächte, um die Benützerkennwörter fremder Personen und Firmen zu ergattern und damit in dem beinahe undurchschaubaren Labyrinth der internationalen Datennetze herumzuflanieren. Spätestens seit dem Film »War Games« erlangten die Hacker weltweite Aufmerksamkeit. In der Bundesrepublik Deutschland sorgt der Hamburger Chaos-Computerclub für Aufsehen, seit es seinen Mitgliedern gelang, unter anderem die Sicherheitsschranken des Bildschirmtextsystems der Deutschen Bundespost zu überlisten.

Vielen Hackern scheint es darum zu gehen, ihre Herrschaft über die Maschine unter Beweis zu stellen; ihren Äußerungen läßt sich entnehmen, daß auch anarchistische Neigungen eine Rolle spielen. Dennoch dürften die meisten Hacker keine eigentlichen Computerkriminellen sein, die sich aus Gewinnabsicht in fremde Datennetze einschleichen.

Aus diesen Indizien ergibt sich ohne besondere Schwierigkeit, daß Programmierer im allgemeinen und Hacker im besonderen eine spezifische Gedankenwelt teilen. Nun könnte man diese Gruppen als zahlenmäßig unbedeutende Minderheit abtun und mit der Bemerkung die Akten schließen, es handle sich um vergleichsweise harmlose Außenseiter der Gesellschaft, die ihre sozialen Kräfte der Maschine widmen. Dem ist jedoch keineswegs so. Die Produkte der Programmierer, die Softwareprogramme, werden tausendfach vervielfältigt und von Computerbenützern in aller Welt in ihre Rechner geladen, um bestimmte Aufgaben auszuführen. Dabei müssen diese sich allerdings an die formalen Kriterien halten, die der Programmierer im vorhinein festgesetzt hat. Die reduzierten menschlichen Denkstrukturen des Programmierers, die er in seine Programme verpackt, beeinflussen fortan auch die Anwendungen der Benützer. Genauso wie weitverbreitete Bücher von Philosophen, Dichtern und Schriftstellern die Denkweise und die Überzeugungen der Leser formen können, findet durch den Gebrauch von Computerprogrammen unbewußt eine Konditionierung auf die in Bits gegossenen Denkstrukturen des Programmautors statt. Insoweit reicht die Bedeutung des Phänomens »Programmierer« über eine kleine Gruppe von Technikfreaks weit hinaus.

Sehen wir uns die Ergebnisse der Forschungen Sherry Turkles noch etwas näher an. Sie unterscheidet »harte« und »sanfte« Programmierer. Während die ersten in Begriffen globaler Abstraktion denken, setzt sich der sanfte Programmierer mit einem Problem auseinander, indem er sich ein Element nach dem anderen vornimmt. Der harte Programmierer nähert sich der Maschine mit einer bestimmten Absicht und dem Bedürfnis, alles unter Kontrolle zu haben. Er hat eine genaue Vorstellung und möchte sie in die Tat umsetzen. Der sanfte Programmierer legt nicht so sehr Wert auf die formalen Details. Ihm geht es eher darum, ein komplexes System aufzubauen, das als Ganzes funktioniert; dabei mag auch eine gewisse Ästhetik, etwa der graphischen Darstellung, eine Rolle spielen. Diese Typologie erinnert an die Abhandlungen des französischen Anthropologen Claude Levi-Strauss über den Wissenschaftler und den Bastler. Levi-Strauss benützte den Begriff »cambriolage« – »Bastelei« –, um eine Unterscheidung der westlichen Wissenschaft und der Wissenschaft vorzeitlicher Gesellschaften einzuführen. Jene ist eine Wissenschaft des Abstrakten, diese eine Wissenschaft des Konkreten. Ähnlich wie der Bastler verwendet auch der sanfte Programmierer konkrete Elemente, während der harte Programmierer formal-abstrakt denkt.

Auch mit Hinblick auf die Risikofreudigkeit kann man unterschiedliche Charaktere beobachten. So wie es aggressive und defensive Autofahrer gibt, kann auch im Programmierer sowohl die Neigung, Risiken einzugehen, als auch ein Sicherheitsbedürfnis ausgelebt werden. Der Computer läßt dem Programmierer die Möglichkeit offen, die »lokale Einfachheit« des Zeile für Zeile niedergeschriebenen Programms sicherheitsvermittelnd zu benützen, andererseits aber auch, die globale Komplexität eines umfangreichen Programms als Risiko und Herausforderung zu empfinden.

Sobald ein Programm ein gewisses Maß an Komplexität erreicht hat, läßt sich sein Verhalten durch den Schöpfer nicht mehr in einfacher Weise vorhersehen. Überraschungen sind jederzeit möglich. Je nachdem, wie der Programmierer an seine Arbeit herangeht, wird er die Maschine entweder als vollkommen verstehbar und kontrollierbar oder als mysteriös und unvorhersehbar, ja als Risikoquelle betrachten.

Wir sind gegenwärtig weit davon entfernt, eine Charakterkunde des Programmierers schreiben zu können. Die bisher beschriebenen Fälle sind in der überwiegenden Mehrheit Menschen, die zu einer Zeit mit Computern Bekanntschaft gemacht hatten, als dieser noch eine eher rätselhafte Maschine war – Studenten an Universitäten oder Angestellte von Computerfirmen. Nicht abzusehen ist derzeit, welche sozialen Phänomene in einer Jugend auftauchen werden, die von Kindesbeinen an mit dem Computer lebt. Computerfreaks verbringen nicht einfach ihre gesamte Zeit mit Computern; sie leben im Umfeld von Computern; sie sind ein Typus von Menschen, die sich gegenseitig einen großen psychologischen Spielraum zugestehen, teilweise auch – wie bereits beschrieben – Menschen, die sich in ihrer Kindheit und Jugend als andersartig, als Außenseiter und Außgestoßene empfunden haben und die sich zu einer Haltung bekennen, die eng mit diesem Lebensgefühl zusammenhängt: einer »Ethik der totalen Toleranz gegenüber sämtlichen Dingen, die man in der realen Welt als sonderbar betrachten würde. Ob es um Leiden geht, um das gesamte Auftreten, um Hygiene, um die Frage, wann einer schläft und wann er wach ist, was einer ißt, wo einer wohnt, wer wen regelmäßig besucht – es gibt keinerlei Regeln, aber es findet jeder Gesellschaft« (Lit. 146). So gesehen, ist der Programmierer gewissermaßen ein Einzelgänger, der nie allein ist. Den Könnern unter ihnen eignet außerdem ein elitäres Bewußtsein; ähnlich den Initiationsriten der Naturvölker werden auch EDV-Neulinge einem bestimmten Ritual unterworfen, dessen Befolgung erst die Zugehörigkeit zum Clan der Programmierer, insbesondere der Hacker, ermöglicht. Der Novize muß sein Können in »Meisterspielen« beweisen. Erinnern wir uns, daß auch im Gefolge der Verbreitung von Computer- und Videospielen eine eigene, Erwachsenen kaum zugängliche Kindersubkultur entstand (siehe Seite 192).

Es spielt meiner Ansicht nach keine besondere Rolle, ob die beschriebenen Charakteristika für Programmierer, Hacker oder Spielfreaks häufig vorkommende Typenbezeichnungen darstellen oder lediglich eher seltene Ausnahmen. Entscheidend ist die Tatsache, daß die intensive Auseinandersetzung mit Computern neue soziokulturelle Erscheinungsformen zutage fördert. Vor allem Lehrer und Eltern müssen sich daher mit diesem Phänomen auseinandersetzen. Dabei wird viel darauf ankommen, welche gesellschaftliche Akzeptanz der Computerfreak erfährt (die Hacker gelten bereits nachgerade als Idole). Wenn ein Jugendlicher, der mit besonderer Begeisterung ein Musikinstrument lernt, plötzlich erklärt, er wolle nicht mehr die Schule besuchen, sondern sich stattdessen ganz seinem Instrument widmen, dann werden nicht wenige Eltern stolz auf ihr vermeintlich geniales Kind sein. Kaum jemandem würde es jedenfalls einfallen, strafweise das Instrument im Kasten einzusperren. Genauso kann es sein, daß das Programmieren von Computern echte, wenn auch einseitige Begabungen zum Vorschein bringt. Ich sehe zunächst keinen Grund, ein solches Talent nicht zu unterstützen. Anders zu beurteilen wäre dagegen ein Kind, das sich in die Welt der Computersimulationen flüchtet, aus Angst etwa, in der Auseinandersetzung mit der realen Welt zu versagen. Dann wird es wesentlich darauf ankommen, die geeigneten Voraussetzungen zur sozialen Integration des Betreffenden zu schaffen. Mehr denn je sind jedenfalls Eltern und Erzieher aufgefordert, sich mit den heimlichen Wirkungen der modernen Technik auf junge Menschen intensiv auseinanderzusetzen.

4.2.3. Der »persönliche« Computer im Spiegel seiner Benützer

Wir haben uns in den vergangenen Kapiteln mit den Wirkungen von Computern auf Kinder, mit den Einflüssen von Computer- und Videospielen auf Jugendliche und mit Hackern und Berufsprogrammierern auseinandergesetzt. Dabei zeigte sich bereits deutlich, daß die Anschauung vom Computer als bloßem zweckgerichteten Werkzeug nicht aufrechtzuerhalten ist. Die Beschäftigung mit informationstechnischen Maschinen beeinflußt den Menschen ganz offensichtlich in seinem Denken, in seinem emotionalen und sozialen Verhalten. Dies gilt grundsätzlich auch für die immer zahlreicher werdenden Erwachsenen, die sich beruflich mit Computern beschäftigen (müssen). Dabei dürfte der sogenannte persönliche Computer eine besondere Rolle spielen.

Wohin der Hase läuft (oder laufen soll), verrät schon die Werbung: Beispielsweise zeigt der Prospekt einer Computerfirma eine nette junge Dame, vor einem Bildschirm sitzend; die Überschrift in Balkenlettern lautet: »Sie verstehen sich« (statt »einander«: welch sprachliche Glanzleistung!). In einem anderen Prospekt ist ein dynamischer junger Manager abgebildet; die Bildunterschrift: »Apple, der Anfang einer neuen Beziehung«. Die Deutsche Bundespost wirbt mit zweiseitigen Inseraten, die mit der Feststellung «Computer sind einsam . . .« beginnen (man möge die armen doch über das Telephonnetz zusammenschließen, damit ihnen nicht fad wird). Es geht also offenbar – etwas überspitzt formuliert – darum, den Computer als gleichberechtigten und in gewissem Sinne mit menschlichen Bedürfnissen ausgestatteten Partner darzustellen. Bevor wir auf die unterschiedlichen Dimensionen dieser »Partnerschaft« eingehen, sei darauf hingewiesen, daß emotionale Beziehungen zu leblosen Objekten eigentlich nichts Neues sind. So sagte der bekannte Musiker André Segovia einmal, eine Gitarre zu spielen sei wie der Kontakt zu einer schönen Frau (»handling a guitar is like handling a beautiful woman«). Auch ist offensichtlich, daß manche Menschen den Wert einer Beziehung zu einem Tier höher als jede menschliche Bindung schätzen. Die Möglichkeit, daß ein Computer eine ähnliche Position erlangt, kann nicht mit der Begründung abgewiesen werden, er sei nicht menschlich (Lit. 147).

Konkrete Erfahrungen zeigen, daß der »persönliche Computer« (schon der Name spricht für sich!) als Partnerersatz fungieren kann und soll. Als ich vor einiger Zeit in einem Wiener Computergeschäft nach Softwareprogrammen stöberte, kam plötzlich eine Frau im Alter von etwa 35 Jahren aufgeregt zur Tür herein und begann, dem Verkäufer ihr Leid zu klagen: Ihr Mann – er ist Fleischhändler an einem der Wiener Märkte – habe vor drei Wochen einen Computer gekauft, um die Buchhaltung seines Ladens zu rationalisieren. Seither sitze er bis spät in die Nacht, um die Programme für seine Zwecke zu adaptieren. »Wenn das so weitergeht«, kündigte die Frau an, »dann lasse ich mich scheiden.« Ein ähnliches Resultat brachte unter anderem ein fünf Jahre dauerndes Experiment des New Jersey Institute of Technology: Es führte zu neuen persönlichen Bindungen, neuen Arbeitsmethoden, Abhängigkeit, Sucht – und mindestens zwei Scheidungen (Lit. 148).

Gehen wir noch einen Schritt weiter. Wenn der Computerwissenschaftler Geoff Simons vom National Computing Center in Manchester in die Zukunft blickt, sieht die Partnerschaft mit »künstlich intelligenten« Computern so aus: »Die Hinweise darauf, daß wir der Geburt einer neuen Familie lebender Spezies auf der Erde beiwohnen, sind überwältigend – und das muß als eines der folgenreichsten Ereignisse in der Geschichte des Lebens angesehen werden. Wir haben gezeigt, daß Computer und Roboter geeigneter Typen unter entsprechenden Umständen die ... notwendigen ›Lebenskriterien‹ erfüllen. Bald werden wir nicht mehr danach fragen, ob Computer und Roboter lebendig sind, sondern welche Art von Leben sie darstellen. Das wird den Weg ebnen für eine Reihe von Fragen zweiter Ordnung:

Kann ein Computer sich um einen Sitz im Parlament bewerben?

Welche Rechte sollte ein Roboter haben?

Würden Sie Ihre Tochter (Ihren Sohn) eine Maschine heiraten lassen?

Selbst solche Fragen sollten wir in Erwägung ziehen – und zu beantworten suchen, ehe sie für uns beantwortet werden von überlegenen Kreaturen, zukünftigen Exemplaren der Gattung Machina sapiens!« (Lit. 149).

Wir sollten uns vor Augen halten, daß diese Sätze nicht von einem x-beliebigen Science-fiction-Autor verfaßt wurden, sondern allen Ernstes von einem Wissenschaftler an das Ende eines Sachbuches mit dem Titel »Sind Computer lebendig?« gestellt wurden.

Selbst wenn es nicht so weit kommen sollte – es genügt schon, wenn es da und dort »Computerwitwen« gibt. Übrigens: Von Computerwitwern habe ich noch nie etwas gehört. Die fast libidinöse Beziehung zur Maschine ist – da sind sich alle Psychologen und Soziologen einig – offenbar eine Domäne der Männer. Mag sein, daß Computer nach außen gesetzte männlich-logische Intelligenzinstrumente sind. Männer beziehen sich auf die Wichtigkeit von Informationen, die zwischenmenschliche Kommunikation scheint weniger Bedeutung zu haben. Frauen können dagegen »Unordnung« hineinbringen, indem sie andere Beziehungen ansprechen als die rein sachlich begründbare (die Anhänger der Emanzipation der Frau mögen mir diese geschlechtsspezifische Charakterisierung nachsehen). Selbst wenn übrigens ein Computer nicht als eigentlich menschlicher, sondern »nur« abstrakter Partner empfunden wird, kann er deswegen genauso die Rolle des Partnerersatzes spielen.

Eine andere Erklärung für die offensichtliche Tatsache, daß Computer (noch?) eine Domäne der Männer sind, könnte in dem altbekannten Faktum liegen, daß viele Männer eine andere Beziehung zum Spielen haben als Frauen. So sagte Eugen Roth:

Bekanntlich kommt das Kind im Weib
Durch das Gebären aus dem Leib.
Da sich jedoch das Kind im Mann
Nicht solcherart entfernen kann,
Ist es begreiflich, daß es bleibt
Und ewig in ihm lebt und leibt.

Dieses treffende Gedicht bringt mich noch auf eine andere Idee: Könnte nicht das Schreiben von Programmen eine Art Ersatz fürs Kinderkriegen sein? Diese Deutung würde zumindest anschaulich erklären, warum viele Programmierer irgendwo im Dschungel ihrer Kommandos ihren Namen verstecken und ihm damit den Stempel des Schöpfers (der Mutterschaft?) aufdrücken. So sagte ein vierzigjähriger Angestellter in einer Studie über die Bedeutungsdimensionen des »persönlichen Computers«: »Programmieren sehe ich schon als Kreativität. Es ist eine Art Schöpfungsakt. Du gebierst einfach« (Lit. 150).

Auch Joseph Weizenbaum meinte: »Der Programmierer ist der Schöpfer von Universen, deren alleiniger Gastgeber er ist« (Lit. 151). In einer synthetischen Wunderwelt, jenseits der Wirklichkeit, beherrscht von den Gesetzen eines inhaltsleeren Formalismus, kann man sich fühlen wie Superman – allmächtig. Eine »saubere« Welt, die nur zu leicht gefangennimmt. Nicht von ungefähr kann dann die Neigung zum Computer zwanghaften Charakter annehmen.

Gefährlich wird es, wenn dieses Allmachtsgefühl die Technozentriker bei einer Rückwendung ins Tageslicht glauben macht, auch dort könne man mit der Logik aus der Schattenwelt bestehen.

Bei einem Vergleichstest verschiedener Personalcomputer-Modelle wurden auch mehrere Personen mit den Testgeräten konfrontiert, die nie zuvor beruflich oder privat mit EDV zu tun hatten. Sie mußten mit den Computern ohne fremde Hilfe arbeiten und konnten nach Lust und Laune verschiedene Programme ausprobieren. Einer der Teilnehmer an diesem Versuch, ein 25jähriger Student, antwortete bei einem abschließenden Gespräch auf meine Frage, was er beim Arbeiten mit dem Computer empfunden habe: »Es ist fast wie Onanie; ich kann mit dem Gerät machen, was ich will.« Ähnliche emotionale Regungen klingen verschiedentlich in Gesprächen mit Programmierern und Computerfreaks durch. Ob wir es wollen oder nicht – auch die sexuelle Dimension des Personalcomputers (abgekürzt: PC) ist nicht zu verleugnen. Wir sollten uns bei dieser Betrachtung vor Augen halten, daß PCs erst seit wenigen Jahren weite Verbreitung finden. Die emotionale Besetzung dieser Maschine ist daher erst im Entstehen; welche der hier angesprochenen Dimensionen sich in Zukunft noch verstärken oder als unbedeutend herausstellen werden, ist ungewiß, hängt aber sicherlich einerseits mit der Werbung der Hersteller zusammen und andererseits mit der Bewußtseinsbildung, die durch die Erziehung für das Informationszeitalter vermittelt wird.

Fraglos hat der »persönliche Computer« schon jetzt die Funktion eines Statussymbols. Ich kenne mehrere Firmenchefs und leitende Angestellte, die zwar auf ihrem Schreibtisch oder gleich daneben einen PC stehen haben, ihn aber so gut wie nie gebrauchen.

Natürlich trägt auch die Werbung maßgeblich dazu bei, viele glauben zu machen, sie müßten einen PC kaufen, um »in« zu sein. Clevere Geschäftsleute beginnen bereits, manchen Computermodellen ein modisches Styling zu verpassen. Es würde mich wundern, wenn es nicht in absehbarer Zeit auch Computer statt im unansehnlichen Plastikgehäuse in edlem Mahagoni gibt, oder aufgemotzt wie ein AMG-Mercedes. Vielleicht gibt es bald auch Computeratrappen.

Hand in Hand mit der subjektiv erfahrenen Bedeutung des PC geht auch seine Einstufung als Machtinstrument. Zweifellos bedeutet die Verfügungsgewalt über einen PC individuell einen Gewinn an Information und damit letztlich Macht. In mittleren und größeren Unternehmen, die schon längst über eine zentrale Rechenanlage verfügen, wird durch den PC als dezentrale »Intelligenz« ein Stück Einfluß von der Zentrale nach außen verlagert – nicht umsonst sträuben sich viele alteingesessene Leiter von Rechenzentren gegen selbständig arbeitende, »intelligente« Terminals. Wenn allerdings dem Computer gegenwärtig die Funktion eines Kontrollinstruments zugeschrieben wird, so dürfte damit eher die Groß-EDV gemeint sein.

Damit ist die Aufzählung aber noch nicht zu Ende. Der »persönliche Computer« kann auch, so unglaublich es auf den ersten Blick klingen mag, gewissermaßen als Hausaltar fungieren. So suggeriert schon die PC-Werbung vielfach, daß der Computer einfach »alles kann« – er rechnet weit schneller als der Mensch, er arbeitet praktisch fehlerfrei, auf jeden Fall »kann er mehr«. Diese subjektiv empfundene Fehlerfreiheit führt dazu, daß man sich darauf wie auf einen archimedischen Punkt stützt, ihn extrapoliert und damit ein Wesen kreiert, das endlich wieder einmal in der Lage ist, alle Probleme zu lösen. Die emotionale Form der Verallgemeinerung verleitet zu der Annahme: Wenn ein Problem gelöst wird, werden vielleicht alle Probleme gelöst. Hier ist auch der Punkt, wo der Computer in die religiösen Phantasien vieler Menschen einrasten kann (Lit. 152).

Man kann den Zusammenhang Computer–Religion aber auch anders sehen. Religion ist nach einer Definition von Friedrich Schleiermacher die Bearbeitung der jeweiligen Abhängigkeit. Ein Blick in die Geschichte zeigt, daß die Menschen in verschiedenen

Kulturepochen überall dort, wo sie von bestimmten Zusammenhängen oder Dingen abhängig waren, die jeweiligen Instanzen, von denen sie abhängig waren, als Autoritäten und Gottheiten ansahen. So hatten die Jäger Tiergötter, und in den Ackerbaukulturen traten die verschiedenen Naturgewalten als Gottheiten auf. Sigmund Freud erweiterte die Definition von Schleiermacher, indem er meinte, das Gefühl von Abhängigkeit in irgendeiner Form führe dazu, es bewältigen zu müssen; die Gefühle der eigenen Inferiorität, etwas nicht zu können, riefen den Wunsch nach einem Wesen hervor, das all diese Eigenschaften, die man selbst nicht hat, in sich vereinigt. Wenn man selbst unter seinem Nichtwissen leidet, dann ist die Gottheit eben allwissend. Wenn man selbst nicht mächtig ist, dann ist die Gottheit allmächtig.

Folgt man diesem Erklärungsversuch, so kann es nicht verwundern, daß die Naturwissenschaft seit der Neuzeit in mancher Hinsicht die Rolle der früheren Götter übernommen hat. An die Stelle des Priesters tritt nun der Wissenschaftler, an die Stelle des Altars das Dialoginstrument. Die neuen »Priester« sind dann die Auserwählten, die mit dem Computer umgehen können. Der »persönliche Computer« wird zum Garant für den Kontakt zur neuen Gottheit.

Auf der anderen Seite hat aber der Computer – darauf hat schon Joseph Weizenbaum mehrfach und eindrücklich hingewesen – das Signum des Undurchschaubaren. Weil man als Laie eben nicht begreifen kann, wie Mikroprozessoren und komplexe Softwareprogramme arbeiten, entsteht nur zu leicht das Bild eines Zauberkastens, in dem Geister und Dämonen walten. So wie die meisten Naturreligionen geprägt sind durch die Angst vor unberechenbaren Geistern und Dämonen, könnte die Undurchschaubarkeit des Computers das Numinose wiederaufleben lassen. In diesem Zusammenhang sind auch die schon angesprochenen animistischen Aspekte des Computers zu beachten (siehe Seite 198).

Allerdings empfinden offenbar nicht alle Menschen den Computer als undurchschaubar. Die Insider der Computerszene, die untereinander eine Art Geheimsprache verwenden, wollen sehr wohl genau wissen, »wie das alles funktioniert«. Dieses Bedürfnis nach Klarheit und Transparenz mag auch von einer Frustration getragen sein, die Komplexität der realen Welt nicht mehr durchschauen zu können. So beschreibt Sherry Turkle einen etwa 50 Jahre alten Vertreter für elektronische Geräte namens Wayne folgendermaßen: »Im Computer sah Wayne die Möglichkeit, eine Tiefe des Verständnisses zu erreichen, die ihm sonst verwehrt war. Bald darauf machte er die Beziehung zur Maschine zur Richtschnur für andere Lebensbereiche.« Wie der Computer zugänglich und transparent ist, so sollte auch eine rationale politische Welt zugänglich und transparent sein: »Die Politik ist ein System, natürlich ein kompliziertes. Aber es ist ein System. Wenn die Menschen etwas so Kompliziertes wie einen Computer verstehen, werden sie auch in anderen Bereichen eine größere Verständlichkeit fordern« (Lit. 153).

Betrachten wir schließlich noch einen weiteren Aspekt, der die Verantwortung im Umgang mit dem Computer betrifft. Vielerorts wird der Computer als Mittel der Erziehung zur Präzision gelobt. An der Richtigkeit der Anschauung ist nicht zu zweifeln – nur kann die Erziehung zur Präzision auch negative Folgen haben: Der solcherart Gedrillte beschränkt sich im beruflichen Umgang mit dem Computer darauf, seine Sorgfaltspflicht zu erfüllen, anstatt Verantwortung zu übernehmen. Der Unterschied ist wesentlich: Sorgfaltspflicht meint die bloße Erfüllung aller vorgegebenen Regeln. Verantwortung zu übernehmen bedeutet aber darüber hinaus, einen Spielraum für sein Handeln rechtschaffen zu nützen. Je kleiner dieser wird, um so weniger fühlt man sich verantwortlich. Je logischer und widerspruchsfreier unsere Welt gesehen wird, um so mehr reduziert sich die Entscheidungsfreiheit oder der Entscheidungsspielraum auf »Richtigkeit« – die persönliche Verantwortung etwa eines Arztes, der sich im Einzelfall für eine noch nicht allgemein anerkannte Therapie entschließt, bleibt dabei auf der Strecke.

Eine weitere Bedeutungsdimension kann der Computer als »Therapeut« erlangen. Dies hat Joseph Weizenbaum schon in den sechziger Jahren durch sein Computerprogramm »ELIZA« eindrücklich demonstriert. Es war nach der Gesprächstherapie von Carl Rogers konzipiert und gab bloß bestimmte Worte, die ein Mensch im Dialog mit dem Computer äußerte, als Frage zurück. Dennoch reagierten viele Benützer eigenartig: Sie wollten mit ihm alleine sein, damit kein menschliches Wesen von den Geheimnissen

Kenntnis erlange, die sie dem Computer sehr wohl anvertrauen mochten. Amerikanische Psychotherapeuten sahen das Programm »ELIZA« tatsächlich als realistische Alternative zum Gespräch zwischen Arzt und Patient an (eine Einschätzung, die übrigens weitreichende Rückschlüsse auf das Selbstverständnis dieser Menschen zuläßt). Eines der in der Bundesrepublik Deutschland neuerdings zunehmend populären elektronischen Kommunikationssysteme vom Typ »Mailbox« bietet ebenfalls bereits eine »On-line-Psychotherapie« an (Lit. 154).

Eine mögliche Erklärung für die Einstufung des Computers als Therapeut liegt darin, daß die Interaktion mit dem Computer kein echtes, sondern nur ein »Probehandeln« darstellt. Man kann sich dabei weitgehend gefahrlos irren – es geht ja nicht um ein Gespräch mit der Freundin, das in einer Trennung enden könnte, sondern nur um die Kommunikation mit einer Maschine, die man notfalls abschalten und wieder starten kann. Offenbar fungiert dieses Probehandeln für Menschen, die unter Kommunikationsstörungen leiden, subjektiv als Hilfe.

Anders als die vergleichsweise noch »sinnlichen« Medien wie das Telephon setzt der reizarme Computerverkehr, das zeigt auch die oben erwähnte »On-line-Psychotherapie«, fast animistische Phantasietätigkeiten in Gang: »Schon allein die zahlreichen Fliegermetaphern der Computerfreaks – ein Programm ›hochziehen‹, mit einem Rechner ›abstürzen‹ und so weiter – deuten auf eine stark am Gleichgewichtssinn orientierte Körperwahrnehmung hin. Die Projektionsleistungen jedoch, mit denen der Neuling selbst die simpelsten Menüroutinen an den anderen Enden des Kabeluniversums als individuelle Zuneigung empfindet, erzeugen ein imaginäres Schattenkabinett voll fremder, freundlicher Stimmen. Die Wüste lebt« (Lit. 154).

Fassen wir zusammen: Dem Computer wird von seinen Benützern eine Vielfalt von Bedeutungen zugemessen, die seine Funktion als bloßes Werkzeug weit übersteigen.

Dazu kommen tiefsitzende Emotionen derjenigen, die sich mit Computern noch nicht konkret auseinandergesetzt haben: Hier dominiert im wesentlichen Angst. Der Psychologe Norbert Tanzer von der Universität Graz möchte in diesem Zusammenhang »Angst« von »Scheu« unterschieden wissen: Letztere sei häufig bei

Erwachsenen, die noch keine oder nur wenig Erfahrung mit Computern haben, zu beobachten und dürfte neben einer falschen Erwartungshaltung auf eine gewisse Furcht, sich durch ungeschicktes Verhalten bloßzustellen, zurückzuführen sein. Die Angst vor dem Computer resultiere dagegen aus der Wahrnehmung mangelnder Kompetenz (Lit. 155).

Dazu kommen Angst vor Arbeitslosigkeit und Angst vor dem Verlust der Einzigartigkeit des Menschen; Angst davor, daß ein Netz von Computersystemen die Welt mit einem allwissenden Computergehirn überziehen und gleichsam ein kollektives Wissen schaffen könnte (natürlich gibt es auch Computerbenützer, die mitunter diese Ängste empfinden – auch ich gehöre zu diesen). In einer Zeit der Sinnkrise und Orientierungslosigkeit mag diese Vision umgekehrt sogar als konkrete Heilserwartung, als eine Art elektronischer Erlösung interpretiert werden. Das wäre dann der Endsieg des Materialismus. So schreibt der theoretische Physiker Professor Dr. Herbert Pietschmann: »Nach den drei Stationen naturwissenschaftlich-technologischen Fortschrittes, mitten im Atomzeitalter, tut sich eine völlig neue Dimension auf. Als letzte Folge des totalen Siegeszuges der Logik wird der Mensch seiner Menschlichkeit, seiner Würde beraubt. Bisher galt es, durch Elimination der Widersprüche, durch Unterordnung unter die Mechanik, dem männlichen Prinzip zum vollständigen Durchbruch zu verhelfen. Der Widerspruch Welle–Teilchen in der Quantenmechanik und die Anschaulichkeit mechanischer Theorien bargen aber einen letzten Rest Leben (einen letzten Rest weiblicher Aspekte) im Weltbild. Durch den vollständigen Sieg der Zahlen durch die Digitalisierung werden auch diese letzten Reste eliminiert. Selbst der Widerspruch der Quantenmechanik wird seiner Lebendigkeit beraubt, haben wir doch gesehen, daß er in der Interpretation aufbewahrt, im mathematischen Apparat aber entfernt ist. Wenn wir nun den Computer für uns rechnen lassen, senkt sich die Waagschale zugunsten der Vorausschau durch Zahlenangaben; die Interpretation, die Vorstellung, die Anschaulichkeit, in der der Widerspruch lebt, wird bedeutungslos« (Lit. 156).

Damit kommen wir zu einem Punkt, den wir in diesem Buch auf verschiedenen Wegen erreichen werden: Letztlich geht es bei der Frage der Wirkungen des Computers auf den Menschen darum, welches Weltbild wir haben. Wenn wir nur an das glauben, was meßbar, wägbar und formalisierbar ist, reduzieren wir uns und unsere Umwelt auf das Maschinenhafte. Dann ist kein weiter Weg mehr zur Anschauung, daß Computer auch lebendig sein können. Ich wage nicht vorauszusagen, daß es dazu nicht kommen könnte. Es hilft auch wenig weiter, wenn wir uns in die Position flüchten, der Mensch habe ja noch Gefühle, Intuition, Kreativität, wenn wir bald danach in Orwellscher Sprachumdeutung beginnen, Computern Kreativität beizumessen und ihnen Emotionen zuzugestehen. Genausowenig genügt es, als Erzieher darauf hinzuweisen, die Maschine sei an sich dumm und tue nur das, was der Mensch ihr angeschafft habe. Eine solche Darstellung ist gefährlich – sie verkennt den bewußten und unbewußten Bedeutungsgehalt des Computers.

Schließlich ist mit Nachdruck darauf hinzuweisen, daß wir uns am Anfang einer Entwicklung befinden, deren weiterer Verlauf derzeit unbekannt ist – niemand weiß, welche Rückwirkungen Maschinen mit Künstlicher Intelligenz auf den Menschen haben werden. Manche der in diesem Kapitel angesprochenen Bedeutungsgehalte mögen nur mehr abgeschwächt oder gar nicht zum Tragen kommen; andere, neuartige könnten jedoch hinzutreten. Trotz dieser Ungewißheiten ist es, so scheint mir, entscheidend, die angesprochenen Phänomene ständig und intensiv zu ergründen, sie ins Bewußtsein zu heben und damit einer Bewältigung zugänglich zu machen. Wir dürfen die Zusammenhänge in der Konfrontation zwischen Mensch und Maschine nicht im Unterbewußten oder Halbbewußten schlummern lassen, sondern müssen versuchen, uns »im vollen Tageslicht« mit ihnen auseinanderzusetzen. Darin liegt eine wesentliche Erziehungsaufgabe für die Zukunft. Wenn der Computer unser Denken verkümmern läßt, unsere Emotionen verflacht und unsere sozialen Beziehungen verarmt, dann liegt die »Schuld« nicht an ihm, sondern an unserem (verkümmerten?) Selbstverständnis.

Bei aller Berechtigung nach der Frage, was die moderne Technik für das Menschsein bedeutet, sollten wir aber nicht vergessen, daß schon seit je die Maschine eine merkwürdige Faszination auf uns ausübt. Um dies zu verdeutlichen, wollen wir im nächsten

Kapitel einen Blick in die lange Geschichte der Homunkuli und Androiden werfen.

4.3. Mensch und (Informations-)Maschine

4.3.1. Der uralte Traum vom Maschinenmenschen

Menschenähnliche Maschinen zu bauen fasziniert uns offenbar seit alters. Sie sollen den Eindruck erwecken, sich wie lebende Wesen zu verhalten, auch wenn sie nach völlig anderen Funktionsprinzipien konstruiert und gebaut wurden. Altägyptische Texte erzählen bereits von Statuen, die sprechen und sich bewegen konnten. Frühe Zeugnisse der indischen Kultur berichten von außerordentlich fein gestalteten Statuen, die sich bewegten, Getränke einschenkten und die Gäste unterhielten. »Man kann von der alten Geschichte vom Hephaistos, dem Gott der Ingenieure, ausgehen«, schreibt Erhart Kästner in seinem Buch »Aufstand der Dinge« über Automaten; »er belieferte die olympischen Götter durch eine Art Seilbahn, die zwischen dem Palast des Hephaistos und dem Olympos verkehrte ... Unter den Wunder-Werken, die bei Hephaistos industriell hergestellt wurden, waren auch künstliche Menschen, die denken und sprechen konnten ... So stellten die Hephaistos-Werke auch automatische Mädchen her, aus Gold-Draht und Gold-Blech, goldige Mädchen, alles eingebaut, perfekte Wunschmädchen.« Auch Heron von Alexandrien – er lebte in der zweiten Hälfte des 1. Jahrhunderts nach Christus – vertrat in seinem Buch »De automatis« (Über die Automaten) die Ansicht, daß man damit beginnen müsse, die kleineren Arbeiten des Alltags zu mechanisieren. So wollte er zum Beispiel den Weihwasserverkäufer, der stundenlang vor dem Tempel sitzen mußte, um das heilige Wasser zu verkaufen, durch einen Automaten ersetzen.

Kein Zweifel: Es ist ein tief verwurzelter Traum des Menschen, Maschinen zu bauen, die ihm die harte, schwere körperliche Arbeit abnehmen, und solche, die ihm bei Entscheidungen helfen, unbestechlich sind und keine Fehler machen.

Die bereits in der Antike entwickelte Maschinenkunst wurde aus dem christlichen Abendland zunächst als dämonische Zauberei verbannt. Erst die arabischen Ingenieure tradierten das alte Wissen an die Europäer. Mit raffinierten Automaten und kunstvollen Wasserspielen unterhielten sie die Kalifen, während im Abendland noch jeder der Schwarzen Magie bezichtigt wurde, der sich mit solchen technischen Entwicklungen beschäftigte. So geriet der Naturforscher und Theologe Albertus Magnus (um 1200 bis 1280) in Verdacht, weil er einen »eisernen Mann« angefertigt haben sollte. Die Legende erzählt, daß dieser menschenähnliche Automat reden konnte und den Gelehrten bei Tisch bediente. Thomas von Aquin, Schüler des Albertus Magnus, soll das Gebilde mit einem Stock zerschlagen und damit die Arbeit mehrerer Jahrzehnte zerstört haben.

Im 12. Jahrhundert tauchte erstmals im Schrifttum der deutschen Kabbalisten das Wort »Golem« als Bezeichnung für einen künstlich geschaffenen Menschen auf. Golem heißt übersetzt Erdkeim; man kann sich darunter ein ungestaltetes Klümpchen Lehm vorstellen. Der wirklich Fromme und Gelehrte, so die Überlieferung, könne aus lebloser Materie ein Wesen erschaffen, indem er magische Buchstabenkombinationen ausspreche, denn, so glaubte man, alle Kräfte der Schöpfung seien in den Reihungen des Alphabets verschlüsselt. Die wahrscheinlich bekannteste Golem-Sage ist jene des Rabbi Löw (um 1525 bis 1609). Er wohnte in Prag und fertigte aus Lehm einen künstlichen Menschen, der ihm Diener und Knecht sein sollte. Über der von ihm geformten Figur aus Lehm sprach er eine kabbalistische Schöpfungsformel. Auf die Stirn des Golem schrieb er das magische Schlüsselwort »Emeth« (Wahrheit).

Damit erweckte der Rabbi den Golem zum Leben. Fortan verrichtete der Golem willig alle Arbeiten, die ihm sein Herr auftrug. Er war zwar stumm, konnte aber alles verstehen. Auch war er in der Lage, in undurchschaubaren und ausweglosen Situationen eine Lösung zu finden. Er besaß gewissermaßen das, was wir heute mit Künstlicher Intelligenz bezeichnen würden. Schließlich wuchs aber Golem seinem Herrn über den Kopf und geriet außer Kontrolle; Rabbi Löw löschte den ersten Buchstaben des Wortes, das er auf die Stirn des Golem geschrieben hatte, aus. Das Wort »Meth« blieb stehen. Es bedeutet Tod. Der Golem zerfiel wieder zu Staub.

»Die Golem-Legende berührt einen Kern menschlichen Denkens. Einen Mythos, den Mythos der zweiten, der besseren Schöpfung, die Hoffnung auf das Überschreiten von Grenzen, deren Natur uns nicht bekannt ist (und vielleicht nicht bekannt sein kann). Da ist zunächst der Traum, die Sehnsucht nach der Befreiung von der Last der Arbeit und dahinter, wie es der Golem zuerst verheißt, die Befreiung von der Arbeit als Herrschaftsinstrument, als Peitsche der Unterdrückung, ob als Sklavenarbeit oder als Lohnarbeit oder als Arbeitslosigkeit. In seiner ersten Form nimmt dieser Traum die Gestalt des Märchens, der Legende an – kollektiver Gestaltungsprozeß gegen die herrschende Macht: gesellschaftliche Konstruktion einer neuen, besseren Wirklichkeit. In dieser Neugestaltung grenzt sich der Golem-Mythos vom Prometheus-Mythos ab; letzterer besingt die Beherrschung der Natur, ersterer die Verbesserung der Natur. Seit der Renaissance wird das Märchen verdrängt durch die wissenschaftliche Hypothese und ihre technische Realisierung: Stand des gesellschaftlichen Bewußtseins der industriellen Gesellschaften« (Lit. 157).

Neben der mystischen Tradition der Androiden begann im Italien des 13. Jahrhunderts auch die handwerkliche Gestaltung von Maschinenmenschen. Die Entwicklung steht mit dem Aufkommen der Uhrmacherzunft in Zusammenhang; Voraussetzung dafür war die Entdeckung des Prinzips der mechanischen Hemmung. Von diesem Moment an war es möglich, etwas mechanisch zu »programmieren«.

Uhren, die unter Ausnützung dieses Prinzips gebaut wurden, liefen eine Zeitlang automatisch, »wie von selbst«. Die mechanischen Uhren sind gleichsam Prototypen der modernen automatischen Maschinen, bei denen man alles genau vorausberechnet, um ein exaktes Ergebnis zu erzielen. Die Uhrmacherzunft beschränkte sich jedoch nicht auf die Fertigung von Uhren. Wie etwa beim Straßburger Münster oder bei der Nürnberger Liebfrauenkirche entstanden Puppen, die Melodien sangen oder auf Instrumenten spielten.

Als der Mathematiker und Philosoph René Descartes das mechanische Weltbild auch auf lebende Organismen übertrug, wurde die mechanistische Naturerklärung zum Ansatzpunkt des modernen Weltbildes (siehe auch Seite 251). Die Automatenbegeisterung erreichte einen neuen Höhepunkt. Man wollte nicht mehr nur Organismen verschiedenster Art nachbauen, sondern auch den Geist des Menschen. Denkende Automaten waren das Ziel. Damit im Zusammenhang stand die Entwicklung der ersten Rechenmaschinen durch Blaise Pascal und Gottfried Wilhelm Leibniz. Gegen Ende des 18. Jahrhunderts wurden dann in Europa zahllose kunstvolle Automaten und Automatenpuppen gebaut. So stellte der französische Mechaniker Jacques de Vaucanson 1738 in Paris eine künstliche Ente vor, die mit den Flügeln schlagen konnte. Sie schnatterte und pickte sogar Körner auf, die sie »verdaut« wieder von sich gab. Des weiteren baute Vaucanson einen menschenähnlichen Automaten, einen Flötenspieler. Diese Puppe war in der Lage, ihr Instrument im richtigen Winkel an die beweglichen Lippen zu führen. So konnte die aus dem Mund strömende Luft den Ton erzeugen. Dazu kam, daß der Automat mit seinen Fingern die richtigen Löcher der Flöte abdeckte und eine Melodie spielte. Als der Sohn eines Schweizer Uhrmachers ähnliche Pläne zu verwirklichen suchte, wurde er 1786 vor ein Tribunal der Inquisition gestellt. Er mußte sich gegen den Vorwurf verteidigen, seine kunstvollen Figuren mit Hilfe des Satans angefertigt zu haben. Der Mann hieß Henry-Louis Jaquet-Droz und hat wohl die vollkommensten Automatenpuppen gebaut, darunter eine Harmoniumspielerin und einen Zeichner. Angesichts der technischen Vollkommenheit dieser Apparate glaubten schon damals viele, daß eines Tages auch denkende Maschinen gebaut werden könnten.

Der Maschinenmann ist kein Sonderling, sondern gewissermaßen ein »Genius« des 18. Jahrunderts. So findet sich bei Jean Paul ein Text mit dem Titel »Der Maschinenmann nebst seinen Eigenschaften«. Eine Beschreibung für »Leute auf dem Monde, auf dem Saturn, auf dessen Trabanten, auf dessen Ringe«. Geschildert wird die Umwandlung eines Menschen zu einem Maschinenwesen, der Ersatz aller menschlichen Funktionen durch maschinelle Hilfsmittel. Auch E.T.A. Hoffmann hat die Erscheinung des Spießers und der Spießerin als unvollkommene gesellschaftliche Automaten beschrieben. »Die Automate« und der »Sandmann« sind zwei dieser Erzählungen, die den Blendungscharakter der gesellschaftlichen »Rolle« als eine mechanische Funktion zeigen. Hoffmann hat in einigen Märchen die mechanischen Androiden noch weiter entwikkelt, da selbst Mohrrüben (in »Die Königsbraut«) und Flöhe (in

»Meisterfloh«) menschliche Rollen perfekt spielen können, sofern ihre menschlichen Partner sich darauf einlassen (Lit. 158).

Später verliert sich die literarische Beschäftigung mit den Maschinenmenschen. Erst nach dem Ersten Weltkrieg greift Karel Capek in dem Drama »R.U.R.« (Abkürzung für »Rossums Universal Robots«) den utopischen, gesellschaftskritischen Ansatz der Romantik wieder auf. Capek gibt seinem Golem den Familiennamen Robot, nach dem tschechischen Wort für Fronarbeit. Seine Androiden sind aber nicht – wie bei den Romantikern – Karikaturen der um gesellschaftliche Anpassung bemühten Kleinbürger, sondern stellen das Proletariat dar, für das im kapitalistischen Produktionsprozeß ein Maschinendasein vorgesehen ist und das seine Menschwerdung erst erkämpfen muß. Die Golem-Literatur findet ihre Fortsetzung auch in der Science-fiction-Literatur à la Jules Verne.

Auch der Wissenschaftler Isaac Asimov schrieb »Robotererzählungen« und formulierte drei Gesetze der Robotik, eine Art mosaischer Gesetzestafel:

1. Ein Roboter darf keinen Menschen verletzen oder es durch Untätigkeit zulassen, daß ein Mensch verletzt wird.
2. Ein Roboter muß den Anweisungen gehorchen, die ihm von einem Menschen erteilt werden, es sei denn, diese Anweisungen stehen im Widerspruch zum ersten Gesetz.
3. Ein Roboter muß seine eigene Existenz schützen, es sei denn, ein solcher Schutz widerspricht dem ersten und zweiten Gesetz.

Auch in der zeitgenössischen Science-fiction-Literatur und in mehreren Filmen lebt die Golem-Legende als Kampf zwischen Mensch und Maschine fort. Zu den bekanntesten dieser Geschichten gehört der Roman »Colossus« von D. F. Jones, der 1969 unter dem Titel »Colossus, das Forbinprojekt« verfilmt wurde. Darin wird die Geschichte eines Supercomputers erzählt, der die Verteidigungsaufgaben der US-Armee koordinieren soll, darüber machthungrig wird und sich selbst an die Stelle höchster Macht setzt. Der amerikanische Computer tut sich sodann mit seinem russischen Gegenspieler zusammen und errichtet eine Weltherrschaft der Computer. Die Bedrohung durch einen nuklearen Krieg zwischen den beiden Supermächten ist damit aus der Welt geschaffen, aber die Menschen sind unter der Herrschaft der Computer zu einem Leben in wahrer Leibeigenschaft verurteilt.

1968 drehte Stanley Kubrick den inzwischen weltberühmten Film »2001 – Odysee im Weltraum«. Der Supercomputer HAL (benannt nach einer Verschiebung der Buchstabenfolge von IBM) versucht darin, die an Bord des Raumschiffs befindlichen Menschen auf einer Reise von der Erde zum Jupiter umzubringen, damit sie ihm keinen Schaden zufügen können. Seit dem Erscheinen des Films wird die Möglichkeit, daß Computer die Macht übernehmen, halb im Scherz das HAL-Problem genannt.

Heute vermischen sich Reste mystischen Gedankenguts, anthropomorphistische Assoziationen und der Traum von der Vitalisierung der Maschine mit ernst gemeinten Ideen der Robotik.

Aus historischer Sicht wird jedenfalls das Bedürfnis des Publikums nach sensationslüsternen Reportagen über Roboter, die sehen, hören und fühlen können, nur zu verständlich. Der Gedanke, daß Roboter als »lebendig« erachtet werden könnten, wird aber auch ernsthaft erwogen. Sehen wir uns dazu die Ausführungen von Geoff Simons vom National Computing Center in Manchester an, die unter dem Titel »Sind Computer lebendig?« 1983 in deutscher Sprache erschienen sind. Seine grundlegende Aussage gleich vorweg: »Die Argumente gegen Computerleben werden so lange wiederholt werden, bis sie durch die Ereignisse überholt sein werden. Seit Jahrhunderten stellt sich der Mensch Computerleben vor. Namhafte Schriftsteller, Künstler, Philosophen und die Schöpfer von Mythen haben sich in ihren Werken damit befaßt. Heute jedoch sind wir Zeugen der beginnenden Verwirklichung dieses jahrhundertealten Traums« (Lit. 159).

Simons beginnt zuerst die traditionellen Definitionen vom Leben auf biochemischer Grundlage darzustellen. Im Mittelpunkt dieser Definition steht die Fähigkeit zur Reproduktion; über den Charakter dieser Reproduktion wird jedoch nichts oder nur wenig ausgesagt. Manche Forscher entschieden sich dafür, alles als lebendig anzusehen, was ein selbst reproduzierendes Molekularsystem enthält wie beispielsweise die Nukleinsäuren.

Diese sind jedoch im wesentlichen Träger von Information. Damit ist der Übergang gefunden von der vorwiegend biochemischen

Erklärung des Lebens zum kybernetischen Modell, das den Umgang mit Information in den Mittelpunkt aller anerkannten Lebenssysteme stellt. »Der wesentliche Punkt ist: Lebende Systeme können zunächst daran erkannt werden, wie sie Information und Energie verarbeiten, wie sie strukturiert sind, wie sie sich verhalten und so weiter. Die spezifischen chemischen Vorgänge, mittels deren lebende Systeme ihre Aufgaben erfüllen, sind hierbei nicht vorrangig. Man kann eine Reihe von Subsystemen ausmachen, die lebende Geschöpfe kennzeichnen, ohne deshalb von der Annahme ausgehen zu müssen, daß solche Subsysteme auf Stoffwechselvorgängen beruhen, die von Makromolekülen auf Kohlenstoffbasis getragen werden« (Lit. 160).

Ein Subsystem, das es einem Geschöpf ermöglicht, notwendige Energie aus der Umgebung zu beziehen, kann mit organischen Nährstoffen ebenso arbeiten wie mit reiner Elektrizität. Man könne von einem System sagen, so Simons, daß es sich »ernährt«, wenn es systematisch Energie aus einer angemessenen Quelle bezieht, um seine inneren Lebensprozesse, sein Verhalten in der Welt in Gang zu setzen. Ähnlich könne eine lebende Kreatur im Prinzip mittels eines breiten Spektrums verschiedener Subsysteme in die Lage versetzt werden, Elemente seiner Umgebung zu spüren; sensorische Fähigkeiten seien dabei abhängig von taktilem Druck, von elektromagnetischer Steuerung, Molekülen in der Luft, kodierten elektronischen Impulsen oder Temperaturschwankungen. Die sensorische Fähigkeit setze nicht die empfindliche Zellstruktur von Pflanzen oder Tieren voraus. Auch sei ein einziges Subsystem keine ausreichende Bedingung für Leben: Ein lebendes Geschöpf könne, so Simons, als Zusammensetzung einer Reihe von zusammenwirkenden Subsystemen angesehen werden. Die große Mehrzahl der Subsysteme, die kritisch für das Merkmal »Leben« sind, sei in den gegenwärtigen Computersystemen leicht auszumachen.

Simons: »Wenn ein System sich reproduzieren und auch angemessen mit Energie und Information umgehen kann, hat es einen Anspruch darauf, als lebendig angesehen zu werden. Eine logische Folgerung ist, daß die Entstehung des Systems unerheblich ist. Ein auf mechanische Weise zusammengesetztes System kann vernünftigerweise als lebendig angesehen werden, wenn seine internen Funktionen und sein Verhalten in der Welt den notwendigen Kriterien entsprechen« (Lit. 161). Man kann die dafür notwendigen Lebenskriterien unter vier Schlagworten zusammenfassen: Struktur von einer bestimmten Mindestkomplexität an, Energieverarbeitung, Informationsverarbeitung und Reproduktion. Computer und Roboter können, so meint der britische Forscher, diese Lebenskriterien ebenfalls erfüllen. Computer und Roboter haben jedenfalls charakteristische Strukturen. Die Geräte werden mit elektrischer Energie gespeist und scheiden Wärmeenergie aus. Mit einer zunehmenden Menge sensorischer Vorrichtungen können Roboter und andere Maschinen Veränderungen in der Umwelt feststellen und in angemessener Weise darauf reagieren. Zunehmend entwikkeln Systeme auf Computerbasis auch eine Reproduktionsfähigkeit (gemeint sind damit beispielsweise Fabriken, in denen Roboter andere Roboter bauen). »Aus dieser Sicht scheint es ganz klar, daß bestimmte Arten von Maschinen berechtigterweise als entstehende Lebensformen betrachtet werden können« (Lit. 162).

Auch Joseph Weizenbaum hat im Prinzip den Gedanken bejaht, daß moderne Computersysteme hinreichend komplex und autonom sein könnten, um zu rechtfertigen, daß man sie als Organismen bezeichnet: »Wenn ich daher sage, daß ich einen solchen Roboter als Organismus bezeichne, erkläre ich damit meine Bereitschaft, ihn als eine Art Lebewesen anzusehen, und ich habe bereits zugestimmt, daß ich keinen Weg sehe, dem Grad von Intelligenz, den ein solcher Organismus zumindest im Prinzip erreichen könnte, eine Grenze zu setzen« (zitiert nach Lit. 162).

Die weiteren Schlußfolgerungen Geoff Simons' haben wir schon auf Seite 211 erwähnt. Bald werde man nicht mehr danach fragen, ob Computer und Roboter lebendig sind, sondern welche Art von Leben sie darstellen. Dann würde darüber diskutiert werden, welche Rechte dem Roboter zustehen und ob man ihn mit einem Menschen verheiraten dürfe.

Ähnlich wie bei der Erörterung des Begriffes »Intelligenz« stoßen wir auch beim Thema »Leben« auf das Phänomen, daß der Geltungsbereich eines Begriffs sehr unterschiedlich definiert werden kann. Mit anderen Worten: Es ist keine besondere Schwierigkeit, den Begriff »Leben« so zu definieren, daß bestimmte Maschinen unter das Kriterium fallen. Wird diese Definition dann zur wissenschaftlichen Norm erhoben, dann können Roboter »de lege scientiae« als lebendig gelten. Nun könnte man sicherlich zahlreiche Argumente ins Treffen führen, warum die eine oder andere Definition der Begriffe »Intelligenz« beziehungsweise »Leben« nicht stichhaltig seien. Ich halte diese Auseinandersetzung allerdings für wenig fruchtbringend. Sie verdeckt außerdem einen wesentlichen Punkt: Wenn wir Leben so definieren, daß auch Maschinen unter den Begriff fallen können, dann ist kein weiter Weg mehr zu dem Schluß, daß auch alle Lebewesen im Prinzip Maschinen seien. Schließlich gibt es künstliche Nieren, die hervorragend funktionieren, Herzen werden im großen Stile ausgetauscht, sogar Kunstherzen sind bereits im Einsatz – der menschliche Körper wird zum Ersatzteillager, die Ärzte werden zu Reparaturmechanikern. Wiederum sehen wir, daß die Diskussion um künstliche Intelligenz und künstliches Leben an den Grundfesten jeder nichtmechanistischen Weltanschauung rüttelt. Unter diesem Gesichtspunkt versuchen wir im folgenden einen Ausblick in die Welt der Künstlichen Intelligenz.

4.3.2. Künstliche Intelligenz: ein kurzer Ausblick in die Zukunft

Programme mit Künstlicher Intelligenz sind gegenwärtig in der Lage, das Wissen von Fachleuten bestimmter Disziplinen zu speichern und durch logische Regeln miteinander zu verknüpfen (siehe Seite 100). Diese Systeme sind vor allem deshalb beschränkt, weil sie (zumindest vorderhand) nicht wirklich lernfähig sind. Ein strategisch bedeutsamer Forschungszweig innerhalb der Künstlichen Intelligenz arbeitet aber an der Entwicklung von Programmen, die durch Entdeckung lernen, indem sie mit der Umwelt interagieren. Nehmen wir an, es gebe solche lernenden Computerprogramme, dann braucht es nicht viel Phantasie, um sich vorzustellen, daß aus statischen Computersystemen in gewissem Sinne Computerindividuen werden; solange diese Programme nicht abgeschaltet würden, entwickelten sie ein Modell der Welt und ihrer Benützer, das sich ähnlich modifizierte wie ein Mensch, der durch Erfahrung lernt. Sie wären gewissermaßen Vorläufer von Neil Frudes »The Intimate Machine« (Lit. 163). Frude argumentiert, daß auf lange Sicht Roboter gebaut werden könnten, die ideale

Weggefährten darstellten. Sie würden nicht nur sehen und fühlen können und gute Manieren haben, sondern sich auch in gewissem Sinn unvorhersehbar verhalten, um das Interesse des Menschen an ihnen zu stimulieren.

Solche Maschinen könnten auch das Abbild des Charakters von bereits verstorbenen Personen beherbergen. Die Konstrukteure von natürlichsprachigen Dialogsystemen haben es bereits als wichtig erkannt, im Computer ein internes Modell seines Benützers aufzubauen. Durch die Interaktion mit dem Menschen kann der Computer – das ist nur eine Frage des Aufwandes und nicht der prinzipiellen Möglichkeit – das Abbild einer Persönlichkeit erzeugen, das auf einem Datenträger zu speichern und beliebig zu vervielfältigen ist. Dann werden wir vielleicht nicht mehr Photos und Kinofilme unserer verstorbenen Verwandten betrachten, wenn wir uns ihrer erinnern wollen, sondern statt dessen Dialoge mit der Persönlichkeitsrepräsentation im Computer führen. »Wir könnten sogar ihre Persönlichkeiten verändern«, meint Professor Dr. Robert Trappl, Vorstand des Wiener Forschungsinstituts für Artificial Intelligence: »Wir könnten den faschistischen Vater (die Mutter und so weiter) in einen überzeugten Liberalen ändern. Wir könnten sogar unseren Ödipus-(Iokaste-)Komplex durch simulierten Vater-(Mutter-)Mord durch das Programm abreagieren – aber würde dies nach dem sorgfältigen Umprogrammieren des Vaters oder der Mutter überhaupt noch notwendig sein?« (Lit. 164).

Wir sollten derartige Visionen nicht als weit in der Zukunft liegende Utopien abschieben. Es braucht gar keine besonders ausgefeilte Technik, um im Menschen »Phantasien« wachzurufen, die über das, was die Maschine kann, weit hinausgehen. Das klassische Beispiel zur Demonstration dieses Umstands ist das auf Seite 216 bereits erwähnte Dialogprogramm »ELIZA« von Joseph Weizenbaum. Es ist im Grunde nicht besonders einfallsreich, dafür aber relativ einfach zu programmieren. Wenn der Gesprächspartner beispielsweise sagt: »Ich bin traurig«, so antwortet das System: »Warum glauben Sie, daß Sie traurig sind?« Die Sekretärin Joseph Weizenbaums hatte den Werdegang des Programms »ELIZA« im Detail miterlebt und mußte daher wissen, daß es nichts war als ein relativ primitives Werkzeug. Dennoch forderte sie Joseph Weizenbaum eines Tages auf, den Raum zu verlassen: Sie wollte im Dialog mit der Maschine Geheimnisse preisgeben, von denen Weizenbaum nichts wissen sollte. Weizenbaum war über diese Reaktion schockiert, und wir sollten es auch sein. Vor allem sollte uns diese Erfahrung lehren, daß es häufig nicht darauf ankommt, was eine Maschine wirklich kann, sondern was wir glauben, daß sie kann. Auf das Beispiel mit dem simulierten Vatermord übertragen bedeutet das, daß ein auf Diskette gespeichertes Abbild einer menschlichen Person gar nicht besonders »vollkommen« zu sein braucht, um dem Benutzer die »Lebendigkeit« und »Realitätsnähe« vorzuspiegeln, die in der Praxis erforderlich sind, damit so eine Idee wirklich ernst genommen wird.

Ich behaupte nicht, daß es eine derartige Entwicklung geben wird; es genügt, anzuerkennen, daß es sie geben kann. Selbst wenn sich die Forschungsrichtung der Künstlichen Intelligenz ganz anders entwickelt, werden ihre Produkte jedenfalls tiefgreifende Rückwirkungen auf den Menschen haben. Dazu ist das Beispiel mit dem simulierten Vatermord zumindest eine gute Illustration.

Zurück zur Realität: Schon heute gibt es in den Vereinigten Staaten ein Computerised Pastoral Counselling System, ein Computerprogramm mit einer Wissensbasis in christlicher Philosophie. Das ist tatsächlich kein Witz: Das christliche Computerprogramm leitet seine Analyse und seinen Rat aus den Lehren Jesu ab. Wenn es ein derartiges Programm bereits gibt, ist unschwer vorzustellen, daß es demnächst Programme zur Familienplanung geben wird, die auf Wunsch in römisch-katholischer, buddhistischer oder areligiöser Ausgabe erhältlich sind.

Diese Betrachtungen haben meiner Ansicht nach eine hohe Relevanz für die Frage nach der Erziehung für die Zukunft. Sicherlich ist es wichtig, Kindern und Jugendlichen zu erklären, was Computer jetziger Bauart können und was sie in naher Zukunft können werden. Mindestens ebenso wichtig scheint mir aber, das Bewußtsein davon zu stärken, daß die individuelle und gesellschaftliche Akzeptanz einer Meinung über das, was der Computer kann, nicht nur von den gegebenen Fakten abhängt, sondern auch von der jeweilig als verbindlich anerkannten gesellschaftlichen Norm – davon, was »man« glaubt, daß der Computer kann. Daß Glaube und Wirklichkeit an diesem Punkt erheblich voneinander abweichen können, ist meiner Ansicht nach unzweifelhaft. Wenn wir nicht tatkräftig beginnen, die Diskrepanz zwischen Glaube und Wirklichkeit mit Bezug auf das, was der Computer kann, deutlich zu machen, laufen wir Gefahr, in naher Zukunft das Andersen-Märchen von des Kaisers neuen Kleidern wahr werden zu lassen: So wie dort Hofstaat und Volk die prachtvollen Gewänder des eitlen Kaisers bejubeln, obwohl dieser in Wirklichkeit nackt ist, könnten wir, wenn die Gesellschaft nicht genügend kritisches Bewußtsein entwickelt, die Leistungen des Computers als intelligent und schöpferisch bewundern (weil es schließlich auch die Werbung glauben macht), auch dann, wenn die Computer niemals wirklich intelligent und schöpferisch sind.

4.3.3. Resümee: Machen wir uns selbst zu Maschinen?

»Dsi Gung war im Staate Dschu gewandert und nach dem Staate Dsin zurückgekehrt. Als er durch die Gegend nördlich des Han-Flusses kam, sah er einen alten Mann, der in seinem Gemüsegarten beschäftigt war. Er hatte Gräben gezogen zur Bewässerung. Er stieg selbst in den Brunnen hinunter und brachte in seinen Armen ein Gefäß voll Wasser herauf, das er ausgoß. Er mühte sich aufs äußerste ab und brachte doch wenig zustande. Dsi Gung sprach: ›Da gibt es eine Einrichtung, mit der man an einem Tag hundert Gräben bewässern kann. Mit wenig Mühe wird viel erreicht, möchtet Ihr die nicht anwenden?‹ Der Gärtner richtete sich auf, sah ihn an und sprach: ›Und was wäre das?‹ Dsi Gung sprach: ›Man nimmt einen hölzernen Hebelarm, der hinten beschwert und vorne leicht ist. Auf diese Weise kann man das Wasser schöpfen, daß es nur so sprudelt. Man nennt das einen Ziehbrunnen.‹ Da stieg dem Alten der Ärger ins Gesicht, und er sagte: ›Ich habe meinen Lehrer sagen hören: Wenn einer Maschinen benützt, so betreibt er all seine Geschäfte maschinenmäßig. Wer seine Geschäfte maschinenmäßig betreibt, der bekommt ein Maschinenherz. Wenn einer aber ein Maschinenherz in der Brust hat, dem geht die reine Einfalt verloren. Bei wem die reine Einfalt hin ist, der wird ungewiß in den Regungen seines Geistes. Ungewißheit in den Regungen des Geistes ist etwas, das sich mit dem wahren Tao nicht verträgt. Nicht, daß ich solche Dinge nicht kennte: Ich schäme mich, sie anzuwenden.‹ Dsi Gung errötete und wurde verlegen. Er blickte zur Erde und erwiderte nichts.«

Diese Begebenheit schildert der Taoist Dschuang Dsi im 4. Jahrhundert vor Christus. In seiner Schrift »Das wahre Buch vom südlichen Blütenland« berichtet der Autor über Dsi Gung, einen der bedeutendsten Jünger des Konfuzius, der seinem Meister einen hervorragenden Schüler, den Dsi Tsi zugeführt hatte. Dieser Dsi Tsi war der Verfasser eines Werkes logischen Inhalts. Aus diesem Zusammenhang ist die geschilderte Begebenheit mit dem Titel »Der Ziehbrunnen« zu verstehen (Lit. 165).

Die Signaturenlehre durchzieht in verschiedenen Abwandlungen so gut wie alle Kulturkreise: Wer Löwenfleisch ißt, wird tapfer wie ein Löwe, wer Hühnerfleisch ißt, wird furchtsam wie ein Huhn, wer an Maschinen arbeitet, wird selbst eine Maschine. Natürlich darf man diese Gleichnisse nicht zu wörtlich nehmen. Einen ernstzunehmenden Sinn haben sie jedoch, wenn man sie als Gleichnis auffaßt und ihnen Gültigkeit im übertragenen Sinne zumißt. Unserer von vermeintlichem Realismus dominierten Welt ist das Denken in Gleichnissen abhanden gekommen. Mag sein, daß das bereits die Gültigkeit der Parabel vom Ziehbrunnen bestätigt.

Wir brauchen übrigens gar nicht in die alte chinesische Hochkultur zu gehen, um derartige Auseinandersetzungen über den Einfluß der Technik auf den Menschen zu erleben. Auch Sigmund Freud hat in seinem Werk »Das Unbehagen in der Kultur« zum Problem Mensch und Technik in deutlicher Weise Stellung genommen. Der Mensch ist, so Freud, »beinahe selbst ein Gott geworden ... Nicht vollkommen, in einigen Stücken gar nicht, in anderen nur so halbwegs. Der Mensch ist sozusagen eine Art Prothesengott geworden, recht großartig, wenn er alle seine Hilfsorgane anlegt, aber sie sind nicht mit ihm verwachsen und machen ihm gelegentlich noch viel zu schaffen« (Lit. 166).

Wir haben uns in den vergangenen Kapiteln mit den schon beobachtbaren und möglichen Auswirkungen der Computertechnik auf den Menschen auseinandergesetzt. Mit Blick auf die Zukunft sind dabei zwei Epochen zu unterscheiden: Die Computertechnik auf dem heutigen Stand der am Markt eingeführten Geräte (man könnte sie »konventionelle« Computertechnik nennen); und die gegenwärtig in Entwicklung stehende Künstliche Intelligenz, der

Versuch also, mit Rechnern auszuführen, was bisher Leistungen des menschlichen Verstandes waren. Über die Einflüsse der konventionellen Computertechnik auf Mensch und Gesellschaft wissen wir schon ansatzweise Bescheid: Ob das nun Veränderungen am Arbeitsmarkt sind, Umverteilungen der Informationsmacht durch Datenbanken und Dossiers oder Änderungen im sozialen Verhalten, beispielsweise von Menschen, die sich eine Maschine zum abstrakten Partner erkoren haben – die Wirkung der Maschine Computer bleibt nicht auf ihren technisch vermittelten Nutzeffekt beschränkt; sie strahlt letztlich aus auf alle Bereiche des menschlichen und gesellschaftlichen Denkens und Verhaltens.

Die Produkte der Künstlichen Intelligenz werden, so scheint mir, noch wesentlich radikaler in ureigenste menschliche Bereiche eingreifen. Wir sind jedoch gegenwärtig außerstande anzugeben, welche Folgen daraus für Mensch und Gesellschaft erwachsen werden. »Es ist alles so schnell gegangen«, soll Albert Einstein gegen Ende seines Lebens gesagt haben. Heute »geht es« noch viel schneller, und der Akzeleration in der Zukunft scheint vorerst kein Ende gesetzt. Die Computer der fünften Generation, die sich den Vorstellungen einer intelligenten Maschine bereits nähern und die das utopische Programm der Technik der Künstlichen Intelligenz verwirklichen sollen, sind daran, in das soziale und humane Beziehungsgefüge von Staat und Gesellschaft massiv einzugreifen. Infolge der simultanen Struktur- und Maßstabveränderungen lassen sich die Folgen solcher Eingriffe nicht mehr vorhersagen.

Es sei blanker Unsinn der Machthabenden, so Professor Adolf Adam vom Institut für Systemwissenschaften der Universität Linz, wenn diese über moderne Dispositionstechnologien weitere praktikable Machtstrukturen aufbauen wollten, weil die Technologiewirkungsfolgen durch die begleitenden Maßstabsveränderungen und Zielentwertungen völlig außer Kontrolle geraten sind.

Auch der Standpunkt »Nach mir die Sintflut« sei unhaltbar geworden, weil heute jeder damit rechnen müsse, von der Sintflut eingeholt zu werden.

Die mikroprozessierte Welt zeigt jetzt schon bedenkliche Zauberlehrlingssyndrome, und es könnte leicht geschehen, daß der schöpferische Mensch in seinem ziel- und sinnlosen Machbarkeitswahn zum Sklaven seiner technischen Geschöpfe wird (Lit. 167).

Ich bin, wie schon in der Einleitung festgestellt, kein irrational motivierter Feind moderner Technik und gehöre auch ganz gewiß nicht zu jenen, die eine Rückkehr zu Idealen der Vergangenheit fordern. Dieses Buch ist mit einem Computer geschrieben (erfreulicherweise mit einem tragbaren Computer, so daß sich mein »Büro« am Ufer eines Sees im nördlichen Waldviertel befinden kann). Ich benütze die mikroelektronische Technik, wo es sinnvoll erscheint – und dennoch habe ich Bedenken angesichts des Weges, den sie uns durch offenbar systemimmanente Sachzwänge vorzeichnet; Bedenken auch angesichts der – ausführlich beschriebenen – Reaktionen vieler Menschen auf die neuen Maschinen.

Je mehr ich darüber nachdenke, desto weniger halte ich von dem Gedanken, die Technik an sich sei wertfrei, es komme nur darauf an, wie sie der Mensch benütze. In Anbetracht der gegenwärtigen Entwicklung muß man diese Ansicht in den Bereich des Wunschdenkens verweisen. Trotz aller – völlig außer Streit stehenden – Vorzüge der Informationstechnik stellt sich vielmehr die Frage, ob wir die Entwicklung und den Fortschritt – besser gesagt: den Fortsturz – unserer Welt noch bewußt im Griff haben.

Die Geschwindigkeit des technischen Fortschritts ist so phantastisch, meint auch Hartmut von Hentig, daß die soziale, die rechtliche, die politische Innovation kaum schritthalten kann. »Ich fordere im Namen von Aufklärung und Menschenwürde, daß der (jeweils zu benennende) technische Fortschritt gedrosselt werde, bis er zu verkraften ist. Wir können nicht zulassen, daß Verhältnisse geschaffen werden, die wir nicht mehr – weder einzeln noch mit Hilfe unserer Republiken – kontrollieren und notfalls wieder rückgängig machen können«, meint von Hentig (Lit. 168).

Erinnern wir uns aber an folgende Begebenheit: Eine kürzlich erfundene Webmaschine habe den Magistrat von Danzig in große Besorgnis versetzt, berichtet der italienische Abbé Lanzelotti im Jahre 1636. Sie würde angeblich eine Masse Arbeiter zu Bettlern machen. Daher habe der Magistrat die Erfindung unterdrückt und den Erfinder heimlich ersticken oder ersäufen lassen (Lit. 169).

Heute wissen wir, daß der Danziger Magistrat die Entwicklung der Webtechnik nicht aufzuhalten vermochte. Auch ein Ende der siebziger Jahre gefordertes »Moratorium« zur Gentechnik hatte wenig Wirkung – längst werden viele der Experimente ausgeführt.

Ob wir es wollen oder nicht: Wir können den »Fortschritt« nicht drosseln oder stoppen. Die Freiheit der Meinungsäußerung und die Freiheit der Wissenschaft sind mit gutem Grund verfassungsrechtlich abgesichert. Diese Rechte finden ihre Schranken in den Vorschriften der allgemeinen Gesetze, den gesetzlichen Bestimmungen zum Schutze der Jugend und in den Rechten der persönlichen Ehre. Das bedeutet, daß ein A-priori-Verbot der Entwicklung neuer Informations- und Telekommunikationssysteme mit unserer freiheitlichen Gesellschaftsordnung nicht vereinbar ist.

Ein bewußtes »Einfrieren« des technischen Fortschritts würde jedenfalls politische Lenkungsinstrumente voraussetzen, die einerseits mit den Prinzipien der freien, sozialen, oder ökosozialen Marktwirtschaft schwer in Einklang zu bringen wären, andererseits Überwachungsinstrumente bedingen, die eben durch diese Politik des Einfrierens verhindert werden sollten.

Und dann kommen natürlich wieder die sogenannten Sachzwänge: Der Staat, im konkreten etwa die Bundesrepublik Deutschland, der in einer Novellierung des Gesetzes zum Schutze der Jugend die Zulässigkeit von Kriegsspielen regelt, gleichzeitig aber versteckt oder offen Hochrüstungspolitik betreibt und als Abschußrampe eines Verbündeten fungiert, kann natürlich auf eine moderne Verteidigungstechnik nicht verzichten – die Erhaltung und Sicherung der nationalen Souveränität erfordert deshalb »denknotwendig« die Nutzung von Computern und modernen Kommunikationssystemen im militärischen Bereich.

Das wohl beliebteste Argument derer, die nach mehr Fortschritt durch Informationstechnik rufen, ist das Diktat des internationalen Wettbewerbs. Kein Industriestaat könne sich demnach auf dem internationalen Markt behaupten, wenn nicht seine Produkte und Produktionsbedingungen dem weltweiten Wettbewerb standhielten; dies bedinge jedoch unzweifelhaft die schnellstmögliche Einführung der Informationstechnik.

Alles in allem ist anzunehmen, daß sich die moderne Informationstechnik weiterhin ausbreiten wird. Daraus folgt jedoch keineswegs, daß wir einem ungehinderten Wildwuchs der Chips untätig zusehen müssen. Zahlreiche Möglichkeiten der Beeinflussung sind denkbar und möglich: Ein Weg liegt in der Formulierung »Recht der persönlichen Ehre« etwa des deutschen Grundgesetzes versteckt; in ähnlichem Zusammenhang wird auch immer wieder der Begriff »Menschenwürde« ins Treffen geführt. Ich halte es für wichtig und notwendig, die grundlegenden Menschenrechte im Zeitalter der Informationstechnik verstärkt zu bemühen. Das bekannte »Volkszählungsurteil« kann hier nur ein Anfang sein.

Weiterhin sind flankierende Maßnahmen politischer und rechtlicher Natur denkbar – etwa ein umfassend konzipiertes Informationsrecht, Schaffung von Ausgleichsinstrumenten bei drohender Verzerrung des sozialen Gefüges – und vor allem: eine zukunftsweisende Erziehung. Wirksame Beteiligung an der Zukunftsgestaltung setzt aber voraus, daß man weiß, worüber man redet. Ohne präzise Kenntnis der Möglichkeiten der neuen Techniken ist es nicht möglich, gegebene Anwendungen im eigenen Interesse zu beeinflussen. Ohne ethische Grundsätze, umfassendes Wissen und Phantasie wird es aber auch nicht möglich sein, dem herrschenden technokratischen Wettlauf andere – nichttechnische oder technische – Alternativen entgegenzusetzen.

In sorgfältiger Erwägung der Problematik des technischen Fortschritts scheint mir ein dringender Appell an das Erziehungswesen als die wichtigste Maßnahme. Was wir brauchen, sind weniger Kenntnisse, wie man ein bestimmtes Programm am Personalcomputer aufruft. Wir müssen vielmehr versuchen, ein umfassendes Verständnis des Menschen, der von ihm geschaffenen modernen Technik und damit der Welt zu vermitteln, in der wir uns als Menschen zurechtfinden wollen.

Es ist nicht ausreichend, wenn wir der jungen Generation ein wenig Anwendungskenntnisse vermitteln und meinen, dann werde schon alles in Ordnung sein. »Computer literacy« ist eine selbstverständliche Voraussetzung; falsch und gefährlich wäre es aber, wenn wir uns mit diesem Bildungsziel zufriedengäben. Die in diesem Abschnitt beschriebenen Wirkungen der Computertechnik auf den Menschen haben mit »computer literacy« kaum etwas zu tun. Sie sind aber nichtsdestoweniger tiefgehende Wirkungen, denen es durch geeignete Erziehungsmaßnahmen vorzubeugen oder abzuhelfen gilt.

Unsere Aufgabe wird es sein, uns als Individuen wie als Gesellschaft zunehmend gegen den Imperialismus der instrumentellen Vernunft, wie es Weizenbaum genannt hat, aktiv zur Wehr zu setzen und Alternativen zu den sogenannten Sachzwängen zu entwickeln. Es wird weder der amerikanische Präsident noch sonst irgendein Staatsmann sein, dem das Wunder gelingt, die Menschheit von ihrem gegenwärtigen Kurs auf den Eisberg abzubringen, meint Weizenbaum. Für unsere Zukunft komme es auf das Verhalten jedes einzelnen an – jedes Individuum müsse so handeln, als ob die Zukunft der Menschheit von ihm abhinge.

Wir müssen uns immer wieder bewußt machen, daß reduzierte menschliche Denkstrukturen, wie sie in den Computerprogrammen abgebildet sind, durch die massive Anwendung des Computers millionenfach vervielfältigt werden und dadurch Eigengesetzlichkeit erlangen. Wenn Computer entwickelt werden, denen wir das Attribut »intelligent« zubilligen, dann müssen wir aufpassen, nicht zu bloßen Geschlechtsdrüsen für die Fortpflanzung dieser Automaten herabzusinken. Bevor Maschinen menschenähnlich werden, degenerieren wir vielleicht zu Maschinen.

Deshalb dürfen wir nicht fragen, wo überall wir den Computer einsetzen können, sondern müssen in jedem Einzelfall überlegen, ob wir dies auch tun sollen. Nicht, daß ich die neue Technik nicht kennte, sagte der Gärtner zu Dsi Gung; ich schäme mich, sie anzuwenden. In diesem Sinn brauchen wir weder schrankenlos mehr Technik noch eine Politik der Verbote, sondern müssen – jeder für sich – das richtige Maß im Umgang mit der Informationstechnik finden.

5. Erziehung im Informationszeitalter

5.1. Die Krise des Bildungswesens

Wir haben uns in mehreren Abschnitten dieses Buches mit aktuellen Versuchen auseinandergesetzt, computerbezogene Inhalte in den Unterricht an Schulen, Universitäten und in die berufliche Praxis zu tragen. Die Frage, ob beziehungsweise wie traditionelle Lerninhalte und die Funktion der herkömmlichen Bildungsinstitutionen dadurch beeinflußt werden, blieb aber weitgehend außer Betracht. Im folgenden soll nun – in Form von Thesen – eine kritische, gesamthafte Analyse der Lage des gegenwärtigen Bildungswesens mit Blick auf die Informationsrevolution versucht werden. Im nächsten Kapitel folgen dann Antworten auf die Fragen, die sich aus den Thesen 1 bis 7 ergeben, sowie darüber hinausgehende Ideen für eine zukunftweisende Erziehung im Informationszeitalter.

These 1: Die Krisenhaftigkeit des gegenwärtigen Bildungswesens ist wesentlich bereits durch die Rasanz des technischen Fortschritts bedingt.

Es komme niemand mit dem Argument, der Mensch bleibe immer der gleiche, und es genüge, die Erziehung dementsprechend auszurichten. Fernsehen und Computer verändern die informationelle Welt ebenso einschneidend, wie die industriellen Revolutionen der Vergangenheit unser materielles Umfeld beeinflußt haben. Beides erfordert tiefgreifende Anpassungsleistungen des Menschen. Noch nie in der Geschichte der Menschheit hat sich aber die materielle und immaterielle Umwelt des einzelnen und der Gesellschaft so rasch und nachhaltig gewandelt wie heute. Wir müssen zugeben, auf viele Folgen der ersten industriellen Revolution zu spät und inadäquat reagiert zu haben; die Existenz der Atombombe hängt wie ein Damoklesschwert über uns allen; die Gentechnik bringt uns tiefe ethische Konflikte; die elektronischen Massenmedien lassen das kulturelle Leben zu einer endlosen Folge von Unterhaltungsveranstaltungen herabsinken.

Wir sind weit davon entfernt, all diese Einflüsse bewältigt zu haben. Und schon rollt die nächste Revolution heran: Die Informationslawine vernebelt den Sinn für das Wichtige, der öffentliche und private Diskurs wird zum unterschiedslosen Geplapper, und viele von uns starren sinnleer auf den Computer, im irrigen Glauben, er werde unsere Probleme lösen. Vision 2000: die Welt, ein digitales Varieté à la Huxley.

Es fehlt vor allem die Muße, um den technisch vermittelten Wandel zu verkraften. Atemlos keuchen wir von einer »revolutionären« Neuerung zur nächsten. Wir sind wie Lebewesen, in die laufend und immer mehr Nahrung hineingestopft wird, die sie indes nicht verdauen können. Welch ein Mangel im Überfluß!

Darüber hinaus besteht weithin Unklarheit, wie die Informationsgesellschaft von morgen und übermorgen aussehen soll; Erziehung ist aber immer auch eine Vorwegnahme von Zielen und Werten einer künftigen Gemeinschaft. Solange der diesbezüglich notwendige Konsens nicht vorhanden oder zumindest unsicher ist, triumphieren Orientierungslosigkeit und Desinformation.

In dieser turbulenten Zeit des Übergangs sind gültige Voraussagen in der Tat schwierig, wenn nicht gar unmöglich. Nicht alle Leitbilder der Vergangenheit sind länger tragfähig. Früher erfuhr der Sohn von seinem Vater, was dieser in seiner Jugend von dessen Vater mitbekommen hatte, was ein sicherer und anstrebenswerter Beruf sei; der Bauer gab seinen Hof an den Erstgeborenen weiter; der Handwerker lehrte seine Kinder, was er von seinen Vorfahren mitbekommen und allenfalls erweitert hatte. Das Umfeld des einzelnen war überschaubar, die Kirche bot Halt.

Heute treiben wir weitgehend hilflos im Strudel der vielzitierten technischen Sachzwänge.

These 2: Die Existenz traditioneller Bildungsinstitutionen wird durch die rasche Ausbreitung der modernen Informationstechnik zunehmend in Frage gestellt.

Davon ist vor allem das staatliche Bildungsmonopol betroffen (ähnlich wie übrigens auch das Post- und das Rundfunkmonopol). Erste Zeichen der neuen Konkurrenz sind die Erfolge elektronischer Universitäten in den Vereinigten Staaten (siehe Seite 61), über Kabelfernsehen kommerziell vermittelter Schulkurse und vorerst als Schulergänzung vermarkteter Lernsoftware. »Bildungsfirmen« – der neue Kassenschlager.

Aber auch der Einfluß von indirekt wirksamen und bildungsrelevanten Instrumenten, fern dem Zugriff von Elternhaus und Schule, wächst unaufhaltsam. Fernsehen, Videospiele, Computerscheinwelten wirken als schleichende Prägung; die inneren Altäre des Menschen drohen daher oft genug von Dämonen besetzt zu werden.

Weil die Schule keine wirksame Abhilfe schafft (und für sich alleine das auch gar nicht könnte), ertönt der Ruf, sie abzuschaffen. Schon mehren sich Stimmen, die heutige Schule bereite den Menschen keineswegs auf das Leben in der Informationsgesellschaft vor, und deshalb müßten außerschulische Instanzen zunehmend deren Aufgaben übernehmen. Die Wirtschaft greift den Gedanken schnell auf und, wie gerade erwähnt, überschwemmt, um sich über ihre je speziell angepaßte Software Marktanteile zu sichern, den Markt mit Lernmaschinen.

Natürlich ist die Schule zu lange und zu weit dem Ruf nach Effizienzsteigerung gefolgt: Fakten dominieren; Abstraktion statt Leben. Je mehr sich Allgemeinbildung als Nürnberger Trichter geriert, desto eher wird ihr in Zukunft die Informationstechnik den Rang ablaufen. Ich gehöre nicht zu den – häufig utopistischen – Gesellschaftsveränderern, die glauben, eine Welt ohne Schule sei notwendigerweise schöner und besser als die heutige. Aber fraglos wird die Institution Bildungswesen, wenn sie nicht zugkräftige Alternativen entwickelt, einen Niedergang ihrer Bedeutung hinnehmen müssen.

Erfreulich ist, daß sich diese Erkenntnis bereits herumspricht. Aber was passiert? Die verdrängten ganzheitlich bildenden Ziele werden als »anthropogene« und »soziale« Faktoren per Erlaß wiedereingeführt, diesmal aber in Form abstrakter Prinzipien. Oder in einer Formulierung Klaus Haefners: »Was die neue Technik kann, soll sie auch tun dürfen. Was sie nicht kann, sollten wir beim Menschen fördern. Für jeden Computer, der in die Schule kommt, soll die Schule auch ein Klavier anschaffen« (Lit. 170). Im Klartext: Die intellektuellen Fähigkeiten des Menschen werden an den Computer delegiert, die künstlerischen ans Klavier. Als ob Gefühl und Verstand nicht stets und untrennbar im Wechselspiel stehen sollten.

These 3: Traditionelle Lernziele geraten ins Wanken, weil sie als zunehmend obsolet eingestuft werden.

Warum sollen noch Faktenwissen und geistige Fertigkeiten vermittelt werden, wenn der Computer schon bald ebendiese Aufgaben schneller, billiger und störungsfreier vollziehen kann? Warum sollen die Kinder noch Kopfrechnen lernen, wenn schon der Taschenrechner besser und genauer arbeitet als das Gehirn des Schülers? Wozu soll noch mühsam die Vielfalt der Rechtschreibregeln eingetrichtert werden, wenn es Computerprogramme gibt, die einen großen Wortschatz gespeichert haben, beliebige Texte blitzschnell auf Schreibfehler durchsuchen und Abweichungen automatisch ausgeben? Diskussionen landauf, landab. Die einen kommen zur Ansicht, Faktenwissen werde immer weniger Bedeutung haben. Andere wiederum halten dieses nach wie vor für unverzichtbar. Alles in allem: Unsicherheit dominiert.

These 4: Traditionelle Lehrmethoden werden zunehmend in Zweifel gezogen. Die technisch vermittelten Alternativen sind jedoch völlig unzureichend.

Das gegenwärtige Angebot an Lernsoftware und computerunterstütztem Unterricht ist inhaltlich und methodisch völlig unzureichend; insbesondere qualifiziert es nicht zu verantwortlichem Umgang mit der modernen Informationstechnik. Wir haben dieses

Problem in vergangenen Kapiteln schon mehrfach angesprochen. Erinnern wir uns an die der kognitiven Wissenschaft entlehnten Konzepte der »scripts«, »frames« und »Mikrowelten« (siehe Seite 111). Sie gliedern Erfahrung und Gedächtnis in verschiedene Bereiche, die voreinander abgeschlossen sind. Voraussetzung dafür ist der Gedanke, daß die Welt in kontextunabhängige Daten zerlegt werden kann. In einzelnen Teilbereichen mag dies angehen (dort zeigen Lernmaschinen auch ihre Wirkung), von einem Lernen mit allen Sinnen ist aber keine Rede mehr. So sind vor allem auch die von Seymour Papert mit seiner Computersprache LOGO geschaffenen Mikrowelten von der Alltagserfahrung abgehoben. Wer eine derartige Methode insbesondere auch für Kinder anpreist – eine ganze Reihe von Pädagogen sind Papert bereits getreu gefolgt –, muß davon ausgehen, daß traditionelle Lernmethoden überholt sind.

Gemeint ist dabei nicht etwa der frontale Paukunterricht, von dessen Wirksamkeit ohnehin kaum jemand mehr restlos überzeugt ist, sondern jegliche Form des auf die reale Welt und damit kontextbezogenen Lernens. (Daraus soll allerdings keine generelle Absage an den Computer abgeleitet werden: Ein konstruktives Wechselspiel zwischen dem Computer als formal-abstraktem Instrument und der konkreten Wirklichkeit kann für den Lernenden durchaus befruchtend sein.)

Es ist anzunehmen, daß computervermitteltes Lernen zunehmend an Bedeutung gewinnen wird. Computer sind ja schließlich modern, sie erhöhen angeblich die Motivation der Lernenden, und zahlreiche Untersuchungen wollen belegen, daß der Lernerfolg beim computerunterstützten Unterricht besser ist als in herkömmlichen Unterrichtssituationen (vielleicht weil die Lehrer so schlecht waren?). So dürfte die Situation ähnlich liegen wie bei den Expertensystemen zur medizinischen Diagnose: Sie erkennen Krankheiten oft fehlerfreier als ein praktischer Arzt, reichen aber nicht an anerkannte Spezialisten heran. Dementsprechend mag es durchaus so sein, daß computerunterstützter Unterricht traditionelle Lernziele insbesondere dort, wo es vornehmlich um Faktenwissen geht, besser vermittelt als ein (schlechter) Lehrer. Und wenn an den gegenwärtig erhältlichen Computerprogrammen für den Unterricht herumgekrittelt wird, kann man immer noch darauf verweisen, daß es schon in wenigen Jahren bessere Programme geben werde – kein Wunder, daß die Lehrer darob verunsichert sind: Ihre Existenz ist durch die Ankunft des Computers ebenso in Frage gestellt wie die des Arztes durch ein medizinisches Expertensystem, die des Psychiaters durch das Weizenbaum-Programm »ELIZA« und des Facharbeiters durch die computergesteuerte Werkzeugmaschine.

Entscheidend ist bei all diesen Situationen nicht so sehr, was die Maschinen tatsächlich können, sondern welche Leistungen ihnen die Menschen zubilligen. Geschicktes Marketing der Hersteller trägt zweifellos bei, den Glauben an die Vorteile des computerunterstützten Unterrichts zu stärken. Traditionelle Lehrmethoden seien schließlich schon überholt, heißt es. Man könne doch nicht zur Pädagogik des 19. Jahrhunderts zurückkehren.

Dazu kommt, daß auch die traditionelle Didaktik alles andere ist als ein homogener Bereich – zu viele gegensätzliche Strömungen konkurrieren; zu oft wird aber auch verglichen, was in Wahrheit nicht vergleichbar ist: Wie wäre es, wenn man das in einem Lehrvortrag unwillkürlich Mitgelernte (siehe Seite 262) mit dem vergliche, was im Dialog mit dem Computer unbemerkt mitkommt? Wenn ich bloß standardisierte Testverfahren anwende, um einen Lernerfolg zu messen, werden etwaige Unterschiede zweifellos verborgen bleiben.

These 5: Die Schule hat die moderne Informationstechnik als Bildungsinhalt bisher nur in völlig ungenügender Weise wahrgenommen.

Schnellkurse im Programmieren, Wahl- oder Pflichtfächer in »Bürgerinformatik« und ähnliches mehr sowie der vielerorts geforderte Computerführerschein werden gegenwärtig nur einem kleinen Teil der Jugendlichen vermittelt. Ich bezweifle, daß auch nur dieser Teil die für das Bestehen in der Informationsgesellschaft erforderliche Bildung erhält. Wir haben ausführlich gezeigt, daß in BASIC programmieren zu lernen oder anwendungsbezogene Fertigkeiten zu erwerben keine adäquate Vorbereitung für die Zukunft sind. Die Informationstechnik schreitet wesentlich schneller voran als die Arbeit in den Lehrplankommissionen.

Wenn Michael Toepel von der Gewerkschaft Erziehung und Wissenschaft in Buxtehude meint, weil die Durchsetzung der Informationstechnologie durch die ökonomischen Antriebskräfte bereits gesichert sei, müsse die Schule ihren Beitrag zur Gestaltung der kommenden Informationsgesellschaft vordringlich in der Aufklärung über Risiken und in der Vermittlung von Fähigkeiten zur humanen und sozialen Gestaltung der Technologie leisten, so hat er damit in vieler Hinsicht recht. Aber die gegenwärtige Praxis spricht eine deutlich andere Sprache. Die dafür wichtigen Aspekte sind zu vielfältig, um sie in einem Lehrplan von 40 oder auch 80 Unterrichtsstunden unterzubringen. Es genügt nicht, in einer Stunde den Datenschutz zu problematisieren, in der nächsten den durch Mikroelektronik vertieften Nord-Süd-Konflikt und in der dritten über die Folgen der Informationsexplosion zu dozieren. Die Entwicklung zur Informationsgesellschaft ist ein komplexes Phänomen, das ausführlich dargestellt und erarbeitet sein will. Zur Durchdringung des Themas ist ausreichender Sachverstand erforderlich (und dieser ist nicht gleichbedeutend mit Programmierkenntnissen); solange dieser nicht vorauszusetzen ist, bleiben Erörterungen über Folgen der modernen Technik oberflächlich moralisierend, erzeugen jedenfalls keine Betroffenheit.

Ebenso versagt das Schulwesen, wie bereits erwähnt, bei der Integration von Informatikinhalten in den bestehenden Fächerkanon sowie bei Aus- und Weiterbildung der Lehrer. Die Starrheit des Bildungssystems behindert eine sinnvolle bildungspolitische Diskussion. Viele Verantwortliche kapitulieren und hoffen, der Computer möge sich ebenso als Modeerscheinung herausstellen wie die Mengenlehre und der audiovisuelle Unterricht. Man müsse den gegenwärtigen Rummel durchstehen und könne dann weiterdösen.

These 6: Die künftige Finanzierung des öffentlichen Bildungswesens ist ungeklärt.

In einer Gesellschaft ohne Informationstechnik hat das Bildungswesen ein Monopol auf die Vermittlung von Qualifikationen für das Beschäftigungs- und Gesellschaftssystem. Dort kann das Bildungswesen als der wichtigste Vermittler des kulturellen Erbes auftreten. Deshalb bestand in der Vergangenheit weithin Konsens darüber, daß die angemessene Finanzierung des Bildungswesens eine unabdingbare Voraussetzung für Wohlstand und kulturelle Entwicklung einer Gesellschaft sei. In der Formulierung von Klaus Haefner ging es darum, geeignetes »Humankapital« für die Gesellschaft verfügbar zu machen.

Heute tritt die informationstechnische Industrie in vielen Bereichen in Konkurrenz zu dem ominösen »Humankapital«. Wenn das Bildungswesen seine Legitimation vornehmlich aus der Bereitstellung menschlicher Arbeitsleistung ableitet, wird es immer problematischer, seine Finanzierung zu begründen. »Bei knappen Ressourcen und bei einem intensiven Ringen um die Nutzung der Staatsfinanzen wird die Unbestimmtheit der Nutzbarkeit und Notwendigkeit der Qualifikationen große Unsicherheit in die Finanzierung des Bildungswesens bringen ... Diese Unsicherheit über den Sinn der Finanzierung unseres größten und teuersten öffentlichen Dienstleistungssystems wird dieses schwerer erschüttern als alle anderen Prozesse. Hier geht es nicht um akademische Fragestellungen, sondern schlicht um die Frage, wo sollen noch welche öffentlichen Mittel gebunden werden« (Lit. 171). Lohnt es sich überhaupt noch, fragt Haefner, einen Facharbeiter für insgesamt DM 60 000 auszubilden, wenn er dann bei jährlichen Lohnkosten um DM 35 000 doppelt so teuer ist wie ein Roboter?

Abgesehen davon kostet die Aus- und Weiterbildung zur Beherrschung der Informationstechnologien zusätzlich Geld. So hat man durch internationale Vergleiche und Studien herausgefunden, daß die notwendigen Finanzen für Informatik im Bildungswesen etwa 1% der Budgetmittel der nationalen Bildungsministerien ausmachen müßten. Die notwendige Erst-, Aus- und Weiterbildung der Lehrenden in Seminaren und so weiter wird für 10 000 Personen mit 12,5 bis 15 Millionen DM pro Jahr angesetzt (Lit. 172).

Demgegenüber wachsen sowohl die Investitionen, um ausgebildete Fachkräfte ganz oder teilweise durch Maschinen zu ersetzen, ebenso rasant wie der außerschulische, technisch vermittelte Bildungsmarkt. Man schätzt, daß in den Vereinigten Staaten mindestens 2 Millionen Lernende in private berufliche Ausbildungskurse eingeschrieben sind und dafür rund 3,5 Milliarden Dollar im Jahre ausgeben. 1990 sollen es nach Expertenschätzung 10 Milliarden Dollar sein. Rund 8000 genehmigte Privatschulen teilen sich diesen Kuchen; die größte davon (NEC) mit 49 Schulen und 35 000 Schülern machte im Jahr 1982 einen Umsatz von 135 Millionen Dollar.

Bildungssoftware gilt als der am schnellsten wachsende Bereich im Softwaremarkt. Man schätzt in den Vereinigten Staaten (bei einer weiten Definition von »Bildungssoftware«) den Markt 1982 auf 2,5 Millionen Einheiten, für 1987 auf 34 Millionen Einheiten bei einem Wert von einer Milliarde Dollar und damit eine jährliche Wachstumsrate von 71%. Für den Bereich des computerunterstützten Unterrichts schätzt man das Marktpotential in der nächsten Zeit in den Vereinigten Staaten, Japan und Europa auf rund 3,5 Milliarden Dollar.

Da sich infolge der steigenden Verfügbarkeit der Informationstechnik die für Menschen erforderlichen beruflichen Qualifikationen rasch ändern, gehen so gut wie alle Zukunftsprognosen von der Annahme aus, daß für die Fortbildung nach abgeschlossener Grundbildung wesentlich höhere Investitionen nötig sein werden als in der Vergangenheit. Es entsteht damit ein neuer Markt, in vielen Fällen aber abseits traditioneller Bildungsinstitutionen.

Die Institution Schule steht also einerseits in Konkurrenz zu maschinellen Produkten, die eine Reihe von Qualifikationen, die sie im herkömmlichen Bildungsgang vermittelt, vorgeblich effizient gewährleisten, und anderseits im Wettbewerb mit privatwirtschaftlich organisierten Bildungseinrichtungen, die wesentlich flexibler sind als monopolistische Strukturen.

These 7: Im Gebrauch der Produkte moderner Informationstechnik verändert sich der Mensch auf vielfältige Weise. Weder das Erziehungswesen noch die Gesellschaft nimmt gegenwärtig diese Einflüsse gebührend wahr.

Wesentliche Teile dieses Buches sind den Bedeutungsdimensionen der Informationsmaschinen Fernsehen und Computer gewidmet, also der Frage, was die Wechselwirkung zwischen Mensch und Maschine im Menschen selbst auslöst oder auslösen könnte. An dieser Stelle kann nur stichwortartig an das bereits Ausgeführte angeknüpft werden.

Eine große Gefahr liegt in der Mediatisierung des Menschen, im Aufgehen in elektronischen Scheinwelten. Die schattenhafte Wirklichkeit des Bildschirms läßt emotionale Unsicherheit und Verlust des Wirklichkeitsbezugs entstehen. Computer- und Videospiele schaffen eine körperentfremdete Sinnlichkeit; eine »Kultur« von Regeln und Simulationen entsteht. Neigungen zu sozialem Rückzug und sozialer Isolation werden ebenso beobachtet wie suchtartige Abhängigkeit. Eine seit einigen Jahren entstehende Kindercomputerkultur bringt überdies Sozialisierungsformen zum Vorschein, deren langfristige Folgen heute nicht abschätzbar sind (Siehe auch Seite 192).

Kinder werden vom Computer bereits in Entwicklungsstufen geprägt, in welchen sich die Unterscheidungsfähigkeit zwischen Leben und Nichtleben, bewußt und unbewußt, erst heranbildet. Wir wissen noch zuwenig, was dieser Einfluß für die dereinst Erwachsenen bewirkt. Man darf, etwas überzeichnet, spekulieren: Das Maschinenhafte in uns könnte zur nicht hinterfragten Daseinsform konditioniert werden, Denken und Gefühl könnten sich voneinander trennen und unverbunden in schattenhaftem Dasein fortvegetieren.

Der – mit und ohne Computer – programmierte Unterricht könnte zur Perfektion des entwirklichten Denkens gedeihen, er böte nichts als Begriffe ohne Anschauung. Auch steht das Vertrauen in das eigene Denken in der Gefahr zu verkümmern. Umgekehrt bietet das Fernsehen Anschauung oft ohne Begriffe, deren Hinzubringung, wie im Leben sonst, dem Verstand und dem Urteil des Zuschauers obliegt. Immanuel Kant sagte: Begriffe ohne Anschauung sind leer, Anschauungen ohne Begriffe blind. Er sagte aber auch, der Verstand erlange die Begriffe zur Anschauung hinzu. Ist also eine Anschauung erst mit ihrem Begriff verbunden, so genügt der Begriff allein, um die ihm zugehörige Anschauung zur Vorstellung zu bringen. Voraussetzung ist bei jedem Gebrauch von Zeichen, die für Begriffe stehen – ob beim Lesen, in der Mathematik oder am Computer –, daß ihre Anschauungen im Gebrauchenden schon vorliegen, daß sie also an die Wirklichkeit gebunden sind und bleiben.

Der Personalcomputer ist schon in der Phantasie seiner erwachsenen Benützer nicht bloß ein »wertfreies« Werkzeug. Sein perfektes Funktionieren suggeriert Geborgenheit, in die man sich flüchten kann, frustriert von einer Welt, die keinen Halt zu bieten scheint. Eine Flucht, die nicht folgenlos bleibt. Soziale Konflikte entstehen. Eine neue Runde im Kampf der Geschlechter setzt ein: Computerprogramme zu schreiben ist, gestehen manche Männer ein, gleichbedeutend mit einem Schöpfungsakt. Die Frauen können draußen bleiben.

Als elektronische Eintrittskarte in die Welt einer neuen Elite ist der Personalcomputer freilich ungemein anziehend; nicht umsonst wird er in Hochglanzbroschüren als neuer Partner angepriesen. Und noch mehr als das. Seine Fehlerfreiheit läßt ihn mitunter sogar gottähnlich erscheinen. Der Computer als Hausaltar, Mittel auf dem Wege zur elektronischen Erlösung. Für andere ruft seine Undurchschaubarkeit Geister und Dämonen auf. Animismus des 20. Jahrhunderts.

Fest steht: Die Abbildung der Wirklichkeit durch den Computer bedingt eine einschneidende Reduktion derselben. Je mehr wir von Computersimulationen umgeben sind, desto mehr laufen wir Gefahr, die Simulation mit der Wirklichkeit zu verwechseln.

Es wird viel zuwenig darüber nachgedacht, daß sich der Computer gewissermaßen als »umgekehrter Schlehmihl« entpuppt, als Gegenstück zu Adalbert von Chamissos Figur des Mannes ohne Schatten, der nur Schatten der übrigen Wirklichkeiten liefert, wiewohl er selbst eine unserer Wirklichkeiten ist. Er liefert nie den Mann selbst, er ist der Schatten ohne Mann. Freilich erlauben seine Möglichkeiten der Simulation nahezu jeden Schatten herzustellen – auch solche, für die es noch gar keinen Mann gibt. Zum ersten Mal in der Geschichte der Menschheit beginnt der Schatten mit dem Mann zu konkurrieren. Aber auch wenn man dem Computer ein Mikrophon mit Sprachsynthesizer beigibt, ihn Düfte verströmen und über Sensoren Tastinformationen aufnehmen und abgeben ließe – die Täuschung mag perfekt erscheinen, er bleibt der umgekehrte Schlehmihl (Lit. 173).

Und wo bleiben die positiven Seiten der Informationstechnik?

Auf die Gefahr hin, als einseitig gebrandmarkt zu werden: Um die brauchen wir uns in diesem Zusammenhang nicht weiter anzunehmen. Daß der Computer als Werkzeug ganze Arbeit leistet, ist ohnehin unbestritten. Wenn seine Wirksamkeit auf die Funktion als Werkzeug beschränkt wäre, hätte dieses Buch kaum eine Daseinsberechtigung. Aber sie ist es nicht. Das »hidden curriculum« im Dialog des Menschen mit dem Computer wirkt – unbemerkt, aber mächtig.

Damit sind wir bei einer entscheidenden Frage: Wo sind Ansätze erkennbar, in der Erziehung – und hier sind die Anbieter im Bereich der Informationstechnik ebenso angesprochen wie Elternhaus und Schule – diese Wirkungen des Computers auf den Menschen zu erkennen, mehr noch: vorbeugend und helfend zu wirken? Ich sehe sie nicht. Da liegt eine neue, ungemein schwierige und nichtsdestoweniger entscheidend wichtige Aufgabe für Erzieher, Lehrer und Eltern vor. Wir dürfen uns nicht damit begnügen, den Computer als Werkzeug zu verniedlichen. Die Liebe zum Computer kann gefährlich sein.

These 8: Die Krise des Bildungswesens ist Ausdruck der Krise unserer Gesellschaft. Der archimedische Punkt zu ihrer Bewältigung ist eine Erziehung zum Menschen.

Wir haben Wissenschaft und Technik so vorangetrieben, daß unsere individuelle und kollektive Existenz in mehrfacher Hinsicht in Frage gestellt ist. Aus der Kenntnis der Kernspaltung ist ein Arsenal an Atomwaffen erwachsen, das unser aller Überleben von dem – möglicherweise durch Computer-»Irrtum« ausgelösten – Druck auf einen Knopf abhängig gemacht hat. Gentechnik und Psychomedizin versetzen uns in die Lage, Erbmasse und Zentralnervensystem als körperliches Substrat menschlichen Daseins radikal zu beeinflussen. Computer, Roboter und neue Medien drängen das Maschinenhafte in uns zu ungeheurer Entfaltung. Die vom Menschen abgespaltenen Fähigkeiten verselbständigen sich mit solcher Mächtigkeit, daß sie uns nun ihrerseits zur Anpassung zwingen. Der Mensch läuft damit, ohne es zunächst bewußt wahrzunehmen, Gefahr, zum Sklaven der Technik zu werden, obwohl er doch angetreten war, diese zu beherrschen. Die Computerwirklichkeit wird unsere Wirklichkeit. Der dadurch bedingte Verlust des umfassenden Menschseins – Endstufe eines seit Jahrhunderten andauernden Prozesses – gehört zu den ernsthaftesten Problemen unserer Zeit. Ich fürchte, Günter Anders hat recht, wenn er sagt, daß wir der Perfektion unserer Produkte nicht mehr gewachsen sind; daß wir mehr herstellen als vorstellen und verantworten können; und daß wir glauben, das, was wir können, auch zu dürfen, nein: zu sollen, nein: zu müssen.

Charakteristisch für den von Maschinen umgebenen Menschen des ausgehenden 20. Jahrhunderts ist die Neigung, sich an leblose Objekte zu binden. Die psychiatrischen Erscheinungsformen dieses Phänomens hat bereits vor rund 70 Jahren der Schweizer Eugen Bleuler eindrücklich beschrieben. Auch Erich Fromm stellt in seiner Abhandlung über die Nekrophilie und ihre historischen Wandlungen in umfassenderem Sinn fest, ein augenfälliges Merkmal des heutigen Industriemenschen sei darin zu sehen, daß mechanische Kunstprodukte eine immer größere Anziehungskraft auf ihn ausüben. »Entsprechend seiner nekrophilen Neigung kann der kybernetische Mensch seinen Körper nur mehr als Instrument wahrnehmen. Er verwandelt alles Leben in Dinge, einschließlich seiner selbst; die Sexualität wird zu einer technischen Fertigkeit, und viel von der Liebe und Zärtlichkeit, die ein Mensch besitzt, wendet er seinen Maschinen zu« (Lit. 174). In der Maschine liebt der Techniker sich selbst. Narzißmus und Nekrophilie sind die Antriebe unserer Zeit.

Die moderne Informationstechnik transformiert nicht nur den Menschen, sondern auch die Gesellschaft als Ganzes. Die Strukturen unserer millionenfach vernetzten Welt werden zunehmend komplexer und undurchschaubarer. Der Computer ermöglicht diese Entwicklung und beschleunigt sie gleichzeitig. Dem Menschen aber entgleitet die Entscheidungsfähigkeit. Das Schiff Erde droht, manövrierunfähig zu werden. Niemand kann voraussagen, was im Falle großer technischer Katastrophen passiert. Trotz aller Weltmodelle und statistischen Prognosen weiß niemand, wie wir den Gang der Dinge beeinflussen könnten, um solche Katastrophen zu verhindern. Wie soll da ein Erzieher noch Leitbilder überzeugend vermitteln?

Wir müssen aus der Ohnmacht heraus den Fortschritt zum Menschen antreten. Ohne Verbot der Technik und ohne Flucht in die Vergangenheit. Fragen stellen, den Blick nach innen gerichtet, und mit Mut zum aufrechten Gang. Wenn es noch Rettung für unsere Zivilisation gibt, dann ist sie in der Er-ziehung zu suchen: Wir müssen uns selbst am Schopf packen und aus dem Sumpf ziehen. Damit sind wir auf dem Weg von der Analyse zur Synthese, von der Diagnose zur Therapie.

5.2. Fortschritt zum Menschen

Jeder Versuch, Leitlinien für die Erziehung im Informationszeitalter aufzuzeigen, muß bei der Frage nach dem Wesen des Menschen ansetzen und sich im übrigen den Zielen und Werten der Gesellschaft sowie der weltanschaulichen Position des Betrachters orientieren. Was ist der Mensch? Ist er lediglich eine sehr komplexe Maschine, oder ist er ein Wesen, das über das Maschinenhafte hinaus Bereiche umfaßt, die weder der physikalisch-chemischen Meßbarkeit zugänglich noch mit der Logik der Künstlichen Intelligenz voll erfaßbar sind?

Jahrtausende der Menschheitsgeschichte hindurch galt die geistig-seelisch-körperliche Natur des Menschen als selbstverständliche Tatsache. Erst von den Zeiten de Lamettries an wurde sie immer aufs neue in Frage gestellt; zuerst waren die Physiker an der Reihe, den Menschen zu erklären, dann die Chemiker und Biologen, und heute führen die Kybernetiker und KI-Forscher das große Wort (siehe Seite 97 f.).

Die Vertreter einer wissenschaftlichen Weltanschauung, die sich dem Messen, Wägen und Formalisieren gewidmet hat, sind argumentativ im Vorteil: Was sie messen können, läßt sich exakt angeben und unter gleichen Bedingungen jederzeit bestätigen. Die moderne Naturwissenschaft zeigt uns nur zu eindrücklich, was alles »geht«; die Produkte der modernen Technik sind augenfälliges Zeichen der Mächtigkeit des ihr zugrunde liegenden Konzepts.

Anderseits verdient das Phänomen gebührende Beachtung, daß sich auch heute noch viele Menschen gegen die Auffassung wehren, der Mensch sei bloß eine komplexe Maschine. Wie sonst wäre es erklärbar, daß Kranke viel Geld ausgeben, um sich von Geistheilern auf den Philippinen behandeln zu lassen? Daß mehr und mehr Lebensmittel aus biologischem Anbau und Arzneimittel in homöopathischer Verdünnung konsumiert werden, die für den mechanistisch orientierten Naturwissenschaftler wirkungslos sein müssen (vom sogenannten Placeboeffekt abgesehen)? Wie sonst könnte man den Sektenboom erklären oder verstehen, daß Berichte über »übersinnliche« Phänomene mehr denn je reißenden Absatz finden, daß spiritistische Zirkel allseits beliebt sind, wenn auch unter der Oberfläche der Gesellschaft verborgen? Trotz noch so eindrücklicher Erfolge von Naturwissenschaft und Technik ist es offenbar nicht gelungen, die tief verwurzelte Überzeugung der Menschen – vor allem vieler einfacher (oder sind diese bloß nicht richtig aufgeklärt?) –, sie seien mehr als bloß meßbar, wägbar und formalisierbar, auszurotten. Für viele Menschen stellt das konsequente Durchdenken der Auffassung »Der Mensch ist eine Maschine« eine eklatante Lebenslüge dar, die die alltägliche Erfahrung widerlegt; für andere stellt es den Sinn des Lebens in Frage: Wenn wir bloß Automaten sein sollten, dann bliebe für Ethik und Moral wenig Raum, der Glaube an ein Weiterleben nach dem Tode verstummte und damit auch eine wesentliche Triebkraft für das rechtschaffene Handeln der unter uns lebenden religiös gesinnten Menschen.

Ich plädiere dafür, den Spieß umzudrehen und die »Beweislast« bei der Frage nach dem Menschen auf jene abzuwälzen, die annehmen, der Mensch sei eine Maschine, menschliches Leben sei auf der Basis physikalisch-chemischer Gesetze vollständig erklärbar und »denkende« Computer könnten gebaut werden. Solange sie ihre Behauptungen nicht konkret belegen können, dürfen wir den Reduktionismus der Positivisten als untauglichen, weil unvollständigen Erklärungsansatz für das Wesen des Menschen betrachten. Mit anderen Worten: Wenn die moderne Naturwissenschaft den Staatsanwalt spielte, der gesunde Menschenverstand den Platz des Richters einnähme und auf der Anklagebank das nicht Maschinenhafte im Menschen säße, dann würde »in dubio pro reo« entschieden.

Damit ist der Zeitpunkt gekommen für eine in Erziehungsfragen wesentliche weltanschauliche Stellungnahme: Ich gehe davon aus, daß die Produkte der modernen Informationstechnik zum gegenwärtigen Zeitpunkt menschliches Denken und Urteilen (siehe Seite 128) nur unvollkommen erfassen. Ich behaupte weiter, daß sich diese Situation auf absehbare Zeit nicht ändern wird. Früher degeneriert der Mensch auf das Niveau der Maschine, als daß der Computer menschliche Züge erlangt.

Der Vollständigkeit halber sei auf die Existenz einer Position verwiesen, die deutlich auf die Einzigartigkeit des Menschen hinweist, ohne auf die soeben angesprochene Grundsatzfrage einzugehen: Demnach ist der Mensch ein lebendiges Wesen, das mit den althergebrachten Begriffen von Leib, Seele und Geist beschrieben werden kann. Die Existenz von Maschinen, auch solcher, die wesentlich »intelligenter« sind als der Mensch, würde an dem »Sosein« des Menschen ebensowenig ändern wie die Existenz von Überschallflugzeugen an der Einzigartigkeit des Wesens »Vogel«. Da Menschen nicht nur denken können, sondern auch Gefühle haben und einen (freien?) Willen, da sie nicht nur Bewußtsein haben, sondern auch einen Körper, ließe sich demnach die Überzeugung, daß Mensch und Maschine grundsätzlich voneinander verschieden sind, auch ohne eine Antwort auf die Frage nach den Grenzen der modernen Naturwissenschaft und Technik ohne weiteres aufrechterhalten.

»Die Freiheit des Willens«, sagte der Physiker Max Planck im Jahre 1936, »beruht ebensowenig auf einer Unvollkommenheit des Erkenntnisvermögens wie auf einer vollkommenen Einsicht in die eigenen Willensmotive. Sie beruht auch nicht, wie jetzt vielfach behauptet wird, auf einer Lücke im Kausalzusammenhang, sondern sie beruht auf dem Umstand, daß der Wille eines Menschen seinem Verstande vorgeht oder, wie man auch sagen kann, daß sein Charakter mehr wiegt als sein Intellekt. Der Wille läßt sich vom Verstand wohl beeinflussen, aber niemals vollständig beherrschen« (Lit. 175).

Von dieser Standortbestimmung ausgehend, sollen nun einige Aspekte zur Frage nach der Erziehung im Informationszeitalter in Form von Thesen ausgeführt werden.

These 9: Erziehung soll sich in erster Linie am Menschen, nicht an der Technik orientieren.

Die Schule darf sich nicht dem Diktat vorgeblicher wirtschaftlicher Erfordernisse beugen. Sicherlich soll sie Qualifikation für eine Welt, wie sie ist, erzeugen. Aber nur dann, wenn sie zugleich Bildung für eine Welt vermittelt, wie sie sein sollte.

Bildung wurde zum Besitz erklärt, kapitalisierbar und akkumulierbar, getreu der Ideologie des Machtstrebens. Sein statt Haben, fordert dagegen Erich Fromm. Über das Einsehen und Erkennen sollten wir zum Ermessen gelangen. Nicht Verfügung bedeutet das, sondern Freigabe.

Bildung ist nicht einfach Sozialisierung; sie muß zugleich ein kritisches Element bergen. »Bildung ist das Selbstbewußtsein der Sozialisation«, sagt der Pädagoge Theodor Ballauf, ihre Überschreitung also. Nicht Eingliederung in den, sondern Herauslösung aus dem Kordon alltäglicher Lebensführung.

Wir brauchen weder Skinnersche Lernmaschinen noch Computer auf zwei Beinen. Es geht auch nicht um die Alternativen »human alternative« oder »Homuter«-Gesellschaft, wie uns Klaus Haefner glauben machen will. Haefner trennt Qualifikation von Bildung und fordert, wir sollten in der Schule bloß die rechte Gehirnhälfte ausbilden (wo angeblich die Emotionalität sitzt) und die linke (mit der Rationalität) den Computern überlassen. Der Homuter, eine Prothese aus Gefühlswesen und Denkmaschine gewissermaßen. Ein schiefes Menschenbild, einem Technokratenhirn entsprungen. So kann man vorgeblichen Humanismus nicht mit Computerpragmatismus verheiraten.

These 10: Erziehung soll Bewußtsein und Verantwortung schaffen für eine Welt, wie sie sein sollte: überschaubar, durchschaubar, nach dem Maß des Menschen.

Das klingt nach »Small is beautiful«. Bis zu einem gewissen Grade ist es auch so gemeint. Die Natur hat dafür gesorgt, daß die Bäume nicht in den Himmel wachsen. Wir haben – in der Praxis leider zu wenig effiziente – Bauordnungen, damit die Natur nicht überall durch Wolkenkratzer verschandelt werde und Harmonie gewährleistet sei. Warum sorgen wir nicht dafür, daß soziale Gebilde nicht hypertrophieren? Der Nationalökonom und Philosoph Leopold Kohr spricht nicht umsonst von einer »kritischen sozialen Größe« und einer der Größe nach optimalen Kulturgemeinschaft, wie sie vielleicht im alten Griechenland durch die Stadtstaaten oder im mittelalterlichen Siena durch die Contrades verwirklicht waren.

Die Natur hat nicht vorgesorgt, daß Großstädte, Konzerne und Computer nicht »in den Himmel« wachsen. Dem zu steuern sollte vielmehr unsere Aufgabe werden. Der Computer ist hierbei ein kritischer Faktor: Genau dort, wo komplexe Systeme für den einzelnen unüberschaubar werden, rufen wir den Rechner herbei, um sie doch noch im Griff zu behalten. In Wahrheit bekommen wir lediglich den Schatten in die Hand, und was den Schatten wirft, wächst mit eigengesetzlicher Dynamik weiter. Wir sind stolz darauf, zu messen, wie der Schatten zunimmt. Mit derartigen Wachstumsbilanzen lassen sich sogar Wahlen gewinnen.

Wer zuviel ißt und trinkt, wird krank. Eine soziale Gemeinschaft, die zu groß wird, zeigt Zerfallserscheinungen. Ein geistiges Umfeld, das allein nach der Verarbeitungsleistung von Elektronenrechnern organisiert wird, ist unmenschlich und unsozial.

Die Komplexität unserer Welt ist ein Ergebnis menschlichen Handelns. Zunehmende Geschwindigkeit der Entwicklung, numerische und größenordnungsmäßige Steigerung, wachsende Ungewißheit und extreme Risiken der weltweiten politischen Problematik gehören dazu. Wir müssen versuchen, die wachsende Komplexität dadurch zu bewältigen, daß wir unsere Vorstellung vom Begriff »Lernen« erweitern und damit ein Instrument zur Bewältigung dieser zunehmenden Interdependenz erlangen (siehe Seite 273).

Fortschritt zum Menschen heißt, Bewußtsein und Verantwortung dafür zu schaffen, daß größer (im Fall der Computer: kleiner) und schneller nicht unbedingt auch besser bedeutet. Das ist nicht notwendigerweise eine Absage an die wachstumsorientierte Gesellschaft. Aber die Produktion von Gütern ist, wie Erich Fromm sagt, auf einen »gesunden und vernünftigen Konsum« auszurichten (Lit. 176).

These 11: Wir müssen zu geistiger Hygiene – dem Korrelat des Umweltschutzes – erziehen.

Seit der Antike haben die Menschen versucht, die Entwicklung von Kultur und Zivilisation in Zeitalter einzuteilen. Auch heute spricht man viel davon: vom industriellen Zeitalter, von der postindustriellen Gesellschaft, vom Atomzeitalter – und Informationszeitalter, an dessen Schwelle wir uns zu befinden scheinen. Manche Autoren sind uneins, wie viele industrielle Revolutionen wir bereits hinter uns haben, ob die Computerrevolution die zweite, dritte oder bereits vierte ist. Ich bin dafür, die Informationstechnik als zweite große Umwälzung nach der Welle der Industrialisierung zu sehen, die im 19. Jahrhundert einsetzte und heute noch andauert: Zuerst war es Muskelkraft von Mensch und Tier, die durch Maschinen ersetzt wurde und uns Eisenbahn, Auto und Flugzeug bescherte; heute ist es Nervenarbeit, die der Computer vollbringt. Der Produktionsfaktor Information tritt zunehmend in Konkurrenz zu den traditionellen Produktionsfaktoren Boden, Arbeit und Kapital.

Der für unser Anliegen wichtigste Unterschied zwischen den beiden industriellen Revolutionen liegt in ihren Auswirkungen begründet. Abbau und Verwertung der Bodenschätze, insbesondere von Kohle, Erdöl und Erdgas, und damit verbunden eine gigantische Steigerung des Energiekonsums haben die Umwelt des Menschen tiefgreifend verändert. Spät, aber dann doch, merken wir, daß der Natur Gefahr droht. Pflanzen und Tiere sterben aus, die Verschmutzung unserer Umwelt beeinträchtigt die Gesundheit alles Lebendigen, das ökologische Gleichgewicht gerät aus den Fugen.

Demgegenüber betreffen die Auswirkungen der informationellen Revolution in erster Linie den Menschen selbst mit dem sozialen Gefüge seiner Gemeinschaften. Ähnlich wie die Verbrennung der fossilen Energieträger unsere Umwelt verschmutzt, überschwemmen die massenhafte Produktion, Verarbeitung und Kommunikation von Information das Bewußte und Unbewußte des Menschen; die Informationsexplosion führt zu einer Kontamination der geistigen Sphäre mit Daten. Digitaler Abfall fällt in uns an. Die elektronischen Massenmedien, die Computer und ihre Technik der Künstlichen Intelligenz greifen darüber hinaus tief in das Innere des Menschen ein; betroffen sind nicht nur sein Selbstverständnis als Krone der Schöpfung, sondern auch seine Individualität, sein Denken, seine Gefühle und schließlich seine Willensentschlüsse.

Die unerwünschten Auswirkungen der ersten industriellen Revolution versuchen wir mit Maßnahmen zu bekämpfen, die unter dem Schlagwort »Umweltschutz« zusammengefaßt werden können. Milliardenbeträge werden ausgegeben, um das, was bereits passiert ist, nach Möglichkeit zu korrigieren. Zahlreiche Gesetze werden erlassen – viele davon zu spät und zu wenig zugkräftig –, um weiteres Übel erst gar nicht entstehen zu lassen. Aus der sogenannten freien Marktwirtschaft wurde die soziale Marktwirtschaft, und jetzt soll die ökosoziale Marktwirtschaft kommen (ich zweifle allerdings, ob unser gegenwärtiges Wirtschaftsgefüge das Attribut »ökosozial« schon verdient).

Auch zur Vermeidung und Therapie der Verschmutzung der immateriellen, geistigen Sphäre werden wir uns einiges einfallen lassen müssen. Von fernsehgeschädigten Kindern ist ja schon vielfach die Rede. Schlagworte wie »Computerangst« und »Computersucht« geistern durch die Medien. Die Informationsüberflutung bedroht das innere Gleichgewicht des Menschen. Reduzierte menschliche Denkstrukturen in Form von Computerprogrammen wirken in allen Bereichen des Lebens wie auch der Gesellschaft fort.

Was der Umweltschutz für die äußere Natur, was das Ökosystem für die physische Gesundheit des Menschen leisten kann und soll, muß das im weitesten Sinn des Wortes angesprochene Erziehungswesen für die innere Natur des Menschen wahrnehmen.

Deshalb bin ich davon überzeugt, daß die Erziehung des Menschen zum Schüssel für die Bewältigung der Informationsrevolution geworden ist. Erziehung bedeutet hier nicht nur, die traditionellen Aufgaben von Eltern und Lehrern zu erfüllen. Erziehung bedeutet auch, mit dem Rohstoff Information maßvoll und verantwortlich umzugehen. Damit sind die Medien, die Hersteller der Informationsindustrie und grundsätzlich alle jene mitbetroffen, die Information sammeln, verarbeiten und weitergeben. »Maßvoll« meint, daß nicht alles, was machbar ist, unbedingt auch wünschenswert erscheint (wie sinnvoll ist es, rund um die Uhr zwischen 30 verschiedenen TV-Programmen wählen zu können?); und »verantwortungsvoll« spricht den Umstand an, daß Daten, Signale, Nachrichten und Information nicht einfach frei im Raum schweben, sondern im Empfänger stets eine Wirkung auslösen (wozu der Empfänger auch seine Erwartungshaltung einbringt). Die Idee des Datenschutzes beispielsweise läßt sich durch Gesetze allein sicher nicht realisieren; es bedürfte dazu auch eines neuen Berufsethos der Verantwortlichen; und dies wiederum erforderte entsprechende Erziehungsmaßnahmen. (Ich bin mir bewußt, daß dabei eher irreale Ziele angesprochen sind.)

Meine Forderung, Erziehung müsse im Informationszeitalter absolute Priorität bekommen, könnte als das Resultat von Resignation erscheinen. Resignation insofern, als ich voraussetze, daß der sogenannte technische Fortschritt auch im Bereich der Wissensindustrie weitgehend ungehemmt voranstrebt. Wir können Computer genausowenig verbieten, wie wir wissenschaftliche Erfindungen aufhalten können. Die Freiheit der Meinungsäußerung und die Freiheit der Wissenschaft sind unverzichtbar. Die Einschränkung kann aber dort erfolgen, wo der Einsatz einer neuen Technik grundlegende Werte des Menschen und der Gesellschaft antastet, etwa die in letzter Zeit viel zitierte Menschenwürde. Ein diesbezüglicher Verzicht kann durch Gesetze aber nicht erzwungen, sondern bestenfalls gelenkt werden. Deshalb wird eine Beschränkung auf ein für die Informationsgesellschaft erst zu erarbeitendes menschliches Maß tragende Bedeutung erlangen. Dafür ist wiederum eine entsprechende Erziehung unabdingbare Voraussetzung. Damit schließt sich der Kreis: Es wäre eine Selbstabdankung der Humanität, wenn wir die totale Computerisierung der Welt als unausweichlich hinstellten. Aber wir sollen nicht beim Computer ansetzen, sondern bei uns selbst. Mehr Selbstverantwortung jedes einzelnen tut not.

These 12: Wir brauchen ein Ethos der Informationsproduzenten und entsprechende Normen im immateriellen Bereich.

Bedingt durch elektronische Medien und moderne Informationstechnik wird sich die Struktur des Erziehungswesens einschneidend ändern müssen. Schon längst haben Eltern und Lehrer die Kontrolle über die Informationsvermittlung an ihre Kinder und Schüler eingebüßt. Der unreflektierte Einfluß der Medien wächst unaufhaltsam. Die Faszination des Computers führt viele Kinder an ein bereits unübersehbares Angebot an Computercamps, Clubs und anderen außerschulischen Lernformen heran und damit zu einer von Elternhaus und Schule weitgehend unbeeinflußten, dafür aber von Kräften der Wirtschaft kontrollierten Kinderkultur. Fernsehen, Videospiele und Computerkurse prägen Phantasie und Sozialverhalten der Jugend nachhaltiger als beamtete Lehrer. Die Schule schafft es nicht, dazu in wirkungsvolle Konkurrenz zu treten.

Den Medienproduzenten und den Anbietern von Freizeit- und Bildungsmitteln kommt damit erhöhte erzieherische Verantwortung zu. Das hat mehrere Konsequenzen:

1. Schule und Elternhaus dürfen die Augen vor dieser Entwicklung nicht verschließen, sondern müssen sie wachsam registrieren – auch dann, wenn sie ihren Wünschen zuwiderläuft. Ansätze zur Medienpädagogik sind vorhanden.

2. Wohlklingende Appelle an die Hersteller außerschulischer Informations- und (Ver-)Bildungsmittel werden zweifellos nicht ausreichen. Auch wer an und für sich ein überzeugter Anhänger einer möglichst freien Marktwirtschaft ist, wird sich nicht mit dem Gedanken anfreunden wollen, die geistige Prägung der heranwachsenden Generation dem unkontrollierten Spiel der Marktkräfte zu überlassen. Ebensowenig wie es angeht, daß chemische Fabriken ihre Abfälle ungehindert in der Umwelt abladen, darf die Informationsproduktion ohne entsprechende Normen bleiben. Es ist erforderlich, einen machbaren und sinnvollen Kompromiß zwischen den in vielen Aspekten widersprüchlichen Forderungen nach möglichst freier Wirtschaft und Freiheit der Meinungsäußerung einerseits sowie nach geistiger Hygiene im Informationsbereich anderseits zu erreichen.

3. Besondere Verantwortung trifft auch den Programmierer. Der Computer verlangt von seinem Gestalter nicht nur eine be-

trächtliche Übersichtsfähigkeit und hohe Aufmerksamkeit. Vor allem aber muß dieser alle Entscheide vorausschauend überdenken, ehe er sie seinen Programmen zugrunde legt – jedes Programm geht von bestimmten, vorher festzulegenden Rahmenbedingungen aus, welche die Ergebnisse der späteren Arbeit des Anwenders beeinflussen. Diese Entscheide müssen daher verantwortungsvoll getroffen werden und jedem Benutzer transparent sein.

Vor nicht allzu langer Zeit waren Begriffe wie »Umweltschutz« und »Datenschutz« noch nicht geläufig. Heute sind sie wichtige Ziele der politischen Willensbildung geworden. Ein zukünftiges umfassendes Informationsrecht wird entsprechende erziehungs- und bildungsrelevante Begriffe erst erarbeiten und in konkrete Formen gießen müssen. Ich bin überzeugt, daß diese Forderung keineswegs utopisch ist, fürchte aber, daß wir sie erst dann zu realisieren beginnen, wenn die Folgen der unkontrollierten Informationsverschmutzung allzu augenfällig und spürbar geworden sein werden.

Der Wunsch nach einem neuen Ethos der Informationsproduzenten bedeutet übrigens nicht notwendigerweise den Ruf nach mehr Staat. Gerade im Bereich der Informationstechnik zeigt sich deutlich, daß manchen Auswüchsen des verantwortungslosen Produzierens mit Gesetzen kaum beizukommen ist. Im Bereich des Datenschutzes beispielsweise steht die Kontrolle auf recht schwachen Beinen und unterminiert damit die Durchsetzbarkeit der gesetzlichen Normen (die Einhaltung von Datenschutzbestimmungen ist auf der technischen Ebene mit vertretbarem Aufwand nicht überprüfbar).

Der Einsatz jeder Technik sollte immer an eine verantwortungsvolle Entscheidung geknüpft sein. Genauso wie im Bereich des Umweltschutzes jeder einzelne von uns aufgerufen ist, in freier Selbstbeschränkung hier und heute Verzicht zu leisten, wird bei zunehmender Informatisierung unserer Gesellschaft auch im immateriellen Bereich eine maßvolle Beschränkung aus eigenen Stükken immer wichtiger, für Anbieter wie Konsumenten.

Ich bin mir bewußt, daß dies leichter gesagt als getan ist. Aus der Praxis als Journalist weiß ich nur zu gut, daß eine sensationelle Mordgeschichte allemal eher ins Blatt kommt als ein bildungsmäßig wertvoller Artikel. Ebenso klar ist, daß freiwilliger Verzicht in der Praxis nicht geübt wird, wenn man von den Folgen seines Tuns nicht unmittelbar betroffen ist. Dennoch: Die Zielvorstellung – freiwillige Beschränkung auf ein sauberes Maß – muß aufrechterhalten werden. Es ist bereits ein Erfolg, wenn die hier angesprochenen Probleme zu öffentlicher Diskussion und damit politisch-gesellschaftlicher Willensbildung führen.

These 13: Die Ungewißheit über die Ziele der künftigen Gesellschaft darf nicht zu konservativer Reaktion führen. Auch sollten wir Angst nicht verdrängen, sondern sie bewußt machen.

Erziehung setzt grundsätzlich Zielvorstellungen voraus; Lernen ist stets an eine bestimmte Intention gebunden. In der Wendezeit des ausgehenden 20. Jahrhunderts sind Ziele, Werte und Normen der künftigen Gesellschaft allerdings unklar. Auch ist abzusehen, daß die technischen und wirtschaftlichen Sachzwänge, welche die Entwicklung unserer Zivilisation vorantreiben, die historischen Wurzeln des tradierten Kulturverständnisses verkümmern lassen.

Ich will versuchen, dies an einem konkreten Beispiel klarzumachen. Die gegenwärtige Arbeitslosigkeit und die fortschreitenden Maßnahmen zur weiteren Rationalisierung zwingen uns, den herkömmlichen Sinn des Begriffs »Lohnarbeit« zu überdenken und die gegenwärtige Struktur des Arbeitsmarktes grundsätzlich in Frage zu stellen. Nicht nur radikale Gesellschaftsveränderer schlagen vor, für alle Menschen so etwas wie einen Basislohn zu schaffen. Es ist keineswegs ausgeschlossen, daß wir vor Ende dieses Jahrtausends den Begriff »Arbeit« in völlig neuer Weise zu verstehen beginnen. Könnten wir nun beispielsweise davon ausgehen, daß unsere Kinder in absehbarer Zeit in einer Gesellschaft leben, welche die Idee des Grundlohns für alle ganz oder teilweise verwirklicht hat, dann hätte dies zweifellos beträchtliche Konsequenzen für das heutige Erziehungssystem. Ein Gesellschaftssystem dagegen, das eine Zweiteilung in Arbeitende und Arbeitslose akzeptiert, müßte dagegen sein Bildungswesen vorausschauend anders organisieren. Auch bei weiterer Reduktion der Arbeitszeit kommt immer dringlicher die Frage auf uns zu, was die Menschen mit ihrer zunehmenden Freizeit vorteilhaft anfangen sollen.

Ein wesentlicher Aspekt der Krise des gegenwärtigen Erziehungswesens liegt also ohne Zweifel darin, daß wir die Ziele der Gesellschaft von morgen nicht ausreichend kennen. Diese Ziellosigkeit liefert konservativen Kräften den willkommenen Vorwand, es müßte am besten alles so bleiben, wie es angeblich schon immer war. Darin liegt die Lösung jedoch sicherlich nicht: Das einzige, was meiner Ansicht nach feststeht, ist, daß die durch Informationstechnik bedingten Veränderungen für Mensch und Gesellschaft gravierend sein werden. Darauf müssen wir uns ernsthaft und überlegt, vorausschauend und flexibel vorbereiten.

Und wir sollten die in vieler Hinsicht verständliche, weitverbreitete Angst vor der Zukunft nicht verdrängen. »Wenn Angst nicht verdrängt wird«, schrieb Theodor W. Adorno, »wenn man sich gestattet, real so viel Angst zu haben, wie diese Realität Angst verdient, dann wird gerade dadurch ... manches von dem zerstörerischen Effekt der unbewußten und verschobenen Angst verschwinden.«

These 14: Die einseitige Förderung logisch-abstrakter Fertigkeiten ist abzulehnen. In einer Zeit des Reduktionismus hat das »Lernen mit allen Sinnen« erhöhte Bedeutung.

Lernen vollzieht sich stets mehrschichtig, alle Sinne und Wahrnehmungsdimensionen sind (mindestens der Möglichkeit nach) beteiligt. Wir lernen nicht nur kognitiv, sondern immer total, auf mehreren Ebenen zugleich. Schon vor einem halben Jahrhundert hat John Dewey diesen Gedanken so ausgedrückt: »Vielleicht der größte aller pädagogischen Irrtümer liegt in der Vorstellung, daß eine Person immer nur die bestimmte Sache lerne, mit der sie gerade beschäftigt ist. Was beiläufig mitgelernt wird auf dem Wege der Ausformung von dauerhaften Einstellungen, Vorlieben und Abneigungen, ist oft viel wichtiger als die Buchstabierlektion oder der Geographiestoff, der gerade ansteht. Denn diese Einstellungen sind es, die fundamentale Bedeutung für die Zukunft gewinnen« (Lit. 177). Auch Alexander Mitscherlich hat mit Blick auf das Entstehen des moralischen Verhaltens beim Kinde darauf Bezug genommen: Wir schauen unseren Vorbildern alles ab, meint er, auch das, was sie lieber vor uns verbergen möchten. Jeder neue Erdenbürger erlerne nämlich in zahllosen unbewußten Identifizierungsvorgängen nicht nur, was bewußt von ihm als Leistung verlangt wird, sondern ebenso, wie die Erwachsenen in Situationen sich verhalten, die ihnen Versuchung bedeutet. »So erfährt der Neuling stillschweigend, wortlos Eigentümlichkeiten, die gar nicht ins offizielle Rollenbild von Vater und Mutter passen. Sie werden in deren Bewußtsein verleugnet und infolgedessen auch im Bewußtsein des Kindes. Trotzdem werden sie von nun an in Lebenslagen, in denen das Kind zu Entscheidungen herausgefordert ist, unvermeidbar als Handlungsanweisungen wirksam werden« (Lit. 178).

Ein »Lernen mit allen Sinnen«, so haben wir bereits auf Seite 140 ff. ausführlich gezeigt, ist etwas ganz anderes als die Vermittlung von kontextfreien Fakten in abstrakten Mikrowelten, wie sie durch Computerunterricht in jeglicher Form begünstigt wird. Die grundlegenden Lernerfahrungen, die eine umfassende Allgemeinbildung zum Ziel haben, setzen beim Erzieher eine ganzheitliche Sicht des Menschen voraus. Ein Lernen in Mikrowelten ist nur dort statthaft, wo die individuelle Persönlichkeit bereits hinreichend ausgeformt ist.

Vor der Vermittlung abstrakter Fakten und Zusammenhänge muß die bildhafte Darstellung der grundlegenden Phänomene stehen, vor allem im mathematischen und naturwissenschaftlichen Unterricht. Das ist keine Absage an den Einsatz moderner Technologien. Er darf aber nicht zu einer Vernebelung der Naturphänomene führen. In diesem Zusammenhang ist auf die Erfahrungen mit dem Unterricht in Mengenlehre zu verweisen.

Der logisch-abstrakte Charakter vieler Inhalte der modernen Informationstechnik darf keinesfalls in einseitige Schulung der zu seiner Bewältigung erforderlichen geistigen Fähigkeiten ausarten. Auf die Gefahren einer körperentfremdeten Sinnlichkeit haben wir bereits hingewiesen (siehe Seite 180). Das Wachsenlassen kreativ-intuitiver Fähigkeiten und die Erziehung zu handwerklich-manuellem Geschick sind zur umfassenden Bildung des Menschen genauso wichtig wie die Schulung abstrakt-logischen Denkens. Es geht nicht an, mit Hinweis auf ein zusätzliches Lehrfach Informatik oder auf die vermutete Tatsache, daß handwerkliches Geschick im Berufsleben um so weniger erforderlich sei, je mehr Computer und Roboter traditionelle Arbeitsfelder des Menschen übernehmen, eine Beschneidung künstlerischer Fächer und handwerklicher Betätigung zu fordern. Im Gegenteil – nicht nur im Sinne einer kompensatorischen Erziehung sind diese sogar zu forcieren.

Diese Forderung führt zu Konsequenzen, die auch aus anderer Sicht sinnvoll erscheinen: Wenn wir anerkennen, daß die Grenzen zwischen Lernen, Arbeit und Freizeit in Zukunft verschwimmen werden und das Ausmaß an selbstbestimmter Arbeit auf Kosten des fremdbestimmten Anteils zunimmt, dann müssen wir dieser Tatsache auch im Schulwesen Rechnung tragen. Zur Verwirklichung dieses Ziels bieten sich beispielsweise verschiedene Formen des Projektunterrichts an, bei dem die Schüler in einen konkreten Lebenszusammenhang gestellt werden und dabei die Bedeutsamkeit von Lerninhalten hautnah erleben. Dies setzt eine spürbare Öffnung der Schulen zur Lebenswirklichkeit voraus. Es gibt keine Begründung dafür, die gesamte Schulzeit mit frontalem Paukunterricht anzufüllen. Ein weitgehend selbständiges Vertiefen eines Stoffes beispielsweise durch projektbezogene Arbeit einer Schülergruppe würde nicht nur mehr Kontextbezug bescheren, sondern gleichzeitig die eigenständige Initiative und Lernbereitschaft fördern.

These 15: Auch im Zeitalter von Computertechnik und Künstlicher Intelligenz ist ein auf Fakten ruhendes Wissensgerüst für den Menschen unabdingbar.

Es wäre zweifellos falsch, aus der stupenden Rechenkapazität der Taschenrechner zu folgern, Kopfrechnen sei nunmehr überflüssig. Im Gegenteil – eine ausgebildete Rechenfähigkeit ist im Computerzeitalter sogar wichtiger als früher, allerdings in anderer Weise: Wer mit dem Computer Berechnungen anstellt, läuft immer wieder Gefahr, sich zu vertippen. Ein falsches Komma in einer Bilanzanalyse – und die Firma ist am Bildschirm pleite. Wer nicht überschlagsmäßig abschätzen kann, ob das Ergebnis seiner Rechnung plausibel ist, der findet sich mitunter mit grundfalschen Resultaten ab, dafür allerdings auf sechs Kommastellen »genau«.

Eine der wichtigsten Forderungen für den verantwortlichen

Umgang mit solchen Apparaten ist deshalb, jederzeit die Plausibilität der maschinell vermittelten Ergebnisse kritisch überprüfen zu können. Dies erfordert aber ein ausgeprägtes Vermögen, Größenordnungen abschätzen zu können, etwa den Einfluß logarithmischer Funktionen parat zu haben oder, ganz banal, über den Unterschied zwischen Zähler und Nenner Bescheid zu wissen. All das erfordert bestimmte Fertigkeiten im Denken, die erst einmal geübt sein wollen. Wenn derartige Fertigkeiten nicht vermittelt werden, muß die allseits erwünschte verantwortliche Handlungskompetenz im Umgang mit dem Computer auf der Strecke bleiben.

Ähnliches gilt für die natürliche Sprache. Bereits George Orwell hat die Verbindung zwischen Sprache, Gedanke und Intelligenz charakterisiert. Er sagte: Wenn es für eine Idee ein Wort gibt, dann kann man diese Idee leicht denken. Freiheit. Gerechtigkeit. Privatsphäre. Ohne diese Bezeichnungen hätten wir mit den Ideen, die hinter diesen Wörtern stehen, so unsere Schwierigkeiten. Wie oft passiert es, daß jemand etwas ausdrücken will, seine Gedanken jedoch nicht mitteilen kann, weil ihm das passende Wort nicht einfällt? Daher: Je besser unsere Sprachbeherrschung, desto mehr Gedanken können wir formulieren, desto intelligenter sind wir. »Die Grenzen meiner Sprache bedeuten«, sagte zuvor Wittgenstein, »die Grenzen meiner Welt« (Lit. 179). Vor diesem Hintergrund fordert Hartmut von Hentig zu Recht, man müsse weiterhin dem »Bedeutungshof« von Wörtern und Sätzen Aufmerksamkeit schenken. »Nimmt man den Wörtern (und Sätzen) ihren Bedeutungshof, werden sie zur Information. Information geht (ihre Richtigkeit vorausgesetzt) von hier nach da. Ende. Im Umgang miteinander und mit den Phänomenen gebrauchen wir die Sprache anders. Wir teilen dem anderen viel Unklares, viel möglicherweise von uns selbst Bezweifeltes mit, lösen dessen Rückfrage aus, deren Beantwortung ihrerseits dazu führt, daß wir uns selber besser verstehen. Auf dieser Methodik ruht im großen und ganzen unsere Kultur. Und eben dieses geschieht auch im Unterricht. Schule ist die vieljährige Annäherung an Gegenstände durch hin- und herreden über sie – die Gegenstände werden dadurch allmählich eingekreist, bewältigt, anders gesehen, verändert. Würden die Menschenkinder ihre Sprache von und mit Computern lernen, sie würden zu Un-Menschen« (Lit. 180).

Genauso wie jeder gute Musiker erstaunlich viel mechanischen Drills – der vielen Anfängern lästigen Fingerfertigkeit – bedarf, um eine Sonate von Beethoven »schön« spielen zu können, ist jede anspruchsvolle geistige Ausdrucksform des Menschen an eine Schulung von Fertigkeiten gebunden. Diese dürfen nicht einfach an den Computer delegiert werden.

Wer dies versuchte, änderte damit auch Form und Inhalt menschlicher Kreativität. Um zu verdeutlichen, greifen wir ein Beispiel aus der konkreten EDV-Praxis heraus: Computersysteme zur automatischen Konstruktion und Fertigung von Maschinen (CAD/CAM) speichern zunehmend auch Stoffdaten über mechanische Eigenschaften von Werkstücken (Verformbarkeit und anderes). Sie übernehmen damit in gewisser Weise Kenntnisse, die früher Konstrukteur und Facharbeiter noch im Kopf (oder in den Fingerspitzen) hatten. Alteingesessene Vertreter dieser und ähnlicher Berufsgruppen schwören darauf, daß ihre Kreativität untrennbar mit einer intimen Stoffkenntnis der Materialien, mit denen sie ihre Kreativität entfalten, verbunden sei. Wer dagegen am Computerterminal sitzt und Konstruktionsvarianten in Sekundenschnelle durchspielt, benötigt weniger Stoffkenntisse (die hat ja der Computer gespeichert) als vielmehr Einblick in Aufbau und Möglichkeiten des jeweiligen technischen Systems. Die Verantwortlichen in der Fertigungsindustrie haben dieses Problem längst erkannt und versuchen sich mit verschiedenen Formen der Kreativitätsschulung (ähnlich der Idee, mit jedem Computer in der Schule auch ein Klavier anzuschaffen, siehe Seite 241). Oder aber sie können sich offenbar leisten, dieses Problem zu vernachlässigen, weil der durch die neue Technik ermöglichte Rationalisierungsgewinn den Kreativitätsverlust zur Zeit überwiegt.

Und vor allem: Was im Lexikon steht oder aus der Datenbank abrufbar ist, hilft mir überhaupt nicht weiter, wenn ich nicht zuvor eine geistige Orientierung erfahren habe. Solange sich in meinem Kopf nichts, im Computer aber alles befindet, nützt mir die Datenmaschine im Grunde gar nichts.

Viele für die Allgemeinbildung notwendige Lernvorgänge laufen auf ein Behalten von Fakten und Zusammenhängen zwischen diesen hinaus. Ein hinreichend komplexes Gerüst an Wissen ist für die umfassende Menschenbildung notwendig. Wir dürfen nicht dem Glauben erliegen, die Vermittlung von Fakten sei in Zukunft überflüssig, weil diese ja durch den Computer jederzeit abrufbar seien. Dies mag für Fachdisziplinen in gewissem Umfang gelten oder etwa für das Telephonbuch, nicht aber für die grundlegenden Inhalte des Unterrichts, etwa in Geschichte oder Mathematik.

Es ist überdies nach wie vor wesentlich, daß sich jeder Schüler durch eine Kombination aus gezielter methodischer Anleitung und entdeckender Erfahrung die ihm gemäße Lerntechnik aneignet: eine Grundlage, die nicht nur für das Lernen in der Schule, sondern mindestens ebensosehr für die Bewältigung des Berufslebens erforderlich ist.

Es geht deshalb nicht bloß darum, Fakten zu vermitteln und Fertigkeiten einzutrichtern, sondern vor allem auch um die Erziehung der Fähigkeit zu lernen. Das Lernen zu lernen wird in der Zukunft zweifellos erhöhte Beachtung finden müssen (siehe auch Seite 275). Gleichzeitig kann eine wirkungsvolle Lerndidaktik kompensieren, was an zusätzlichen Lerninhalten angesichts der modernen Informationstechnik notwendig ist. Selbst wenn eine Ausweitung der Stundenzahl im Fächerkanon nicht vorgenommen wird, vermöchte eine qualitative Verbesserung des Unterrichts die erhöhten Anforderungen zu erfüllen.

Die experimentelle Lernforschung ist immerhin eines der ältesten und traditionsreichsten Teilgebiete der Psychologie. Schon vor etwa hundert Jahren konnte Hermann Ebbinghaus in seinem Hauptwerk »Über das Gedächtnis« eine Fülle von empirisch abgesicherten Fakten über die Gesetzmäßigkeiten des Einprägens und Vergessens vorlegen. Nach einem Jahrhundert intensiver Forschungsarbeiten finden wir in der Fachliteratur fast alle erdenklichen Detailfragen erläutert, und auf nahezu jede Frage der Lehr- und Lernpraxis ist eine Antwort parat.

»Überraschenderweise haben aber diese Erkenntnisse«, so der Wiener Psychologe Professor Dr. Giselher Guttmann, »kaum Eingang in die Unterrichtspraxis der Schulen gefunden und auch die Strategien des häuslichen Lernens wenig beeinflußt. Nur selten nimmt man etwa im Schulunterricht zur Kenntnis, daß jeder neueingeprägte Inhalt nach dem erstmaligen Lernen zum Großteil wieder aus dem Gedächtnis schwindet und von einem Lernmaterial, das nicht durch Sinnbezüge gestützt werden kann (und solche

Inhalte müssen immer wieder – nicht nur beim Vokabellernen – bewältigt werden!), nach kurzer Zeit nur mehr 21% des bereits beherrschten Stoffes verfügbar sein werden« (Lit. 181). Bereits Hermann Ebbinghaus hat nicht nur die gesetzmäßigen Zusammenhänge in seiner berühmten Vergessenskurve aufgezeigt, sondern auch die Sinnlosigkeit jedes Versuches, durch eine intensive Ausdehnung der Lernphase über die notwendigen Wiederholungen hinaus ihre »Halbwertszeit« zu beeinflussen. Ein »Überlernen«, also ein Repetieren des Stoffes unmittelbar nach einer eben erfolgten Einprägung, ist völlig wertlos. Nur Wiederholungen, die vorgenommen werden, nachdem bereits ein Vergessensverlust eingetreten ist, verbessern die Behaltensleistung wirksam, und ein eigenartiger, in seiner Ursache bis heute nicht völlig aufklärbarer Effekt liefert den Schlüssel für eine überaus ökonomische Wiederholungsstrategie: Mit jeder derartigen Wiederholung läßt die Vergessenskurve eine zunehmende Verflachung erkennen, so daß schon durch eine kleine Zahl von Auffrischungsdurchgängen, in den richtigen Zeitabständen vorgenommen, eine gewaltige Verbesserung der Behaltensleistung erzielt werden kann. Der gezielte Einsatz einer derartigen Wiederholungsstrategie setzt allerdings ein sorgfältig ausgearbeitetes Ablaufprogramm voraus, nach dem die Stoffbearbeitung erfolgen muß.

Nicht nur das Was des Lernens ist wichtig, entscheidend ist auch das Wie.

These 16: Die Vermittlung informatikrelevanter Inhalte ist für alle unerläßlich geworden.

Es steht außer Frage, daß das Bildungswesen bisher nicht einmal auf die heute bereits spürbaren Auswirkungen der Informationstechnik in geeigneter und ausreichender Weise reagiert hat. Ich halte es für unsinnig, im Gymnasialunterricht im wesentlichen das Programmieren in BASIC zu lehren, um damit die Chancen auf einen späteren Arbeitsplatz sichern zu helfen. Doch selbst solche völlig unzureichenden Inhalte werden heute nur einem Teil der Jugend nahegebracht.

Zur Wiederholung: Wir müssen uns darüber im klaren sein, daß die Informatisierung der Gesellschaft kein kurzfristiger Trend ist. Die wesentlichen funktionellen Grundlagen der Datenverarbeitung sind bekannt und werden sich in absehbarer Zeit nicht ändern. Ebensowenig bestehen Zweifel, daß die Informationsrevolution auch in Zukunft im wesentlichen von der mikroelektronischen und/oder der optischen Technik getragen werden wird. Daraus ergeben sich mehrere Forderungen für das Bildungswesen:

1. Die elementaren Grundlagen der Computer- und Komunikationstechnik sind allen Schülern zu vermitteln (bis zu den Prinzipien der Technik Künstlicher Intelligenz, siehe Seite 96 ff.). Da das Verständnis dieser Technik ein beträchtliches Maß an Abstraktionsvermögen erfordert, ist eine sinnvolle Auseinandersetzung mit diesem Lehrziel frühestens in den letzten Jahrgängen des Pflichtschulwesens anzusiedeln. Nach dem Stand der gegenwärtigen Kenntnisse halte ich es für verfehlt, derartige Inhalte Kindern vor dem zehnten oder elften Lebensjahr nahebringen zu wollen. Das Prinzip des altersgemäßen Lernens hat Vorrang.

2. In welcher organisatorischen Form diese Inhalte im Unterricht verwirklicht werden, hängt von den spezifischen regionalen Gegebenheiten ab. Im einen Fall mag es gegeben scheinen, ein eigenes Schulfach zu schaffen; in anderen Fällen kann dasselbe Anliegen auch mit einem integrativen Ansatz erreicht werden.

3. Die Informationstechnik hat einen gerätebezogenen und einen funktionalen Aspekt. Beide sind im Unterricht zu berücksichtigen.

3.1. So erscheint es durchaus sinnvoll, die Jugendlichen einfache digitale Schaltungen bauen zu lassen. Dabei ist auf die handwerkliche Betätigung jedes einzelnen ebenso Wert zu legen wie auf die Durchschaubarkeit der verwendeten Bauteile (deshalb kann man dieses Ziel wahrscheinlich eher mit Relais erreichen als mit Transistoren).

3.2. Auf der funktionalen Seite sind zunächst zwei grundlegende Aspekte zu berücksichtigen: Einerseits ist der Unterschied zwischen dem Rechnen mit Zahlen, den Inhalten von Operationen jeder Art und dem Schaltmechanismus des Computers transparent zu machen (siehe Seite 81). Dafür ist eine phänomenologische Darstellung des Wesens der formalen Logik erforderlich. Begleitend dazu soll das Rechnen in verschiedenen Zahlensystemen erprobt werden. Darüber hinaus ist andererseits der Bedeutungsgehalt des Begriffs »Information« in seiner Komplexität und Vielfältigkeit anschaulich zu machen (siehe Seite 75 ff.).

3.3. Darauf aufbauend kann anhand der historischen Entwicklung der Informationstechnik die Entwicklung von der Maschinensprache zu höheren Programmiersprachen gezeigt werden. Dabei geht es mehr um das Erkennen der grundlegenden Funktionsprinzipien als um das Erlernen von Fertigkeiten in einer bestimmten Programmiersprache. Gegen das Erstellen von kleinen Programmen in einer Programmiersprache wie BASIC oder LOGO ist nichts einzuwenden, sofern dies vom Gesichtspunkt der Motivation der Lernenden gerechtfertigt erscheint und die auf Seite 133 erwähnten Einschränkungen berücksichtigt.

4. Die Auswirkungen der Informationstechnik auf Mensch und Gesellschaft sollten durch projektorientierten Unterricht begreifbar gemacht werden. Derartige Projekte können grundsätzlich in alle Fächer eingebaut werden. Es darf der Unterricht aber nicht so gestaltet sein, daß ein Fach Informatik die Grundlagen der Datenverarbeitung vermittelt, und unter einem anderen Gegenstand die Gefahren der Informationstechnik besprochen werden (siehe Seite 59). Beide Aspekte sind anhand von erlebbaren und begreifbaren konkreten Beispielen zu erarbeiten und anschließend entsprechend zu verallgemeinern beziehungsweise zu relativieren.

Zwei Beispiele: Betroffenheit im Bereich des Datenschutzes kann etwa durch ein Projekt geschaffen werden, bei dem eine Gruppe von Schülern zunächst sie betreffende Daten – Alter, Geschlecht, Noten in verschiedenen Fächern – in eine Datenbank eingibt, dabei aber nicht ihre wahren Namen, sondern Pseudonyme einsetzt. Eine andere Gruppe von Schülern vergleicht dann diese Daten mit den in der Schulverwaltung gespeicherten und versucht, die Pseudonyme den wahren Namen zuzuordnen. Dies dürfte in aller Regel technisch gelingen und in der Folge zum Nachdenken anregen.

Was das Gefühl auslöst, überwacht zu werden, kann in einem

»Experiment Orwell« deutlich gemacht werden (ein solches wurde von Hans Mittendorfer von der Universität Linz bereits erfolgreich durchgeführt): Die Arbeit am Computer wird durch ein Kontrollsystem überwacht; es registriert Datum, Zeitpunkt und Dauer der einzelnen Tätigkeiten, speichert die aufgetretenen Fehler und ordnet die Daten dem Personenkennzeichen zu. Macht zum Beispiel ein Benutzer einen Fehler, so erscheint am Bildschirm eine Meldung wie »Lieber Hans, das war ein Syntaxfehler«; bei wiederholten Fehlern wird der Benutzer für bestimmte Zeit aus dem System ausgesperrt.

Mittendorfer beobachtete die Reaktionen: mehr Anpassung als Widerstand. »Die Formen der Anpassung waren vom Alleingang geprägt. Solidarisches Handeln war kaum vorhanden ... Jeder gegen jeden, jeder für sich.« Das eigentliche Ziel der Arbeit litt unter der permanenten Bestrebung, vor dem Kontrollsystem gut dazustehen. Das Kontrollsystem wirkte kreativitätshemmend. Das Experiment wurde allgemein als »Sensibilisierung« für die Zukunft empfunden.

Unsere Lebensumwelt ist den Jugendlichen projektartig, fächerübergreifend nahezubringen. Sollte ein derartiges ganzheitliches Herangehen nicht möglich sein, meint Norbert R. Müllert, dann wäre der Computer in der Schule ein Verbrechen für den Heranwachsenden. Das bloße Einüben von Programmiermethoden und -anwendungen führe zu seelisch-geistiger und menschlicher Verkrüppelung (Lit. 182).

5. Zur Erreichung der angegebenen Ziele müssen die Ausbildung aller Lehrer entsprechend erweitert und die Fortbildung drastisch intensiviert werden. Dies erfordert zweifellos beträchtliche zusätzliche budgetäre Ressourcen. Die Lehrerbildung ist dabei jedoch wichtiger als die Ausstattung der Schulen mit Computern.

6. Weder Schule noch Elternhaus können verhindern, daß Kinder und Jugendliche heute und in Zukunft schon frühzeitig im Spiel mit elektronischen Medien, Heimcomputern und Robotern in Berührung kommen. Damit dürften gravierende Änderungen im sozialen Verhalten sowie im Denken, Fühlen und Wollen der Menschen verbunden sein. Die langfristigen Auswirkungen dieser

Entwicklung sind zur Zeit unbekannt. Es wird daher notwendig sein, durch intensive Beobachtung und zahlreiche Forschungsprojekte rechtzeitig Erkenntnisse zu sammeln und daraus entsprechende pädagogische Konsequenzen ziehen. Kurzfristig müssen wir wahrscheinlich Fehlentwicklungen in Kauf nehmen.

7. Der computerunterstützte Unterricht hat im Bereich der allgemeinbildenden Schule höchstens peripher einen Platz. Gleichwohl wächst der privatwirtschaftliche Bildungsmarkt unaufhörlich. Deshalb erscheint es sinnvoll, die Vermarktung von Lernsoftware und computerunterstütztem Unterricht an pädagogisch-didaktische Erfordernisse zu knüpfen. Wie wir für Lebensmittel hygienische und gesundheitliche Mindeststandards festlegen, genauso muß es auch für Bildungsmittel Qualitätskriterien geben.

8. Im berufsbildenden Schulwesen ist die Einführung informatikbezogener Inhalte mindestens ebenso wichtig wie für die Gymnasien und Realschulen. Tischler und Mechaniker, technische Zeichner und Friseure werden im zunehmenden Maße in ihrem Beruf mit Produkten der Informationstechnik arbeiten. Eine fachlich fundierte Vorbereitung ist deshalb auch für sie unerläßlich. Dabei geht es jedoch weniger um die Fertigkeit, Computer einer bestimmten Generation benützen zu können, sondern um das grundlegende Rüstzeug, das den Computer, Roboter und Produkte der Kommunikationstechnik im Prinzip durchschaubar macht. In Anbetracht des raschen Wechsels der Berufsbilder- und Qualifikationsanforderungen, ist für diese Schulen ein höheres Maß an Flexibilität nötig als für allgemeinbildende. Dennoch muß auch hier klargestellt sein, daß viele Inhalte und Fertigkeiten erst im Lauf der beruflichen Weiterbildung erworben werden können. Wenn dies gewährleistet ist, kann sich die Grundbildung auf das nötige Fundament stützen, das einem geringeren Wandel unterliegt, als es den Anschein hat.

9. Im Bereich der Erwachsenenbildung, insbesondere in den von der Informationstechnik betroffenen Berufsfeldern, sind große Anstrengungen nötig, um über Computerseminare, die lediglich eine oberflächliche Einführung in die EDV-Anwendung vermitteln,

hinauszukommen. Informationstechnik ist als Organisationstechnik verständlich zu machen; die daraus resultierenden Folgen für die betriebliche Struktur sind vor dem Hintergrund des Nutzenmonopols zu sehen, das die EDV-Technik bereitstellt. Dafür sind umfassende Kenntnisse und vorausschauende Planung ebenso wichtig wie die Erkenntnis, daß aktives Mitgestalten der Betroffenen langfristig mehr bringt als Werbung um Akzeptanz der neuen Technik.

These 17: Erziehung soll Bewußtsein und Betroffenheit vermitteln, daß Bereitschaft und Fähigkeit zu lebenslangem Lernen die beste Vorbereitung für das Leben in der Zukunft sind.

Lernen in der Schule bedeutet nicht, mit dem Abschlußzeugnis (Abschluß?) die Eintrittskarte für das Berufsleben zu erwerben, sondern muß die Voraussetzung liefern, auf Veränderungen in der Zukunft aktiv und flexibel reagieren zu können. Das Prinzip des lebenslangen Lernens darf nicht länger Wunschbild bleiben.

Es behaupte niemand, dies sei Utopie. Wir können getrost davon ausgehen, daß – zumindest in den Industriegesellschaften – alle Menschen genügend Zeit haben, um sich auch nach der Schule (in welcher Form auch immer diese bestehen bleibt) weiterzubilden. Wenn wir alle nötigen Produkte und Dienstleistungen mit einer Arbeitszeit von 35 oder 30 Stunden pro Woche erbringen können, dann brauchen wir mit dem Zeitausmaß der wünschbaren lebenslangen Bildung nicht zu geizen. Wenn in Zukunft die heute eher streng getrennten Begriffe »Lernen«, »Freizeit« und »Arbeit« ineinanderfließen, sollten wir das im Prinzip als wesentlichen Fortschritt werten.

Alle diese Überlegungen setzen jedoch voraus, daß wir Erziehungs- und Bildungsfragen in Zukunft mindestens ebenso Priorität einräumen, wie wir das gegenwärtig für den Umweltschutz zu erreichen versuchen. Dazu bedarf es der politischen Willensbildung, die von einem gesellschaftlichen Konsens getragen werden muß. Gleichzeitig dürfen wir nicht der Aushöhlung des Bildungsmonopols das Wort reden und parallel dazu dem Wildwuchs an computerunterstütztem Unterricht und Lernsoftware tatenlos zusehen, sondern müssen im Sinne einer menschengemäßen Erziehung die angeführten Leitlinien für das öffentliche wie das private Bildungswesen verwirklichen.

Aus der vorausschauenden Erkenntnis, daß wir uns auf dem Weg in eine Informations- und Lerngesellschaft befinden, hat der Club of Rome Anfang der achtziger Jahre den Begriff vom »lebenslangen Lernen« neu geprägt und verbreitet. Auch die OECD und der Deutsche Bildungsrat haben bereits in den siebziger Jahren verschiedene Konzepte periodischen Lernens in Reformempfehlungen aufgenommen, die den Gedanken eines lebenslangen Lernens verwirklichen wollen. Es ist eine wesentliche Aufgabe des Schulwesens, dafür Bewußtsein und Betroffenheit zu schaffen.

In den Vereinigten Staaten gibt es eine in diesem Zusammenhang sinnvoll scheinende Einrichtung, das sogenannte Sabbatical Year: Jedes siebente Jahr können Universitätslehrer aus ihrem beruflichen Bezug heraustreten und ein Jahr lang sich anderen Dingen widmen. Wenn wir ein derartiges Sabbatjahr etwa Bildungsjahr nennen (das wäre jedenfalls besser als »Bildungsurlaub«) und als umfassendes Prinzip in die Berufswirklichkeit hineintragen, dann würde sowohl der Arbeitsmarkt entlastet als auch dem Prinzip des lebenslangen Lernens Tribut gezollt sein. Sage niemand, daß wir uns das nicht leisten können: Die Arbeitszeit, die dabei »verloren«-geht, entspricht zahlenmäßig annähernd einer Reduktion der Wochenarbeitszeit von fünf Stunden. Mit anderen Worten: Wenn wir uns die 35-Stunden-Woche leisten (und das dürfte in der Zukunft der Fall sein), dann gilt dies auch für das Bildungsjahr. Eine solche Einrichtung bedeutete aber nicht nur, daß jedermann das Recht und die Pflicht habe, in regelmäßigen Abständen weiterzulernen; ebensogut könnten sich Personen aus dem öffentlichen Leben und der Wirtschaft in dieser Zeit als Erzieher betätigen.

Ich gebe zu, zur Realisierung dieses Vorschlags kein Detailkonzept vorlegen zu können. Ich habe auch nichts dagegen, wenn er heftig kritisiert wird. Sehr wohl zum Ausdruck bringen möchte ich aber, daß wir uns eine Reihe neuer Ideen einfallen lassen müssen, um die Informatisierung der Gesellschaft im Bildungswesen zu bewältigen.

Wesentlich ist aber, daß jede Konzeption eines lebenslangen Lernens zur Voraussetzung hat, daß im Bewußtsein der Gesellschaft dem Lernen ein gleicher Rang zukommt wie dem Arbeiten. So selbstverständlich es heute ist, daß jeder gesunde Mensch durch Ausübung eines Berufs einen Beitrag im Arbeitssystem der Gemeinschaft liefert, so selbstverständlich sollte werden, daß jedem Erwachsenen Lernen zusteht, entweder begleitend zu seinem Beruf oder in wiederkehrenden Perioden.

In noch umfassenderem Sinn formulierte der Club of Rome: »Den Begriff ›Lernen‹ möchten wir in einem Sinn verstanden wissen, der über das konventionelle Vokabular von Erziehung, Bildung und Schulwesen hinausgeht, das heißt, in seinem weitesten Sinn. Für uns bedeutet Lernen ein Sich-Annähern sowohl an das Wissen als auch an das Leben, bei dem der Nachdruck auf der menschlichen Initiative liegt.«

Es bedarf der Anwendung neuer Methoden, neuer Fertigkeiten, neuer Verhaltensweisen und neuer Werte, um in einer sich verändernden Welt bestehen zu können. Lernen ist der Prozeß der Vorbereitung auf neue Situationen. Es kann bewußt oder oft unbewußt erfolgen, gewöhnlich aber durch Erfahrungen des täglichen Lebens – obwohl man auch aus simulierten oder vorgestellten Situationen lernen kann. Praktisch erfährt jeder Mensch auf der Welt, ausgebildet oder nicht, einen Lernprozeß. Aber wahrscheinlich lernt derzeit niemand von uns auf dem Niveau und mit der Intensität und Geschwindigkeit, die das moderne Leben von uns fordert.

Damit soll allerdings die formale Erziehung, die eine wichtige Komponente des Lernens ist, nicht ignoriert werden. Aber andere, weniger formale Lernbereiche spielen eben eine erhebliche, manchmal dominierende Rolle: Familie, Gruppenarbeit und Spiel wie auch die Kommunikationsmedien.

Darüber hinaus lernt nicht nur das Individuum, sondern auch Gruppen, Organisationen und sogar die Gesellschaft lernen. »Die Konzeption des ›gesellschaftlichen Lernens‹ ist relativ neu und fordert häufig Widerspruch heraus; einige behaupten, es sei lediglich eine Metapher, die den Sinngehalt des Lernens verzerrt. Auch wenn der entsprechenden Konzeption Grenzen gesetzt sind, bleiben wir dabei, daß die Gesellschaft tatsächlich lernen kann, und wir werden nicht zögern, Beweise für aktuelle Lernprozesse in der Gesellschaft zu zitieren« (Lit. 183).

These 18: Antizipation und Partizipation sind tragende Säulen im Lernen für das Informationszeitalter.

Wenn wir einen Spaziergang machen und zur Vorsicht einen Regenschirm mitnehmen, dann kalkulieren wir damit ein, daß wir ihn – wenn doch die Sonne scheint – überflüssigerweise mitgenommen haben. Eine antizipatorische Maßnahme sollte deshalb nicht mit der Begründung hinwegargumentiert werden, das betreffende Ereignis, für das man vorsorgen will, müsse ja gar nicht eintreten.

Antizipation ist mehr als die Reaktion auf ein Simulationsmodell am Computer, mehr, als ein Ereignis vorhersehen zu können: »Sie beinhaltet die Verantwortung, die unserer Beeinflussung und Steuerung künftiger Ereignisse innewohnt« (Lit. 184). Antizipation ist, und so müssen wir es sehen, ein Auftrag zur Gestaltung der Zukunft.

Im Zeitalter der Atombombe können wir uns nicht mehr leisten, auf das Lernen durch Anpassung und durch Schock (die Reaktion auf Katastrophen und so weiter) zu vertrauen. Adaptatives Lernen akzentuiert die Vergangenheit, antizipatorisches Lernen dagegen die Zukunft. Nicht nur im Sinne eines vorbeugenden Abwendens von Ereignissen; Antizipation ist gleichzeitig die Selektion wünschenswerter Entwicklungen.

Genauso ist Partizipation nicht einfach die formale Beteiligung an Entscheiden, sie ist (oder sollte sein) eine innere Bereitschaft. Sie darf nicht die Gesellschaft paralysieren, sondern muß aus dem Gefühl der Zugehörigkeit wachsen, Verständnis für die Probleme wecken.

Das Recht zu partizipieren ist untrennbar mit der Pflicht verbunden, die Konsequenzen vollumfänglich zu akzeptieren, die daraus resultieren.

Der Schüler im Sprachlabor, der Lernende vor dem Computer, der Student vor dem Bildschirm – alles das ergibt Formen nichtpartizipativen Lernens. Automaten partizipieren nicht. Partizipation setzt eigene Aktivität des Menschen in der Gemeinschaft voraus.

These 19: Das umfassende Recht auf Bildung muß verwirklicht werden. Das setzt neue Prioritäten bei der Frage der Finanzierung des Bildungswesens voraus.

Der Erziehung der Jugend zum lebenslangen Lernen heute und in Zukunft kommt neben den Fragen der Friedenssicherung, des Nord-Süd-Konfliktes und des Umweltschutzes Priorität zu. Diese Forderung läuft parallel mit dem Wunsch nach geistiger Hygiene im immateriellen Bereich (siehe Seite 258 ff.).

Es sollen die Besten jeder Generation sein, denen wir die Erziehung unserer Nachkommen anvertrauen. Solange wir in einer Leistungsgesellschaft leben, müssen wir diese dann aber auch am besten bezahlen (schöner wäre freilich, wenn die ebengenannten Besten aus freien Stücken in den Dienst der Zukunft einträten – aber ich wage dies gar nicht zu fordern, um nicht sofort dem Hohngelächter der Pragmatiker ausgeliefert zu sein). Jedenfalls müssen Lehrer und Erzieher mindestens ebenso gut entlohnt werden wie vergleichbare Ränge in der Wirtschaft.

Damit gelangen wir aber unversehens in ein Dilemma: Einerseits soll jeder Bürger ein umfassendes Recht auf Information und Bildung haben; im Sinne der sozialen Gleichbehandlung darf die Verwirklichung dieses Rechts nicht von der Verfügbarkeit finanzieller Mittel abhängen. Andererseits sind aber die Grenzen der Finanzierbarkeit des Sozial-, Wohlfahrts- und Bildungsstaates längst erreicht. Eine finanzielle Stärkung des Bildungssektors erfordert deshalb qualitativ und quantitativ eine Umorientierung von Staat, Wirtschaft und Gesellschaft. Professor Dr. Hans-Joachim Queisser, Direktor am Max-Planck-Institut für Festkörperforschung in Stuttgart, schlug dazu bei einer Tagung »Neue Technologien und Schule« in Loccum vor: »Ich meine, wir, die wir hier alle gemeinsam an Dingen der neuen Ausbildung zu arbeiten gewillt sind, sollten uns dafür einsetzen, ähnlich wie es die Zisterziensermönche hier in Loccum gemacht haben, die ihren Bauern beibrachten, Landwirtschaft zu betreiben, und sie lehrten, die Ernte nicht aufzuessen, sondern rechtzeitig Saatgut aufzuheben. So wie mindestens jedes tausendste Korn der neuen Saat vorbehalten blieb, so sollte ein Promille aus jeder Subvention (von Werften, Stahl, Kohle und anderen alten Techniken) für apparative und personelle

Unterstützung der Ausbildung gerade auch für Grundschulen und berufsbildende Schulen eingeführt werden. Dies wäre ein Projekt ›Loccumer Saatkorn‹, ein Subventionspromille; aber ich weiß, daß dieser Vorschlag nur geringe Chancen hat« (Lit. 185).

Mir geht es nicht um den konkreten Inhalt dieses Vorschlags, sondern um die Idee, die dahintersteckt: Wenn wir bereit sind, der Erziehung Vorrang einzuräumen, müssen wir dafür als einzelne wie als Gemeinschaft einen konkreten Beitrag liefern. Ob man das nun Steuer nennt oder irgendwie anders, ist zweitrangig. Jedenfalls müssen im Kampf um die Budgets der Zukunft jene Kräfte gestärkt werden, die für die Anliegen des Lernens und der Erziehung eintreten.

Angesichts der neuerdings wieder verstärkten Forderung nach Förderung von Hochbegabten und Ausbildung von Eliten müssen wir aber auch achtgeben, die ohnehin bereits gravierende Entwicklung in Richtung auf Zweiteilung der Gesellschaft – in Insider und Outsider bezüglich Informationstechnik – nicht zu vertiefen, sondern ihr entgegenzuwirken.

Schließlich muß die Idee der Staatsschule überdacht werden. Hartmut von Hentig gab diesbezüglich in einem Gutachten für den Hessischen Verwaltungsgerichtshof in Kassel richtungsweisende Impulse, indem er unter Rückgriff auf Forschungsergebnisse wie auf Entwicklungen in anderen Ländern zugunsten einer Vielfalt von Schulspielarten plädiert. Mit anderen Worten: Mehr Raum für die freien Schulen ist sinnvoll und notwendig.

These 20: Lernen setzt einen Sinnbezug voraus. Die Erziehung für das Informationszeitalter ist deshalb untrennbar mit den grundlegenden Werten und Zielen des Menschen in der künftigen Gesellschaft verknüpft.

Werte sind die Fermente der Lernprozesse. »Die Vernachlässigung des Sinnbezugs«, schreiben die Autoren von »Zukunftschance Lernen« des Club of Rome, »behindert das Lernen.« Mit zunehmender Komplexität unserer Welt muß aber der Sinnbezug erweitert werden, das Verstehen wird schwieriger. Ein neues, innovatives Lernen muß deshalb die Fähigkeit des Individuums fördern, neue Sinnbezüge zu finden und aufzunehmen. Die Sinnbezüge zu erweitern bedeutet, sich auf neue Situationen vorzubereiten, nicht isoliert, für sich allein, sondern im ständigen Dialog mit anderen Menschen.

Natürlich wird »Der Mensch auf der Suche nach dem Sinn« unter den gesellschaftlichen Bedingungen von heute eigentlich nur frustriert. Unsere Wohlstandsgesellschaft ist in der Lage, praktisch alle Bedürfnisse des Menschen zu befriedigen. »Nur ein Bedürfnis geht leer aus«, sagt Viktor Frankl, »und das ist das Sinnbedürfnis des Menschen« (Lit. 186).

Um so mehr ist es daher oberstes Ziel für Eltern und Erzieher, in der Sinnfrage Vorbild für die Jugend zu sein. Ein Schüler, der in das Berufsleben tritt, sollte sich nicht mit dem weltweiten Unsinn abfinden und in der Folge egoistisch das tun, was ihm gerade nützt, sondern im Wissen um die Sinnhaftigkeit sein Leben bewußt gestalten.

Erwarte niemand, daß ich nun allgemeingültig »den Sinn des Seins« darstelle – ihn kann nur jeder selbst erleben; denn er lebt nicht nur im Sein, wie das Tier, sondern hat ein in Vergangenheit und Zukunft übergreifendes Bewußtsein, und dieses stiftet erst »das Sein von Sinn«. Mit Viktor Frankls Worten: »Denn das Sein von Sinn ist bei der Frage nach dem Sinn von Sein immer schon vorausgesetzt« (Lit. 186).

Wenn ein Lehrer sein Leben sinnvoll findet und dies seinen Schülern vorlebt, kann er Sinn stiften. Ich sehe Sinn, dieses Buch zu schreiben. Wenn es den Leser zum Nachdenken anregt, hat es nicht nur für mich Sinn.

6. Literaturverzeichnis

Lit. 1 zitiert nach: EVANGELISCHE AKADEMIE LOCCUM, Neue Technologien und Schule, Loccumer Protokolle, Heft 23, Rehberg-Loccum 1984, S. 9

Lit. 2 GERHART BRUCKMANN, pers. Mitt.

Lit. 3 zitiert nach: JOHANN A. MAKOWSKY, 1984: Brave New York, in: Kursbuch 75, Rotbuch Verlag, Berlin 1984, S. 129

Lit. 4 NEIL POSTMAN, Das Verschwinden der Kindheit, S. Fischer Verlag, Frankfurt a. M. 1983

Lit. 5 siehe Lit. 4, S. 24

Lit. 6 siehe Lit. 4, S. 32

Lit. 7 siehe Lit. 4, S. 34

Lit. 8 siehe Lit. 4, S. 38

Lit. 9 siehe Lit. 4, S. 42

Lit. 10 HANSPETER MÜLLER, Schule – Selbstzweck oder Lebenshilfe? Verlag Rolf Kugler, Oberwil bei Zug 1978, S. 12

Lit. 11 siehe Lit. 4, S. 59

Lit. 12 IVAN ILLICH, Entschulung der Gesellschaft, Kösel Verlag, München 1972, S. 48

Lit. 13 zitiert nach: GUNTER OTTO und FRIEDRICH VERLAG (Hrsg.), Bildschirm – Faszination oder Information, Jahresheft III, 1985 aller pädagogischen Zeitschriften des Friedrich Verlags in Zusammenarbeit mit Klett, Erhard Friedrich Verlag, Seelze 1985, S. 143

Lit. 14 WOLFGANG VON WARTBURG, Vom Geist der Bildung, Novalis Verlag, Schaffhausen 1977, S. 74

Lit. 15 siehe Lit. 14, S. 268

Lit. 16 HORST RUMPF, Lernbilder der Rationalität, in: GUNTER OTTO und FRIEDRICH VERLAG (Hrsg.), Bildschirm – Faszination oder Information, Jahresheft III, 1985 aller pädagogischen Zeitschriften des Friedrich Verlags in Zusammenarbeit mit Klett, Erhard Friedrich Verlag, Seelze 1985, S. 144

Lit. 17 ERNST SCHUBERTH, Die Modernisierung des mathematischen Unterrichts, Verlag Freies Geistesleben, Stuttgart 1971, S. 9

Lit. 18 zitiert nach: Lit. 17, S. 11

Lit. 19 zitiert nach: Lit. 17, S. 16

Lit. 20 zitiert nach: Lit. 17, S. 63

Lit. 21 zitiert nach: Lit. 17, S. 87

Lit. 22 RAINALD VON GIZYCKI UND UWE WEILER, Mikroprozessoren und Bildungswesen, Untersuchung im Auftrag des Bundesministeriums für Bildung und Wissenschaft, R. Oldenbourg Verlag, München 1980, S. 62

Lit. 23 HUBERT KAISER, Administrative Bedingungen und Möglichkeiten, in: PESCHKE, HULLEN, DIEMER (Hrsg.), Anforderungen an neue Lerninhalte, Materialien zur Schulentwicklung Heft 4, Hessisches Institut für Bildungsplanung und Schulentwicklung, Wiesbaden 1984, S. 95

Lit. 24 ULRICH BOSLER, Modelle der Grundbildung Informatik: eine Übersicht über vorhandene Curricula, in: BOSLER et al. (Hrsg.), Mikroelektronik und Neue Medien im Bildungswesen, Referate des Kieler Seminars vom 12. bis 16. November 1984, Institut für Pädagogik der Naturwissenschaften, Kiel 1985, S. 163

Lit. 25 VOLKER CLAUS, Informationstechnologische Grundlagen in der Schule, in: PESCHKE, HULLEN, DIEMER (Hrsg.), Anforderungen an neue Lerninhalte, Materialien zur Schulentwicklung Heft 4, Hessisches Institut für Bildungsplanung und Schulentwicklung, Wiesbaden 1984, S. 32

Lit. 26 HELMUT SCHAUER, pers. Mitt.

Lit. 27 HELMUT SCHAUER, Die Bedeutung eines Informatikunterrichts für das österreichische Schulwesen, in: HELMUT SCHAUER UND MICHAEL J. TAUBER (Hrsg.), Kommunikationstechnologien, Schriftenreihe der Österreichischen Computer Gesellschaft, Band 17, R. Oldenbourg Verlag, München 1982, S. 408

Lit. 28 siehe Lit. 25, S. 44

Lit. 29 GESELLSCHAFT FÜR INFORMATIK, Zielsetzungen und Inhalte des Informatikunterrichts, in: W. BRAUER (Hrsg.), Informatik als Herausforderung an Schule und Ausbildung, Informatik-Fachberichte, Band 90, Springer Verlag, Berlin und Heidelberg 1984, S. 338

Lit. 30 ULRICH BOSLER, Grundbildung Informatik für jeden Schüler, in: W. BRAUER (Hrsg.), Informatik als Herausforderung an Schule und Ausbildung, Informatik-Fachberichte, Band 90, Springer Verlag, Berlin und Heidelberg 1984, S. 94

Lit. 31 HANS SCHWIER, Ohne Überstürzung handeln, in: KLAUS HAEFNER, Die neue Bildunsgkrise, Rowohlt Taschenbuch Verlag, Hamburg 1985, S. 310

Lit. 32 GESELLSCHAFT FÜR INFORMATIK, Entwurf einer Rahmenempfehlung für die Informatik im Unterricht der Sekundarstufe I, in: W. BRAUER (Hrsg.), Informatik als Herausforderung an Schule und Ausbildung, Informatik-Fachberichte, Band 90, Springer Verlag, Berlin und Heidelberg 1984, S. 376

Lit. 33 ROLF ZIMMERMANN, Computer im Mathematikunterricht der Sekundarstufe I, in: PESCHKE, HULLEN, DIEMER (Hrsg.), Anforderungen an neue Lerninhalte, Materialien zur Schulentwicklung Heft 4, Hessisches Institut für Bildungsplanung und Schulentwicklung, Wiesbaden 1984, S. 104

Lit. 34 JÜRGEN PYSCHIK, Mikroelektronik und Arbeitslehre, in: PESCHKE, HULLEN, DIEMER (Hrsg.), Anforderungen an neue Lerninhalte, Materialien zur Schulentwicklung Heft 4, Hessisches Institut für Bildungsplanung und Schulentwicklung, Wiesbaden 1984, S. 108

Lit. 35 WILFRIED HENDRICKS, Zusammenfassender Bericht und didaktisches Resümee aus Vorarbeit, Arbeitsgruppen und Unterrichtsprojekten, in: EVANGELISCHE AKADEMIE LOCCUM, Neue Technologien und Schule, Loccumer Protokolle, Heft 23, Rehberg-Loccum 1984, S. 168

Lit. 36 ERNST-ERICH DOBERKAT, Der vollcomputerisierte Campus: Erste Erfahrungen, in: W. BRAUER (Hrsg.), Informatik als Herausforderung an Schule und Ausbildung, Informatik-Fachberichte, Band 90, Springer Verlag, Berlin und Heidelberg 1984, S. 313

Lit. 37 PC-Magazine, 16. April 1985, S. 225

Lit. 38 PIERRE DUGUET, New Information Technologies and Their Impact on Teaching in Universities (Manuskript), 28th Conference, Standing Conference of Rectors, Presidents and Vice-Chancellors of the European Universities, 25. bis 26. April 1985 in Wien

Lit. 39 VDI-Nachrichten Nr. 15, 12. April 1985, S. 4

Lit. 40 Bild der Wissenschaft, 2/1985, S. 64

Lit. 41 siehe Lit. 40, S. 71

Lit. 42 DOROTHEE WILMS, Informatik und Bildung – Die Bedeutung der Informationstechnik für die Allgemeinbildung, in: PESCHKE, HULLEN, DIEMER (Hrsg.), Anforderungen an neue Lerninhalte, Materialien zur Schulentwicklung Heft 4, Hessisches Institut für Bildungsplanung und Schulentwicklung, Wiesbaden 1984, S. 20

Lit. 43 DIRK BUSE UND RALF-JOACHIM LANGE, Informatik am Gymnasium, in: EVANGELISCHE AKADEMIE LOCCUM, Neue Technologien und Schule, Loccumer Protokolle, Heft 23, Rehberg-Loccum 1984, S. 113

Lit. 44 KLAUS-HENNING HANSEN, Informatikinhalte und Computernutzung im naturwissenschaftlichen und technischen Unterricht allgemeinbildender Schulen, in: PESCHKE, HULLEN, DIEMER (Hrsg.), Anforderungen an neue Lerninhalte, Materialien zur Schulentwicklung Heft 4, Hessisches Institut für Bildungsplanung und Schulentwicklung, Wiesbaden 1984, S. 69

Lit. 45 siehe Lit. 33, S. 102

Lit. 46 BERNARD WINKELMANN, Veränderungen von Zielsetzungen des Analysisunterrichts im Computerzeitalter, in: W. BRAUER (Hrsg.), Informatik als Herausforderung an Schule und Ausbildung, Informatik-Fachberichte, Band 90, Springer Verlag, Berlin und Heidelberg 1984, S. 217

Lit. 47 siehe Lit. 46, S. 220

Lit. 48 LEO H. KLINGEN, Zur Integration der Informatik in andere Schulfächer, in: W. BRAUER (Hrsg.), Informatik als Herausforderung an Schule und Ausbildung, Informatik-Fachberichte, Band 90, Springer Verlag, Berlin und Heidelberg 1984, S. 79

Lit. 49 siehe Lit. 48, S. 81

Lit. 50 SCHULSOFTWARE KATALOG APPLE, Ernst Klett Verlag, Stuttgart 1985

Lit. 51 siehe Lit. 44, S. 89

Lit. 52 HARTWIK MACKEPRANG, EDV im Technikunterricht der allgemeinbildenden Schule, in: W. BRAUER (Hrsg.), Informatik als Herausforderung an Schule und Ausbildung, Informatik-Fachberichte, Band 90, Springer Verlag, Berlin und Heidelberg 1984, S. 195

Lit. 53 GERHARD SCHRÖPFER et al., Informatik für AHS, Manzsche Verlags- und Universitätsbuchhandlung, Wien 1985, S. 69

Lit. 54 ELIMAR FIAN et al., EDV, Arbeitsbuch der elektronischen Datenverarbeitung, Manzsche Verlags- und Universitätsbuchhandlung, Wien 1985, S. 9

Lit. 55 GERD HARBECK, Metzler Informatik, Grundband, J.B. Metzlersche Verlagsbuchhandlung, Stuttgart 1985

Lit. 56 DOUGLAS R. HOFSTADTER, Gödel, Escher, Bach, Klett-Cotta Verlag, Stuttgart 1985, S. 26

Lit. 57 siehe Lit. 56, S. 20

Lit. 58 PAUL FINSLER, Gibt es Widersprüche in der Mathematik?, in: PAUL FINSLER, Aufsätze zur Mengenlehre, Wissenschaftliche Buchgesellschaft, Darmstadt 1975, S. 6

Lit. 59 PAUL FINSLER, Formale Beweise und die Entscheidbarkeit, in: PAUL FINSLER, Aufsätze zur Mengenlehre, Wissenschaftliche Buchgesellschaft, Darmstadt 1975, S. 12

Lit. 60 siehe Lit. 59, S. 16

Lit. 61 PAUL FINSLER, Gibt es unentscheidbare Sätze?, in: PAUL FINSLER, Aufsätze zur Mengenlehre, Wissenschaftliche Buchgesellschaft, Darmstadt 1975, S. 98

Lit. 62 siehe Lit. 61, S. 100

Lit. 63 LOUIS LOCHER-ERNST, Mathematik als Vorschule der Geist-Erkenntnis, Philosophisch-Anthroposophischer Verlag, Dornach 1973, S. 199

Lit. 64 THOMAS VON AQUIN, Summ. Theol. II, 8, 1

Lit. 65 SHERRY TURKLE, Die Wunschmaschine, Rowohlt Verlag, Hamburg 1984, S. 297

Lit. 66 zitiert nach: HUBERT L. DREYFUS, Die Grenzen künstlicher Intelligenz: was Computer nicht können, Athenäum Verlag, Königstein 1985, S. 32

Lit. 67 siehe Lit. 66, S. 292

Lit. 68 IGOR ALEKSANDER UND PIERS BURNETT, Die Roboter kommen, Birkhäuser Verlag, Basel 1984, S. 194

Lit. 69 siehe Lit. 66, S. 315

Lit. 70 siehe Lit. 68, S. 194

Lit. 71 siehe Lit. 66, S. 85

Lit. 72 siehe Lit. 66, S. 86

Lit. 73 WERNER STROMBACH, Philosophie und Informatik, Referat des 2. Werkstattgesprächs zu philosophischen Aspekten der Bildungsinformatik, Forschungs- und Entwicklungszentrum für objektivierte Lehr- und Lernverfahren, 15. bis 16. Oktober 1979 in Paderborn, S. 71

Lit. 74 HANS-JOACHIM FLECHTNER, Grundbegriffe der Kybernetik, Deutscher Taschenbuch Verlag, München 1984, S. 345

Lit. 75 KARL R. POPPER UND JOHN C. ECCLES, Das Ich und sein Gehirn, Piper Verlag, München 1984, S. 242

Lit. 76 RUDOLF STEINER, Wahrheit und Wissenschaft, Verlag Freies Geistesleben, Stuttgart 1961, S. 48

Lit. 77 siehe Lit. 66, S. 158

Lit. 78 KLAUS HAEFNER, Mensch und Computer im Jahr 2000, Birkhäuser Verlag, Basel 1984, S. 237

Lit. 79 PETER GORNY, Informationstechnologie im Bildungswesen, in: PESCHKE, HULLEN, DIEMER (Hrsg.), Anforderungen an neue Lerninhalte, Materialien zur Schulentwicklung Heft 4, Hessisches Institut für Bildungsplanung und Schulentwicklung, Wiesbaden 1984, S. 72

Lit. 80 HELMUT DANNER, Für das Leben lernen wir, in: GUNTER OTTO und FRIEDRICH VERLAG (Hrsg.), Bildschirm – Faszination oder Information, Jahresheft III, 1985 aller pädagogischen Zeitschriften des Friedrich Verlags in Zusammenarbeit mit Klett, Erhard Friedrich Verlag, Seelze 1985, S. 84

Lit. 81 zitiert nach: HELMUT BENJES UND ANDREA MANDEL, Die Ahnenreihe des Computers – aus der Entwicklung der Rechenmaschinen. Ein Unterrichtsbeispiel aus dem Sachunterricht/Werken der Grundschule, in: EVANGELISCHE AKADEMIE LOCCUM, Neue Technologien und Schule, Loccumer Protokolle, Heft 23, Rehberg-Loccum 1984, S. 84

Lit. 82 HEINRICH BAUERSFELD, Gefahren durch die Förderung einer «Mikrowelt« durch die neuen computerisierten Informationssysteme, in: BOSLER et al. (Hrsg.), Mikroelektronik und Neue Medien im Bildungswesen, Referate des Kieler Seminars vom 12. bis 16. November 1984, Institut für Pädagogik der Naturwissenschaften, Kiel 1985, S. 147

Lit. 83 LOTHAR HAMPEL et al., Erfahrungen mit dem Einsatz von Tischcomputern im Unterricht an der Realschule, in: EVANGELISCHE AKADEMIE LOCCUM, Neue Technologien und Schule, Loccumer Protokolle, Heft 23, Rehberg-Loccum 1984, S. 106

Lit. 84 SEYMOUR PAPERT, Gedankenblitze, Rowohlt Taschenbuchverlag, Hamburg 1985, S. 42

Lit. 85 siehe Lit. 84, S. 215

Lit. 86 siehe Lit. 84, S. 13

Lit. 87 siehe Lit. 84, S. 22

Lit. 88 siehe Lit. 84, S. 19

Lit. 89 siehe Lit. 84, S. 35

Lit. 90 HEINZ MANDL UND AEMILIAN HRON, Förderung kognitiver Fähigkeiten und des Wissenserwerbs durch computerunterstütztes Lernen, in: BOSLER et al. (Hrsg.), Mikroelektronik und Neue Medien im Bildungswesen, Referate des Kieler Seminars vom 12. bis 16. November 1984, Institut für Pädagogik der Naturwissenschaften, Kiel 1985, S. 109

Lit. 91 siehe Lit. 90, S. 113

Lit. 92 HEINRICH BAUERSFELD, Die Andersartigkeit der Computererfahrung, in: GUNTER OTTO und FRIEDRICH VERLAG (Hrsg.), Bildschirm – Faszination oder Information, Jahresheft III, 1985 aller pädagogischen Zeitschriften des Friedrich Verlags in Zusammenarbeit mit Klett, Erhard Friedrich Verlag, Seelze 1985, S. 101

Lit. 93 siehe Lit. 92, S. 102

Lit. 94 zitiert nach: Lit. 93

Lit. 95 siehe Lit. 92, S. 103

Lit. 96 WOLFGANG ARLT, Vorwort in: W. BRAUER (Hrsg.), Informatik als Herausforderung an Schule und Ausbildung, Informatik-Fachberichte, Band 90, Springer Verlag, Berlin und Heidelberg 1984, S. 3

Lit. 97 KLAUS HAEFNER, Die neue Bildungskrise, Rowohlt Taschenbuch Verlag, Hamburg 1985, S. 207

Lit. 98 TECHNOLOGY ILLUSTRATED, 9/193, S. 39

Lit. 99 siehe Lit. 25, S. 40

Lit. 100 siehe Lit. 79, S. 77

Lit. 101 JOSEPH WEIZENBAUM, Kurs auf den Eisberg, Pendo-Verlag, Zürich 1984, S. 54

Lit. 102 UWE KALBHEN, Informationstechnik im Bildungswesen, in: EVANGELISCHE AKADEMIE LOCCUM, Neue Technologien und Schule, Loccumer Protokolle, Heft 23, Rehberg-Loccum 1984, S. 44

Lit. 103 KARL FREY, Ziele und Probleme bei der Einführung der modernen Informationstechnik in die Schule, in: BOSLER et al. (Hrsg.), Mikroelektronik und

Neue Medien im Bildungswesen, Referate des Kieler Seminars vom 12. bis 16. November 1984, Institut für Pädagogik der Naturwissenschaften, Kiel 1985, S. 8

Lit. 104 OFFICE OF TECHNOLOGY ASSESSMENT (Hrsg.), Information Technology and Its Impact on American Education, Washington 1982, S. 33

Lit. 105 NEIL FRUDE, The Intimate Machine, Century Publishing Co. Ltd, London 1983, S. 79

Lit. 106 ARNO BAMME et al., Maschinen-Menschen, Mensch-Maschinen, Rowohlt Taschenbuch Verlag, Hamburg 1983, S. 224

Lit. 107 zitiert nach: Lit. 14, S. 45

Lit. 108 siehe Lit. 97, S. 91

Lit. 109 KLAUS HAEFNER, Bildung und Ausbildung für eine human computerisierte Gesellschaft, in: W. BRAUER (Hrsg.), Informatik als Herausforderung an Schule und Ausbildung, Informatik-Fachberichte, Band 90, Springer Verlag, Berlin und Heidelberg 1984, S. 8

Lit. 110 siehe Lit. 103, S. 16

Lit. 111 ROBERT TRAPPL (Hrsg.), Impacts of Artificial Intelligence, North-Holland Publishing Company, Amsterdam und New York 1985, S. 127

Lit. 112 JOACHIM WEDEKIND, Lernwege zu neuen Modellen von Natur, in: GUNTER OTTO und FRIEDRICH VERLAG (Hrsg.), Bildschirm – Faszination oder Information, Jahresheft III, 1985 aller pädagogischen Zeitschriften des Friedrich Verlags in Zusammenarbeit mit Klett, Erhard Friedrich Verlag, Seelze 1985, S. 164

Lit. 113 PETER GORNY, Computer in der Schule – Anwendungen, in: GUNTER OTTO und FRIEDRICH VERLAG (Hrsg.), Bildschirm – Faszination oder Information, Jahresheft III, 1985 aller pädagogischen Zeitschriften des Friedrich Verlags in Zusammenarbeit mit Klett, Erhard Friedrich Verlag, Seelze 1985, S. 75

Lit. 114 siehe Lit. 90, S. 119

Lit. 115 siehe Lit. 194, S. 128

Lit. 116 BERNHARD CLAUSSEN, Lernen in der Simulation, in: GUNTER OTTO und FRIEDRICH VERLAG (Hrsg.), Bildschirm – Faszination oder Information, Jahresheft III, 1985 aller pädagogischen Zeitschriften des Friedrich Verlags in Zusammenarbeit mit Klett, Erhard Friedrich Verlag, Seelze 1985, S. 127

Lit. 117 RÜDEGER BAUMANN, Tangaland, in: GUNTER OTTO und FRIEDRICH VERLAG (Hrsg.), Bildschirm – Faszination oder Information, Jahresheft III, 1985 aller pädagogischen Zeitschriften des Friedrich Verlags in Zusammenarbeit mit Klett, Erhard Friedrich Verlag, Seelze 1985, S. 122

Lit. 118 siehe Lit. 116, S. 129

Lit. 119 OSWALD WIENER, Turings Test, in: Kursbuch 75, Rotbuch Verlag, Berlin 1984, S. 24

Lit. 120 DIETER LENZEN, Schon Dynamit war gefährlich, in: GUNTER OTTO und FRIEDRICH VERLAG (Hrsg.), Bildschirm – Faszination oder Information, Jahresheft III, 1985 aller pädagogischen Zeitschriften des Friedrich Verlags in Zusammenarbeit mit Klett, Erhard Friedrich Verlag, Seelze 1985, S. 42

Lit. 121 DIETRICH RATZKE, Handbuch der Neuen Medien, Deutsche Verlags-Anstalt, Stuttgart 1982, S. 116

Lit. 122 MARIE WINN, Die Droge im Wohnzimmer, Rowohlt Taschenbuch Verlag, Hamburg 1984, S. 301

Lit. 123 siehe Lit. 121, S. 428

Lit. 124 siehe Lit. 121, S. 429

Lit. 125 LUDWIG J. ISSING, Veranschaulichen mit dem Bildschirm, in: GUN-

TER OTTO und FRIEDRICH VERLAG (Hrsg.), Bildschirm – Faszination oder Information, Jahresheft III, 1985 aller pädagogischen Zeitschriften des Friedrich Verlags in Zusammenarbeit mit Klett, Erhard Friedrich Verlag, Seelze 1985, S. 16

Lit. 126 HERTHA STURM, Die fehlende Halbsekunde, in: GUNTER OTTO und FRIEDRICH VERLAG (Hrsg.), Bildschirm – Faszination oder Information, Jahresheft III, 1985 aller pädagogischen Zeitschriften des Friedrich Verlags in Zusammenarbeit mit Klett, Erhard Friedrich Verlag, Seelze 1985, S. 52

Lit. 127 siehe Lit. 126, S. 53

Lit. 128 MARIE-ANNE BERR, Bild-Folgen, in: GUNTER OTTO und FRIEDRICH VERLAG (Hrsg.), Bildschirm – Faszination oder Information, Jahresheft III, 1985 aller pädagogischen Zeitschriften des Friedrich Verlags in Zusammenarbeit mit Klett, Erhard Friedrich Verlag, Seelze 1985, S. 27

Lit. 129 GEORG SEESSLEN UND CHRISTIAN ROST, Pac Man & Co, Rowohlt Taschenbuchverlag, Hamburg 1984, S. 211

Lit. 130 siehe Lit. 65, S. 82

Lit. 131 siehe Lit. 129, S. 99

Lit. 132 siehe Lit. 65, S. 101

Lit. 133 siehe Lit. 65, S. 292

Lit. 134 DER SPIEGEL, 33/1984, S. 136

Lit. 135 ALOIS GÖSCHL, pers. Mitt.

Lit. 136 OMMO GRUPE, Leib-Erfahrungen zwischen Körper und Bildschirm, in: GUNTER OTTO und FRIEDRICH VERLAG (Hrsg.), Bildschirm – Faszination oder Information, Jahresheft III, 1985 aller pädagogischen Zeitschriften des Friedrich Verlags in Zusammenarbeit mit Klett, Erhard Friedrich Verlag, Seelze 1985, S. 29

Lit. 137 GÜNTER FEUERSTEIN, Die Realität der Simulation, in: GUNTER OTTO und FRIEDRICH VERLAG (Hrsg.), Bildschirm – Faszination oder Information, Jahresheft III, 1985 aller pädagogischen Zeitschriften des Friedrich Verlags in Zusammenarbeit mit Klett, Erhard Friedrich Verlag, Seelze 1985, S. 111

Lit. 138 HEINZ HENGST, Tuscheln, Handeln, Tauschen, in: GUNTER OTTO und FRIEDRICH VERLAG (Hrsg.), Bildschirm – Faszination oder Information, Jahresheft III, 1985 aller pädagogischen Zeitschriften des Friedrich Verlags in Zusammenarbeit mit Klett, Erhard Friedrich Verlag, Seelze 1985, S. 11

Lit. 139 siehe Lit. 129, S. 40

Lit. 140 siehe Lit. 65, S. 402

Lit. 141 siehe Lit. 65, S. 68

Lit. 142 siehe Lit. 65, S. 73

Lit. 143 siehe Lit. 65, S. 241

Lit. 144 JOSEPH WEIZENBAUM, Die Macht der Computer und die Ohnmacht der Vernunft, Suhrkamp Taschenbuch Verlag, Frankfurt am Main 1982, S. 160

Lit. 145 ADOLF ADAM, Die Psychobionik als Instrument gelenkter Gesellschaftsveränderung und artifizieller Evolution, Festvortrag anläßlich «70 Jahre internationale Gesellschaft für Religionspsychologie«, November 1984 in Regensburg

Lit. 146 siehe Lit. 65, S. 262

Lit. 147 siehe Lit. 105, S. 145

Lit. 148 GEOFF SIMONS, Sind Computer lebendig?, Harnack Verlag, München 1984, S. 203

Lit. 149 siehe Lit. 148, S. 220

Lit. 150 GERHARD SCHWARZ, Vortrag im Hernstein Management Institut, 1. Juni 1985 in Hernstein

Lit. 151 WALTER VOLPERT, Zauberlehrlinge, Beltz Verlag, Weinheim und Basel 1985, S. 62

Lit. 152 GERHARD SCHWARZ, Vortrag an der Politischen Akademie der ÖVP, 13. Oktober 1984 in Wien

Lit. 153 siehe Lit. 65, S. 215

Lit. 154 FRANKFURTER RUNDSCHAU, 5. Oktober 1985, S. ZB 2

Lit. 155 ERICH NEUWIRTH et al. (Hrsg.), Kinder, Computer und Bildung, Schriftenreihe der Österreichischen Computer Gesellschaft, Band 31, Verlag R. Oldenbourg, München 1985, S. 91

Lit. 156 HERBERT PIETSCHMANN, Das Ende des naturwissenschaftlichen Zeitalters, Paul Zsolnay Verlag, Wien und Hamburg 1980, S. 288

Lit. 157 WOLFGANG COY, Meth-Emeth, in: Kursbuch 75, Rotbuch Verlag, Berlin 1984, S. 1

Lit. 158 siehe Lit. 157, S. 3

Lit. 159 siehe Lit. 148, S. 11

Lit. 160 siehe Lit. 148, S. 18

Lit. 161 siehe Lit. 148, S. 20

Lit. 162 siehe Lit. 148, S. 29

Lit. 163 siehe Lit. 105

Lit. 164 siehe Lit. 111, S. 45

Lit. 165 JEAN GEBSER, Asien lächelt anders, Ullstein Verlag 1968, S. 178

Lit. 166 zitiert nach: GÜNTHER BITTNER, Der Computer – eine «Gehirnprothese«, in: GUNTER OTTO und FRIEDRICH VERLAG (Hrsg.), Bildschirm – Faszination oder Information, Jahresheft III, 1985 aller pädagogischen Zeitschriften des Friedrich Verlags in Zusammenarbeit mit Klett, Erhard Friedrich Verlag, Seelze 1985, S. 43

Lit. 167 siehe Lit. 145

Lit. 168 HARTMUT VON HENTIG, Das allmähliche Verschwinden der Kindheit, Carl Hanser Verlag, München 1984, S. 56

Lit. 169 GERD HEURSEN, Plädoyer für und Warnung vor neuen Technologien in der Schule, in: W. BRAUER (Hrsg.), Informatik als Herausforderung an Schule und Ausbildung, Informatik-Fachberichte, Band 90, Springer Verlag, Berlin und Heidelberg 1984, S. 331

Lit. 170 RAINER WINKEL (Moderator), Diskussion über Neue Medien in der Schule, in: Westermanns Pädagogische Beiträge, September 1984, S. 415

Lit. 171 siehe Lit. 97, S. 224

Lit. 172 siehe Lit. 102, S. 33

Lit. 173 siehe Lit. 82, S. 152

Lit. 174 siehe Lit. 106, S. 189

Lit. 175 MAX PLANCK, Vom Wesen der Willensfreiheit, Vortrag bei der Deutschen Philosophischen Gesellschaft, 27. November 1936

Lit. 176 ERICH FROMM, Haben oder Sein, Deutsche Verlags-Anstalt, Stuttgart 1979, S. 175

Lit. 177 siehe Lit. 82, S. 146

Lit. 178 siehe Lit. 82, S. 149

Lit. 179 LUDWIG VON WITTGENSTEIN, Tractatus logico-philosophicus 5.6

Lit. 180 HARTMUT VON HENTIG, Sokrates hatte keine Sklaven, in: GUN-

TER OTTO und FRIEDRICH VERLAG (Hrsg.), Bildschirm – Faszination oder Information, Jahresheft III, 1985 aller pädagogischen Zeitschriften des Friedrich Verlags in Zusammenarbeit mit Klett, Erhard Friedrich Verlag, Seelze 1985, S. 45

Lit. 181 GISELHER GUTTMANN, pers. Mitt.

Lit. 182 NORBERT R. MÜLLERT, Wenn die Welt auf den Computer zusammenschrumpft, in: Westermanns Pädagogische Beiträge, September 1984, S. 425

Lit. 183 AURELIO PECCEI (Hrsg.), Zukunftschance Lernen, Fritz Molden Verlag, Wien 1979, S. 28

Lit. 184 siehe Lit. 183, S. 56

Lit. 185 HANS-JOACHIM QUEISSER, Neue Technologien: Chancen und Probleme unter wissenschaftlichen, ökonomischen und sozialen Aspekten (Diskussionsbeitrag), in: EVANGELISCHE AKADEMIE LOCCUM, Neue Technologien und Schule, Loccumer Protokolle, Heft 23, Rehberg-Loccum 1984, S. 55

Lit. 186 VIKTOR E. FRANKL, Der Mensch vor der Frage nach dem Sinn, Piper Verlag, München 1979, S. 46

Lit. 187 siehe Lit. 186, S. 235

Personen- und Sachregister

Adam, Adolf 233
Adorno, Theodor W. 262
Adventure 185
Aggression 194
Aggressivität 190
Aleksander, Igor 106, 115
algorithmisches Denkvermögen 56
Algorithmus 55, 58, 101, 145
Alltagsverstand 112
Analysis 68
Anders, Günter 250
Androiden 222
Angst 217, 261
Antizipation 276
Aquin, Thomas von 94, 221
Arbeitslehre 73
Arbeitslosigkeit 261
Arbeitsmarkt 64, 74, 261
Aristoteles 46, 83, 120
Arlt, Wolfgang 145
artificial intelligence 96
Asimov, Isaac 224
Auge-Hand-Koordination 195
Autismus 189
Automatenpuppen 223
Automatische Datenverarbeitung 55
automatisches Programmieren 131
Axiomatisierung 45

Ballauf, Theodor 254
Ballerspiel 184
BASIC 52, 105 f., 127 f., 140, 166, 193, 203, 243, 268, 270
Basislohn 261
Bauersfeld, Heinrich 143 f.
Bauhütten 40
Behaviorismus 158
Berr, Marie-Anne 180
berufsbildendes Schulwesen 51, 272
betriebliche Praxis 155
Bettelheim, Bruno 187, 189
Bewußtsein 202, 203
Bibliothekswesen 62
Bildschirmgraphik 181
Bildschirmtext 174, 206
Bildschirmverbrechen 175
Bildung 39
Bildungskrise 38
Bildungsmonopol 240
Bildungssoftware 246
Bildungsurlaub 274
binäres Element 80
binäres Zahlensystem 79, 127
Biologie 72
Bit 76, 80
Bleuler, Eugen 250
Bobrow, Daniel 116
Boole, Georg 42, 82 f.
Boolesche Logik 127
Botstein, Leon 147
Bourbaki, Nikolas 44
Brettspiele 184
Bruckmann, Gerhart 27
Buchdruck 27, 29, 31
Bundesrepublik Deutschland 48
Bürgerinformatik 57, 124, 125, 243
Bushnell, Nolan 181

CAD/CAM 266
Cantor, Georg 42, 45
Capek, Karel 224
Chamisso, Adalbert von 248
Chaos-Computerclub 206
Chemie 71
Chomsky, Noam 109
Clarkson College of Technology 60
Claus, Volker 55
Claußen, Bernhard 167

Club of Rome 274, 278
Computer literacy 124, 236
Computeranalphabetismus 28, 150
Computer Assisted Video Instruction System 163
Computerführerschein 124, 243
Computerkundigkeit 28
Computerleben 225
Computerliteralität 36
Computerschulungskurse 155
Computersimulation 164, 194
Computersubkulturen 194
Computertechnik 43
Computer- und Videospiele 181, 188, 247
computerunterstützter Unterricht 156, 241, 242, 272
computerunterstütztes Diagnoseverfahren 103
Computerwitwén 212
Condorcet, Marquis von 36
connectionists 99

Danner, Helmut 129
Darwin, Charles 28
Daten 75
Datenbankrecherchen 62
Datenschutz 59, 74, 244, 258, 260, 270
Datenverarbeiten 128
De Morgan, Augustus 42, 83
DELTA 104
DENDRAL 104
Denken 128, 133
denkende Computer 252
denkende Maschinen 117
Descartes, René 121, 123, 222
Deutscher Bildungsrat 274
Dewey, John 262
Didaktik 69
Diplominformatiker 63
Disziplinierung 35
Dostal, Werner 64
Dreyfus, Hubert 103, 113, 117
drill and practice 158
DRILLING ADVISER 104
Druckerpresse 32
Dschuang Dsi 232
Duguet, Pierre 62
Durchschaubarkeit 201, 269

Ebbinghaus, Hermann 267
Eccles, John C. 121
Eddington, Arthur 118
Einheitsschule 36
Einstein, Albert 233
ELAN 131
Electronic University 61
Elektronik 59
Elektronische Datenverarbeitung 48, 55
Elementarschule 34
Eliot, Thomas S. 202
ELIZA 216, 217, 229, 243
entdeckendes Lernen 134
Epimenides-Paradoxie 83
Erfahrungsbereich 143
Erwachsenenbildung 272
Erwachsenheit 35
Euklid 42, 83
Eurich, Klaus 170
Expertensysteme 34, 100, 103, 243

Fabrica 30
Faktenwissen 241
Familienleben 176
Fantasy-Spiele 184, 195
Feigenbaum, Edward A. 103
Fernsehen 173, 177, 197, 247
Fernsehkonsum 176
Feuerstein, Günther 169
Fichte, Johann Gottlieb 36
Finanzierung 244, 277
Fink, Eugen 129
Finsler, Paul 43, 86
Firmenspenden 150
Flight Simualtor 184, 190
Flugsimulatoren 195
formale Logik 42, 47, 82, 126, 128
Formalisierung 101
Formalismus 43
frames 111
Frankl, Viktor 279

Freeman, Michael 156
Frege, Gottlieb 42
Freiheit der Wissenschaft 235, 258
Freiheit der Meinungsäußerung 235, 258
Freud, Sigmund 232
Frey, Karl 160
Fromm, Erich 250, 254, 255
Frudes, Neil 228
Fundamentum informationstechnische Grundbildung 50
fuzzy logic 103

Gedächtnis 26, 267
Gehirn 99
geistige Hygiene 256
Gesellschaft für Informatik 48, 50, 56, 58
Gesellschaftswissenschaften 73
Gewerbeschule 35
Gödel, Kurt 43, 85
Golem-Legende 221, 224
Gorny, Peter 149
Grupe, Ommo 191
Guttmann, Giselher 267
Gymnasium 30, 35, 38

Habitualisierungsthese 176
Hacker 61, 204, 206, 209
Haefner, Klaus 29, 124, 145, 159, 241, 245, 254
Hardware 66
Hauptschule 57
Heimcomputer 56, 66, 183, 192
Henning-Hansen, Klaus 67
Hentig, Hartmut von 234, 265, 278
Herbart, Johann Friedrich 37
Heron von Alexandrien 220
Hilbert, David 45, 85, 140
Hochschulmathematik 40
Hoffmann, E. T. A. 223
Hofstadter, Douglas R. 83, 111
Homuter 254
Humankapital 245
Humboldt, Wilhelm von 36, 39 f.
hyperkinetisches System 174

Illich, Ivan 35, 149
Industrieschule 35
Inferenzmaschine 104
Informatik 45 f., 49, 55 f., 60, 65, 68
Informatiklehrer 148
Informatikprofessoren 64
Informatikstudenten 63 f.
Informatikunterricht 54
Information 75 f., 119, 226
Informationseinheit 76
Informationsexplosion 244
Informationslawine 29
Informationsmedien 170
Informationsrecht 260
Informationstechnik 33, 52, 145, 155
Informationstechnik-Führerschein 62, 124
informationstechnisches Fundamentum 50, 58
Informationstheorie 76, 78
Informationsüberflutung 257
Informationsübertragung 78
Informationsverarbeitung 27
Informationszeitalter 256
Inhibitionshypothese 175
Integration der Informatik 65
INTELLECT 105
Intelligent Computer Assisted Instruction 163
Intelligenz 94
Intelligenzquotient 94
INTERNIST 103

Jaquet-Droz, Henry-Louis 223
Jones, D. F. 224
Jugendgesetze 194
Jugendkultur 35

Kabel-TV 174
Kaiser, Hubert 50
Kant, Immanuel 247
Kartharsishypothese 175
Kästner, Erhart 94, 220
Kennedy, John F. 181
Kindercomputerkultur 247, 259
Kindersubkultur 189, 192

Kindheit 31, 35
Klein, Felix 41
Klingen, Leo H. 70
Klosterschulen 39
Knoll, Joachim H. 188
Knowledge Representation Language 113
kognitive Fertigkeiten 146
Kohr, Leopold 255
Kommunikation 33, 176
Kommunikationsstruktur 32
konservative Reaktion 261
konstruktives Denken 58
Kontext 123
kontextbezogenes Lernen 242
Kontextbezug 264
Kontrollinstrument 214
Kopfrechnen 28, 241, 264
Kreativität 219, 266
Kubrick, Stanlex 225
Kulturtechnik 27, 35, 125, 126
Künstliche Intelligenz 94, 96, 97, 98, 122, 162, 219, 228, 232, 256
Kybernetik 77

Lamarck, Jean Baptiste 28
Lateinschule 34
Laugwitz, Detlef 45
Lawler, R. W. 142
LEACHIM 156
Leben 203, 226
Lebenskriterien 211, 227
Lehrer 65
Lehrerausbildung 149
Lehrerbildung 271
Lehrerfortbildung 149
Lehrmethoden 241
Leibnitz, Gottfried Wilhelm 223
Lenzen, Dieter 170
Lepeletier, Louis Michel 36
Lerndidaktik 267
Lernen 38, 255, 273, 275, 278
Lernen in Mikrowelten 142
Lernen mit allen Sinnen 144, 180, 262 f.
Lernmaschine 157, 254
Lernsoftware 160, 241
Lernspiele 195
Lernziele 159, 241
Levi-Strauss, Claude 207
LISA 130
LISP 113, 131
literacy 125
Literalität 36, 125
Locke, John 121
Logik 46, 218
LOGO 54, 105, 131 f., 197, 242, 270
Lohnarbeit 261
Löw, Rabbi 221
Lullus, Raimundus 46

Macintosh 130
Mackeprang, Hartwig 73
Magnus, Albertus 221
Mailbox 217
Markovsky, Johann A. 31
Marktwirtschaft 257
maschinelle Übersetzung 106
Maschinenintelligenz 96
Maschinenkunst 220
Maschinenmensch 220
Massenkommunikation 173
Mathematik 58, 67
Mathematikunterricht 45
mathematische Logik 120
mathematisch-naturwissenschaftlicher Unterricht 39
McLuhan, Marshall 177
Mediatisierung 247
Medienkompetenz 177
Medienwirkungsforschung 173
Mengenlehre 42 f., 58, 83, 144
Menschenwürde 236, 258
Mensch-Maschine-Dialog 110
Metzler Informatik 56, 76
MIGROS 53
Mikrocomputer 60, 66, 105
Mikroelektronik 48, 59, 71, 145, 244
Mikroprozessortechnik 48
Mikrowelt 107, 112, 136, 142, 263
Minsky, Marvin 111, 117, 142
Mitscherlich, Alexander 262

Mittelschule 35
Mittendorfer, Hans 271
Modellbildungen 69
Morsen 130
MS-DOS 105
Müller, Norbert R. 271
Mustererkennung 113, 114
MYCIN 103

Nachrichtentechniker 78
Narzißmus 250
natürlichsprachige Schnittstellen 105
Naturwissenschaften 70, 251
Nekrophilie 250
Neo-Taylorismus 155
Nervenzellen 99
Neue Medien 74
Neumann, John von 85
Newell, Alan 96
Nominalismus 93
Nominalisten 94
Novelli, Luca 200

OECD 44, 62, 274
On-line-Psychotherapie 217
ONKOCIN 103
Organisationstechnik 155, 173
Orwell, George 118, 265
Oschatz, Georg-Bernd 145, 151
Österreich 54

Pac-Man 183
Papert, Seymour 132 f., 242
Papierproduktion 31
Parallelprozessoren 98
Parallelsystem 37
Partizipation 276
Partnerersatz 211
Pascal, Blaise 223
Passivität 174
Paukunterricht 242
Paul, Jean 223
Peano, Guiseppe 42
Peck, A. Daniel 147
Personalcomputer 57, 61, 74, 109, 165, 184, 213, 248
Pflichtschule 57
philosophische Logik 120
Physik 70
Piaget, Jean 109, 134, 197
Pietschmann, Herbert 218
Planck, Max 253
PLATO 162
Platon 26, 94
Pong 182
Popper, Karl R. 121
Positivismus 118
Postman, Neil 31, 34
Primarschule 35
Programmieren 125, 204, 207
Programmierenlernen 133
Programmierfähigkeiten 136
Programmiersprachen 106
projektorientierter Unterricht 270
Projektunterricht 51
PROLOG 113

Quantenmechanik 218
Quantentheorie 127
Queisser, Hans-Joachim 277

Rahmen 111
Ratiocinatio 30
Raubkopien 183
Reaktionstraining 186
Realisten 94
Realschule 35, 57
Rechenmeister 40
Rechner 80
Rechnerausstattung 52
Recht auf Bildung 277
Reduktionismus 95, 252, 262
Reizüberflutung 174
Relationen 44
Religion 214
Roboter 114, 225, 227
Robotik 224
Rogers, Carl 216
Rost, Christian 186, 194
Roth, Eugen 212
Rousseau, Jean-Jacques 204
Rumpf, Horst 37

Russell, Bertrand 43, 83

Sabbatical Year 274
Satellitenfernsehen 174
Schank, Roger C. 160
Schauer, Helmut 140
Scheu 217
Schildkrötengeometrie 142
Schleiermacher, Friedrich 214
Schließen 128
Schrift 27
Schule 27, 30, 34
Schulzwang 36
Schwarzmarkt 193
Schweiz 52
Schwier, Hans 57, 59
scripts 111
Seesslen, Georg 186, 194
Sekundarschule 35
Sekundarstufe I 50, 57 f.
Sekundarstufe II 49
Shakespeare 35
Shannon, Claude 78, 119
Signaturenlehre 232
Simon, Herbert 96 f.
Simons, Geoff 211, 225
Simulation 74, 164 f., 190
Simulationsspiele 184
Sinnbezug 278
Sinneswahrnehmung 128
Skinner, Burrhus Frederic 157
Skripten 141
Slade, Stephen 160
Software 66
Software-Schule Schweiz 53
SOPHIE 163
Sorgfaltspflicht 216
Sozialkunde 74
Space Invaders 182
Space War 181
Spielkassetten 183
Spielpädagogik 193
Spinoza 121
Spranger, Eduard 37
Staatsschule 36 f., 278
STAR 130
Statussymbol 213
Steiner, Rudolf 121
Stimulationshypothese 176
Struktur 45
strukturelles Denken 58
STUDENT 116 f.
Stukenbröker, Berthold 62
Sturm, Herta 178
Sucht 190, 194
Süvernscher Lehrplan 40
Symptom-Krankheits-Relationen 102

Tabellenkalkulationsprogramme 165
Tangaland 166
Tanzer, Norbert 217
Taschenrechner 56, 58
Technik 72
Technikunterricht 82
Textautomaten 74
Toepel, Michael 244
Tolkien, John Ronald Reuel 185
Trainingssimulatoren 169
Trappl, Robert 229
Turkle 139, 187, 197, 200 f., 216
tutorieller computerunterstützter Unterricht 158
Umweltschutz 257, 260
Undurchschaubarkeit 215
Universalienstreit 94, 120
Universität 60
Urteilen 128

Vaucanson, Jacques de 223
Veranschaulichung 178
Verantwortung 216
Vereinsamung 188, 194
Verkopfung 194
Verne, Jules 224
VHS-Zertifikat-Programm 49
Videospiele 169, 170, 183 f.
Vitruv 30
Volksschule 35
Volkszählungsurteil 236

Wagenschein, Martin 69, 129
Waldorfschule 69

Wartburg, Wolfgang von 38
Wedekind, Joachim 160
Weizenbaum, Joseph 127, 205, 213, 215, 216, 227, 229
Wettbewerb 235
Wettbewerbsfähigkeit 153
Whitehead, Alfred N. 43, 83
Wiener, Norbert 78
Wiener, Oswald 170
Wilms, Dorothee 65
Winkelmann, Bernard 68, 165
Winowgrad, Terry 113
Wissen 110
Wissensbasis 104
Wissensingenieur 104
Wittenberg, Alexander Israel 45
Wittgenstein, Ludwig 265

Zahlentheorie 43, 84
Zentraleinheit 80
Zimmermann, Rolf 67
zwanghaftes Programmieren 205

Bücher zum Thema

Stefan M. Gergely
Mikroelektronik

Computer, Roboter und neue Medien erobern die Welt.
Aktuelle Neuausgabe 1985. 315 Seiten mit 82 Abbildungen.
Serie Piper 449

»Bücher über Mikroelektronik gibt es genug. Nicht selten behandeln sie das Thema allzu euphorisch und vermischen Realität mit Utopie. Für das vorliegende Buch hat der Autor sehr seriös recherchiert; er liefert einen korrekten und vorzüglichen Überblick der wesentlichen Aspekte der Computer, Roboter und der neuen Medien.«

Neue Zürcher Zeitung

». . . verdient das Buch die Aufmerksamkeit all jener, die unserer heutigen Informationstechnik ›beeindruckt, interessiert, besorgt – aber letztlich unwissend‹ gegenüberstehen. Das Buch, übrigens auf einem Mikrocomputer entstanden, ist eine empfehlenswerte Einführung für alle, die beim Thema Mikroelektronik bei Null anfangen wollen – oder müssen.«

Bild der Wissenschaft

»Dr. Stefan M. Gergely – ein Mann, dessen Wissen über Datenbanken und neue Informationstechniken österreichische wie deutsche Ministerien nutzen – hat für den Verlag ein gut lesbares, faktenreiches, klar gegliedertes Handbuch der Mikroelektronik für Laien geschrieben – also auch für Unternehmer und Manager außerhalb der EDV-Räume in den Firmen.«

Manager Magazin

Bücher zum Thema

Klaus von Bismarck/Günter Gaus/Alexander Kluge
Industrialisierung des Bewußtseins

Eine kritische Auseinandersetzung mit den »neuen« Medien. Mit einer Einführung und einem dokumentarischen Anhang von Ernst Reinhard Piper. 1985. 221 Seiten. Serie Piper 473

Die Konzerne der Unterhaltungsindustrie propagieren lautstark ein privates Fernsehen, das »mehr Spaß und weniger politische Indoktrination« bringen soll.
Während die Ministerpräsidenten der Länder noch um die Gestaltung der politischen Rahmenbedingungen für privates Fernsehen ringen, haben sich die Bertelsmann AG, der Springer-Konzern und der Filmgroßhändler Leo Kirch bereits zusammengetan, um den voraussichtlich einzigen Abonnement-Fernsehkanal in der Bundesrepublik gemeinsam zu betreiben. In dieser Situation untersuchen die Autoren, inwieweit diese Entwicklungen die in Jahrhunderten entstandenen Strukturen unseres kulturellen Lebens verändern werden. Zugleich ist dies eine Streitschrift für ein sehr altes Medium, das Buch.

Bücher zum Thema

Heinz Griesinger
Überrollt uns die Technik?

Wege zu ihrer Beherrschung. 1985. 109 Seiten mit 10 Abbildungen.
Serie Piper 413

Unbestritten ist, daß die Technik der Menschheit große Erfolge und Erleichterungen gebracht hat. Aber: Die technische Entwicklung wird seit ihren Anfängen von einem Ur-Mißtrauen begleitet, das sich – so auch heute – zur elementaren Angst steigert: Führt die Technik (vor allem im Gebiet der Rüstung und Umwelt) zur Selbstzerstörung der Menschheit?
Der Autor – er hat täglich mit diesen Fragen zu tun – zeigt an Beispielen, wie die Technik dem Menschen letztlich dient. Seine Hauptthese: Verstärkte Aus- und Weiterbildung – Bildung im weitesten Sinn – hilft uns, die Technik zu beherrschen. Dafür entwickelt er konkrete Vorschläge. Ziele sind: Erweiterung der Fachkompetenz und größeres Verantwortungsbewußtsein.